Schriften zum Arbeitsrecht und Wirtschaftsrecht

Herausgegeben von Abbo Junker

Band 75

PL ACADEMIC RESEARCH

Rechtsmissbrauch und Verwirkung bei Widerspruch gegen den Übergang des Arbeitsverhältnisses nach § 613a BGB

Joël Philipp Hofmann

Rechtsmissbrauch und Verwirkung bei Widerspruch gegen den Übergang des Arbeitsverhältnisses nach § 613a BGB

PL ACADEMIC RESEARCH

Bibliografische Information der Deutschen Nationalbibliothek
Die Deutsche Nationalbibliothek verzeichnet diese Publikation in der Deutschen Nationalbibliografie; detaillierte bibliografische Daten sind im Internet über http://dnb.d-nb.de abrufbar.

Zugl.: Gießen, Univ., Diss., 2012

D 26
ISSN 1433-4666
ISBN 978-3-631-62725-9

PL Academic Research ist ein Imprint der Peter Lang GmbH

www.peterlang.de

Joël Philipp Hofmann

Rechtsmissbrauch und Verwirkung bei Widerspruch gegen den Übergang des Arbeitsverhältnisses nach § 613a BGB

PL ACADEMIC RESEARCH

Bibliografische Information der Deutschen Nationalbibliothek
Die Deutsche Nationalbibliothek verzeichnet diese Publikation in der Deutschen Nationalbibliografie; detaillierte bibliografische Daten sind im Internet über http://dnb.d-nb.de abrufbar.

Zugl.: Gießen, Univ., Diss., 2012

D 26
ISSN 1433-4666
ISBN 978-3-631-62725-9

PL Academic Research ist ein Imprint der Peter Lang GmbH

www.peterlang.de

Für meine Familie

Vorwort

Die vorliegende Arbeit ist von der Juristischen Fakultät der Justus-Liebig-Universität Gießen im Wintersemester 2012/2013 als Dissertation angenommen worden. Rechtsprechung, Literatur und Gesetzgebung wurden bis Dezember 2012 berücksichtigt.

Mein persönlicher Dank gilt zunächst meinem Doktorvater *Herrn Professor Dr. Richard Giesen*, der mich zu dieser Arbeit ermutigt und mich in meiner Themenwahl unterstützt hat. Die Ausarbeitungen entstanden im Rahmen meiner Tätigkeit an dessen Lehrstuhl für Bürgerliches Recht, Arbeits- und Sozialrecht zunächst an der Universität zu Gießen und zuletzt am Zentrum für Arbeitsbeziehungen und Arbeitsrecht als Aninstitut der Ludwig-Maximilians-Universität München. Während meiner Tätigkeit hat er es stets vermocht ein für die Arbeit hervorragendes Arbeitsumfeld zu schaffen und mich kontinuierlich zu unterstützen und zu fördern. Die Zusammenarbeit am Lehrstuhl hat mich fachlich und persönlich sehr bereichert. In diesem Sinne gilt mein Dank auch allen anderen Mitarbeitern und Mitarbeiterinnen des Lehrstuhls, insbesondere jedoch *Herrn Jochen Hartmannshenn*, *Herrn Dirk Selzer* und *Herrn Daniel Apelt*. Auch deren stete Unterstützung und treue Freundschaft haben mir sehr bei der Erstellung der Arbeit geholfen.

Herrn Professor Dr. Martin Gutzeit danke ich für die sorgfältige und gewissenhafte Erstellung des Zweitgutachtens; sowie *Herrn Professor Dr. Abbo Junker* für die Aufnahme der Arbeit in die von ihm herausgegebene Schriftenreihe.

Einen ganz besonders liebevollen Dank möchte ich meinen Eltern *Michael Hofmann* und *Edeltraud Germann-Hofmann* aussprechen. Sie haben mich immer herzlichst unterstützt und mir in jeder Situation uneingeschränkt den Halt gegeben, der zur Bewältigung der bevorstehenden Aufgaben notwendig war. Diese Arbeit fußt auf Eurem Wohlwollen und Vertrauen. Ebenso herzlich bedanken möchte ich mich bei meinen Großeltern *Peter und Gertraud Germann*, sowie meinem Bruder *Nicholas Hofmann*, die immer für mich da sind und auf ihre einzigartige Weise mein Leben so unendlich bereichern.

München, im Dezember 2012 Joël Hofmann

Inhaltsüberblick

Inhaltsverzeichnis

Abkürzungsverzeichnis

a. A.	andere Ansicht
a. a. O.	am angegebenen Ort
ABl.	Amtsblatt
abl.	ablehnend
ABl. EG	Amtsblatt der Europäischen Gemeinschaft
Abs.	Absatz
AE	Arbeitsrechtliche Entscheidungen (Zeitschrift)
a. E.	am Ende
a. F.	alte Fassung
AG	Arbeitsgericht
a. M.	am Main
AiB	Arbeit im Betrieb (Zeitschrift)
Anm.	Anmerkung
AP	Arbeitsrechtliche Praxis (Nachschlagewerk des Bundesarbeitsgerichts)
ArbG	Arbeitsgericht
ArbGG	Arbeitsgerichtsgesetz
ArbR	Arbeitsrecht Aktuell (Zeitschrift)
ArbRB	Der Arbeits-Rechts-Berater (Zeitschrift)
Arge	Arbeitsgemeinschaft
AuR	Arbeit und Recht (Zeitschrift)
Art.	Artikel
Aufl.	Auflage
Ausschussdrucks.	Ausschussdrucksachen
BAG	Bundesarbeitsgericht
BAGE	Entscheidungen des Bundesarbeitsgerichts
BAG-Rspr.	Rechtsprechung des Bundesarbeitsgerichts
BB	Betriebs-Berater (Zeitschrift)
BBiG	Berufsbildungsgesetz
Bd.	Band
BDH	siehe Literaturverzeichnis unter Bernsau/Dreher/Hauck
BeckOK RGKU	siehe Literaturverzeichnis unter Rolfs/Giesen/Kreikebohm/Udsching
BeckRS	Beck-Rechtsprechung
Beil.	Beilage

BetrAVG	Gesetz zur Verbesserung der betrieblichen Altersversorgung
BetrVG	Betriebsverfassungsgesetz
BGB	Bürgerliches Gesetzbuch
BGBl.	Bundesgesetzblatt
BGH	Bundesgerichtshof
BGHZ	Entscheidungssammlung des Bundesgerichtshofes in Zivilsachen
Bl.	Blatt
BR.-Drucks.	Drucksachen des Deutschen Bundesrates
BSG	Bundessozialgericht
BSGE	Entscheidungen des Bundessozialgerichts
BT-Drucks.	Drucksachen des Deutschen Bundestages
BUrlG	Bundesurlaubsgesetz
BVerfG	Bundesverfassungsgericht
BVerfGE	Entscheidung des Bundesverfassungsgerichts
BVerwG	Bundesverwaltungsgericht
BVerwGE	Entscheidungen des Bundesverwaltungsgerichts
bzgl.	bezüglich
bzw.	beziehungsweise
DB	Der Betrieb (Zeitschrift)
ders.	derselbe
d. h.	das heißt
DJT	Deutscher Juristentag
DLW	siehe Literaturverzeichnis unter Dörner/Luczak/Wildschütz/Baeck/Hoß
DStR	Deutsches Steuerrecht (Zeitschrift)
EG	Europäische Gemeinschaft
EGBGB	Einführungsgesetz zum Bürgerlichen Gesetzbuch
EinV	Eingliederungsvereinbarung
entspr.	entsprechend(e)
ErfK	siehe Literaturverzeichnis unter Erfurter Kommentar zum Arbeitsrecht
etc.	et cetera (und so weiter)
EU	Europäische Union
EuGH	Europäischer Gerichtshof
EWG	Europäische Wirtschaftsgemeinschaft

EWiR	Siehe Literaturverzeichnis unter Entscheidungen zum Wirtschaftsrecht
EzA	Entscheidungssammlung zum Arbeitsrecht
f./ff.	folgend(e)
FA	Fachanwalt Arbeitsrecht (Zeitschrift)
FamRZ	Zeitschrift für das gesamte Familienrecht (Zeitschrift)
Fn.	Fußnote
FS	Festschrift
gem.	gemäß
ggf.	gegebenenfalls
grds.	grundsätzlich
GRUR	Gewerblicher Rechtsschutz und Urheberrecht (Zeitschrift)
h. M.	herrschende(r) Meinung
Hrsg.	Herausgeber
HWK	siehe Literaturverzeichnis unter Henssler/Willemsen/Kalb
i. d. R.	in der Regel
i. E.	im Ergebnis
i. e. S.	im engeren Sinn
i. H. v.	in Höhe von
InsO	Insolvenzordnung
i. R. d.	im Rahmen des(r)
i. R. e.	im Rahmen eines(r)
i. S. d.	im Sinne des (r)
i. S. e.	im Sinne eines (r)
i. Ü.	im Übrigen
i. V. m.	in Verbindung mit
JA	Juristische Arbeitsblätter (Zeitschrift)
JZ	Juristenzeitung (Zeitschrift)
Kap.	Kapitel
KDZ	siehe Literaturverzeichnis unter Kittner/Däubler/ Zwanziger
krit.	kritisch
KSchG	Kündigungsschutzgesetz

LAG	Landesarbeitsgericht
LAGE	Entscheidungen des Landesarbeitsgericht
LG	Landgericht
Lit.	Literatur
lit.	Litera (Buchstabe)
LSG	Landessozialgericht
m.	mit
m. E.	meines Erachtens
Mrd.	Milliarde
MünchArbR	siehe Literaturverzeichnis unter Münchener Handbuch zum Arbeitsrecht
MünchKommBGB	siehe Literaturverzeichnis unter Münchener Kommentar zum Bürgerlichen Gesetzbuch
m. w. N.	mit weiteren Nennungen
NJW	Neue Juristische Wochenschrift (Zeitschrift)
NJW-RR	Neue Juristische Wochenschrift Rechtssprechungs-Report (Zeitschrift)
Nr.	Nummer
NZA	Neue Zeitschrift für Arbeitsrecht (Zeitschrift)
NZA-RR	Neue Zeitschrift für Arbeitsrecht Rechtsprechungsreport Arbeitsrecht (Zeitschrift)
o. ä.	oder ähnliche(s)
OLG	Oberlandesgericht
RAG	Reichsarbeitsgericht
RdA	Recht der Arbeit (Zeitschrift)
Red.	Redakteur
RG	Reichsgericht
RGZ	Entscheidungen des Reichsgerichts in Zivilsachen
RL	Richtlinie
Rn.	Randnummer
Rs.	Rechtssache
Rspr.	Rechtsprechung
S.	Seite
s.	siehe
SAE	Sammlung arbeitsrechtlicher Entscheidungen (Zeitschrift)

SeemG	Seemannsgesetz
SeSt	siehe Literaturverzeichnis unter Semmler/Stengel
SGB	Sozialgesetzbuch
Slg.	Sammlung
SMG	Gesetz zur Modernisierung des Schuldrechts v. 26.11.2001, BGBl I 3138
sog.	so genannte(r)
s. o.	siehe oben
str.	streitig
s. u.	siehe unten
u.	und
u. a.	unter anderem
UmwG	Umwandlungsgesetz
USA	United States of America
u. U.	unter Umständen
v.	vom
v. a.	vor allem
VersR	Versicherungsrecht (Zeitschrift)
vgl.	vergleiche
VVG	Gesetz über den Versicherungsvertrag
WHSS	siehe Literaturverzeichnis unter Willemsen/Hohenstatt/ Schweibert/ Seibt
WM	Wertpapier-Mitteilungen (Zeitschrift)
WRP	Wettbewerb in Recht und Praxis (Zeitschrift)
WuM	Wohnungswirtschaft und Mietrecht (Zeitschrift)
z. B.	zum Beispiel
ZfA	Zeitschrift für Arbeitsrecht (Zeitschrift)
Ziff.	Ziffer
ZInsO	Zeitschrift für das gesamte Insolvenzrecht (Zeitschrift)
ZIP	Zeitschrift für Wirtschaftsrecht und Insolvenzpraxis (Zeitschrift)
zit.	zitiert
z. T.	zum Teil
zust.	Zustimmend

1. KAPITEL: Einleitung

I. § 613a Abs. 5 und 6 BGB als rechtliches Risiko

Geht ein Betrieb oder Betriebsteil durch Rechtsgeschäft auf einen anderen Inhaber über, so gelten für die arbeitsrechtlichen Konsequenzen seit 1972 die Regelungen des § 613a BGB[1]. Im Rahmen einer mehrjährigen Entwicklung der Norm kam es immer wieder zu Änderungen und Ergänzungen. Seine vorerst letzte Änderung erfuhr § 613a BGB durch das Gesetz zur Änderung des SeemG und anderer Gesetze mit Wirkung zum 01.04.2002[2]. Diese Gesetzesänderung diente der Umsetzung der Richtlinie 2001/23/EG des Rates vom 12.03.2001 zur Angleichung der Rechtsvorschriften der Mitgliedstaaten über die Wahrung von Ansprüchen der Arbeitnehmer bei Übergang von Unternehmen, Betrieben oder Unternehmens- oder Betriebsteilen[3]. Mit ihr kam es zur Ergänzung der Norm um die Absätze 5 und 6. Diese lauten:

> § 613a BGB Rechte und Pflichten beim Betriebsübergang
>
> (5) Der bisherige Arbeitgeber oder der neue Inhaber hat die von einem Übergang betroffenen Arbeitnehmer vor dem Übergang in Textform zu unterrichten über:
>
> 1. den Zeitpunkt oder den geplanten Zeitpunkt des Übergangs,
>
> 2. den Grund für den Übergang,
>
> 3. die rechtlichen, wirtschaftlichen und sozialen Folgen des Übergangs für die Arbeitnehmer und
>
> 4. die hinsichtlich der Arbeitnehmer in Aussicht genommenen Maßnahmen.
>
> (6) Der Arbeitnehmer kann dem Übergang des Arbeitsverhältnisses innerhalb eines Monats nach Zugang der Unterrichtung nach Absatz 5 schriftlich widersprechen. Der Widerspruch kann gegenüber dem bisherigen Arbeitgeber oder dem neuen Inhaber erklärt werden.

Mit Absatz 5 wurde dem bisherigen und dem neuen Arbeitgeber die Pflicht auferlegt, die vom Betriebs- oder Betriebsteilübergang betroffenen Arbeitnehmer in Textform zu unterrichten. Dieses Unterrichtungsschreiben wird in Abs. 6 eng mit einem möglichen Widerspruch der Arbeitnehmer gegen den Übergang seines Arbeitsverhältnisses verknüpft. So hat der Zugang der Unterrichtung maß-

---

1 § 613a BGB trat ursprünglich nur mit seinen Abs. 1 S. 1, Abs. 2 und 3 durch § 122 BetrVG und damit gleichzeitig mit dem BetrVG 1972 in Kraft.

2 BGBl. 2002, S. 1163 ff.

3 ABl. EG 2001, Nr. L 82, S. 16 f.

geblichen Einfluss auf die Frist zur Ausübung des Widerspruchsrechts. Dieses vom deutschen Gesetzgeber in Abs. 6 eingeführte Widerspruchsrecht des Arbeitnehmers war hierbei europarechtlich nicht gefordert. Den Mitgliedstaaten blieb es selbst überlassen die rechtlichen Konsequenzen zu bestimmen[4]. Art. 3 Abs. 1 der Richtlinie steht der Einführung des Widerspruchsrechts jedoch nicht entgegen[5].

Die Ergänzung von § 613a BGB um die Absätze 5 und 6 führte in den folgenden Jahren vermehrt zu rechtlichen Problemen. Das BAG verzeichnete im Schnitt in den Jahren 2006 bis 2008 in seinem Jahresbericht einen Eingang von jährlich 175 Fällen, die Übergänge von Arbeitsverhältnissen nach § 613a BGB und daraus resultierende Kündigungen betrafen[6]. Dies ergibt bei einem durchschnittlichen Gesamteingang dieser Jahre von etwa 2648 Fällen einen prozentualen Anteil von circa 6,6 %. Auch die Literatur stand bereits kurz nach der Gesetzesänderung dieser kritisch gegenüber[7].

Der Grund für diese gestiegene Anzahl an Fällen beim BAG und der geäußerten Kritik lag in der Verknüpfung von Unterrichtungspflicht der Arbeitgeber und Widerspruchsrecht der Arbeitnehmer. Diese führt nämlich dazu, dass die Widerspruchsfrist der betroffenen Arbeitnehmer so lange nicht zu laufen beginnt, bis ihnen eine fehlerfreie Unterrichtung nach Abs. 5 von Arbeitgeberseite zugegangen ist[8]. Die Anforderungen an ein solch fehlerfreies Unterrichtungsschreiben sind jedoch sehr hoch. So liegt ein Fehler nicht nur dann vor, wenn die Arbeitnehmer überhaupt nicht informiert wurden, sondern auch dann, wenn die Unterrichtung der Arbeitnehmer falsch und/oder nicht vollständig ist[9]. Für das

---

4 Junker/*Fröhlich*, S. 36.

5 EuGH vom 16.12.1992 – Rs. C-132/91, 138/91, 139/91, NZA 1993, 169, 170.

6 Vgl. Jahresberichte des Bundesarbeitsgerichts aus den Jahren 2006, 2007 und 2008. Im Jahre 2009 handelt es sich lediglich um 69 Fälle, wobei ein genereller Rückgang der Eingänge beim BAG zu verbuchen ist. Die Jahresberichte 2010 und 2011 beinhalten keine separierten Angaben bzgl. Fällen nach § 613a BGB, so dass von einem weiteren Rückgang ausgegangen werden kann.

7 Siehe u. A. *Bauer/von Steinau-Steinbrück*, ZIP 2002, 457 ff., *Franzen*, RdA 2002, 258 ff., *Willemsen/Lembke*, NJW 2002, 1159 ff., *Worzalla*, NZA 2002, 353 ff.

8 BAG 14.12.2006 – 8 AZR 763/05, AP Nr. 318 zu 613a BGB; BAG 13.07.2006 – 8 AZR 305/05, AP Nr. 312 zu 613a BGB; Erman/*Edenfeld*, § 613a BGB, Rn. 131; Bamberger/Roth/*Fuchs*, § 613a BGB, Rn. 77; MünchKommBGB/*Müller-Glöge*, § 613a BGB, 120; ErfK/*Preis*, § 613a BGB, Rn. 100; HWK/*Willemsen/Müller-Bonanni*, § 613a BGB, Rn. 336.

9 BT-Drucks. 14/7760, S. 19; s. a. BAG vom 13.07.2006 – 8 AZR 305/05, NZA 2006, 1268; BAG vom 14.12.2006 – 8 AZR 763/05, NZA 2007, 682; BAG vom 21.08.2008 – 8 AZR 407/07, NZA-RR 2009, 62; *Gaul/Otto*, DB 2002, 634, 638.

BAG reicht damit bereits ein geringfügiger Fehler aus, um die Unterrichtung insgesamt als fehlerhaft anzusehen[10].

Bis heute besteht in der Praxis eine sehr hohe Wahrscheinlichkeit für die Fehlerhaftigkeit des Unterrichtungsschreibens und einem daraus resultierenden fehlenden Beginn der Monatsfrist des § 613a Abs. 6 BGB. Insofern stellt sich die Frage, ob der Arbeitnehmer in solchen Fällen sein Gestaltungsrecht in zeitlicher Hinsicht „unendlich" ausüben kann. Denn der Arbeitgeber ist aufgrund der Anforderungen an das Unterrichtungsschreiben laufend der Gefahr ausgesetzt, „dass in einem arbeitsrechtlichen Rechtsstreit das erkennende Gericht bei einer noch so umfangreichen Information „das Haar in der Suppe" findet und dies für unzureichend erklärt"[11].

II. § 242 BGB als Lösung?

Als prominentes Beispiel für die Gefahr der Verknüpfung von § 613a Abs. 5 und 6 BGB ist die Veräußerung der Siemens Handy-Sparte an den taiwanesischen Elektrokonzern BenQ zum 01.10.2005 mit Unterrichtung der Arbeitnehmer am 29.08.2005 zu nennen. Nur ein knappes Jahr später, am 29.09.2006, meldete eine Tochterfirma von BenQ Insolvenz an. Dies führte dazu, dass die 3000 im Zuge des Betriebsteilübergangs nunmehr in der Tochterfirma beschäftigten Arbeitnehmer ihren Arbeitsplatz verloren. Am 22.12.2006 widersprach nun eine Vielzahl dieser Arbeitnehmer dem Übergang ihres Arbeitsverhältnisses von Siemens an BenQ. Als Begründung für ihren Widerspruch nach so langer Zeit führten sie die Fehlerhaftigkeit der Unterrichtung bei Betriebsübergang an.

Am 23.07.2009 entschied das BAG abschließend über die, durch mehrere Instanzen gehenden, Fälle. Wie bereits in unzähligen Konstellationen seit Einführung des § 613a Abs. 5 und 6 BGB zuvor[12], versuchte der *Achte Senat* des BAG diese Fälle durch das Institut der Verwirkung infolge Zeitablaufs zu lösen, da es keine gesetzliche Höchstfrist für die Ausübung des Widerspruchsrechts

---

10 BAG vom 21.08.2008 – 8 AZR 407/07, NZA-RR 2009, 62; zu nennen wäre hier beispielsweise die Erwägung des BAG, ob bereits eine Angabe des falschen Vornamens eines Geschäftsmannes, hier „Jochen" oder „Joachim", zur Fehlerhaftigkeit des Schreibens führt, vgl. BAG vom 13.07.2006 – 8 AZR 305/05, NZA 2007, 13.

11 *Worzalla*, NJW 2009, 558.

12 Siehe z. B.: BAG vom 15.02.2007 – 8 AZR 431/06, DB 2007, 1468; BAG vom 20.03.2008 – 8 AZR 1016/06, NZA 2008, 1354; BAG vom 27.11.2008 – 8 AZR 174/07, DB 2009, 1075; BAG vom 23.07.2009 – 8 AZR 357/08, FA 2009, 281.

gab und bis heute gibt[13]. Die Rechtskonstruktion der Verwirkung infolge Zeitablaufs ist in § 242 BGB verwurzelt und in ihrer Anwendung nicht immer eindeutig. Es bedarf hierzu zumeist einer Abwägung von Schutzwürdigkeit und Vertrauen von Berechtigtem und Verpflichtetem. Dies führt i. d. R. zu einem einzelfallbezogenen Urteil. Auch im Fall „Siemens" kam dies zum Ausdruck. Manche Arbeitnehmer konnten ihr Widerspruchsrecht mehr als ein Jahr nach Betriebsübergang noch ausüben[14], wohingegen anderen Betroffenen das Gestaltungsrecht aufgrund einer Verwirkung infolge Zeitablaufs vom BAG versagt wurde[15]. Siemens musste mithin in Anbetracht eines Fehlers bei der Unterrichtung die betroffenen Arbeitnehmer (vorerst[16]) wieder bei sich beschäftigen.

III. Gang der Bearbeitung

In der vorliegenden Arbeit sollen diejenigen Fälle anhand der Maßstäbe des § 242 BGB und dessen Ausprägungen der Verwirkung infolge Zeitablaufs und des Rechtsmissbrauchs i. e. S.[17] untersucht werden, in denen der Arbeitnehmer aufgrund eines fehlerhaften Unterrichtungsschreibens längere Zeit nach Betriebsübergang sein Widerspruchsrecht ausübt. Dabei wird die Untersuchung von Einzelfällen der Verwirkung infolge Zeitablaufs und des Rechtsmissbrauchs i. e. S. bei Widerspruch gegen den Übergang des Arbeitsverhältnisses im Vordergrund stehen. Hierbei geht es um die Frage, in welchen Fällen der Widerspruch wegen Verwirkung infolge Zeitablaufs oder Rechtsmissbrauchs i. e. S. unzulässig ist.

---

13 BT-Drucks. 14/8128, S. 4 f.; BR-Drucks. 309/1/03, S. 8.

14 BAG vom 23.07.2009 – 8 AZR 541/08, zit. nach juris.

15 Vgl. BAG vom 23.07.2009 – 8 AZR 357/08, NZA 2010, 393.

16 I. d. R. hatte der Arbeitgeber den Betrieb oder Betriebsteil in welchem der Arbeitnehmer beschäftigt war gerade erst veräußert. Es besteht demnach für den Arbeitnehmer keine Möglichkeit der Weiterbeschäftigung. Dem Arbeitgeber bleibt somit nur eine betriebsbedingte Kündigung. Erschwerend kommt hierbei hinzu, dass nach der neueren Rechtsprechung des BAG der Konzern gezwungen ist eine erneute Sozialauswahl durchzuführen, die u. U. andere Arbeitnehmer, die ursprünglich gar nicht vom Betriebsübergang betroffen gewesen sind, ihre Arbeitsplätze kosten könnte, BAG vom 31.05.2007 – 2 AZR 218/06 und 2 AZR 276/06, NZA 2008, 53 in AP KSchG 1969 § 1 Soziale Auswahl Nr. 94 = EzA § 1 KSchG Soziale Auswahl Nr. 77; s. a. *Eylert/Spinner*, BB 2008, 50 ff.

17 Der Rechtsmissbrauch i. e. S. ist von dem Begriff des Rechtsmissbrauchs zu unterscheiden. Letzterer wird lediglich synonym zur Schrankenfunktion des § 242 BGB gebraucht, während der Rechtsmissbrauch i. e. S. eine konkrete Fallgruppe dieser Schrankenfunktion ist, s. dazu vertiefend Kap. 3, I., 1., S. 60 und II., S. 83 ff.

Im Folgenden soll zunächst auf die für die Untersuchung wichtigen Grundlagen des Betriebsübergangs eingegangen werden (2. Kap.). Im Anschluss folgt eine terminologische Erfassung der Verwirkung infolge Zeitablaufs sowie des Rechtsmissbrauchs i. e. S. und es wird eine dogmatische Einordnung in die Fallgruppen des § 242 BGB vorgenommen. Außerdem werden die Tatbestandsmerkmale beider Institute erläutert (3. Kap.). Anschließend werden die allgemeinen Erkenntnisse zur Verwirkung infolge Zeitablaufs zum Rechtsmissbrauch i. e. S. aus dem 3. Kap. auf die besonderen Verhältnisse des Betriebsübergangs übertragen (4. Kap.). Es folgt der Hauptteil der Untersuchung in Form einer Einzelfallbewertung unterschiedlicher Arbeitnehmerverhalten nach Betriebsübergang gemäß den Grundsätzen von Verwirkung infolge Zeitablaufs und des Rechtsmissbrauchs i. e. S. (5. Kap.). Abschließend sollen rechtliche und rechtspolitische Lösungsansätze, die einen Rückgriff auf § 242 BGB erleichtern oder unnötig machen können, untersucht werden.

2. KAPITEL: Grundlagen zu § 613a BGB

I. Grundlagen des Betriebsübergangs nach § 613a BGB

Zum besseren Verständnis von Verwirkung und Rechtsmissbrauch bei Widerspruch des Arbeitnehmers gegen den Übergang des Arbeitsverhältnisses nach § 613a BGB sollen zunächst die Grundlagen für einen Betriebsübergang erörtert werden. Zu diesem Zweck soll auf die historische Entwicklung der Norm und ihren Sinn und Zweck eingegangen und ihr Anwendungsbereich abgesteckt werden.

1. Entstehung der Norm

§ 613a BGB trat am 19.01.1972 mit Abs. 1 S. 1, Abs. 2 und 3 durch § 122 BetrVG und damit gleichzeitig mit dem BetrVG 1972 in Kraft[18]. Vor dieser Zeit, abgesehen von früheren Gesetzesentwürfen zur Regelung der Betriebsnachfolge aus den Jahren 1923 und 1938[19], gab es keinerlei rechtliches Fundament für Übertragung von Betrieben und Betriebsteilen. Das RAG ging von einer Notwendigkeit der Einigung zwischen dem Betriebsnachfolger und den Arbeitnehmern aus[20]. *Nikisch*[21] und *Böttcher*[22] vertraten hingegen die Ansicht, dass bei der Übertragung eines Betriebes automatisch die Arbeitsverhältnisse der dort beschäftigten Arbeitnehmer auf den Nachfolger übergehen. In diesem Zusammenhang wurde auch die analoge Anwendung der §§ 571 Abs. 1, 581 Abs. 2 BGB, §§ 69 Abs. 1, 151 Abs. 2 VVG a. F. vertreten[23], welches wiederum von *Galperin*[24], und *Schwarz*[25], abgelehnt wurde. Das RAG und das BAG hatten einen solchen automatischen Übergang der Arbeitsverhältnisse auf den über-

[18] BDH/*Dreher*, § 613a BGB, A., I., Rn. 1.

[19] Vgl. *Pünnel*, Rechtsnachfolge und Betriebsnachfolge in Arbeitsrecht, S. 72 ff.

[20] RAG vom 01.10.1930 – RAG 194/30, ARS 11, S. 208, 214.

[21] *Nikisch*, Lehrbuch des Arbeitsrechts I, S. 659.

[22] *Böttcher*, Festschrift für Nikisch, S. 3.

[23] LAG Mannheim vom 30.11.1951 – Sa 86/51, BB 1952, S. 258; LAG Frankfurt vom 01.12.1964 – 5 Sa 325/64, BB 1965, S. 1270; die Normen entsprechen in ihrer neuen Fassung weitgehend den §§ 566 Abs. 1, 581 Abs. 2 BGB, §§ 96 Abs. 1, 102 Abs. 2 VVG.

[24] *Galperin*, DB 1962, S. 1078.

[25] *Schwarz*, Das Arbeitsverhältnis bei Übergang des Übernehmen, S. 122 ff.

nehmenden Arbeitgeber strikt abgelehnt[26]. Dies war jedoch dem Inhalt des § 613a BGB a. F. vom 19.01.1972 geschuldet. Die damalige Fassung des § 613a Abs. 1 BGB war bei weitem nicht so umfangreich wie die heutige. Sie regelte lediglich, dass, wenn ein Betrieb oder Betriebsteil durch Rechtsgeschäft auf einen anderen Inhaber übergeht, dieser in die Rechte und Pflichten aus den zum Zeitpunkt des Übergangs bestehenden Arbeitsverhältnissen eintritt. Abs. 2 statuierte eine im weitesten Sinne mit der heutigen Fassung identische gesamtschuldnerische Haftung des bisherigen und des künftigen Arbeitgebers. Es wurde lediglich eine Ausnahme für Verschmelzung und Umwandlung von juristischen Personen gemacht[27]. Das Kündigungsverbot des heutigen § 613a Abs. 4 BGB war noch nicht vorhanden[28].

Mit der Richtlinie 77/187/EWG vom 14.02.1977 zur Angleichung der Rechtsvorschriften der Mitgliedstaaten über die Wahrung von Ansprüchen der Arbeitnehmer beim Übergang von Unternehmen, Betrieben oder Betriebsteilen schritt die Entwicklung des § 613a BGB dann fünf Jahre später weiter voran[29]. Art 2 lit. a und b der Richtlinie definierten die Begriffe von Veräußerer und Erwerber. Art. 3, 4, 5 und 6 führten die Anspruchssicherung des Arbeitnehmers, das vorher noch nicht existierende Kündigungsverbot wegen Betriebsübergang, die Konsequenzen für die Arbeitnehmervertreter und eine Unterrichtung der Arbeitnehmer bzgl. der geplanten Maßnahmen ein. Die darauf folgende Zeit ist geprägt durch Vorschläge der Kommission zur Änderung der Richtlinie 77/187/EWG, die der Klarstellung verschiedener Begebenheiten dienen sollten[30].

---

26 RAG vom 01.10.1930 – RAG 194/30, ARS 11, S. 208; BAG vom 18.02.1960 – 5 AZR 472/57, AP Nr. 1 zu § 419 BGB Betriebsnachfolge Bl. 1 ff. m. zust. Anm. *Hueck*; BAG vom 29.04.1966 – 3 AZR 208/65, AP Nr. 7 zu § 419 BGB Betriebsnachfolge Bl. 2; vgl. auch eingehend *Borngräber*, Arbeitsverhältnis bei Betriebsübergang: Der Eintritt des neuen Betriebsinhabers in die Rechte und Pflichten aus den Arbeitsverhältnissen bei Betriebsübergang durch Rechtsgeschäft (§ 613a Abs. 1 BGB), S. 28 ff.; *Gaul*, Betriebsinhaberwechsel und Arbeitsverhältnis, S. 40 ff.; *Gaul*, Das Arbeitsrecht der Betriebs- und Unternehmensspaltung, S. 83 ff.; *Pünnel*, Rechtsnachfolge und Betriebsnachfolge in Arbeitsrecht, S. 42 ff.; *Schramm*, Die Willensbeteiligung der Arbeitnehmer beim Betriebsinhaberwechsel, S. 18 ff.; *Schwarz*, Das Arbeitsverhältnis bei Übergang des Übernehmen, S. 18 ff.

27 Siehe hierzu auch Kap. 2, I., 3., S. 40.

28 *Gaul*, Das Arbeitsrecht der Betriebs- und Unternehmensspaltung, S. 88.

29 Vgl. auch *von Alvensleben*, Die Recht der Arbeitnehmer bei Betriebsübergang im europäischen Gemeinschaftsrecht: eine Studie zu den gemeinschaftlichen Grundlagen des § 613a BGB, S. 87 ff.

30 Vorgesehen war eine Änderung der Richtlinie dahingehend, dass alle Formen des Übergangs eines Unternehmens, Betriebes oder Betriebsteils erfasst werden, vgl. *Bauer*,

Eine weitere Änderung erfuhr § 613a BGB durch das EG-Anpassungsgesetz vom 13.08.1980[31]. Dies beinhaltete eine Harmonisierung des nationalen Rechts mit den europäischen Rechtsvorschriften in Form der Inkorporation der Abs. 1 Satz 2 bis 4 und Abs. 4[32]. In der darauffolgenden Zeit wurden auf nationaler Ebene gleichlaufende Änderungsvorschläge präsentiert[33], sowie Änderungen in Zusammenhang mit der Norm erlassen[34].

Mit dem Gesetz zur Änderung des SeemG und anderer Gesetze mit Wirkung zum 01.04.2002[35] erhielt § 613a BGB eine weitere entscheidende Änderung. In

---

DB 1994, S. 1982; *Hanau*, ZIP 1994, S. 1568. Auch sollte u. a. aus Gründen der Rechtssicherheit und Transparenz unter Berücksichtigung der Rechtsprechung des EuGH, insbesondere wohl der Christel-Schmidt-Entscheidung vom 14.04.1994 (Rs. C – 392/92, NZA 1994, S. 545 f. – Christel Schmidt), eine klare Unterscheidung zwischen dem Übergang von Unternehmen, Betrieben oder Betriebsteilen und den Fällen festgelegt werden. In diesen handelt es sich um den Übergang einer einzelnen Funktion des Unternehmens. Auch sollte in Art. 2 Abs. 2 eine Mindestharmonisierung des Begriffs des Arbeitnehmers vorgenommen werden, vgl. hierzu eingehend: *Gaul*, Das Arbeitsrecht der Betriebs- und Unternehmensspaltung, S. 91 ff. m. w. N; diese Vorschläge der Kommission wurden doch, auch nach Überarbeitung durch diese, von den Mitgliedstaaten nicht angenommen. Erst am 29.06.1998 durch die Richtlinie 98/50/EG kam es schließlich zu einer Änderung der Richtlinie 77/187/EWG, s. detailliert: *Franzen*, RdA 1999, S. 361; *Oetker*, NZA 1998, S. 1193 ff.; *Willemsen/Annuß*, NJW 1999, S. 2073 ff.

31 BGBl. I, S. 1308.

32 BDH/*Dreher*, § 613a BGB, A., I., Rn. 2.

33 Vgl. *Gaul*, Das Arbeitsrecht der Betriebs- und Unternehmensspaltung, S. 96 ff.: Die meisten Vorschläge sind Folge des in Art. 30 Abs. 1 EinV enthaltenen Gebots, das Arbeitsvertragsrecht als Aufgabe des gesamtdeutschen Gesetzgebers möglichst bald einheitlich neu zu kodifizieren. Aus diesem Grund ist zunächst durch eine Gruppe von 13 Hochschullehrern der Entwurf eines Arbeitsvertragsgesetzes zur einheitlichen Regelung des Betriebs- und Unternehmensübergangs erstellt worden, vgl. Gutachten D zum 59. DJT Hannover 1992. Ähnliche Regelungen enthalten die letzten Entwürfe, die als konkrete Vorlagen der Länder Sachsen (BR-Drucks. 293/95) und Brandenburg (BR-Drucks. 671/96) sogar in das Gesetzesverfahren eingebracht wurden.

34 § 613a BGB wurde mit Wirkung zum 05.04.1991 um die Umwandlungsart der Aufspaltung ergänzt (BGBl. I S. 854 ff.); auch sollte § 613a BGB nach Art. 232 § 5 EGBGB auf das Gesamtvollstreckungsverfahren bis zum 31.12.1998 nicht anwendbar sein, was durch das Inkrafttreten der InsO zum 01.01.1999 obsolet wurde, da diese auch die Gesamtvollstreckungsordnung ablöste. Darüber hinaus wurde § 613a Abs. 3 BGB durch Art. 2 des Umwandlungsbereinigungsgesetzes vom 28.10.1994 mit Wirkung zum 01.01.1995 neu gefasst. Danach gilt Abs. 2 nicht, wenn eine juristische Person oder eine Personenhandelsgesellschaft durch Umwandlung erlischt, siehe zu all dem *Gaul*, Das Arbeitsrecht der Betriebs- und Unternehmensspaltung, S. 99.

35 BGBl. 2002, S. 1163 ff.

Form der Abs. 5 und 6 wurden zum einen die an einem Betriebs- oder Betriebsteilübergang beteiligten Arbeitgeber verpflichtet, die hiervon betroffenen Arbeitnehmer zu unterrichten. Zum anderen erhielten eben diese Arbeitnehmer ein Widerspruchsrecht gegen den Übergang des Arbeitsverhältnisses i. R. d. Betriebsübergangs.

Diese Änderung fußte auf den Vorgaben der europäischen Richtlinie 2001/23/EG. Auf der einen Seite wollte der Gesetzgeber durch die Einführung des Abs. 5 diesen Anforderungen nachkommen. Auf der anderen Seite galt es in Abs. 6 ein in ständiger Rspr. des BAG[36] entwickeltes (vom EuGH[37] anerkanntes) Widerspruchsrecht des Arbeitnehmers beim Betriebsübergang zu kodifizieren.

Die in Abs. 5 eingeführte Normierung der Unterrichtungspflicht stimmt hierbei wörtlich mit der deutschen Fassung von Art. 7 Abs. 6 RL 2001/23/EG überein. Daher ist zur Konkretisierung des § 613a Abs. 5 BGB dieser in Zweifelsfragen im Sinne der Richtlinie auszulegen und auf die konkrete Rspr. des EuGH zurückzugreifen[38]. Dies folgt aus dem Grundsatz der gemeinschaftsrechtskonformen Auslegung innerstaatlichen Rechts, wonach nationale Gesetze, die Gegenstände des europäischen Rechts betreffen, so auszulegen sind, dass sie den europarechtlichen Anforderungen gerecht werden[39]. Diesbezüglich bestehen bei derzeitiger Rechtslage keine Bedenken. Die Richtlinie stellt einen Mindestschutz für die vom Betriebsübergang betroffenen Arbeitnehmer auf. Der deutsche Gesetzgeber hat dies zum Anlass genommen einen noch weitreichenderen Schutz im Rahmen der Unterrichtungspflicht zu normieren, indem er eine Unterrichtung aller betroffenen Arbeitnehmer vorsieht. Damit ist auch nach Ansicht des BAG die Umsetzung der Richtlinie nicht europarechtswidrig[40]. Europarechtlich wäre es ausreichend gewesen, eine solche Unterrichtungspflicht lediglich gegenüber Arbeitnehmern von nicht betriebsratsfähigen Betrieben aufzustel-

36 Siehe z. B. BAG vom 02.10.1974 – 5 AZR 504/73, BAGE 26, 301; BAG vom 21.05.1992 - 2 AZR 449/91, BAGE 70, 238, 250 ff., m. w. N; BAG vom 19.03.1998 – 8 AZR 139/97, BAGE 88, 196, 199 f.; BAG vom 18.03.1999 - 8 AZR 190/98, BAGE 91, 129, 133; BAG vom 25.01.2001 – 8 AZR 336/00, NZA 2001, 840, 842.

37 Siehe z. B. EuGH vom 16.12.1992 – Rs. C-132/91, AP Nr. 97 zu § 613a BGB; EuGH vom 07.03.1996 – Rs. C-171/94, NZA 1996, 413; EuGH vom 24.01.2002 – Rs. C-51/00, NJW 2002, 811.

38 S. a. ausführlich *Franzen*, RdA 2002, 258, 259 ff., 264 ff., m. w. N.

39 Vgl. z. B. EuGH vom 10.04.1984 – Rs. 14/83, NZA 1984, 145; BAG vom 23.09.1992 – 4 AZR 30/92, NZA 1993, 891.

40 BAG vom 23.07.2009 – 8 AZR 538/08, NZA 2010, 89, m. w. N.

len[41]. Bestünde hingegen eine Arbeitnehmervertretung, so wäre nur diese zu unterrichten gewesen. Auch die hier kritisierte Praxis des *Achten Senats,* die Anforderungen an den Inhalt der Unterrichtung zu hoch anzusetzen, läuft europarechtlichen Vorgaben nicht zuwider. Denn die Ziffern des § 613a Abs. 5 BGB sind weit auszulegen, sodass die Arbeitgeber über alle unmittelbaren und mittelbaren Folgen den Arbeitnehmer individualisiert zu unterrichten haben[42].Die einzige Einschränkung des Umfangs der Unterrichtung liegt darin, dass sich die wörtlich aus der Richtlinie übernommenen Ziffern auf den Betriebsübergang an sich beziehen müssen.

Das Widerspruchsrecht des Abs. 6 hingegen war gemeinschaftsrechtlich überhaupt nicht gefordert. Die Richtlinie enthält keinerlei Vorgaben für die Einführung eines solchen Rechts. Vielmehr wollte der deutsche Gesetzgeber das in ständiger Rspr.[43] anerkannte Gestaltungsrecht im Interesse von Rechtsklarheit und Rechtssicherheit in die Norm einfügen[44]. Denn den Mitgliedstaaten blieb es selbst überlassen die rechtlichen Konsequenzen des Übergangs zu bestimmen[45]. Art. 3 der Richtlinie steht der Einführung eines solchen Widerspruchsrechts nicht entgegen[46].

Diese letzte Änderung vom 01.04.2002 ist Gegenstand der hiesigen Betrachtungen. Durch die Einführung eines gesetzlich normierten Widerspruchsrechts des Arbeitnehmers gegen den Übergang des Arbeitsverhältnisses bei Betriebsübergang und einer erst bei vollständiger und richtiger Unterrichtung zu laufen beginnenden Widerspruchsfrist[47] kommt es in der Rechtspraxis zu erheblichen Problemen. Denn diese Verknüpfung der beiden Absätze kann dazu führen, dass es bei fehlerhafter Unterrichtung zu einer zeitlich unbegrenzten Berechtigung des Arbeitnehmers zur Ausübung seines Gestaltungsrechts kommt. Eine Einschränkung kann sich nach Ansicht des BAG dann nur noch aus § 242 BGB er-

---

41 S. a. *Franzen*, RdA 2002, 258, 259, m. w. N; zur Nichtannahme des sog. Grundmodells der RL 2001/23/EG s. Kap. 6, I., 1., S. 188; ein weiterer Grund für dieses Vorgehen des Gesetzgebers lagt darin, dass durch ein Ausnahmemodell von der RL 2001/23/EG das deutsche BetrVG nicht an die Vorgaben der Richtlinie angepasst werden musste, s. *Franzen*, a. a. O, m. w. N.

42 S. a. *Meier*, Informationspflicht des Arbeitgebers gegenüber den einzelnen Arbeitnehmern bei einem Betriebsübergang unter europäischen Gesichtspunkten, S. 46, S. 153 ff. m. w. N.

43 Siehe Fn. 36 und 37.

44 BT-Drucks. 14/7760, S. 20.

45 Junker/*Fröhlich*, S. 36.

46 EuGH vom 16.12.1992 – Rs. C-132/91, 138/91, 139/91, NZA 1993, 169, 170.

47 Für genauere Betrachtungen s. Kap. 2, II., 1., S. 47.

geben. Wann dies der Fall ist, gilt es in den nachstehenden Betrachtungen zu untersuchen[48].

2. Sinn und Zweck der Norm

§ 613a BGB regelt einen Vertragsübergang i. S. e. Sonderrechtsnachfolge kraft Gesetz. D. h., die Norm bildet eine Durchbrechung der Relativität der Schuldverhältnisse. Vergleichbares findet man z. B. in § 566 BGB, wonach der Erwerber des Mietobjekts in die Rechte und Pflichten des Veräußerers gegenüber dessen Mieter eintritt. Ebenso tritt nämlich der Erwerber des Betriebes oder Betriebsteils in die Rechte und Pflichten des Veräußerers bzgl. der bestehenden Arbeitsverhältnisse ein. Dies war jedoch nicht immer so. Vor Einführung des § 613a BGB herrschte ein reger Meinungsstreit über die Folgen eines solchen Betriebsübergangs[49]. Diskutiert wurde v. a., dass die Arbeitsverhältnisse nur mit Zustimmung aller Beteiligten, also Erwerber, Veräußerer und Arbeitnehmer, übergehen konnten[50]. Diese Rechtslage entsprach zwar zivilrechtlichen Grundsätzen, nicht jedoch der Intention des KSchG, weil der Kündigungsschutz durch die Übertragung eines Betriebes oder Betriebsteils auf einen anderen Inhaber umgangen werden konnte[51].

In Anbetracht dessen hat § 613a BGB mehrere Schutzzwecke: Vorrangig dient § 613a BGB dem arbeitsrechtlichen Bestandsschutz. Wechselt ein Betrieb oder Betriebsteil den Inhaber, sollen die Arbeitnehmer nicht ihren Arbeitsplatz verlieren[52]. Auch sind nach § 613a Abs. 4 S. 1 BGB Kündigungen unwirksam, die der bisherige Arbeitgeber oder der neue Inhaber wegen des Betriebsübergangs ausspricht. Es kommt zu einer Sicherung der Arbeitsverhältnisse für die Arbeitnehmer. Dieses von den Vorschriften des KSchG losgelöste Kündigungsverbot dient demnach zudem der sozialen Sicherung des Arbeitnehmers und seiner wirtschaftlicher Situation. Zudem wird bei Betriebsnachfolge die Kontinuität des amtierenden Betriebsrats erhalten[53] und eine Haftung des Erwerbers und Veräußerers für Ansprüche der Arbeitnehmer eingerichtet[54].

---

48 Siehe Kap. 4., S. 85 ff.

49 S. o. Kap. 2, I., 1., S. 33 f.

50 RAG vom 01.10.1930 – RAG 194/30, ARS 11, S. 208, 214; BAG vom 02.10.1974 – 5 AZR 504/73, NJW 1975, 1378 m. w. N; a. A. z. B. *Böttcher* und *Nikisch*, s. Fn. 22 und 21.

51 BDH/*Dreher*, § 613a BGB, A., I., Rn. 6.

52 MünchKommBGB/*Müller-Glöge*, § 613a BGB, Rn. 6.

53 BAG vom 03.07.1980 – 3 AZR1077/78, EzA § 613a BGB, Nr. 29.

54 BAG vom 17.01.1980 – 3 AZR 160/78, EzA § 613a BGB, Nr. 24; vgl. auch: *Giesen*, Jahrbuch des Arbeitsrechts, Bd. 46, 41, 58 f.

Ausschlaggebend für die folgenden Betrachtungen soll die Einrichtung des Widerspruchrechts gem. § 613a Abs. 6 BGB zum Schutze der Arbeitnehmer und der damit verbundenen Informationspflicht der Arbeitgeber gem. § 613a Abs. 5 BGB sein[55]. Ersteres ermöglicht es dem Arbeitnehmer innerhalb einer Frist von einem Monat dem Betriebsübergang zu widersprechen. Ist dies der Fall, so verbleibt das Arbeitsverhältnis beim Veräußerer und geht nicht zum Erwerber über[56]. Damit wird der gesetzlichen Wertung Rechnung getragen, dass die freie Disposition des Arbeitnehmers über sein Arbeitsverhältnis verfassungsrechtlich durch Art. 12 GG geschützt ist[57]. Dem Arbeitnehmer soll kein Arbeitgeber aufgezwungen werden, den er nicht selbst gewählt hat[58]. Aufgrund dieses Schutzes eröffnet sich eine Vielzahl von Problemen, die in nachstehenden Betrachtungen noch genauer erörtert werden sollen.

§ 613a Abs. 1 BGB sieht in seinen Sätzen 2 bis 4 des Weiteren eine Fortgeltung für Tarifverträge und Betriebsvereinbarungen für den Fall vor, dass diese nicht ohnehin beim Erwerber Anwendung finden. Diese Fortgeltung wird rechtstechnisch durch eine Transformation der bisher kollektivrechtlich ausgestalteten Ansprüche in das Individualarbeitsverhältnis erreicht: Die bisher als Regelung eines Tarifvertrages oder einer Betriebsvereinbarung „von außen" in das Arbeitsverhältnis einwirkenden Normen werden kraft der gesetzlichen Regelung zu Bestandteilen des Arbeitsvertrages. Die einjährige Veränderungssperre bewirkt einen Inhaltsschutz des Arbeitsverhältnisses zugunsten des vom Betriebsübergang betroffenen Arbeitnehmers[59].

Zusammenfassend kann gesagt werden, dass § 613a BGB seinem Sinn und Zweck nach dem sozialen und wirtschaftlichen Schutze des Arbeitnehmers dient, der durch einen Betriebs- oder Betriebsteilübergang betroffen ist.

3. Anwendungsbereich

Der Anwendungsbereich des § 613a BGB ist sehr stark durch die europäische Rechtsprechung geprägt. Er lässt sich in einen sachlichen und einen persönlichen Anwendungsbereich unterteilen.

---

55 Für genauere Betrachtungen s. Kap. 2, II., S. 43 ff.

56 BAG vom 30.10.1986, AP Nr. 55 zu § 613a BGB; BeckOK RGKU/*Gussen*, § 613a BGB, Rn. 171; HWK/*Willemsen/Müller-Bonanni*, § 613a BGB, Rn. 355; detailliert s. Kap. 2, II, 2., S. 53 f.

57 BAG vom 02.03.2006 – 8 AZR 147/05, AP Nr. 302 zu § 613a BGB; BeckOK RGKU/*Gussen*, § 613a BGB, Rn. 171 a.

58 Vgl. BT-Drucks. 14/7760, S. 20.

59 BDH/*Dreher*, § 613a BGB, A., I., Rn. 8; ausführlich dann auch Rn. 288 f., 300.

a) Sachlicher Anwendungsbereich

aa) Singularsukzession

Der sachliche Anwendungsbereich des § 613a BGB umfasst den Fall des rechtsgeschäftlichen Übergangs eines Betriebes oder Betriebsteils, also Einzelrechtsnachfolge bzw. Singularsukzession[60]. Mangels der bereits festgestellten Bindung an des BetrVG und das KSchG ist die Anwendbarkeit beider Gesetze keine Voraussetzung für die des § 613a BGB. D. h. auch Kleinbetriebe und Arbeitnehmer, welche die Wartezeit gem. § 1 Abs. 1 KSchG noch nicht erfüllt haben, sind erfasst[61]. Unerheblich ist auch, ob es sich hierbei um private oder öffentliche Arbeitgeber, also Betriebe bzw. Dienststellen des Bundes, der Länder, Gemeinden, Körperschaften, Anstalten oder Stiftungen handelt[62]. In diesem Zusammenhang ist auch die betriebsverfassungsrechtliche Norm des § 118 Abs. 1 und 2 BetrVG unerheblich; § 613a BGB findet demnach auch auf Tendenzbetriebe und Religionsgemeinschaften Anwendung.

bb) Universalsukzession

Grds. sind die Fälle der Gesamtrechtsnachfolge, also Universalsukzession, nicht von § 613a BGB umfasst, da die Norm einen Übergang des Betriebes „kraft Rechtsgeschäft" voraussetzt[63]. Ausnahmen sind jedoch möglich. So ist z. B. zu beachten, dass, sofern sich ein Unternehmer für eine Unternehmensumstrukturierung auf Basis des UmwG entscheidet, ein Betriebsübergang vorliegen kann, sofern die tatbestandlichen Voraussetzungen dessen erfüllt sind. Dies ist der Fall, da § 324 UmwG den § 613a BGB unberührt lässt, sofern eine Verschmelzung, Spaltung oder Vermögensübertragung vorliegt. Zudem findet § 613a BGB nach h. M.[64], gleichlaufend mit der Betriebsübergangsrichtlinie[65], auch im Umwandlungsrecht Anwendung. Es handelt sich demnach um eine Kollisi-

---

60 *Bachner/Gerhardt*, Rn. 16.

61 *Bachner/Gerhardt*, Rn. 3; BDH/*Dreher*, § 613a BGB, B., II., Rn. 26.

62 *Bachner/Gerhardt*, Rn. 4; BDH/*Dreher*, § 613a BGB, B., II., Rn. 27.

63 BAG vom 02.03.2006 – 8 AZR 124/05, AP Nr. 25 zu § 419 BGB Funktionsnachfolge.

64 Siehe BAG vom 05.10.1993 – 3 AZR 586/92, AP Nr. 42 zu § 1 BetrAVG Zusatzversorgungskassen; Erman/*Edenfeld*, § 613a BGB, Rn. 29; *Karlsfeld*, Das Widerspruchsrecht der Arbeitnehmer beim Betriebsübergang nach dem Umwandlungsgesetz, S. 63 m. w. N; Soergel/*Raab*, § 613a BGB, Rn. 173; Staudinger/*Annuß*, § 613a BGB, Rn. 333; SeSt/*Simon*, § 324 UmwG Rn. 1; MünchArbR/*Wank*, § 102 Rn. 187.

65 *Karlsfeld*, Das Widerspruchsrecht der Arbeitnehmer beim Betriebsübergang nach dem Umwandlungsgesetz, S. 75 f.; Art. 1, Abs. 1 a) RL 2001/23/EG.

onsnorm[66]. Dementsprechend ist grds. § 613a BGB in solchen Fällen immer noch auf seine Einschlägigkeit zu prüfen[67]. § 324 UmwG hilft insofern nur über das Tatbestandsmerkmal „durch Rechtsgeschäft" hinweg[68], welches i. R. d. Universalsukzession zumeist die Norm ausschließt[69]. Die weiteren Tatbestandsmerkmale, also die Fortführung der wirtschaftlichen Einheit durch einen Rechtsträger, sind auch weiterhin noch auf ihr Vorliegen hin zu untersuchen[70].

b) Persönlicher Anwendungsbereich

aa) Bestehende Arbeitsverhältnisse

Die Regelung des § 613a BGB umfasst jegliche Arbeitsverhältnisse, die zum Zeitpunkt des Betriebsübergangs[71] bestehen. Deshalb sind beendete Arbeitsver-

---

66 Vgl. *Schalle*, Der Bestandsschutz der Arbeitsverhältnisse bei Unternehmensumwandlung, S. 56 ff., 126 ff.; a. A. KDZ, § 324 UmwG, Rn. 1.

67 BAG vom 25.05.2000 – 8 AZR 416/99, RdA 2001, 236, 238; *Grobys*, BB 2002, 726, 730; *Karlsfeld*, Das Widerspruchsrecht der Arbeitnehmer beim Betriebsübergang nach dem Umwandlungsgesetz, S. 85 ff.; *Sayatz/Wolf*, DStR 2002, 2039, 2045; MünchArbR/*Wank*, § 102, Rn. 188.

68 ErfK/*Preis*, § 613a BGB, Rn. 58 m. w. N.

69 BAG vom 02.03.2006 – 8 AZR 124/05, AP Nr. 25 zu § 419 BGB Funktionsnachfolge.

70 BAG vom 25.05.2000 – 8 AZR 416/99, EzA § 613a BGB, Nr. 190.

71 Die genauen Tatbestandsvoraussetzungen eines Betriebsübergangs sind i. R. d. Betrachtungen nicht zu erörtern. Grds. ausgehend von einem früher lediglich notwendigen Betriebsmittelübergang (BAG vom 27.07.1994 – 7 ABR 37/93, EzA § 613a BGB Nr. 123) ist heute zur Annahme eines Betriebsübergangs der Übergang der wirtschaftlichen Einheit unter Bewahrung der Identität des Betriebsteils erforderlich, vgl. EuGH vom 18.03.1986 – 24/08, Slg 1986, 1119; EuGH vom 15.05.1992 – C 29/91, NZA 1994, 207, 209; BAG vom 22.05.1997 – 8 AZR 101/96, EzA § 613a BGB Nr. 149. Dies ist im Zuge einer Gesamtbewertung und Gewichtung (*Müller-Glöge* NZA 1999, 449) unter Berücksichtigung der Art des Betriebes, des Übergangs der materiellen und immateriellen Betriebsmittel und vorhandenen Organisation sowie der Übernahme der Belegschaft, des Kundenstamms und der Ähnlichkeit der verrichteten Tätigkeit vorzunehmen, vgl. BAG vom 05.02.2004 – 8 AZR 639/02, EzA § 613a BGB 2002 Nr. 23. Dabei ist es entscheidend, dass sich der Erwerber die wirtschaftliche Einheit tatsächlich zu Nutze macht, vgl. BAG vom 18.03.1999 – 8 AZR 159/98, AP Nr. 189 zu § 613a BGB mit Anm. *Willemsen/Annuß*. Zu beachten ist jedoch, dass der EuGH durch seine Klarenberg-Entscheidung vom 12.02.2009 nunmehr eine lediglich „funktionale Verknüpfung" der übertragenen Produktionsfaktoren beim Erwerber als ausreichend ansieht, vgl. EuGH vom 12.02.2009 – C 466/07, DB 2009, 517. Das bedeutet, dass § 613a BGB auch dann anzuwenden ist, wenn zwar der übertragene Unternehmens- oder Betriebsteil seine organisatorische Selbstständigkeit nicht bewahrt und die übertragenen Faktoren in eine neue, andere Organisationsstruktur eingegliedert werden, der Erwerber jedoch die

hältnisse und die daraus resultierenden nachvertraglichen Rechte und Pflichten nicht von § 613a BGB erfasst. Dies betrifft insbesondere Arbeitsverhältnisse, die aufgrund einer wirksam vereinbarten Befristung im Zeitpunkt des Übergangs bereits abgelaufen oder durch Zugang einer wirksamen fristlosen Kündigung vor Übergang gekündigt waren, sowie solche, die durch eine wirksame ordentliche Kündigung, bei der zum Zeitpunkt des Inhaberwechsels die Kündigungsfrist bereits verstrichen war, beendet wurden[72]. Im Umkehrschluss gehen jedoch Arbeitsverhältnisse über, die befristet oder gekündigt waren, jedoch erst nach dem für den Betriebsübergang entscheidenden Zeitpunkt enden[73].

bb) Arbeitnehmer i. S. d. § 613a BGB

§ 613a BGB gilt nach seinem Wortlaut für alle Arbeitnehmer (Arbeiter und Angestellte), die ein wirksames, bestehendes Arbeitsverhältnis innehaben. Auch leitende Angestellte fallen darunter. Dies mag zwar verwundern, da § 613a BGB durch eine Vorschrift des BetrVG eingeführt wurde und dieses in § 5 Abs. 3 BetrVG eine Unanwendbarkeit für leitende Angestellte normiert, ist jedoch unproblematisch, da § 613a BGB gerade keine betriebsverfassungsrechtliche, sondern eine bürgerlich-rechtliche Norm[74] ist. Auch die Geltung und Anwendbarkeit des KSchG ist keine Voraussetzung für deren Anwendbarkeit[75]. Zudem werden auch Auszubildende gem. § 3 Abs. 2 BBiG und Personen nach § 19 BBiG[76], sowie Mitarbeiter in der Altersteilzeit erfasst. Letztere selbst wenn sie sich bereits in der Freistellungsphase befinden[77]. Zuletzt sind auch ruhende

---

übertragenen Produktionsfaktoren nutzt, um derselben oder eine gleichartigen wirtschaftlichen Tätigkeit nachzugehen, vgl. erneut EuGH vom 12.02.2009 – C 466/07, DB 2009, 517. Des Weiteren muss dies nach § 613a BGB durch Rechtsgeschäft geschehen. Hierbei genügt es, wenn die wirtschaftliche Einheit im Rahmen vertraglicher Beziehungen wechselt, EuGH vom 20.11.2003 – Rs C 340/01, AP EWG-Richtlinie Nr. 77/187 Nr. 34; BAG vom 22.07.2004 – 8 AZR 250/03, AP Nr. 274 zu § 613a BGB; MünchKommBGB/*Müller-Glöge*, § 613a Rn. 64. S. vertiefend *Bachner/Gerhardt*, Rn. 16 ff.; BDH/*Dreher*, § 613a BGB, C., Rn. 33 ff.; *Gaul*, Das Arbeitsrecht der Betriebs- und Unternehmensspaltung, S. 101 ff.

72 Vgl. BDH/*Dreher*, § 613a BGB, B., I., Rn. 19.

73 BAG vom 22.02.1978 - 5 AZR 800/76, EzA § 613a BGB, Nr. 18.

74 *Wiedemann/Willemsen*, RdA 1979, 418.

75 Vgl. *Bachner/Gerhardt*, Rn. 3.

76 Siehe *Heinze*, DB 1980, 205; *Lepke*, BB 1979, 526.

77 LAG Düsseldorf vom 22.10.2003 – 12 Sa 1202/03, ZIP 2004, 272.

Arbeitsverhältnisse eingeschlossen, z. B., wenn sich der Arbeitnehmer zu der Zeit im Ausland befindet[78].

cc) Keine Arbeitnehmer i. S. d. § 613a BGB

Grds. findet § 613a BGB keine Anwendung auf Personen, die in keinem Arbeitsverhältnis sondern in sonstigen Dienstverhältnissen stehen[79]. Auch Beamte scheiden mangels Arbeitnehmereigenschaft aus[80]. Ebenfalls von § 613a BGB nicht erfasst sind Heimarbeitsverhältnisse[81] und arbeitnehmerähnliche Personen. Diese werden zwar – ebenso wie Heimarbeiter – durch § 5 Abs. 1 S. 2 ArbGG erfasst, diese Wertung bezieht sich jedoch nur auf das ArbGG selbst und nicht auf die bürgerlich-rechtliche Norm des § 613a BGB[82].

Anders als bei der Altersteilzeit werden Arbeitnehmer, die in Ruhestandsverhältnissen stehen, also verrentet sind, nicht einbezogen[83]. Auch Leiharbeitnehmer fallen selbstverständlich nur unter einen Betriebsübergang im Verleiher- und nicht im Entleiherbetrieb[84].

II. Unterrichtung und Widerspruchsrecht nach § 613a Abs. 5 und 6 BGB

§ 613a Abs. 5 und 6 BGB wurden durch das „Gesetz zur Änderung des Seemannsgesetzes und anderer Gesetze“ mit Wirkung zum 01.04.2002 und unter Berücksichtigung der Vorgaben der Richtlinie 2001/23/EG vom 12.03.2001 zur Angleichung der Rechtsvorschriften der Mitgliedstaaten über die Wahrung von Ansprüchen der Arbeitnehmer beim Übergang von Unternehmen, Betrieben oder Unternehmens- oder Betriebsteilen[85] in das BGB eingefügt. Die Um-

---

78 BAG vom 14. 7. 2005 – 8 AZR 392/04, AP BGB § 611 Ruhen des Arbeitsverhältnisses Nr. 4 = NZA 2005, 1411.

79 BAG vom 13.02.2003 – 8 AZR 59/02, EzA § 613a BGB 2002, Nr. 8.

80 Vgl. *Bachner/Gerhardt*, Rn. 7.

81 BAG vom 03.07.1980 – 3 AZR 1077/78, AP Nr. 23 zu § 613a BGB; BAG vom 24.03.1998 – 9 AZR 218/97, EzA § 613a BGB, Nr. 165; zust. auch *Lepke*, BB 1979, 526; abl. *Heinze*, DB 1980, 205, 209; *Herschel*, DB 1977, 1185, 1189, die Heimarbeitern eine vergleichbare soziale Schutzbedürftigkeit zusprechen.

82 BDH/*Dreher*, § 613a BGB, B., II., Rn. 18.

83 Insbesondere in Bezug auf die betriebliche Altersvorsorge kann dies jedoch für den betroffenen Arbeitnehmer von erheblicher Wichtigkeit sein, s. hierzu auch BDH/*Dreher*, § 613a BGB, A., II., Rn. 24 und 307, 310.

84 BDH/*Dreher*, § 613a BGB, B., II., Rn. 25, m. w. N.

85 ABlEG L 82 vom 22.03.2001, S. 16 ff.

setzung der Richtlinie war zu dieser Zeit bereits überfällig, da die Umsetzungsfrist für die Bestimmungen der Richtlinie 2001/23/EG bereits am 17.07.2001 abgelaufen war[86]. Diese, damals auf nationaler Ebene heftig umstrittene[87], Änderung sieht vor, dass die an einem Betriebsübergang beteiligten Rechtsträger die von dem Übergang betroffenen Arbeitnehmer vor dem Datum des Vollzuges über den tatsächlichen bzw. geplanten Zeitpunkt, den Grund für den Übergang, die rechtlichen, wirtschaftlichen und sozialen Folgen des Übergangs sowie der hinsichtlich der Arbeitnehmer in Aussicht genommenen Maßnahmen unterrichtet. Weiterhin wird durch Abs. 6 das durch die Rechtsprechung des BAG[88] bereits seit langem anerkannte und durch den EuGH[89] nicht beanstandete Wider-

---

86 Art. 12 und Anhang I Teil B RL 2001/23/EG.

87 Nach den im November 2001 begonnenen parlamentarischen Beratungen über die Erweiterung des § 613a BGB und der zuvor am 02.10.2001 durch das Bundeskabinett beschlossenen Ergänzung der arbeitsrechtlichen Bestimmungen zum Betriebsübergang kam es, nachdem bereits eine Änderung der 3-Wochen-Frist auf eine 1-Monats-Frist durch Beschlussempfehlung des Ausschusses für Arbeit und Sozialordnung vollzogen war (s. Beschlussempfehlung und Bericht des Ausschusses für Arbeit und Sozialordnung zu dem Gesetzesentwurf der Bundesregierung (BT-Drucks. 14/7760, 14/7797), BT-Drucks. 14/8128 S. 3), in den Ausschussberatungen zu Meinungsverschiedenheiten, vgl. *Widlak*, FA 2002, 363; *Grau*, Unterrichtung und Widerspruchsrecht der Arbeitnehmer bei Betriebsübergang, S. 6 f., m. w. N. In diesem Zusammenhang wurde mit der Kritik an einer übermäßigen Regulierung und einer fehlenden Systemkonformität schon im Ausschuss eine Änderungsantrag der FDP-Fraktion eingereicht (Ausschussdrucks. 14/2067, 14/2068, BT-Drucks. 14/8128, S. 4), was sich auch bei der Beratung der Bundesregierung in Form eines Änderungsantrags und eines Gesetzentwurfs fortsetzte, BT-Drucks. 14/8128, 14/8496. Weiterhin wurde kritisiert, dass die Unbestimmtheit des Informationskataloges zur gravierender Rechtsunsicherheit bei der Frage führte, ob die Widerspruchsfrist tatsächlich ausgelöst wurde (BT-Drucks. 14/8496, S. 1 ff., BT-Drucks. 14/8128, S. 4 f.), dass eine Textform genüge, wobei der Entwurf ein strengeres Schriftformerfordernis vorsah (BT-Drucks. 14/8128, S. 4 f., 6), dass eine absolute zeitliche Begrenzung bei Ausübung des Widerspruchsrechts fehle (BT-Drucks. 14/8496, S. 5 und BT-Drucks. 14/8128, S.4; s. a. eingehend Kap. 6, II., 1., S. 195 ff.) und dass eine 3-Wochen-Frist genüge (Änderungsanträge der Mitglieder der Oppositionsfraktionen im Ausschuss für Arbeit- und Sozialordnung, BT-Drucks. 14/8128, S.4), eingehend *Grau*, Unterrichtung und Widerspruchsrecht der Arbeitnehmer bei Betriebsübergang, S. 8 f., m. w. N.

88 BAG vom 21.05.1992 - 2 AZR 449/91 - BAGE 70, 238, 250 ff. m. w. N; BAG vom 19.03.1998 - 8 AZR 139/97 - BAGE 88, 196, 199 f.; BAG vom 18.03.1999 - 8 AZR 190/98 - BAGE 91, 129, 133; BAG vom 25.01.2001 – 8 AZR 336/00, NZA 2001, 840, 842.

89 EuGH vom 16.12.1992 – Rs. C-132/91, 138/91, 139/91, NZA 1993, 169, 170; EuGH vom 07.03.1996 – Rs. C-171/94, 172/94, NZA 1996, 413, 415.

spruchsrecht des Arbeitnehmers gegen den Übergang seines Arbeitsverhältnisses bei Betriebsübergang normiert.

1. Unterrichtung nach § 613a Abs. 5 BGB

Mit der gesetzlichen Unterrichtungspflicht soll auf der einen Seite dem Umstand Rechnung getragen werden, dass ein Betriebsinhaberwechsel für den einzelnen Arbeitnehmer mit über die Reichweite des § 613a Abs. 1 BGB hinausgehenden möglichen Änderungen der Arbeitsbedingungen und der beruflichen Entwicklungsmöglichkeiten verbunden sein kann, die ihn gegebenenfalls veranlassen, dem Übergang des Arbeitsverhältnisses auf einen anderen Arbeitgeber zu widersprechen[90]. D. h. § 613a Abs. 5 BGB ermöglicht es dem Arbeitnehmer eine fundierte Wissensgrundlage für seine Entscheidung zu erhalten, ob er dem Übergang seines Arbeitsverhältnisses aufgrund des Betriebsübergangs widerspricht[91]. Bei dieser Unterrichtung handelt es sich um eine echte Rechtspflicht, sodass bei Pflichtverletzungen Schadensersatzansprüche gem. § 280 I BGB auslöst werden können[92].Auf der anderen Seite dient die Unterrichtungspflicht aber auch dem Arbeitgeber. Dieser setzt durch Zugang der Unterrichtung die einmonatige Widerspruchsfrist in Gang und weiß somit bei deren Ablauf, mit welchem Arbeitnehmer er zu rechnen hat und wo u. U. Maßnahmen z. B. in Form von Neueinstellungen oder betriebsbedingten Kündigungen getroffen werden müssen. Gerade diese Planungssicherheit für den Arbeitgeber gerät jedoch bei fehlerhaftem Unterrichtungsschreiben zu häufig ins Wanken, was in der Folge noch erörtert werden soll[93].

a) Unterrichtungsverpflichteter / -adressat

Wie sich bereits aus dem Wortlaut des § 613a Abs. 5 BGB ergibt, sind sowohl der bisherige als auch der neue Arbeitgeber des Betriebs- oder Betriebsteils zur Unterrichtung der vom Betriebsübergang betroffenen Arbeitnehmer verpflichtet. Die Unterrichtungspflicht trifft beide gleichermaßen. Sie sollen sich darüber

---

90 Vgl. *Gaul*, Das Arbeitsrecht der Betriebs- und Unternehmensspaltung, S. 310.

91 BAG vom 13.07.2006 – 8 AZR 303/05, NZA 2006, 1273; BAG vom 14.12.2006 – 8 AZR 763/05, NZA 2007, 682.

92 BAG vom 31.01.2008 – 8 AZR 1116/06, NZA 2008, 642; *Eckhardt*, Die Informationspflichten der Arbeitgeber beim Betriebsübergang, S. 59 ff.; *Giesen*, Jahrbuch des Arbeitsrechts, Bd. 46, 41, 57; BeckOK RGKU/*Gussen*, § 613a BGB, Rn. 142; *Hauck*, Beil. zu NZA 1/2009, 19.

93 S. u. Kap. 4, I., 1., S. 85 ff.; s. a. Kap. 6, I., S. 187 ff.

verständigen, in welcher Weise sie diese Pflicht erfüllen[94]. Rechtlich ist diese so geschaffene Erfüllungsgemeinschaft als Gesamtschuld zu qualifizieren[95]. „Die Erfüllung der Informationspflicht durch den einen wirkt auch zu Gunsten des anderen“[96].

Unterrichtungsadressaten sind alle vom Betriebsübergang betroffenen Arbeitnehmer. Das sind diejenigen, die den betroffenen Betrieben oder Betriebsteilen zuzuordnen sind[97].

b) Form

Gemäß § 613a Abs. 5 BGB hat die Unterrichtung der Arbeitnehmer in Textform, nach § 126b BGB, zu erfolgen. Durch diese, über das gemeinschaftsrechtlich Notwendige hinausgehende[98], Regelung muss die Erklärung in einer Urkunde oder anderer zur dauerhaften Widergabe in Schriftzeichen geeigneten Weise abgegeben, die Person des Erklärenden genannt und der Abschluss der Erklärung durch Nachbildung der Namensunterschrift oder anders erkennbar gemacht werden. Dies beinhaltet Verkörperungen auf Papier, CD-ROM, E-Mail, oder Computerfax[99].

c) Zeitpunkt

§ 613a Abs. 5 BGB sieht vor, dass die Unterrichtung vor dem Betriebsübergang stattzufinden hat. Die Unterrichtungspflicht erlischt dadurch jedoch nicht mit dem Zeitpunkt des Übergangs, sondern besteht darüber hinaus[100]. Erfolgt die Unterrichtung erst nach Vollzug des Betriebsübergangs, beginnt die Wider-

---

94 BT-Drucks. 14/7760, 19.

95 Vgl. BDH/*Dreher*, § 613a BGB, D., II., Rn. 170; *Gaul/Otto*, DB 2005, 2465, 2469; *Willemsen/Lembke*, NJW 2002, 1159, 1162; a. A. *Rieble*, der auf den jeweiligen Arbeitgeber abstellt, in FS 25 Jahre Arge Arbeitsrecht, 2006, S. 687, 694.

96 ErfK/*Preis*, § 613a, Rn. 90; *Rupp*, NZA 2007, 301.

97 Vgl. BDH/*Dreher*, § 613a BGB, D., II., Rn. 169; BeckOK RGKU/*Gussen*, § 613a BGB, Rn. 144; *Worzalla*, NZA 2002, 353.

98 Art. 7 Abs. 6 RL 2001/23/EG, wonach keine Formvorschrift für die Unterrichtung vorgesehen war und eine mündliche Unterrichtung als ausreichend befunden wurde; s. a. *Franzen*, RdA 2002, 258, 261.

99 Palandt/*Ellenberger*, § 126b BGB, Rn. 3.

100 BDH/*Dreher*, § 613a BGB, D., II., Rn. 177; ErfK/*Preis*, § 613a BGB, Rn. 92; *Willemsen/Lembke*, NJW 2002, 1159, 1163.

spruchsfrist erst mit Zugang der Unterrichtung[101]. Diese ist, sofern man von einem Unterrichtungsschreiben ohne Fehler ausgeht, dann abschließend.

Nichtsdestotrotz sind auch aufgrund der Gefahr unbefristet möglicher Widersprüche, die Betriebsübertragungsparteien dazu verpflichtet, größtmögliche Sorgfalt auf den Inhalt der Information der Betroffenen zu verwenden[102].

d) Inhalt

Der geforderte Inhalt der Unterrichtung findet sich in § 613a Abs. 5 Nr. 1 bis 4 BGB und stimmt inhaltlich mit Art. 7 Abs. 6 der Richtlinie 2001/23/EG überein. Die Arbeitgeber haben die vom Betriebsübergang betroffenen Arbeitnehmer über den Zeitpunkt oder den geplanten Zeitpunkt und den Grund des Übergangs, sowie die rechtlichen, wirtschaftlichen und sozialen Folgen für die Arbeitnehmer und die hinsichtlich dieser in Aussicht genommenen Maßnahmen zu informieren. Die Anforderungen an diese Merkmale sind besonders hoch und führen, wenn nicht schon ein Fehler i. R. d. oben bereits angesprochenen Punkte entstanden ist, in der Praxis sehr häufig zur Fehlerhaftigkeit der Unterrichtung[103]. So reicht es nach Ansicht des BAG in Bezug auf die rechtlichen Folgen z. B. nicht aus, dass die Belehrung nur „im Kern richtig" oder lediglich eine „ausreichende" Unterrichtung erforderlich ist[104].

e) Folgen bei fehlerhafter Unterrichtung

Die Widerspruchsfrist beginnt so lange nicht zu laufen, bis der Veräußerer oder der Erwerber des Betriebs oder Betriebsteils diese fehlerfrei vorgenommen hat[105]. Dies gilt nicht nur dann, wenn die Arbeitnehmer überhaupt nicht informiert wurden, sondern auch dann, wenn die Unterrichtung falsch und/oder nicht vollständig ist[106]. Im Umkehrschluss kann der Arbeitnehmer bei Fehlerhaftigkeit des Schreibens i. d. R. eine prinzipiell „unendliche" Zeit nach dem eigentlichen

---

[101] Vgl. BT-Drucks. 14/7760, 20; BeckOK RGKU/*Gussen*, § 613a BGB, Rn. 156; *Willemsen/Lembke*, NJW 2002, 1159, 1163.

[102] Vgl. *Grau*, Unterrichtung und Widerspruchsrecht der Arbeitnehmer bei Betriebsübergang, S. 47; s. a. Kap. 4, I., 1., S. 85 ff.

[103] Siehe dazu auch Kap. 4, I., 1., S. 85 ff.

[104] Vgl. BAG vom 14.12.2006 – 8 AZR 763/05, NZA 2007, 682, 685.

[105] Erman/*Edenfeld*, § 613a BGB, Rn. 131; Bamberger/Roth/*Fuchs*, § 613a BGB, Rn. 77; MünchKommBGB/*Müller-Glöge*, § 613a BGB, 120; ErfK/*Preis*, § 613a BGB, Rn. 100; HWK/*Willemsen/Müller-Bonanni*, § 613a BGB, Rn. 336.

[106] BT-Drucks. 14/7760, S. 19; s. a. BAG vom 13.07.2006 – 8 AZR 305/05, NZA 2006, 1268; BAG vom 14.12.2006 – 8 AZR 763/05, NZA 2007, 682; BAG vom 21.08.2008 – 8 AZR 407/07, NZA-RR 2009, 62; *Gaul/Otto*, DB 2002, 634, 638.

Betriebsübergang von der Ausübung des Rechts Gebrauch machen. Die einzige Einschränkung des Gestaltungsrechts ergibt sich dann nach Ansicht des BAG aus § 242 BGB[107]. Dies soll im Kern noch besprochen werden[108].

f) Kausalität zwischen Fehler im Unterrichtungsschreiben und konkreter Entscheidung des Arbeitnehmers

Im engen Zusammenhang mit den gerade beschriebenen Folgen einer fehlerhaften Unterrichtung steht der Gedanke der Einführung eines, bis dato nicht vorhandenen, Kausalitätserfordernisses zwischen dem eigentlichen Fehler im Unterrichtungsschreiben und der konkreten Entscheidung des Arbeitnehmers für oder gegen den Widerspruch.

Gegen ein solches Kausalitätserfordernis spricht sich der *Achte Senat* des BAG aus: „Das Gesetz verlangt keine Kausalität zwischen der fehlerhaften Information und der Ausübung des Widerspruchsrechts"[109]. Mithin ist dies keine Wirksamkeitsvoraussetzung für die Ausübung des Gestaltungsrechts nach geltendem Recht[110].

Diese Ansicht stößt in der Lit. auf Kritik[111]. Es wird der Rspr. nahe gelegt, sie müsse zwischen einem Fehler, der für den Arbeitnehmer relevant war oder sein könnte und einem solchen, der für seine Entscheidung nicht relevant war unterscheiden[112]. Denn bei gängiger Rechtspraxis führe, wie schon bereits dargestellt, jeder Fehler dazu, dass der Arbeitnehmer nachträglich widersprechen kann, was jedoch vom Sinn und Zweck des Gesetzes nicht gedeckt sei[113]. Dieser bestehe darin, dem Arbeitnehmer eine ausreichende Wissensgrundlage für seine Entscheidung über das Widerspruchsrecht zu geben[114]. In diesem Sinne können nach Auffassung von *Lindemann/Wolter-Roßteutscher*[115] und *Willemsen*[116] nur

---

107 Siehe z. B.: BAG vom 15.02.2007 – 8 AZR 431/06, DB 2007, 1468; BAG vom 20.03.2008 – 8 AZR 1016/06, NZA 2008, 1354; BAG vom 27.11.2008 – 8 AZR 174/07, DB 2009, 1075; BAG vom 23.07.2009 – 8 AZR 357/08, FA 2009, 281.

108 Siehe dazu Kap. 4, I., 1., S. 85 ff. und Kap. 6, I., S. 187 ff.

109 BAG vom 14.12.2006 – 8 AZR 763/05, NZA 2007, 682; so auch *Schmalenberg*, AuR 2008, 165, 166.

110 BAG vom 14.12.2006 – 8 AZR 763/05, NZA 2007, 682.

111 *Grobys*, NJW-Spezial 2007, 321, 322; *Grosjean/Biester*, DB 2007, 1466, 1468; *Lindemann/Wolter-Roßteutscher*, BB 2007, 938, 940; *Willemsen*, NJW 2007, 2065, 2070 ff.

112 Vgl. *Grobys*, NJW-Spezial 2007, 321, 322; *Lindemann/Wolter-Roßteutscher*, BB 2007, 938, 940; *Willemsen*, NJW 2007, 2065, 2071.

113 Siehe *Lindemann/Wolter-Roßteutscher*, BB 2007, 938, 940.

114 Siehe erneut *Lindemann/Wolter-Roßteutscher*, BB 2007, 938, 940; s. a. Kap. 2, II., 1., S. 45 f.

115 *Lindemann/Wolter-Roßteutscher*, BB 2007, 938, 940.

solche Informationen geschuldet sein, die für die Entscheidung des Arbeitnehmers im konkreten Fall auch tatsächlich wichtig sind. Darüber hinausgehende, „nebensächliche" Informationsfehler wie z. B. das Gründungsdatum oder das Stammkapital der erwerbenden Gesellschaft seien für die Ausübung des Widerspruchsrechts durch den Arbeitnehmer irrelevant[117]. Hierzu bedürfe es einer sog. „Relevanzschwelle", die durch Auslegung nach dem Schutzzweck der Norm zu ermitteln sei[118]. Die Einführung einer solchen Schwelle sei ohne weiteres mit dem Wortlaut des § 613a Abs. 6 BGB zu vereinbaren, da dieser lediglich vom „Zugang der Unterrichtung nach Abs. 5" spricht[119]. D. h. nach Ansicht von *Lindemann/Wolter-Roßteutscher*: „Aus dem Wortlaut kann nicht abgeleitet werden, dass die Widerspruchsfrist nur dann zu laufen beginnt, wenn dem Arbeitnehmer ein in jedem Punkt vollständiges, richtiges und auf seinen Fall bezogenes Rechtsgutachten erstattet wurde"[120]. Des Weiteren werde durch ein solches Kausalitäts-, bzw. Relevanzerfordernis auch die ratio legis nicht unterlaufen, da der Sinn und Zweck der Unterrichtung gerade wegen der Verknüpfung der Information mit der Entscheidung des Arbeitnehmers für eine solche Praxis sprechen würde[121].

Diesbezüglich geht *Willemsen* sogar noch einen Schritt weiter: Nicht nur für die Entscheidung des Arbeitnehmers irrelevante Fehler seien unerheblich, sondern auch solche, die die Situation beim Erwerber ungünstiger beschreiben als sie tatsächlich ist[122]. So sei es abwegig, „einen an sich verspäteten, nachträglichen Widerspruch unter Hinweis auf solche Informationsmängel zuzulassen, wenn im Falle zutreffender Information der Arbeitnehmer *erst recht* von der Ausübung des Widerspruchsrechts Abstand genommen hätte"[123].

Zusammenfassend ist der Ansatz der Lit. m. E. mehr als zu begrüßen. Der wohl etwas lapidar formulierte Hinweis des BAG, das Gesetz sehe eine solche Kausalität nicht vor, erscheint doch sehr vage[124]. Vielmehr überzeugt eine Argumentation mit dem Sinn und Zweck der Norm. Es ist nicht ersichtlich, warum Fehlunterrichtungen über Aspekte des Betriebsübergangs, die nicht in geringsten

---

116 *Willemsen*, NJW 2007, 2065, 2071.

117 Vgl. *Willemsen*, NJW 2007, 2065, 2071.

118 Vgl. erneut *Willemsen*, NJW 2007, 2065, 2071.

119 *Lindemann/Wolter-Roßteutscher*, BB 2007, 938, 941.

120 *Lindemann/Wolter-Roßteutscher*, BB 2007, 938, 941.

121 Vgl. *Lindemann/Wolter-Roßteutscher*, BB 2007, 938, 941.

122 Vgl. *Willemsen*, NJW 2007, 2065, 2071.

123 *Willemsen*, NJW 2007, 2065, 2071; für Fehler, die die Sachlage positiver schildern als tatsächlich gegeben, ist jedoch gerade anders zu entscheiden, vgl. erneut *Willemsen*, NJW 2007, 2065, 2071.

124 So auch *Grobys*, NJW-Spezial 2007, 321, 322.

Bezug zur eigentlichen Entscheidung des Arbeitnehmers stehen zu einem Nichtbeginn der Widerspruchsfrist des § 613a Abs. 6 BGB führen sollen. Durch die gängige Rechtspraxis des *Achten Senats* werden Arbeitnehmer und Anwälte geradezu ermutigt auf Fehlersuche im Unterrichtungsschreiben zu gehen, denn jedweder Fehler, unabhängig von seiner Relevanz, kann dem widerspruchsgewillten Arbeitnehmer die Rückkehr zum Altarbeitgeber ermöglichen[125].

Darüber hinaus ist die Nähe zum Szenario der Anfechtung des Widerspruchsrechts nicht von der Hand zu weisen[126]. Auch hier muss der Arbeitnehmer beweisen, dass eine Kausalität zwischen der Täuschung bzw. dem Irrtum und der Widerspruchserklärung besteht[127]. Ebenso i. R. d. Anfechtung der Verzichtserklärung auf das Widerspruchsrecht[128].

Dies führt dazu, dass eine Notwendigkeit einer Kausalität bei Beseitigung einer Willenserklärung (Erklärung des Widerspruchs durch den Arbeitnehmer) besteht, bei Willensbildung derselben Willenserklärung dies jedoch irrelevant ist. Mit anderen Worten: Der Gesetzgeber bindet den Arbeitnehmer an seinen Widerspruch, solange er nicht beweisen kann, dass der Fehler im Unterrichtungsschreiben für dessen Ausübung kausal war, während er ihm denselben Widerspruch jedoch zuvor zuerkennt, ohne darauf zu achten, ob u. U. derselbe Fehler im Unterrichtungsschreiben für dieselbe Ausübung überhaupt ursächlich war. Ein Grund für ein solches Vorgehen ist m. E. nicht ersichtlich. Die Schutzwürdigkeit des Arbeitnehmers ist in beiden Fällen identisch[129].

Ebenfalls für ein Kausalitätserfordernis zwischen dem Fehler im Unterrichtungsschreiben und der konkreten Entscheidung des Arbeitnehmers bzgl. des Widerspruchs spricht, dass der Arbeitnehmer bei solchen Fehlern im Unterrichtungsschreiben, die für seinen Widerspruch nicht relevant waren, nicht schutzlos steht. Denn hier kann er den vom BAG zuerkannten Schadensersatzanspruch nach § 280 Abs. 1 i. V. m. §§ 249 ff. BGB[130] bei Schäden durch Fehlinformationen geltend machen, welcher wiederum eine Prüfung hypothetischer Kausalverläufe ermöglicht[131].

I. E. ist das Kausalitäts- und Relevanzerfordernis von Fehlern im Unterrichtungsschreiben für die Ausübung des Widerspruchsrechts durch den Arbeitnehmer eine gesetzeskonforme und auch unter Arbeitnehmerschutzgesichtspunkten zu vertretende Lösung. Die Möglichkeit der Ausübung des Widerspruchsrechts

---

125 So auch *Willemsen*, NJW 2007, 2065, 2072.

126 S. a. *Lindemann/Wolter-Roßteutscher*, BB 2007, 938, 941.

127 So auch *Lindemann/Wolter-Roßteutscher*, BB 2007, 938, 941.

128 S. u. Kap. 6, IV., 1., S. 219 ff.

129 So auch *Lindemann/Wolter-Roßteutscher*, BB 2007, 938, 941.

130 BAG vom 31.01.2008 – 8 AZR 1116/06, NZA 2008, 642.

131 Vgl. *Willemsen*, NJW 2007, 2065, 2072.

bei Nichtbeginn der Frist des § 613a Abs. 6 BGB würde erheblich verringert und von dessen Beweislast abhängig gemacht. Dies würde dazu führen, dass nur noch solche Fälle von § 242 BGB betroffen wären, bei denen der Arbeitnehmer ernsthaft eine Willensbildung aufgrund falscher Unterrichtung getroffen hätte.

g) Zusammenfassung

Aufgrund der harschen Rechtsfolgen eines Fehlers für die Arbeitgeberseite in der Unterrichtung bedarf es erheblicher juristischer und betriebswirtschaftlicher Begutachtung um eine Fehlerfreiheit zu gewährleisten. Denn das Unterrichtungsschreiben ist in der Praxis in erhöhtem Maße anfällig für Fehler seitens der Übertragungsparteien. Aufgrund hoher Anforderungen an den Inhalt des Unterrichtungsschreibens[132] und der daraus resultierenden hohen Fehleranfälligkeit steigt die Wahrscheinlichkeit, dass die Unterrichtung einer gerichtlichen Kontrolle nicht standhält. Dies führt dazu, dass die Monatsfrist des § 613a Abs. 6 BGB nicht zu laufen beginnt. In diesen Fällen kann der Arbeitnehmer sein Gestaltungsrecht ohne zeitliche Begrenzung ausüben. Eine Einschränkung ist laut BAG nur noch über § 242 BGB möglich. Dies soll in der Folge jedoch noch genauer in Bezug auf die Verwirkung infolge Zeitablaufs und den Rechtsmissbrauch i. e. S. untersucht werden[133].

Hierbei sollte jedoch nicht aus den Augen verloren werden, dass durch Einführung eines Kausalitäts- und Relevanzerfordernisses zwischen Fehlern im Unterrichtungsschreiben und der Ausübung des Widerspruchsrechts entgegen der Ansicht des BAG eine Verringerung eben solcher Rückgriffe auf § 242 BGB herbeigeführt werden könnte.

2. Widerspruchsrecht nach § 613a Abs. 6 BGB

Durch den kraft Gesetzes angeordneten Übergang des Arbeitsverhältnisses auf den Betriebserwerber werden die Rechte des Arbeitnehmers über den Schutz des § 613a Abs. 1 BGB hinaus u. U. stark berührt[134]. Mittels des Widerspruchs gem. § 613a Abs. 6 BGB hat er die Möglichkeit dies zu verhindern. Hierbei handelt es sich um ein Rechtsfolgenverweigerungsrecht mit der Rechtsqualität eines Ge-

---

132 Es sei hier beispielhaft auf die Entscheidung des BAG verwiesen, in welcher diskutiert wurde, ob eine Fehler im Vornamen des Erwerbers („Jochen" oder „Joachim") schon zu einer Fehlerhaftigkeit führt, vgl. BAG vom 13.07.2006 – 8 AZR 305/05, NZA 2007, 13; eingehend dazu auch *Willemsen*, NJW 2007, 2065 ff.

133 Zu den einzelnen Fällen siehe Kap. 5, S. 109 ff.

134 S. o. Kap. 2, I., 2., S. 38 ff.

staltungsrechts[135]. Als solcher ist der Widerspruch bedingungsfeindlich[136], wobei die Rechtsbedingung „tatsächliches Vorliegen eines Betriebsübergangs" unschädlich ist[137].

a) Form, Ausübung und Adressat

Der Widerspruch gegen den Übergang des Arbeitsverhältnisses muss nach § 613a Abs. 6 BGB schriftlich erfolgen (§ 126 BGB). Nach Ansicht der Entwurfsbegründung soll die Schriftform der Widerspruchserklärung auf der einen Seite den Arbeitnehmer vor Übereilung schützen, da er aufgrund fehlender Beschäftigungsmöglichkeit u. U. seinen Arbeitsplatz verliert, und auf der anderen Seite Beweiszwecken dienen[138]. Damit unterscheidet sich der Widerspruch von der Unterrichtung gem. § 613a Abs. 5 BGB, welche in Textform zu erfolgen hat.

Die Widerspruchserklärung muss in einer mit einer Unterschrift versehenen Urkunde niedergelegt werden, wobei nicht erforderlich ist, dass die Erklärung das Wort „Widerspruch" enthält[139]. Zudem ist es nicht erforderlich, dass der Arbeitnehmer seinen Widerspruch begründet[140]. Dieser ist ebenso wenig von Belang wie das Motiv, aus welchem der Arbeitnehmer widerspricht. Macht der Arbeitgeber die Arbeitnehmer im Unterrichtungsschreiben darauf aufmerksam, dass es der Angabe eines Grundes bedarf, so ist bereits die Unterrichtung fehlerhaft[141].

Der Widerspruch ist eine einseitige empfangsbedürftige Willenserklärung. Aus diesem Grund kann der Arbeitnehmer die Rechtsfolgen des Widerspruchs nach Zugang beim Adressaten nicht einseitig durch bloßes Anbieten der Ar-

---

135 BAG vom 30.10.2003 – 8 AZR 491/02, NZA 2004, 481; BAG vom 13.07.2006 – 8 AZR 382/05, NZA 2006, 1406;BAG vom 15.02.2007 – 8 AZR 431/06, NZA 2007, 793.

136 BAG vom 13.07.2006 – 8 AZR 382/05, NZA 2006, 1406; *Gaul*, Das Arbeitsrecht der Betriebs- und Unternehmensspaltung, S. 325.

137 BAG vom 13.07.2006 – 8 AZR 382/05, NJW 2007, 255 m. Anm. *Lembke* = NZA 2006, 1406.

138 BT-Drucks. 14/7760, 20.

139 BDH/*Dreher*, § 613a BGB, D., III., Rn. 189.

140 BAG vom 15.02.1984 – 5 AZR 123/82, EzA § 613a BGB, Nr. 39.; BAG vom 19.03.1998 – 8 AZR 744/96, AP § 613a BGB, Nr. 177; BAG vom 19.02.2009 – 8 AZR 176/08, ZIP 2009, 1781.

141 *Eckhardt*, Die Informationspflicht der Arbeitgeber beim Betriebsübergang, S. 36; zu den Rechtsfolgen eines fehlerhaften Unterrichtungsschreibens s. o. Kap. 2, II., 1., S. 47.

beitskraft oder durch Widerruf des Widerspruchs wieder rückgängig machen[142]. Eine Anfechtung gem. §§ 119 ff. BGB ist jedoch möglich[143].

Adressat des Widerspruchsschreibens ist gemäß § 613a Abs. 6 S. 2 BGB nach Wahl des Arbeitnehmers der Betriebserwerber oder –veräußerer. Dies ist ebenfalls unabhängig davon, welcher der beiden die Unterrichtung gem. § 613a Abs. 5 BGB vorgenommen hat[144].

b) Zeitpunkt

Nach § 613a Abs. 6 BGB kann das Widerspruchsrecht innerhalb eines Monats nach Zugang der Unterrichtung gem. § 613a Abs. 5 BGB ausgeübt werden. Nach Ablauf dieser Frist ist die Ausübung unbeachtlich[145]. Die Fristberechnung erfolgt gem. §§ 187 Abs. 1, 188 Abs. 2 BGB. Der Fristbeginn wird durch die Unterrichtung ausgelöst und ist unabhängig vom Betriebsübergang[146]. Dadurch haben sowohl der bisherige Arbeitgeber als auch der Erwerber die Möglichkeit, durch frühzeitige Unterrichtung bereits vor dem eigentlichen Betriebsübergang die Widerspruchsfrist in Gang zu setzen, um im Vorfeld zu klären, welche Arbeitnehmer nicht mit übergehen[147].

Entscheidend ist hierbei, dass diese Frist jedoch nicht zu laufen beginnt, solange der Arbeitnehmer noch nicht vollständig und fehlerfrei unterrichtet worden ist[148]. Da der Gesetzgeber sich gegen eine Einführung einer Höchstfrist für die Ausübung des Widerspruchsrechts entschieden hat[149], kann dies in der Praxis dazu führen, dass in bestimmten Fällen noch Jahre nach dem eigentlichen Betriebsübergang ein wirksamer Widerspruch vorgenommen werden kann[150].

c) Rechtsfolgen

Rechtsfolge eines form- und fristgerechten Widerspruchs des Arbeitnehmers ist der Fortbestand des Arbeitsverhältnisses zum bisherigen Arbeitgeber[151].

---

142 Siehe BAG vom 30.10.2003 – 8 AZR 491/02, NZA 2004, 481.

143 *Willemsen/Lembke*, NJW 2002, 1159, 1164.

144 Vgl. *Sayatz/Wolff*, DStR 2002, 2039, 2043.

145 *Bachner/Gerhardt*, Rn. 124; *Worzalla*, NZA 2002, 353.

146 *Eckhardt*, Die Informationspflicht der Arbeitgeber beim Betriebsübergang, S. 33; BeckOK RGKU/*Gussen*, § 613a BGB, Rn. 163.

147 Vgl. *Gaul/Otto*, DB 2002, 634, 637.

148 Siehe Kap. 2, II., 1., S. 47.

149 BT-Drucks. 14/8128, S. 4 f.; BR-Drucks. 309/1/03, S. 8; s. a. Kap. 6, II., 1., S. 195 ff.

150 Zu den unterschiedlichen Fällen s. Kap. 5, I., 3., S. 116 ff.

151 BeckOK RGKU/*Gussen*, § 613a BGB, Rn. 171; MünchKommBGB/*Müller-Glöge*, § 613a BGB, Rn. 122.

Übt der Arbeitnehmer jedoch seinen Widerspruch zulässigerweise erst nach dem Betriebsübergang aus, beispielsweise aufgrund einer Unterrichtung erst nach Betriebsübergang oder wegen nicht ordnungsgemäßer Unterrichtung, tritt die rechtsgestaltende Wirkung rückwirkend ein, da dem Arbeitnehmer, wenn auch nur vorübergehend, kein Arbeitgeber aufgezwungen werden darf, den er nicht selbst gewählt hat[152]. Diese ex-tunc-Wirkung mag zwar verwundern, da sie in der Praxis zu neuen Unwägbarkeiten in Bezug auf die beim Betriebserwerber bereits gearbeitete Zeitspanne führt (Entstehen eines faktischen/fehlerhaften Arbeitsverhältnisses[153]), dient jedoch dem in der Situation der fehlerhaften Unterrichtung schutzwürdigeren Arbeitnehmer[154].

I. R. d. Rückwirkung stellt sich für den ehemaligen und nun wieder aktuellen Arbeitgeber die Frage nach der Weiterbeschäftigung oder Kündigung des Arbeitnehmers wegen Arbeitskräfteüberhangs[155]. In diesem Zusammenhang ist es notwendig, dass dieser Arbeitgeber, sofern er die betriebliche Tätigkeit nicht komplett eingestellt hat[156], in Bezug auf eine betriebsbedingte Kündigung eine Sozialauswahl unter Einbeziehung des widersprechenden Arbeitnehmers durchführen muss[157]. D. h. es kommt zu einem „Verdrängungswettbewerb" zwischen den Arbeitnehmern des alten Restbetriebes und denen, die dem Übergang ihres Arbeitsverhältnisses i. R. d. Betriebsübergangs widersprochen haben. Dies stellt u. U. die im Veräußererbetrieb verbliebenen Arbeitnehmer, die von dem eigentlichen Betriebsübergang nicht betroffen waren, vor eine ungeahnte Arbeitsplatzgefährdung, wurde aber vom Gesetzgeber wohl sehenden Auges so geregelt.

d) Umgehung des Widerspruchsrechts: Schadensersatz auf Naturalrestitution

Ein mitunter diskutierter Ansatz i. R. d. Widerspruchsrechts des Arbeitnehmers nach § 613a Abs. 6 BGB ist die Umgehung dieses Gestaltungsrechts durch Geltendmachung eines Schadensersatzanspruchs des Arbeitnehmers auf Naturalre-

---

152 BAG vom 13.07.2006 – 8 AZR 382/05, NZA 2006, 1406, 1410; BAG vom 14.12.2006 – 8 AZR 763/05, NZA 2007, 682, 686; *Worzalla*, NZA 2002, 353, 358.

153 Vgl. *Willemsen*, NJW 2007, 2065, 2072; a. A. *Rieble*, NZA 2004, 1, 5; s. a. Kap. 4, I., 1., S. 88 ff.

154 BAG vom 13.07.2006 – 8 AZR 382/05, NZA 2006, 1406, 1409.

155 BeckOK RGKU/*Gussen*, § 613a BGB, Rn. 171a.

156 Zur Präzisierung s. Kap. 4, I., 1., S. 88 ff.

157 BAG vom 31.05.2007 – 2 AZR 218/06 und 2 AZR 276/06, NZA 2008, 53 in AP KSchG 1969 § 1 Soziale Auswahl Nr. 94 = EzA § 1 KSchG Soziale Auswahl Nr. 77; s. a. *Eylert/Spinner*, BB 2008, 50 ff.

stitution. Wobei die Naturalrestitution hierbei in einer Fortsetzung des Arbeitsverhältnisses mit dem Veräußerer liegt.

Ein solcher Anspruch ist grds. leicht zu begründen. Aufgrund der Tatsache, dass es sich bei der Unterrichtungspflicht nach § 613a Abs. 5 BGB um eine echte Rechtspflicht handelt, zieht eine Verletzung dieser einen Schadensersatzanspruch des Arbeitnehmers nach § 280 Abs. 1 BGB nach sich[158]. I. R. d. Rechtsfolgen dieses Anspruchs kann der Arbeitnehmer nach § 249 Abs. 1 BGB den Zustand wieder herstellen lassen, der bestehen würde, wenn der zum Ersatz verpflichtende Umstand nicht eingetreten wäre. Also bei fehlerhafter Unterrichtung als vom Arbeitgeber zu vertretende Pflichtverletzung eine Rückkehr in eine wirksames Arbeitsverhältnis mit dem Betriebsveräußerer. Denn wäre er ordnungsgemäß belehrt worden, hätte er ordnungsgemäß widersprochen.

Dieser Ansatz wird vom *Achten Senat* des BAG strikt abgelehnt[159]. In der Begründung heißt es: „Der Gesetzgeber hat dem Arbeitnehmer über § 613a Abs. 6 BGB die Möglichkeit eingeräumt, bei einer Verletzung der Unterrichtungspflicht nach § 613a Abs. 5 BGB einen Widerspruch auch ohne Einhaltung der Widerspruchsfrist des § 613a Abs. 6 Satz 1 BGB auszuüben. Damit hat es der Arbeitnehmer in der Hand, durch die nicht fristgebundene Ausübung des Widerspruchsrechts den Fortbestand seines Arbeitsverhältnisses mit dem Betriebsveräußerer zu erreichen. Führt ein Verhalten des Arbeitnehmers jedoch dazu, dass sein Recht auf Ausübung des Widerspruchsrechts untergegangen ist, z. B. - wie im Streitfall - durch Verwirkung, liegt es nicht im Schutzzweck von § 613a Abs. 5, § 249 Abs. 1, § 280 Abs. 1 BGB, dass der Arbeitnehmer im Wege der Naturalrestitution verlangen kann, wirtschaftlich so gestellt zu werden, als hätte er den Widerspruch wirksam ausgeübt. Würde ein solcher Schadensersatzanspruch anerkannt, würden letztlich die Regelungen, welche zum Untergang des Widerspruchsrechts geführt haben, umgangen."[160]

I. E. würde also ein solcher Anspruch des Arbeitnehmers den Rückgriff auf die Verwirkung infolge Zeitablaufs so gut wie immer ausschließen. Denn der Arbeitnehmer hätte bei fehlerhafter Unterrichtung immer noch einen Schadens-

---

158 Vgl. BAG vom 31.01.2008 – 8 AZR 1116/06, NZA 2008, 642; siehe auch *Eckhardt*, Die Informationspflichten der Arbeitgeber beim Betriebsübergang, S. 59 ff.; BeckOK RGKU/*Gussen*, § 613a BGB, Rn. 142; *Hauck*, Beil. zu NZA 1/2009, 19; s. a. Kap. 2, II., 1., S. 45 ff.

159 Siehe beispielhaft BAG vom 02.04.2009 – 8 AZR 220/07, ZIP 2009, 2310; BAG vom 12.11.2009 – 8 AZR 751/07, DB 2010, 789; BAG vom 11.11.2010 – 8 AZR 169/09, NJW-Spezial 2011, 211.

160 BAG vom 02.04.2009 – 8 AZR 220/07, ZIP 2009, 2310; BAG vom 12.11.2009 – 8 AZR 751/07, DB 2010, 789.

ersatzanspruch nach §§ 280 Abs. 1, 249 Abs. 1 BGB auf Fortsetzung des Arbeitsverhältnisses.

Der Ansicht des *Achten Senats* ist zuzustimmen. Durch einen solchen Schadensersatzanspruch ergibt sich eine unzulässige Umgehung der Regelungen des § 613a Abs. 6 BGB. Die Rechtsfolge wäre dieselbe wie bei einem Widerspruch, selbst wenn das Gestaltungsrecht dem Arbeitnehmer u. U. schon gar nicht mehr zusteht.

III. Zusammenfassung

Das Kap. über die Grundlagen des Betriebsübergangs nach § 613a BGB und die seit 2002 in den Absätzen 5 und 6 geregelte Informationspflicht und das eng damit verknüpfte Widerspruchsrecht hat gezeigt, dass die Norm im Spannungsverhältnis dreier Parteien steht:

Auf Arbeitnehmerseite kommt es zum Schutz des Arbeitsverhältnisses und zur Aufrechterhaltung der in Art. 12 GG geregelten Rechte. Dies wird nicht zuletzt durch eine Dispositionsfreiheit über sein Vertragsverhältnis erreicht. Der Arbeitnehmer hat die Möglichkeit dem Übergang seines Arbeitsverhältnisses auf den neuen Arbeitgeber ohne Angabe von Gründen zu widersprechen.

Auf der Seite der beiden Arbeitgeber soll durch die Schaffung einer einmonatigen Widerspruchsfrist Planungssicherheit für den Fortgang der Unternehmen geschaffen werden. Hierdurch können Betriebsveräußerer und -erwerber einen zeitlichen Rahmen für den Übergang der Arbeitsverhältnisse festsetzen und darauf aufbauend weitere unternehmerische Entscheidungen treffen.

Beide Ziele lassen sich in der Theorie durch § 613a BGB nahtlos miteinander vereinen. In der Praxis erscheint diese Vereinigung jedoch fragwürdig. Aufgrund der hohen Fehleranfälligkeit des Unterrichtungsschreibens kann es, auch wenn alle Parteien nach bestem Wissen und Gewissen handeln, immer wieder dazu kommen, dass die Unterrichtung nach § 613a Abs. 5 BGB einer richterlichen Kontrolle nicht standhält. Diese Kontrolle ist jedoch nicht unberechtigt. Denn das Unterrichtungsschreiben bildet die Grundlage für die Entscheidung des Arbeitnehmers bzgl. der Ausübung seines Gestaltungsrechts. I. E. führt dies jedoch dazu, dass Widersprüche häufig auch einige Jahre nach Betriebsübergang möglich bleiben.

Die Rspr. versucht diese Fälle seit Einführung des § 613a Abs. 5 und 6 BGB durch das Institut der Verwirkung zu lösen[161]. Ob dies der richtige Weg ist und ob es Alternativen zu diesem Vorgehen gibt, soll den Schwerpunkt der nachstehenden Betrachtungen bilden[162].

161 Siehe z. B.: BAG vom 15.02.2007 – 8 AZR 431/06, DB 2007, 1468; BAG vom 20.03.2008 – 8 AZR 1016/06, NZA 2008, 1354; BAG vom 27.11.2008 – 8 AZR 174/07, DB 2009, 1075; BAG vom 23.07.2009 – 8 AZR 357/08, FA 2009, 281.

162 Siehe Kap. 5, S. 109 ff. und Kap. 6, S. 187 ff.

3. K A P I T E L : Verwirkung infolge Zeitablaufs und Rechtsmissbrauch i. e. S.

Die Verwirkung infolge Zeitablaufs und der Rechtsmissbrauch i. e. S. werden dogmatisch aus § 242 BGB hergeleitet. Dieser regelt nach seinem Wortlaut nur die Art und Weise der Leistung[163]. Rspr. und Lehre haben aus diesem aber den das gesamte Rechtsleben beherrschenden Grundsatz abgeleitet, dass jedermann in Ausübung seiner Rechte und Erfüllung seiner Pflichten nach Treu und Glauben zu handeln hat[164]. Diese kurze Norm beinhaltet ein umfangreiches Regelwerk an Auslegung und Interpretation. So werden auch die Verwirkung infolge Zeitablaufs und der Rechtsmissbrauch i. e. S. aus § 242 BGB hergeleitet und trotz des unbestimmten Wortlauts an konkrete Tatbestandsmerkmale geknüpft.

I. Verwirkung

Die Verwirkung[165] wird von der Rechtsprechung häufig als „Sonderfall der unzulässigen Rechtsausübung“[166] „mit Verwandtschaft zum widersprüchlichen Verhalten“[167] bezeichnet. Es wird sich jedoch zeigen, dass es einer genaueren Betrachtung des nicht eindeutigen Terminus der Verwirkung[168] bedarf[169].

1. Herleitung des Rechtsinstitutes der Verwirkung infolge Zeitablaufs

Die Verwirkung infolge Zeitablaufs ist in den weit reichenden Tatbestand des § 242 BGB eingebettet. Erschwerend kommt hinzu, dass die Generalklausel des § 242 BGB, ebenso wie die §§ 138, 307, 826 BGB, keinen Rechtssatz mit de-

---

163 Palandt/*Grüneberg*, § 242 BGB, Rn. 1.

164 BGH vom 23.09.1982 – VII ZR 183/80, BGHZ 85, 48; BAG vom 30.09.2004 – 8 AZR 462/03, NJW 2005, 775; Palandt/*Grüneberg*, § 242 BGB, Rn. 1.

165 Zum Rechtsmissbrauch s. Kap. 3, II., S. 83 ff.

166 BAG vom 15.02.2007 – 8 AZR 431/06 in DB 2007, S 1468, EzA § 613a BGB Nr. 64; BAG vom 21.08.2008 – 8 AZR 407/07 in AP Nr. 348 zu § 613a BGB; vgl. auch BAG vom 12.12.2006 – 9 AZR 747/06 in EzA § 242 BGB 2002 Nr. 1.

167 BAG vom 12.12.2006 – 9 AZR 747/06 in EzA § 242 BGB 2002 Nr. 1.

168 Vgl. *Birr*, Verjährung und Verwirkung, Rn. 249.

169 Es ist nämlich im Laufe der Ausarbeitung zwischen der Verwirkung von Rechten, der Verwirkung infolge Zeitablaufs und dem Fall des venire contra factum proprium zu unterscheiden, s. dazu Kap. 3, I., 1., S. 63 ff., S. 78 f. und 79 f.

skriptiven Tatbestandsmerkmalen enthält, aus dem durch bloße Subsumtion bestimmte Rechtsfolgen abgeleitet werden können[170]. In einer mehr als hundertjährigen Rechtsentwicklung ist der Inhalt des § 242 BGB aber durch Herausarbeitung von Funktionskreisen und durch Bildung von Fallgruppen präzisiert und im Wesentlichen abschließend konkretisiert worden[171]. Dies ermöglicht es die Verwirkung und ihre Ausprägungen anhand dieser Untergliederung genauer zu bestimmen. Es wird grundsätzlich in drei[172] Funktionskreise unterteilt[173] (Siehe zu einer Gesamtübersicht der Untergliederung des § 242 BGB auch die Abbildung unter Kap. 3, I., 1., S. 62).

a) Funktionskreise

Der erste Funktionskreis befasst sich mit der Art und Weise der Leistung und der Begründung von Nebenpflichten, sog. Konkretisierungsfunktion[174]. Hier werden die (Haupt-) Leistungspflichten eines bestehenden Rechtsverhältnisses näher bestimmt, vor allem über die Art und Weise, wie die Leistungen zu erbringen sind[175]. Der zweite Funktionskreis des § 242 BGB beinhaltet die Versagung bzw. Einschränkung oder umgekehrt Begründung bzw. Erweiterung von Rechten und Pflichten aus besonderen Interessen- oder Zurechnungslagen, sog. Schrankenfunktion[176]. Dabei ist weder der Unterschied zwischen Versagung (Beschränkung) und Begründung (Erweiterung) noch derjenige zwischen relativen und absoluten oder bestehendem oder noch nicht bestehendem Rechtsverhältnis von grundsätzlicher Bedeutung[177]. Charakterisierend für diesen Funktionskreis ist seine weitere Unterteilbarkeit, wozu auch die hier entscheidende Kategorie der Verwirkung gehört[178]. Der letzte und somit dritte Funktionskreis beinhaltet die Errichtung von Inhaltsschranken für die Privatautonomie in Berei-

---

170 Vgl. Palandt/*Grüneberg*, § 242 BGB, Rn. 2.

171 Palandt/*Grüneberg*, a. a. O.; abl. Staudinger/*Schmidt*, § 242 BGB (1995), Rn. 192 ff., der die Einteilung des § 242 BGB in einzelne Funktionskreise und somit eine Binnensystematik der Generalklausel im Vergleich zur Neuentwicklung von Normen und des allgemeinen Gerechtigkeitspostulats als nicht begründet ansieht.

172 Teilweise wird auch eine Vierteilung erörtert, wobei jedoch der Funktionskreis der Art und Weise der Leistung und der der Begründung von Nebenpflichten i. d. R. zu einem gemeinsamen Funktionskreis zusammengefügt werden, MünchKommBGB/*Roth/ Schubert*, § 242 BGB, Rn. 135.

173 MünchKommBGB/*Roth/Schubert*, § 242 BGB, Rn. 135 ff.

174 Palandt/*Grüneberg*, § 242 BGB, Rn. 15.

175 MünchKommBGB/*Roth/Schubert*, § 242 BGB, Rn. 140.

176 Vgl. Palandt/*Grüneberg*, § 242 BGB, Rn. 16.

177 MünchKommBGB/*Roth/Schubert*, § 242 BGB, Rn. 141.

178 S. u. Kap. 3, I., 1., S. 63 ff. und S. 78 ff.

chen, in denen eine gestörte Vertragsparität das Interessengleichgewicht verfälscht[179], sog. Korrekturfunktion[180].

Bei diesen drei, bzw. vier[181] Themenkreisen des § 242 BGB kommt es häufig zu Überschneidungen, die sowohl dem einen als auch dem anderen Funktionskreis zugeordnet werden können[182]. Entscheidend für die Einordnung der Verwirkung infolge Zeitablaufs bei § 242 BGB ist lediglich der Funktionskreis der Schrankenfunktion[183].

b) Schrankenfunktion und Verwirkung infolge Zeitablaufs

Betrachtet man den Funktionskreis der Schrankenfunktion, häufig synonym mit dem Rechtsmissbrauch und der unzulässigen Rechtsausübung verwendet, des § 242 BGB genauer, so ergibt sich erneut eine Unterteilung in fünf verschiedene Teilaspekte[184]. Auch hier kann der Tatbestand der Verwirkung infolge Zeitablaufs genauer eingegrenzt werden. Bei den angesprochenen Unterteilungen ist zu unterscheiden die zu missbilligende Rechtsausübung oder der Rechtsmissbrauch im eigentlichen Sinn[185], das zu missbilligende frühere Verhalten[186], der Widerspruch zu früherem Verhalten[187], der Mangel korrespondierenden Verhaltens[188]

---

179 BVerfG vom 07.02.1990 – 1 BvR 26/84, BVerfGE 81, 242, NJW 1990, S. 1469; BVerfG vom 19.10.1993 – 1 BvR 567/89, 1 BvR 1044/89, BVerfGE 89, 214, NJW 1994, S. 36; MünchKommBGB/*Roth/Schubert*, § 242 BGB, Rn. 142.

180 Palandt/*Grüneberg*, § 242 BGB, Rn. 16. Die herausgebildeten Grundsätze über das Fehlen und den Wegfall der Geschäftsgrundlage und über das Kündigungsrecht aus wichtigem Grund bei Dauerschuldverhältnissen hat das SMG in den §§ 313 u. 314 BGB kodifiziert und diese entziehen sich nun dem Wirkungskreis des § 242 BGB.

181 S. o. Fn. 172.

182 Für genauere Betrachtungen s. MünchKommBGB/*Roth/Schubert*, § 242 BGB, Rn. 143 ff.

183 Siehe Abbildung unter Kap. 3, I., 1., S. 62.

184 Siehe Abbildung unter Kap. 3, I., 1., S. 62.

185 Fall der exeptio doli praesentis oder generalis i. e. S., wenn die Rechtsausübung als solche zu missbilligen ist. Damit erfasst diese insbesondere im klassischen römischen Recht Tatbestände, die heute einer positiven Regelung zugeführt worden sind, wie z. B. das Zurückbehaltungsrecht aus § 273 Abs. 1 BGB, die Einrede des nicht erfüllten Vertrages gem. § 320 Abs. 1 BGB, die Auflösung einer Verbindlichkeit gem. §§ 158 Abs. 2, 163 BGB und die schuldrechtliche Wirkung der Leistung an den Zedenten vor Kenntnis von der Abtretung gem. § 407 I BGB, vgl. *Piekenbrock*, Befristung, Verjährung, Verschweigung und Verwirkung, S. 156 m. w. N.; s. a. unten Kap. 3, II, S. 83 ff.

186 S. u. Kap. 3, I., 1., S. 78 ff.

187 S. u. Kap. 3, I., 1., S. 63 ff.

und die objektive Interessenabwägung[189]. Um in dieser weiteren Verästelung des § 242 BGB die Verwirkung infolge Zeitablaufs weiter einzukreisen, sind für die folgenden Untersuchungen ausschließlich die Teilkategorien des zu missbilligenden früheren Verhaltens und des Widerspruchs zum früheren Verhalten relevant. Denn unter diesen Subkategorien ist zwischen der Verwirkung von Rechten und der Verwirkung infolge Zeitablaufs zu unterscheiden. Erstere fällt unter das zu missbilligende frühere Verhalten und Letztere unter den Widerspruch zu früherem Verhalten.

Ein Verstoß gegen die übrigen Kategorien der Schrankenfunktion sind in Zusammenhang mit dem Widerspruch gegen den Übergang des Arbeitsverhältnisses nach § 613a BGB zwar möglich, sollen jedoch nicht Teil der Untersuchungen sein.

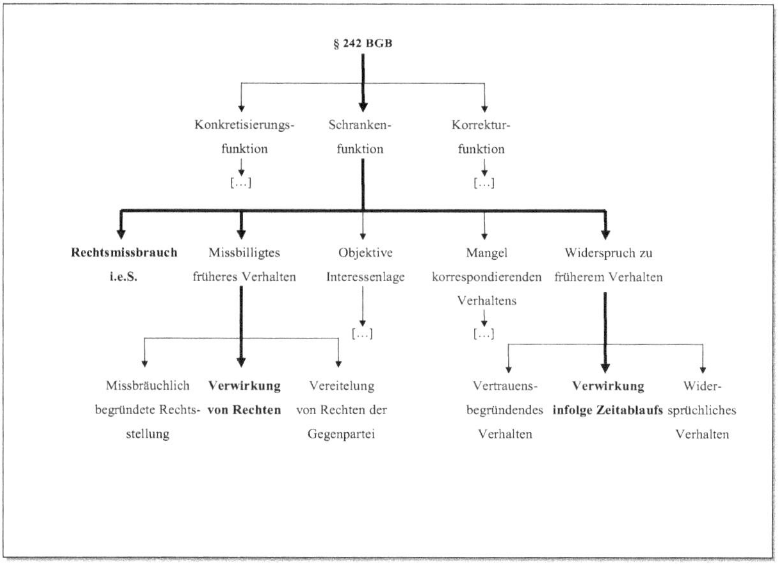

Abbildung: Vereinfachte Übersicht zu § 242 BGB

188 Hierbei kommt es dazu, dass der eigentlich Berechtigte seinerseits ein Verhalten nicht ausübt, das dem von ihm beanspruchtem Handeln rechtlich zu entsprechen hätte, vgl. MünchKommBGB/*Roth/Schubert*, § 242 BGB, Rn. 389 ff.

189 In diesem Fall wird eine für den Ausübenden günstiges Recht oder Rechtslage diesem nicht gewährt, wenn dieser kein schutzwürdiges Interesse verfolgt oder ein überwiegendes schutzwürdiges Interesse eines anderem diesem entgegensteht. Hierunter fällt auch der wohl bekannteste Fall des dolo facit qui petit quod redditurus est.

aa) Verwirkung infolge Zeitablaufs

Hat man den Tatbestand des § 242 BGB nun soweit aufgespalten, dass man die Verwirkung infolge Zeitablaufs als einen Unterfall des Widerspruchs zu früherem Verhalten[190], dieses wiederum als Teil der Schrankenfunktion der Generalklausel des § 242 BGB ansieht, kann man diese näher untersuchen. Sie ist der wohl wichtigste Anknüpfungspunkt bezüglich einer Verwirkung eines Widerspruchsrechts gegen den Übergang des Arbeitsverhältnisses i. R. d. Betriebsübergangs gem. § 613a BGB.

Die Verwirkung infolge Zeitablaufs bedeutet, dass dem Inhaber die Ausübung seines Rechts versagt wird, weil er über einen längeren Zeitraum hinweg von seinem Recht keinen Gebrauch gemacht und dadurch bei der Gegenseite den Eindruck erweckt hat, mit der Beanspruchung des Rechts werde in Zukunft nicht mehr zu rechnen sein[191]; auch verspätete „illoyale Geltendmachung" des Rechts genannt[192]. Dies kommt daher, dass allein durch die Tatsache, dass die gegenüberstehende Partei ein Recht so lange nicht ausübt, bei dem Gegenüber eine Sicherheit der Nichtausübung eben dieses Rechts und dementsprechend ein Vertrauenstatbestand entsteht[193]. Somit kommt eine plötzliche Ausübung des Rechts für die Gegenpartei so überraschend und unerwartet, dass dieser durch die gesetzliche Wertung eine Möglichkeit gegeben wird, die Rechtsausübung der Gegenseite „verwirken" zu lassen. Dabei handelt es sich bei der Verwirkung infolge Zeitablaufs um eine rechtsvernichtende Einwendung, die von Amts wegen im Prozess zu berücksichtigen ist[194].

(1) Tatbestand

Die Verwirkung infolge Zeitablaufs teilt sich in lediglich zwei Tatbestandsmerkmale. Zum einen in ein Zeit- und zum anderen in ein Umstandsmoment. Erschwert wird eine Bestimmung dieser Merkmale jedoch dadurch, dass sich beide Tatbestandsmerkmale in einer konstanten Abhängigkeit zueinander befinden. Dies bedeutet, es besteht eine Wechselwirkung insofern, als der Zeitablauf

---

190 Siehe dazu auch die Abbildung unter Kap. 3, I., 1., S. 62.

191 BGH vom 20.10.1988 – VII ZR 302/87, BGHZ 105, 290, 298, NJW 1989, 836.

192 BGH vom 27.06.1957 – II ZR 15/56, BGHZ 25, 47, 52, NJW 1957, 1358.

193 Vgl. BGH vom 30.06.1976 – I ZR 63/75, JZ 1976, 722; BSG vom 29.06.1972 – 2 RU 62/70, NJW 1972, 2103; *Fikentscher*, Schuldrecht § 27 III 5 a) bb); Palandt/*Grüneberg*, § 242 BGB, Rn. 87; *Hohmann*, JA 1982, 112, 115.

194 BGH vom 12.07.1951 – III ZR 168/50, BGHZ 3, 94; BGH vom 10.11.1965 – Ib ZR 101/63, NJW 1966, 343; Palandt/*Grüneberg*, § 242 BGB, Rn. 96; Staudinger/*Looschelders*, § 242 BGB, Rn. 322; *Siebert*, Verwirkung und Unzulässigkeit der Rechtsausübung, S. 179; MünchKommBGB/*Roth/Schubert*, § 242 BGB, Rn. 348.

umso kürzer sein kann, je gravierender die sonstigen Umstände sind, und dass umgekehrt an diese Umstände desto geringere Anforderungen gestellt werden, je länger der abgelaufene Zeitraum ist[195].

(a) Zeitmoment

Die erste Voraussetzung der Verwirkung infolge Zeitablaufs ist, dass das fragliche Recht über eine längere Zeitspanne hinweg nicht verwirklicht worden ist - sog. „Zeitmoment"[196]. Dieses Auseinanderfallen von Recht und Wirklichkeit bedeutet i. d. R., dass einerseits der Berechtigte sein Recht nicht ausgeübt, andererseits der Verpflichtete das ihm auferlegte Sollen nicht beachtet hat, also z. B. der Gläubiger die Forderung nicht geltend gemacht und auch der Schuldner nicht von sich aus die Leistung erbracht hat[197]. Das Zeitmoment beschreibt demnach die Zeitspanne, in welcher der Berechtigte durch Unterlassen sein Recht nicht geltend gemacht hat[198].

(aa) Bestimmung

In der Praxis fällt es häufig schwer das Zeitmoment genauer zu bestimmen. Anders als bei den gesetzlich festgesetzten Verjährungs- und Ausschlussfristen ist die Bestimmung absoluter Zeitspannen nicht möglich. Daher lassen sich hierfür nur einige allgemeine Anhaltspunkte geben[199]. I. Ü. wird üblicherweise - und zu Recht - auf die Umstände des Einzelfalls verwiesen[200]. D. h., die für die Verwirkung notwendige Zeitspanne ist abhängig von dem konkret zu beurteilenden Fall und dem darin enthaltenen Verhalten der Parteien. Die damit entstehende Abhängigkeit des zeitlichen Tatbestandsmerkmals vom Verhalten lässt sich dadurch erklären, dass sich das Zeitmoment in einer bereits erwähnten konstanten Wechselwirkung zum Umstandsmoment befindet. Dies bedeutet, es besteht eine Wechselwirkung insofern, als der Zeitablauf umso kürzer sein kann, je gravierender die sonstigen Umstände sind, und dass umgekehrt an diese Umstände

---

195 BGH vom 19.12.2000 – X ZR 150/98, ZIP 2001, 670; BSG vom 05.12.1972 – 10 RV 441/71, NJW 1973, 871; s. a. sogleich Kap. 3, I., 1., S. 64 ff.

196 MünchKommBGB/*Roth/Schubert*, § 242 BGB, Rn. 336.

197 Staudinger/*Schmidt*, § 242 BGB (1995), Rn. 539.

198 Zu diesem Unterlassen müssen jedoch noch besondere Umstände in Form eines vertrauensbildenden Verhaltens des Berechtigten hinzutreten, um den Tatbestand der Verwirkung infolge Zeitablaufs zu erfüllen, s. dazu Kap. 3, I., 1., S. 67 ff.

199 MünchKommBGB/*Roth*, § 242 BGB, Rn. 336.

200 OLG Karlsruhe vom 07.07.1981 – 9 REMiet 2/81, WuM 1981, 271; OLG Frankfurt vom 19.02.1991 – 14 U 125/89, NJW-RR 1991, 678; OLG Hamm vom 13.01.1997 – 22 U 93/95, NJW-RR 1997, 847; Palandt/*Grüneberg*, § 242 BGB, Rn. 93.

desto geringere Anforderungen gestellt werden, je länger der abgelaufene Zeitraum ist[201]. Gerade diese gegenseitige Abhängigkeit macht es somit schwierig eine generalisierende Aussage über einen bestimmten „Verwirkungszeitraum" zu treffen.

Als Orientierungshilfe für die Bemessung der Zeitspanne kann die maßgebliche Verjährungsfrist dienen[202]. Die Verwirkungsfrist ist jedenfalls deutlich kürzer als die lange Verjährungsfrist von 30 Jahren (§ 197 BGB), da die Verwirkung doch gerade dazu dient, bei sehr langen Verjährungsfristen dem Schuldner bereits vor deren Ablauf unter besonderen Umständen Abhilfe zu gewähren, und in Anbetracht der kurzen Regelverjährung von drei Jahren (§ 195 BGB) ist eine Abkürzung nur unter besonderen Umständen[203] in Betracht zu ziehen[204]. Möchte man versuchen in diesem Zusammenhang eine Maximaldauer des Zeitmoments zu bestimmen, bei welcher die Verwirkung infolge Zeitablauf über jeden Zweifel erhaben zu einer Einschlägigkeit der Verwirkung infolge Zeitmoments führt, so wird man diesen nicht absolut bestimmen können. Denn hierbei müsste es sich um einen Zeitpunkt handeln, bei welchem das Zeitmoment derart ausgeprägt ist, dass aufgrund der Wechselwirkung von Zeit- und Umstandsmoment an Letzteres keine Anforderungen mehr gestellt werden müssen. Die bloße Nichtausübung des Rechts also ausreicht und keine weiteren vertrauensbildenden Verhaltensweisen des Berechtigten mehr notwendig sind[205].

---

201 BGH vom 19.12.2000 – X ZR 150/98, ZIP 2001, 670; BSG vom 05.12.1972 – 10 RV 441/71, NJW 1973, 871.

202 Vgl. MünchKommBGB/*Roth/Schubert*, § 242 BGB, Rn. 337.

203 Verjährt der Anspruch in relativ kurzer Zeit (§§ 438 Abs. 1 Nr. 3, 479 Abs. 1: zwei Jahre, dann vor allem die Regelverjährung des § 195: drei Jahre, schließlich gar in Sechsmonatsfrist, § 548 u. a., oder bei vertraglicher Abkürzung, § 202), so kommt eine weitere Abkürzung dieser Verjährungsfristen durch Verwirkung nur noch unter ganz besonders gravierenden Umständen in Betracht, vgl. BGH vom 17.02.1969 – II ZR 30/65, DB 1969, 569. Verwirkung von Werklohnforderungen vor Ablauf der vierjährigen Verjährung: OLG Hamm vom 03.09.2002 – 26 U 206/01, NJW-RR 2003, 81.Typisierbare Gründe für derartige Ausnahmen sind einmal die besondere soziale Schutzwürdigkeit des Arbeitnehmers - hier kann auch die allgemeine Verjährung vertraglicher Schadensersatzansprüche durch Verwirkung auf zwei Jahre verkürzt werden (AG Essen vom 01.08.1974 – 1 Ca 3181/73, BB 1974, 1442)- und des Mieters, zum anderen die Geringfügigkeit des Anspruchs etc., MünchKommBGB/*Roth/Schubert*, § 242 BGB, Rn. 354.

204 MünchKommBGB/*Roth/Schubert*, § 242 BGB, Rn. 337.

205 Zu der Notwendigkeit vertrauensbildender Verhaltensweisen des Berechtigten i. R. d. Umstandsmoments s. Kap. 3, I., 1., S. 73 ff.

Dieser Zeitpunkt ist m. E. bei einem Zeitmoment von beinahe zehn Jahren erreicht[206].

Bei der Annahme des Zeitmoments darf jedoch weiterhin nicht aus den Augen verloren werden, dass das entsprechende Recht dem Inhaber grds. für die gesamte Zeit bis zu seiner Verjährung zusteht. Es kommt also nicht darauf an, ob es für einen objektiven Dritten oder nach der Verkehrsauffassung an der Zeit ist das Recht auszuüben. Vielmehr ist es entscheidend, das Zeitmoment nach seiner individualisierbaren Situation unter Berücksichtigung einer für den Rechtsinhaber nicht unüblichen Verzögerung zu bemessen.

I. E. kann aufgrund der Wechselwirkung das Zeitmoment allein i. d. R. keine ausreichende Aussage über die Verwirkung infolge Zeitablaufs geben, sofern das hinzutretende Umstandsmoment nicht hinreichend konkretisiert ist. Deshalb ist die Formel von der „illoyalen Verspätung" nicht zutreffend: Illoyal ist nicht die Verspätung als solche; entscheidend ist vielmehr, dass die Untätigkeit des Gläubigers als zurechenbares vertrauensbildendes Verhalten zu qualifizieren ist[207]. Dieses prognostische Element in Form des Verhaltens bildet einen Tatbestand, der den Schuldner darin bestärkt, dass er weiterhin nicht mit einer Inanspruchnahme durch den Gläubiger zu rechnen hat[208]. Letztlich kommt es darauf an, dass die konkreten Umstände zusammen mit der abgelaufenen Zeit die Folge der Verwirkung rechtfertigen[209].

(bb) Anknüpfungszeitpunkt

Das für die Verwirkung maßgebliche Zeitmoment beginnt bei Forderungen mit dem Zeitpunkt der Fälligkeit[210]. Bei sonstigen subjektiven Rechten beginnt die Frist in dem Zeitpunkt, in welchem der Berechtigte das Recht zum ersten Mal geltend machen bzw. ausüben kann[211].

---

206 Siehe dazu mit Begründung, Kap. 6, II., 1., S. 198 ff.; s. a. in Bezug auf die Kenntnis des Verpflichteten Kap. 3, I., 1., S. 74 ff.

207 *Birr*, Verjährung und Verwirkung, Rn. 257.

208 BAG vom 25.04.2001 – 5 AZR 497/99, NJW 2001, 2907, 2908; BSG vom 29.10.1968 – 4 RJ 245/67, NJW 1969, 767; *Brox/Walker*, Allgemeines Schuldrecht § 7, Rn 17; Erman/*Hohloch*, § 242 BGB, Rn 123.

209 BSG vom 29.10.1968 – 4 RJ 245/67, NJW 1969, 767.

210 *Birr*, Verjährung und Verwirkung, Rn. 259; MünchKommBGB/*Roth/Schubert*, § 242 BGB, Rn. 353; Staudinger/*Looschelders/Olzen*, § 242 BGB, Rn. 307.

211 Siehe erneut *Birr*, Verjährung und Verwirkung, Rn. 259; MünchKommBGB/*Roth/Schubert*, § 242 BGB, Rn. 353; Staudinger/*Looschelders/Olzen*, § 242 BGB, Rn. 307.

Für den speziellen Fall des Widerspruchsrechts gem. § 613a Abs. 6 BGB ist auf spätere Ausführungen zu verweisen[212].

(b) Umstandsmoment

Ebenso wie beim Zeitmoment ist das Umstandsmoment nicht leicht zu bestimmen. Dies liegt daran, dass in Anbetracht der individuellen und situationsabhängigen Begebenheiten eine Bewertung des Verhaltens des Berechtigten getroffen werden muss. Diese Bewertung hat die Schutzwürdigkeit beider Parteien zu berücksichtigten.

Grundsätzlich wird das Umstandsmoment so umrissen, dass die späte Geltendmachung des Rechts als eine mit Treu und Glauben nicht zu vereinbarende Illoyalität des Berechtigten erscheinen müsse[213] oder, dass die verspätete Inanspruchnahme des Schuldners für diesen unzumutbar sei[214]. Es ist jedoch zu beachten, dass nicht jede verspätete Geltendmachung automatisch als illoyal anzusehen ist[215]. Vielmehr ist nur ganz allgemein zu verlangen, dass die verspätete Inanspruchnahme für die Gegenpartei unzumutbar sein muss[216]. Im Sinne einer solchen Unzumutbarkeit ist es, wie allgemein beim venire contra factum proprium[217], erforderlich und genügend, dass das Verhalten des Berechtigten, hier die längere Untätigkeit, bei der Gegenpartei einen Vertrauenstatbestand geschaffen hat[218] oder aus anderen Gründen die nachfolgende Ausübung des Rechts mit der früheren Untätigkeit unvereinbar erscheint[219]. Der Verpflichtete muss also aus dem Verhalten des Berechtigten bei objektiver Betrachtung den Schluss ziehen

---

212 S. u. Kap. 4, I., 2., S. 92 ff.

213 BGH vom 26.08.1969 – II ZR 126/67, WM 1969, 688; BAG vom 21.05.1971 – V ZR 10/69, WM 1971, 1084; BSG vom 29.10.1968 – 4 RJ 245/67, NJW 1969, 767; *Beier/Wieczorek,* GRUR 1976, 566; *Hohmann,* JA 1982, 112, 115; *Soyka,* FPR 2003, 631, 634.

214 BGH vom 27.06.1957 – II ZR 15/56, BGHZ 25, 47, 52; *Hohmann* JA 1982, 112, 115; Staudinger/*Looschelders/Olzen*, § 242 BGB, Rn. 308; MünchKommBGB/*Roth/ Schubert*, § 242 BGB, Rn. 340.

215 Vgl. Soergel/*Teichmann*, § 242 BGB, Rn. 332.

216 LAG Hamm vom 15.03.1966 – 7 Ta 15/66, VersR 1967, 70; MünchKommBGB/*Roth/Schubert*, § 242 BGB, Rn. 340.

217 Zur Abgrenzung s. Kap. 3, I., 1., S. 79 f.

218 BGH vom 17.03.1994 – X ZR 16/93, NJW-RR 1995, 109; BAG vom 12.12.1989 – 3 AZR 540/88, ZIP 1990, 735; BAG vom 22.10.2002 – 3 AZR 496/01, AP § 1 BetrAVG Überversorgung Nr. 10; Palandt/*Grüneberg*, § 242 BGB, Rn. 95.

219 MünchKommBGB/*Roth/Schubert*, § 242 BGB, Rn. 341.

dürfen, dieser werde sein Recht nicht mehr geltend machen[220]. Darüber hinaus muss er sich tatsächlich darauf eingestellt haben nicht mehr in Anspruch genommen zu werden[221]. „Diese kaleidoskopartige Gemengelage zeigt für jede Fallgruppe wie auch für jeden Einzelfall ein neues Bild, in dem die objektiven und subjektiven Merkmale bzw. Voraussetzungen der Verwirkung in anderen Gewichtungen und Brechungen aufeinander treffen“[222].

Man darf demnach das Umstandsmoment weder zu sehr subjektivieren noch schlechthin objektivieren[223]. D. h., der Tatbestand setzt sich aus subjektiven und objektiven Begebenheiten zusammen. Als objektives Merkmal kommt vor allem die Natur des Rechtsverhältnisses und die typischerweise besonders stark oder schwach ausgeprägte Schutzwürdigkeit der einen oder der anderen Seite, etwa aus sozialen Gründen, zum Tragen[224]. So können z. B. im Arbeitsrecht Ansprüche des Arbeitnehmers nur unter sehr eingeschränkten Voraussetzungen, Rechte des Arbeitgebers hingegen auch kurzfristig verwirkt werden[225]. In subjektiver Hinsicht kann es darauf ankommen, wie der Verpflichtete die Gesamtsituation eingeschätzt hat. D. h., ob er tatsächlich an die Nichtausübung des Rechts glaubte oder ob es für ihn Anhaltspunkte für das Gegenteil gab[226].

(aa) Verhalten des Berechtigten

Zur Erfüllung des Umstandsmoments wird vom Berechtigten ein Verhalten verlangt, das zum einen in einer Untätigkeit, also einem Unterlassen, besteht, zum anderen den Verpflichteten zu dem Schluss kommen lässt, der Berechtigte wolle sein Recht nicht mehr ausüben.

Der Berechtigte gilt als untätig, wenn er während der verstrichenen Zeit nichts für die Durchsetzung seines Rechts getan hat. Sein Verhalten ist nach objektiven Gesichtspunkten zu beurteilen. Maßgebend ist, ob der Verpflichtete bei objektiver Betrachtung dem Verhalten des Berechtigten entnehmen durfte, dass dieser sein Recht nicht mehr geltend machen wolle[227]. Eine Verwirkung infolge

---

[220] BGH vom 27.06.1957 – II ZR 15/56, BGHZ 25, 47, NJW 1957, 1358; BGH vom 06.03.1986 – III ZR 195/84, BGHZ 97, 212, NJW 1986, 1803.

[221] BGH vom 11.04.1984 – VIII ARZ 16/83, BGHZ 91, 62, NJW 1984, 2466.

[222] *Birr*, Verjährung und Verwirkung, Rn. 262.

[223] MünchKommBGB/*Roth/Schubert*, § 242 BGB, Rn. 341.

[224] Vgl. MünchKommBGB/*Roth/Schubert*, § 242 BGB, Rn. 344.

[225] Vgl. erneut MünchKommBGB/*Roth/Schubert*, § 242 BGB, Rn. 344.

[226] Für die Frage der Kenntnis des Rechts auf Seiten des Berechtigten siehe Kap. 3, I., 1., S. 71 ff.

[227] *Birr*, Verjährung und Verwirkung, Rn. 263.

Zeitablaufs ist also ausgeschlossen, wenn er durch Mahnung, Widerspruch oder in sonstiger Weise zu erkennen gegeben hat, dass er auf seinem Recht beharrt[228].

Zur Untätigkeit müssen weitere Umstände hinzutreten, die dem Verpflichteten nahe legen, dass das Recht nicht mehr ausgeübt wird[229]. D. h., der Berechtigte muss neben seinem Unterlassen bzgl. der Geltendmachung des Rechts zudem durch ein wie auch immer geartetes Verhalten den Anschein erwecken, er wolle das Recht auch in Zukunft nicht mehr geltend machen. Aufgrund dieses Verhaltens muss ein Vertrauenstatbestand auf Verpflichtetenseite entstehen. Dieses Vertrauen ist, da es rein subjektiv ist, nur schwer zu beweisen. Sicher ist jedoch, dass der Berechtigte bei Nachfrage des Verpflichteten bzgl. des in Frage stehenden Rechts diesem zu antworten hat. Nämlich, ob er weiterhin an seinem Recht festhält oder es nicht mehr ausüben möchte. Lässt der Berechtigte einen solchen Anlass untätig verstreichen, kann seine Untätigkeit als zurechenbares, vertrauensbildendes Vorverhalten gewertet werden[230].

Nichtsdestotrotz kann auch das bloße Untätigbleiben eine Verwirkung infolge Zeitablaufs auslösen, sofern der Verpflichtete eine aktive Verfolgung seiner Rechte erwarten durfte[231]. Dies gilt jedoch nicht, wenn der Berechtigte nach den Umständen damit rechnen musste, dass der Verpflichtete von sich aus seinen Verpflichtungen nachkommt. Hier kann der Verpflichtete kein schutzwürdiges Vertrauen entwickeln, dass er nicht mehr in Anspruch genommen wird[232].

I. E. muss sich der Verpflichtete aufgrund des Verhaltens des Berechtigten darauf eingerichtet haben, dieser werde sein Recht nicht mehr geltend machen, und wegen des geschaffenen Vertrauenstatbestandes muss die verspätete Geltendmachung des Rechts als eine mit Treu und Glauben unvereinbare Härte erscheinen[233].

Darüber hinaus ist ein Verschulden des Berechtigten nicht erforderlich[234]. Die Verwirkung infolge Zeitablaufs tritt unabhängig vom Willen des Berechtigten ein[235]. Das Verschulden *kann* lediglich eine Rolle im Rahmen der Gesamt-

---

228 BGH vom 09.12.1987 – IVb ZR 99/86, FamRZ 1988, 480;BGH vom 26.02.1996 – II ZR 77/95, BGHZ 132, 95.

229 BGH vom 23.03.1965 – V BLw 25/64, NJW 1965, 1532; BGH vom 20.10.1988 – VII ZR 302/87, BGHZ 105, 290, m. w. N.; MünchKommBGB/*Roth/Schubert*, § 242 BGB, Rn. 336.

230 Soergel/*Teichmann*, § 242 BGB, Rn. 337.

231 Vgl. *Birr*, Verjährung und Verwirkung, Rn. 262.

232 BGH vom 13.01.1966 – II ZR 68/64, BB 1966, 474.

233 BGH vom 13.03.1996 – VIII ZR 99/94, NJW-RR 1996, 950.

234 LG München vom 16.03.1989 – 11 O 20714/88, NJW-RR 1989, 852; *Siebert*, Verwirkung und Unzulässigkeit der Rechtsausübung, S. 174.

235 BGH vom 27.06.1957 – II ZR 15/56, BGHZ 25, 47, NJW 1957, 1358.

wertung des Verhaltens[236] und damit auch der Wechselwirkung von Zeit- und Umstandsmoment spielen. Wenn jedoch andere, stärker zu wertende äußere Umstände vorhanden sind, so braucht die Frage des Verschuldens nicht notwendigerweise entscheidend zu sein, ja sie kann dann u. U. sogar völlig unerheblich werden[237].

(bb) Verhalten des Verpflichteten

Auf Seiten des Verpflichteten ist es zur Erfüllung des Umstandsmoments notwendig, dass dieser ein schutzwürdiges Vertrauen auf die Nichtausübung des Rechts entwickelt[238]. Das Vertrauen muss sich zum einen aus der Untätigkeit und zum anderen aus dem Hinzutreten von weiteren Umständen oder Verhaltensweisen des Berechtigten, die gegen eine Rechtsausübung des Berechtigten sprechen, ergeben[239]. Ein solches Vertrauen wird häufig mit sog. „Vertrauensinvestitionen" des Verpflichteten begründet. D. h., dass er bereits Dispositionen mit wirtschaftlichem Wert im Vertrauen auf die Nichtausübung getroffen oder sich sonst wie auf die Fortdauer des Status quo eingerichtet hat[240]. *Roth/Schubert*[241] ist hierbei jedoch zuzustimmen, dass ein Recht in der Tat nur dann verwirkt ist, wenn seine verspätete Ausübung für die Gegenseite unzumutbar erscheint, dass aber diese Unzumutbarkeit sich nicht unbedingt aus wirtschaftlichen Dispositionen ergeben muss. Vielmehr bilden sie lediglich einen möglichen Anhaltspunkt für ein beim Verpflichteten gewachsenes Vertrauen.

Das Vertrauen des Verpflichteten muss weiterhin schutzwürdig sein[242]. Somit kann eine Verwirkung in solchen Fällen ausscheiden, in denen der Verpflichtete in der Lage ist die Situation gut oder sogar besser als der Berechtigte einzuschätzen[243]. Denn hier kann u. U. kein schutzwürdiges Vertrauen entstehen. Zudem fehlt es an der Schutzwürdigkeit, wenn der Verpflichtete die Untätigkeit des Berechtigten auf unredliche Weise selbst verursacht hat[244].

Zudem ist der Verpflichtete minder schutzwürdig, wenn er sich ebenfalls treuwidrig verhält. D. h., wenn ihm z. B. ein rechtswidrig-schuldhaftes Verhal-

---

236 *Siebert*, Verwirkung und Unzulässigkeit der Rechtsausübung, S. 174.

237 *Siebert*, Verwirkung und Unzulässigkeit der Rechtsausübung, S. 174, m. w. N.

238 Siehe auch Kap. 3, I., 1., S. 68 f.

239 Siehe erneut Kap. 3, I., 1., S. 68 f.

240 MünchKommBGB/*Roth/Schubert*, § 242 BGB, Rn. 366, m. w. N.

241 MünchKommBGB/*Roth/Schubert*, § 242 BGB, Rn. 366.

242 Staudinger/*Looschelders/Olzen*, § 242 BGB, Rn. 311, m. w. N.

243 Staudinger/*Looschelders/Olzen*, § 242 BGB, Rn. 311.

244 BGH vom 27.06.1957 – II ZR 15/56, BGHZ 25, 47, NJW 1957, 1358; Bamberger/Roth/*Sutschet*, § 242 BGB, Rn. 141; Jauernig/*Mansel*, § 242 BGB, Rn. 61; MünchKommBGB/*Roth/Schubert*, § 242 BGB, Rn. 343.

ten zur Last fällt[245]. Jedoch schließt auch ein solches Verhalten eine Verwirkung nicht absolut aus[246]. Es ist eine Abwägung der Schutzwürdigkeit von Berechtigten und Verpflichteten im konkreten Einzelfall notwendig.

(2) Kenntnis des von der Verwirkung bedrohten Rechts

Fraglich ist, ob es sowohl für den Verpflichteten als auch für den Berechtigten notwendig ist, das von der Verwirkung infolge Zeitablaufs bedrohte Recht zu kennen.

(a) Kenntnis des Berechtigten

Vom Berechtigten verlangt die Verwirkung infolge Zeitablaufs ein vertrauensbildendes Verhalten sowie eine längerfristige Untätigkeit, die durch eine für den Verpflichteten überraschende und illoyal-verspätete Geltendmachung des Rechts beendet wird[247]. Fraglich ist, ob eine Verwirkung infolge Zeitablauf eintreten kann, wenn der Grund für diese längere Untätigkeit des Berechtigten darin besteht, dass er von seinem Recht nichts weiß.

Nach überwiegender Ansicht tritt die Verwirkung infolge Zeitablaufs unabhängig von der Kenntnis des Berechtigten ein[248]. Dies ist unterschiedlich zu begründen:

Zum einen ist das Verhalten des Berechtigten nach objektiven Gesichtspunkten zu beurteilen. Maßgebend ist, ob der Verpflichtete bei objektiver Betrachtung dem Verhalten des Berechtigten entnehmen durfte, dass dieser sein Recht nicht mehr geltend machen wolle[249]. Da es bei einer solchen objektiven Beurteilung, die allein an den Grundsätzen von Treu und Glauben ausgerichtet sein muss, schon nicht auf die subjektive Willensrichtung des Berechtigten ankommen kann[250], darf ebenso wenig die Kenntnis eine Rolle spielen. Der Ver-

---

245 MünchKommBGB/*Roth/Schubert*, § 242 BGB, Rn. 343.

246 Siehe erneut MünchKommBGB/*Roth*, § 242 BGB, Rn. 343, m. w. N.

247 S. o. Kap. 3, I., 1., S. 68 f.

248 RG vom 27.10.1931 – II 25/31, RGZ 134, 41; BGH vom 27.06.1957 – II ZR 15/56, BGHZ 25, 47, NJW 1957, 1358; BGH vom 08.07.1964 – Ib ZR 177/62, WRP 1967, 444; BAG vom 05.08.1969 – 1 AZR 441/68, DB 1969, 1996; BGH vom 17.02.2006 – V ZR 236/03, NJW-RR 2006, 736; Palandt/*Grüneberg*, § 242, Rn. 95; Soergel/*Teichmann*, § 242 BGB, Rn. 337.

249 *Birr*, Verjährung und Verwirkung, Rn. 263.

250 BGH vom 27.06.1957 – II ZR 15/56, BGHZ 25, 47, NJW 1957, 1358, s. a. Kap. 3, I., 1., S. 68 f.

trauensschutz des Verpflichteten ist hier vorrangig. Es genügt, dass der Berechtigte bei objektiver Beurteilung hätte Kenntnis haben können[251].

Zum anderen zieht das BAG eine Parallele zu den Ausschlussfristen. Denn „dabei handelt es sich um eine ähnliche Rechtsfigur wie bei der Verwirkung“, sodass selbst nicht bekannte Ansprüche verfallen können[252]. Möchte man dem vorbeugen, so müsste man, wie in § 626 Abs. 2 Satz 2 BGB, die Kenntnis als tatbestandsmäßige Voraussetzung des § 242 BGB benennen. Denn im Falle des § 626 Abs. 2 BGB sagt das BAG: „Der Einwand der materiell-rechtlichen Verwirkung nach § 242 BGB wird hinsichtlich des Rechts zur außerordentlichen Kündigung aus wichtigem Grund durch § 626 Abs. 2 BGB konkretisiert. Dieses Kündigungsrecht kann deshalb ohne Kenntnis des Kündigungsberechtigten vom Kündigungssachverhalt nicht verwirken[253].“

Ausgeschlossen ist die Verwirkung jedoch dann, wenn die Unkenntnis des Berechtigten dadurch entstanden ist, dass der Verpflichtete dem Berechtigten den Anspruch treuwidrig verheimlicht hat[254]. Hier fehlt es an der Schutzwürdigkeit des Verpflichteten[255].

Problematisch stellt sich jedoch der Fall der nicht zu vertretenden Unkenntnis des Berechtigten dar. Zwar soll dieser die Verwirkung nicht schlechthin ausschließen[256]. Allerdings müssen dann die Umstände i. Ü. schon sehr nachdrücklich für eine vorrangige Schutzwürdigkeit der Gegenseite sprechen[257]. Z. B. können objektive Gesichtspunkte, welche eine erhöhte Schutzwürdigkeit des Verpflichteten begründen, eine mangelnde Kenntnis des Berechtigten ausgleichen[258]. „In Betracht kommt vor allem der Gedanke des Besitzschutzes, wenn sich der Verpflichtete im Vertrauen auf die fortdauernde Untätigkeit des Berechtigten einen wertvollen Besitzstand geschaffen hat“[259]. Dies ist im Einzelfall abzuwägen. Denn die Kenntnis des Berechtigten von seinem Recht ist, ebenso wie das Verschulden[260], nur ein mögliches Abwägungskriterium des Umstandsmoments des § 242 BGB.

---

251 LG Frankfurt a. M. vom 13.11.1985 – 2/1 S97/85, NJW-RR 1986, 593.
252 BAG vom 05.08.1969 – 1 AZR 441/68, DB 1969, 1996.
253 BAG vom 09.01.1986 – 2 ABR 24/85, NZA 1986, 467.
254 BGH vom 27.06.1957 – II ZR 15/56, BGHZ 25, 47, NJW 1957, 1358.
255 S. o. Kap. 3, I., 1., S. 70 ff.
256 *Siebert*, Verwirkung und Unzulässigkeit der Rechtsausübung, S. 173 f.
257 MünchKommBGB/*Roth/Schubert*, § 242 BGB, Rn. 342.
258 *Birr*, Verjährung und Verwirkung, Rn. 263.
259 *Birr*, Verjährung und Verwirkung, Rn. 263.
260 S. o. Kap. 3, I., 1., S. 68 f.

(b) Kenntnis des Verpflichteten

Das Tatbestandsmerkmal des Umstandsmoments verlangt vom Verpflichteten, dass dieser aus dem Ausbleiben der Geltendmachung des Rechts und einem noch hinzutretenden Verhalten des Berechtigten den Schluss ziehen durfte, der Berechtigte werde sein Recht nicht mehr geltend machen[261]. Dieser „Vertrauensschutz ist die zentrale ratio der Verwirkung“[262].

Hat der Verpflichtete keine Kenntnis von dem gegen ihn gerichteten Recht, so ist nur schwerlich möglich das von § 242 BGB geforderte Vertrauen auf die Nichtausübung zu bilden[263]. Denn der Verpflichtete muss sich tatsächlich darauf eingestellt haben vom Berechtigten nicht mehr bzgl. eines konkreten Rechts in Anspruch genommen zu werden[264]. Ist dem Verpflichteten dieses konkrete Recht unbekannt, kann er kein schutzwürdiges Vertrauen auf die Nichtausübung eben dieses Rechts bilden. Fehlt ihm dieses schutzwürdige Vertrauen auf die Nichtausübung des Rechts, ist das Tatbestandsmerkmal des Umstandsmoments nicht erfüllt und ebenso der Schutzzweck der Verwirkung infolge Zeitablaufs nicht berührt. Eine Verwirkung infolge Zeitablaufs ist dann grds. bei fehlender Kenntnis des Verpflichteten ausgeschlossen.

(aa) Ausnahmen

Von diesem Grundsatz gibt es jedoch Ausnahmen. Zum einen der Fall der nachträglichen Kenntniserlangung des Verpflichteten und zum anderen teilweise durch die Rspr. entwickelte Fälle begründet durch die Wechselwirkung von Zeit- und Umstandsmoment.

(aaa) Nachträgliche Kenntniserlangung

Der wohl häufigste Ausnahmefall ist derjenige, der nachträglichen Kenntniserlangung durch den Verpflichteten. So ist es möglich, dass dieser bei Beginn des Zeitmoments[265] noch keine Kenntnis des gegen ihn gerichteten Rechts hat. Dies kann sich, während das Zeitmoment bereits läuft, ändern. Denkbar wäre hier z. B. die Kenntniserlangung durch einen Dritten. Der wohl häufigste Fall der

[261] BGH vom 27.06.1957 – II ZR 15/56, BGHZ 25, 47, NJW 1957, 1358; BGH vom 06.03.1986 – III ZR 195/84, BGHZ 97, 212, NJW 1986, 1803; s. a. Kap. 3, I., 1.,S. 70 ff.

[262] MünchKommBGB/*Roth/Schubert*, § 242 BGB, Rn. 362, m .w. N.

[263] Vgl. MünchKommBGB/*Roth/Schubert*, § 242 BGB, Rn. 363; s. a. BAG vom 25.04.2001 – 5 AZR 497/99, BAGE 97, 326.

[264] BGH vom 11.04.1984 – VIII ARZ 16/83, BGHZ 91, 62, NJW 1984, 2466.

[265] S. o. Kap. 3, I., 1., S. 66.

nachträglichen Kenntniserlangung ist jedoch derjenige, der Kenntniserlangung durch den Berechtigten. Da die Verwirkung infolge Zeitablaufs neben dem schlichten Unterlassen der Geltendmachung des Rechts vom Berechtigten i. d. R. noch eine weitere Handlung verlangt, die beim Verpflichteten den notwendigen schutzwürdigen Vertrauenstatbestand auslöst[266], wird diese Handlung zumeist zugleich die Kenntnis des Rechts beim Verpflichteten hervorrufen. Dieses vertrauensbildende Verhalten des Berechtigten besteht nämlich in den meisten Fällen aus wie auch immer gearteten Aussagen oder Verhaltensweisen, die bei objektiver Betrachtung den Eindruck erwecken, das Recht solle nicht mehr ausgeübt werden. Während dieser Verhaltensweisen wird dem Verpflichteten das fragliche Recht i. d. R. (wieder) in das Bewusstsein gerufen oder er kann den Berechtigen diesbezüglich zur Rede stellen. Tut er dies nicht, so befindet sich der Verpflichtete in grob fahrlässiger Unkenntnis des Rechts und eine Schutzwürdigkeit durch § 242 BGB ist zu verneinen.

(bbb) Keine positive Kenntnis

Fraglich ist, ob eine Verwirkung infolge Zeitablaufs auch dann noch einschlägig sein kann, wenn der Verpflichtete überhaupt keine positive Kenntnis (auch keine nachträgliche[267]) bzgl. des in Frage stehenden Rechts hat. Dies wurden teilweise durch die Rspr. bejaht[268]. Begründet wurden die Ausnahmefälle durch die besondere Eigenheit der Wechselwirkung von Zeit- und Umstandsmoment i. R. d. § 242 BGB[269]. In diesen Fällen kann von einem tatsächlichen Vertrauen auf die Nichtausübung des Rechts in dem hier erörterten Sinn nur schwerlich gesprochen werden und eine Verwirkung infolge Zeitablaufs kommt daher nicht in gleicher Weise in Betracht, wie wenn der Verpflichtete in positiver Kenntnis des Rechts auf dessen Nichtausübung vertraut[270]. Vielmehr ist eine Einschlägigkeit des § 242 BGB nur denkbar, sofern es durch eine maximale Ausprägung des Zeitmoments zu einer extremen Minimierung der Anforderungen an das Umstandsmoment kommt[271]. Denn Letzteres ist, wie zu Beginn ausgeführt, der Grund, warum mangels schutzwürdigen Vertrauens des Verpflichteten eine Verwirkung infolge Zeitablaufs nicht in Frage kommt. Dieses Erfordernis des Umstandsmoments kann nun bei Erreichung der Maximaldauer des Zeitmoments durch die Wechselwirkung von Zeit- und Umstandsmoment „umgangen"

---

266 S. o. Kap 3, I., 1., S. 70 ff.

267 Siehe dazu voranstehenden Absatz.

268 BAG vom 12.01.2006 – 2 AZR 539/05, DB 2006, 1503; siehe dazu Fn. 280.

269 Zur Wechselwirkung s. Kap. 3, I., 1., S. 64 ff.

270 MünchKommBGB/*Roth/Schubert*, § 242 BGB, Rn. 363, m. w. N.

271 S. o. Kap. 3, I., 1., S. 64 ff.

werden. Geht man demnach von einer noch näher zu bestimmenden Maximaldauer des Zeitmoments aus, so bestehen die Anforderungen an das Umstandsmoment lediglich in dem Unterlassen des Berechtigten der Geltendmachung des Rechts. Ein darüber hinaus gehendes Verhalten des Berechtigten, das einen Vertrauenstatbestand auf Verpflichtetenseite auslöst, ist damit nicht mehr erforderlich. Denn das Vertrauen leitet sich allein aus der sehr langen Untätigkeit des Berechtigten, also fast ausschließlich aus dem Zeitmoment, ab.

Bei diesen Ausnahmefällen ist bzgl. des in Frage stehenden Rechts zwischen Ansprüchen, Gestaltungsrechten und sonstigen subjektiven Rechten zu unterscheiden:

Handelt es sich bei dem auszuübenden Recht um einen Anspruch des Berechtigten, so scheidet eine solche Art der Wechselwirkung i. d. R. aus. Denn alle Ansprüche unterliegen grds. den Vorschriften der Verjährung gem. §§ 194 ff. BGB[272]. Diese setzen lediglich die Kenntnis des Berechtigten von den Anspruch begründenden Umständen und der Person des Verpflichteten voraus, § 199 Abs. 1, Nr. 2 BGB. Auf eine Kenntnis des Verpflichteten selbst kommt es für den Beginn der Verjährung nicht an[273]. Mithin wird der Verpflichtete durch die §§ 194 ff. BGB hinreichend vor etwaigen unbekannten Ansprüchen geschützt. Ein zusätzlicher Schutz des Verpflichteten über § 242 BGB ist nach Ansicht des BAG nicht notwendig. Der *Fünfte Senat* des BAG formuliert i. E.: „Den Schutz vor solch unbekannten Forderungen hat das Verjährungsrecht zu gewährleisten und nicht etwa Treu und Glauben“[274].

Der Ansicht des BAG ist für die Fälle der regelmäßigen Verjährungsfrist von drei Jahren gem. § 195 BGB zuzustimmen. Eine Ausnahme bedarf es m. E. jedoch bei zehnjährigen und darüber hinaus gehenden Verjährungsfristen[275]. Hier muss es aufgrund der Wechselwirkung von Zeit- und Umstandsmoment möglich sein ab einer Dauer des Zeitmoments von beinahe zehn Jahren die Anforderungen an das Umstandsmoment so zu verringern, dass bereits das schlichte Unterlassen des der Geltendmachung des Rechts durch den Berechtigten für dessen Vorliegen ausreicht[276]. Eine Verwirkung infolge Zeitablaufs kann demnach bei Ansprüchen und fehlender Kenntnis des Verpflichteten von diesen bei einer Untätigkeit des Berechtigten von beinahe zehn Jahren Anwendung finden.

Bei Gestaltungsrechten und sonstigen subjektiven Rechten gilt das soeben zu den Ansprüchen Gesagte. Auch diese unterliegen bei Unkenntnis des Ver-

---

272 Als Ausnahme siehe z. B. § 194 Abs. 2 BGB.

273 *von Tuhr*, Allgemeiner Teil des Deutschen Bürgerlichen Rechts, S. 513.

274 BAG vom 25.04.2001 – 5 AZR 497/99, BAGE 97, 326.

275 Siehe z. B. §§ 196 f. BGB.

276 Zur Lösung einer Höchstfrist von zehn Jahren für die Ausübung des Widerspruchsrechts s. Kap. 6, II., 1., S. 198 f.

pflichteten grds. einer zeitlichen Begrenzung[277]. Der Unterschied besteht jedoch darin, dass diese jedoch von Grund auf schon weitaus länger als die regelmäßige Verjährungsfrist des § 195 BGB ist. So sind es z. B. bei der Anfechtung nach den §§ 121 Abs. 2, 124 Abs. 3 BGB zehn Jahre. Beim Widerruf von Verbraucherverträgen und beim Widerspruch bei Betriebsübergang zwar lediglich sechs (§ 355 Abs. 4 Satz 1 BGB) bzw. einen Monat (§ 613a Abs. 6 Satz 1 BGB), jedoch besteht bei beiden die Möglichkeit, dass die Frist nicht zu laufen beginnt und das Gestaltungsrecht vorerst ohne zeitliche Begrenzung ausgeübt werden kann[278]. Kommt es in diesen Fällen zu einer Dauer des Zeitmoments von beinahe zehn Jahren und hat der Verpflichtete in dieser Zeit keine Kenntnis von dem gegen ihn gerichteten Recht erlangt, so müssen m. E., ebenso wie zuvor im Falle der Ansprüche, die Anforderungen an das Umstandsmoment insofern herabgesetzt werden, dass das schlichte Unterlassen der Geltendmachung des Rechts für eine Tatbestandsmäßigkeit ausreicht[279]. Eine Verwirkung infolge Zeitablaufs kann demnach aufgrund der gegenseitigen Abhängigkeit von Zeit- und Umstandsmoment auch hier Anwendung finden[280].

---

[277] So z. B. die Anfechtung einer Willenserklärung, §§ 121 Abs. 2, 124 Abs. 3 BGB; der Widerruf bei Verbraucherverträgen, § 355 Abs. 4 BGB; der Widerspruch bei Betriebsübergang, § 613a Abs. 6 BGB; wobei eine Unkenntnis des Verpflichteten in den beiden letztgenannten Fällen aufgrund von Widerrufsbelehrung und Unterrichtungsschreiben beinahe komplett ausscheidet. Siehe zu § 613a BGB diesbezüglich auch Kap. 4, I., 2., S. 101 ff.

[278] Für den Widerruf bei Verbraucherverträgen s. § 355 Abs. 4 Satz 3 BGB; bei Widerspruch bei Betriebsübergang s. Kap. 2, II., 1., S. 47 f.

[279] Zur Lösung einer Höchstfrist von zehn Jahren für die Ausübung des Widerspruchsrechts s. Kap. 6, II., 1., S. 198 und S. 199 f.

[280] Als ein außergewöhnliches Beispiel der Rspr. bzgl. der Herabsetzung der Anforderungen an das Umstandsmoment bei sonstigen subjektiven Rechten kann das Urteil des BAG vom 12.01.2006 – 2 AZR 539/05, DB 2006, 1503 genannt werden. Hierbei ging es um die Geltendmachung des Sonderkündigungsschutzes nach § 85 SGB IX. Der Arbeitgeber hatte keine Kenntnis von der Behinderteneigenschaft seines Arbeitnehmers. Das BAG hat hierbei in mehreren Entscheidungen den Grundsatz entwickelt, dass der Arbeitnehmer, der sich auf § 85 SGB IX berufen will, nach Zugang der – ordentlichen oder außerordentlichen – Kündigung innerhalb einer Frist, die regelmäßig einen Monat beträgt, gegenüber dem Arbeitgeber seine bereits festgestellte oder zur Feststellung beantragte Schwerbehinderteneigenschaft geltend machen muss. Unterlässt der Arbeitnehmer diese Mitteilung, so hat er den besonderen Kündigungsschutz verwirkt. Dies kommt m. E. daher, dass das BAG in diesen Fällen aus Gründen des Vertrauensschutzes die maximale Dauer des Zeitmoments auf i. d. R. einen Monat festgesetzt hat. Dies erscheint im Vergleich zu der hier vorgeschlagenen Dauer von zehn Jahren als sehr kurz. Jedoch hält es das BAG in dieser besonderen Situation der Kündigung und aufgrund der Tatsache, dass die Information in der Sphäre des Arbeitnehmers liegt als angemessen.

(bb) Zusammenfassung

Zusammenfassend ist eine Verwirkung infolge Zeitablaufs grds. bei fehlender Kenntnis des Verpflichteten ausgeschlossen. Ausnahmen von diesem Grundsatz sind jedoch möglich. So z. B. bei nachträglicher Kenntniserlangung des Verpflichteten und bei Untätigkeit des Berechtigten bzgl. der Ausübung seines Rechts von beinahe zehn Jahren. Vor diesem Zeitpunkt, insbesondere bei Ansprüchen, die bereits durch die Verjährung hinreichend geschützt sind, kommt jedoch eine Verwirkung infolge Zeitablaufs mangels vorliegenden Umstandsmoments nicht in Frage. Dies mag zwar verwundern, da der unwissende Verpflichtete, der sich keines gegen ihn gerichteten Rechts versieht, vermeintlich schlechter gestellt wird als der Wissende, der von einem solchen Recht ausgeht. Jedoch handelt es sich bei der Verwirkung infolge Zeitablaufs um einen außergewöhnlichen Rechtsbehelf, der nur in Ausnahmefällen zur Anwendung kommen darf[281]. Durch ihn darf es nur in bestimmten Situationen besonderer Schutzwürdigkeit zu einer Versagung rechtmäßig zuerkannter Rechte kommen. Diese Schutzwürdigkeit ist bei Ansprüchen, die der regelmäßigen Verjährungsfrist des § 195 BGB unterliegen und i. d. R. bei mangelnder Kenntnis aufgrund des Fehlens eines Vertrauenstatbestandes zu verneinen. Dies führt zwar in der Tat dazu, dass der unwissende Verpflichtete gegenüber dem Wissenden schlechter gestellt ist. Nichtsdestotrotz hat er den vollen, im Regelfall für ihn vom Gesetzgeber vorgesehenen Rechtsschutz. Der darüber hinaus gehende Rechtsbehelf des § 242 BGB kann ihm damit nur in außergewöhnlichen Situationen zur Verfügung stehen. Dies wäre i. d. R. bei einer Ausprägung des Zeitmoments von

---

„Dabei hat die Rechtsprechung allerdings stets betont, dass es sich bei der lediglich aus dem Vergleich mit anderen Vorschriften entwickelten Monatsfrist nur um eine Regelfrist handelt. Lediglich aus Gründen der Rechtssicherheit prüft die Rechtsprechung nicht einzelfallbezogen die Angemessenheit der Frist, also des Zeitmoments der Verwirkung, sondern geht von einer festen Frist aus, nach deren Ablauf regelmäßig eine Verwirkung anzunehmen ist." (BAG vom 12.01.2006 – 2 AZR 539/05, DB 2006, 1503). Durch die Herabsetzung der Maximaldauer des Zeitmoments auf einen Monat wird hierbei erneut wegen der aufgrund der Wechselwirkung von Zeit- und Umstandsmoment extrem verringerten Anforderungen an das Umstandsmoment keine Kenntnis des Arbeitgebers von der Schwerbehinderteneigenschaft des Arbeitnehmers gefordert. Eine Verwirkung infolge Zeitablaufs kann demnach ohne Vertrauenstatbestand des Arbeitgebers und damit lediglich durch schlichtes Unterlassen der Mitteilung des Arbeitnehmers Anwendung finden.

[281] *Birr*, Verjährung und Verwirkung, Rn. 254; *Weimar*, WuM 1974, 250.

beinahe zehn Jahren oder in besonderen von der Rspr. bereits bestätigten[282] und noch zu entwickelnden Fällen erst möglich.

bb) Abgrenzung: Verwirkung von Rechten

Als zweiter, neben der Verwirkung infolge Zeitablaufs hier besprochene Fall der Schrankenfunktion des § 242 BGB soll die Verwirkung von Rechten behandelt und diese von der Verwirkung infolge Zeitablaufs abgegrenzt werden. Wie bereits festgestellt, ist die Verwirkung von Rechten ein Unterfall des zu missbilligenden früheren Verhaltens[283].

Tatbestandsmäßig wird für die Verwirkung von Rechten vom Rechtsinhaber ein zu missbilligendes Verhalten gefordert, das mit der Rechtsposition in sachlichem Zusammenhang steht[284]. Zeitlich verhält es sich hierbei so, dass das Recht zunächst begründet war und dann durch die Verwirkungshandlung verloren geht[285]. Zur näheren Bestimmung des Verhaltens ist es möglich exemplarisch den Grundgedanken des § 2339 BGB über die Erbunwürdigkeit zu Rate zu ziehen oder sich an den Ausführungen zur fristlosen Kündigung bei Dauerschuldverhältnissen wegen Unzumutbarkeit des Verhaltens der Gegenseite gem. § 314 BGB[286] zu orientieren. So verwirkt z. B. der Arbeitnehmer, der seinem Arbeitgeber durch eine vorsätzliche unerlaubte Handlung einen Schaden zufügt, sein Recht, den Arbeitgeber an früheren Zusagen oder Erklärungen festzuhalten[287].

Als Rechtsfolge wird dem Rechtsinhaber demnach der Rechtsvorteil, der aus bestimmten Umständen bzw. den an sie anknüpfenden Rechtsnormen eigentlich resultieren müsste, im konkreten Fall nicht zuerkannt[288].

Wie das Beispiel bereits zeigt, verlangen die Fälle der Verwirkung von Rechten ein grob rechtswidriges Verhalten des Rechtsinhabers und sind damit sehr offensichtlich. Sie entfalten bei hiesiger Untersuchung somit nur geringe bis gar keine Bedeutung.

Wichtig ist jedoch die Verwirkung von Rechten nicht mit der Verwirkung infolge Zeitablaufs[289] zu verwechseln. Zwar stehen sich beide Institute augen-

---

282 Siehe dazu Fn. 280.

283 Siehe dazu auch die Abbildung unter Kap. 3, I., 1., S. 62.

284 MünchKommBGB/*Roth/Schubert*, § 242 BGB, Rn. 266.

285 Vgl. MünchKommBGB/*Roth/Schubert*, § 242 BGB, Rn. 266.

286 Vgl. BGH vom 30.01.1964 – VII ZR 5/63, BGHZ 41, 104, NJW 1964, 1129; BGH vom 26.09.1996 – I ZR 265/95, BGHZ 133, 316, NJW 1997, 1702.

287 BAG vom 09.03.1972 – 1 AZR 165/71, AP Nr. 10 zu § 242 BGB Unzulässige Rechtsausübung - Verwirkung; s. a. MünchKommBGB/*Roth/Schubert*, § 242 BGB, Rn. 270.

288 Vgl. MünchKommBGB/*Roth/Schubert*, § 242 BGB, Rn. 198.

289 S. o. Kap. 3, I., 1.,S. 63 ff.

scheinlich recht nahe, jedoch sind sie bei genauerer Betrachtung gut zu unterscheiden. Betrifft die Verwirkung von Rechten lediglich den Rechtsverlust infolge eines zu missbilligenden Verhaltens, so versagt die Verwirkung infolge Zeitablaufs die Ausübung eines Recht in den Fällen, in denen das Recht über einen so großen Zeitraum nicht geltend gemacht wird, dass bei dem Gegenüber der Eindruck entsteht, es werde gar nicht mehr ausgeübt[290]. Kennzeichnet also die Verwirkung von Rechten ein zu missbilligendes Tun des Berechtigten, so kommt es bei der Verwirkung infolge Zeitablaufs unter anderem auf ein längerfristiges Unterlassen der Rechtsausübung an[291].

cc) Abgrenzung: Generalfall des venire contra factum proprium

Neben der Verwirkung von Rechten und der Verwirkung infolge Zeitablaufs soll noch ein dritter Unterfall des § 242 BGB, der Fall des venire contra factum proprium, behandelt werden. Auch dieser ist von der Verwirkung infolge Zeitablaufs abzugrenzen.

Der Fall des venire contra factum proprium wird wie die Verwirkung infolge Zeitablaufs unter die Kategorie des Widerspruchs zum früheren Verhalten und damit unter die Schrankenfunktion des § 242 BGB eingeordnet[292]. Die Fälle des venire contra factum proprium bilden den die Verwirkung infolge Zeitablaufs umschließenden übergeordneten Tatbestand, wodurch man die Verwirkung infolge Zeitablaufs als Sonderfall bezeichnen kann[293].

Im Unterschied zur Verwirkung infolge Zeitablaufs wird für den Tatbestand des venire contra factum proprium kein gesondertes Zeitmoment verlangt. Es bedarf jedoch, ebenso wie bei diesem, eines schutzwürdigen Vertrauens auf eine bestimmte Sach- oder Rechtslage bei der Gegenpartei, die durch eine Rechtsscheinsetzung der anderen Seite hervorgerufen wurde[294]. Ist nun ein solches Vertrauen gesetzt, muss sich der Rechtsinhaber noch entgegen dieses Vertrauens verhalten, wobei es, ebenso wie bei der Verwirkung infolge Zeitablaufs[295], weder einer Arglist noch eines Verschuldens bedarf[296].

290 Sog. „illoyal verspätete Geltendmachung", BGH vom 27.06.1957 – II ZR 15/56, BGHZ 25, 47, 52, NJW 1953, 1358. Siehe diesbezüglich für genauere Ausführungen auch Kap. 3, I., 1., S. 63 ff.

291 Für genauere Betrachtungen bzgl. der Verwirkung infolge Zeitablaufs s. o. Kap. 3, I., 1., S. 63 ff.

292 Bzgl. der Funktionskreise des § 242 BGB vgl. Kap. 3, I., 1., S. 60 ff.

293 MünchKommBGB/*Roth*, § 242 BGB (2007), Rn. 256.

294 Vgl. BGH vom 15.03.1967 – V ZR 127/65, BGHZ 47, 184, WM 1967, 794; Staudinger/*Looschelders/Olzen*, § 242 BGB, Rn. 292.

295 S. o. Kap. 3, I., 1., S. 68 f.

296 Staudinger/*Looschelders/Olzen*, § 242 BGB, Rn. 293 m. w. N.

Hierbei ist erneut der Vertrauensschutz der Partei ausschlaggebend[297]. Der Verpflichtete muss jedoch in seinem Vertrauen auch schutzwürdig sein[298]. Dies kann wiederum, wie auch bei der Verwirkung infolge Zeitablaufs, nur durch eine Interessenabwägung anhand des Einzelfalls festgestellt werden[299], wodurch selbige Probleme auftreten.

Betrachtet man sich nun die obigen Ausführungen erkennt man, dass sich beide Fälle des § 242 BGB in ihrem Tatbestand sehr ähnlich sind. Entscheidend für die Abgrenzung ist, dass die Verwirkung infolge Zeitablaufs die grundsätzlichen Begebenheiten des venire contra factum proprium um eine Stufe, namentlich die des Zeitmoments, erweitern. Man kann also das venire contra factum proprium als General- und die Verwirkung infolge Zeitablaufs als dessen Sonderfall bezeichnen[300].

c) Zusammenfassung

Es bleibt somit festzuhalten, dass, spricht man nur von der „Verwirkung", diese Aussage nicht präzise genug ist. Denn diese lässt sich in die Verwirkung von Rechten als Unterfall des zu missbilligenden früheren Verhaltens und in die Verwirkung infolge Zeitablaufs als Unterfall des Widerspruchs zu früherem Verhalten unterteilen. Beide sind Fälle der Schrankenfunktion der Generalklausel des § 242 BGB und verfolgen z. T. unterschiedliche Zielrichtungen und Wertungsansätze. Während sich die Verwirkung von Rechten mit einem in Widerspruch zur Rechtausübung zu missbilligendem Verhalten beschäftigt, geht es bei der Verwirkung infolge Zeitablaufs um die Versagung eines Rechts, welches eine Partei über einen längeren Zeitraum nicht ausgeübt hat.

Darüber hinaus stellt der Fall des venire contra factum proprium ebenfalls einen Unterfall der Schrankenfunktion des § 242 BGB dar. Ebenso wie die Verwirkung infolge Zeitablaufs fällt dieser unter die Kategorie des Widerspruchs zum früheren Verhalten. Unterschieden werden beide durch das beim venire contra factum proprium fehlende Tatbestandsmerkmal des Zeitmoments.

---

297 Staudinger/*Looschelders/Olzen*, § 242 BGB, Rn. 288 m. w. N.

298 Der Tatbestand des venire contra factum proprium entfällt daher, wenn der Verpflichtete Kenntnis von der wahren Sachlage hat, vgl. Staudinger/*Looschelders/Olzen*, § 242 BGB, Rn. 294.

299 OLG Köln vom 14.02.1997 – 19 U 205/96, NJW-RR 1998, 343; Bamberger/Roth/*Sutschet*, § 242 BGB, Rn. 108.

300 Vgl. MünchKommBGB/*Roth*, § 242 BGB (2007), Rn. 256.

2. Gegenstand

Grds. können alle subjektiven, relativen Rechte Gegenstand der Verwirkung infolge Zeitablaufs sein und zwar selbst dann, wenn sie rechtshängig geworden sind[301]. Absolute Rechtspositionen sind prinzipiell zeitlos gültig, deshalb unterliegen dingliche Rechte als solche nicht der Verwirkung[302]. Ein etwaiger aus dinglichem Recht folgender Anspruch kann jedoch verwirkt werden, auch wenn er unverjährbar ist, wie z. B. der aus § 894 BGB[303]. Wie oben bereits festgestellt[304], handelt es sich bei dem Widerspruch gegen den Übergang des Arbeitsverhältnisses i. R. d. Betriebsübergangs um ein Gestaltungsrecht. Dieses Gestaltungsrecht unterliegt ebenfalls der Verwirkung[305].

3. Rechtsfolgen

Die Rechtsfolgen der Verwirkung von Rechten und die der Verwirkung infolge Zeitablaufs unterscheiden sich nur geringfügig[306]. Grds. hat die Erfüllung des Verwirkungstatbestands zur Folge, dass dem Rechtsinhaber die Ausübung seines Rechts versagt wird[307]. D. h., dass dem Berechtigten in einer konkreten Situation, sei es aufgrund seiner Handlungen oder in Bezug auf seine zurechenbar illoyal verspätete Geltendmachung, ein bestimmtes Recht entzogen wird, was ihm i. d. R. zugestanden hätte; ihm wird also ein Rechtsvorteil entzogen[308].

---

301 RG vom 04.06.1937 – VII 321/36, RGZ 155, 148; BGH vom 21.02.1952 – IV ZR 120/51, BGHZ 5, 189.

302 *Birr*, Verjährung und Verwirkung, Rn. 252.

303 BGH NJW 1994, 1471; BGHZ 122, 314; BGH NJW 1993, 2179; *Baur/Stürner*, S.43.

304 S. o. Kap. 2, II., 2., S. 51 ff.

305 MünchKommBGB/*Müller-Glöge*, § 613a BGB, Rn. 121 m. w. N.

306 In der Lit. ist es durchaus str., ob i. R. d. Verwirkung infolge Zeitablaufs die Rechtsfolge lediglich in einer Hemmung des Rechts oder in einem Untergang desselben besteht. Für erstere Ansicht siehe *Pawlowski*, Allgemeiner Teil des BGB, Rn. 333; MünchKommBGB/*Roth/Schubert*, § 242 BGB, Rn. 198; für letztere siehe Palandt/*Grüneberg*, § 242 BGB, Rn. 96; *Weimer*, WuM 1974, 251. I. E. jedoch mit geringer praktischer Bedeutung.

307 MünchKommBGB/*Roth/Schubert*, § 242 BGB, Rn. 198.

308 MünchKommBGB/*Roth/Schubert*, § 242 BGB, Rn. 198: Dasselbe gilt auch spiegelbildlich, wenn für die einer Partei günstige Rechtsfolge ein vom einschlägigen Rechtssatz gefordertes Tatbestandsmerkmal fehlt oder kein Rechtssatz den konkreten Fall mit einschließt. Dann kann der fehlende Umstand bzw. die in concreto fehlende Norm gewissermaßen substituiert werden. Auf diese Weise können also nicht nur die „an sich" bestehenden Rechte der betroffenen Partei ignoriert, sondern ebenso auch der anderen Seite „an sich" nicht bestehende Rechte zuerkannt werden.

Diese Rechtsfolgen der Verwirkung treten ein, wenn deren Voraussetzungen erfüllt sind, ohne dass es einer Erklärung des Schuldners bedarf, um sie herbeizuführen[309]. Aus diesem Grund sind sie auch im Prozess von Amts wegen zu berücksichtigen[310]. Der Verpflichtete trägt die Beweislast für die Voraussetzungen der Verwirkung[311]. Er muss also beweisen, dass der Berechtigte z. B. i. R. d. Verwirkung infolge Zeitablaufs über einen längeren Zeitraum untätig geblieben ist und ein zurechenbares Umstandsmoment gesetzt hat, dass ihn dazu veranlasste nicht mehr an die Durchsetzung des Rechts durch den Berechtigten zu glauben. Handelt es sich bei diesem Umstandsmoment um ein positives Tun des Berechtigten, so ist dieser Beweis vom Verpflichteten leichter zu erbringen als bei einem Unterlassen. Diesbezüglich kann es zu erheblichen Schwierigkeiten kommen. So muss der Verpflichtete eine Unterlassung, also ein Negativum, beweisen, was nicht automatisch zu einer Beweislastumkehr etwa in dem Sinne führt, dass derjenige, der ein Recht lange Zeit nicht ausübt, den Beweis antreten muss, dass es noch besteht[312]. Sehr wohl ist der Berechtigte jedoch darlegungs-, nicht aber beweisbelastet dafür, wann und wie er den Anspruch geltend gemacht hat[313].

Insgesamt darf dieses Instrument jedoch nicht uferlos gewährt werden. Andernfalls wäre es möglich, dass die Parteien nach Belieben eine für sie subjektiv unerwartete Geltendmachung von Rechten zur Abwehr eben dieser ins Feld führen. Mithin darf auf diesen außerordentlichen Rechtsbehelf[314] nur mit großer Zurückhaltung und nach sorgfältigem Nachweis der schutzwürdigen Interessen zurückgegriffen werden[315]. Diese Gefahr sah auch der *1. Zivilsenat* des BGH, räumte jedoch ein: „Es lässt sich nicht bestreiten, dass bei den gekennzeichneten Voraussetzungen für den Verwirkungseinwand dem richterlichen Ermessen ein größerer Spielraum gegeben ist und der Ausgang des Rechtsstreits von den Parteien mit einem gewissen Unsicherheitsmoment belastet wird. Insoweit liegt es aber nicht anders als auf allen Rechtsgebieten, auf denen über den Begriff von Treu und Glauben zu entscheiden ist, also über Tatbestände, die sich in ihrer mannigfaltigen Verschiedenheit jedem ein für alle Mal festgelegten Normenschema entziehen[316]".

309 *Birr*, Verjährung und Verwirkung, Rn. 270.

310 BGH vom 10.11. 1965 – Ib ZR 101/63, NJW 1966, 345.

311 BGH vom 19.05.1958 – II ZR 53/57, NJW 1958, 1188.

312 Vgl. *Birr*, Verjährung und Verwirkung, Rn. 271.

313 BGH vom 19.05.1958 – II ZR 53/57, NJW 1958, 1188; Palandt/*Grüneberg*, § 242 BGB, Rn. 96.

314 *Birr*, Verjährung und Verwirkung, Rn. 254.

315 *Weimar*, WuM 1974, 250.

316 BGH vom 15.06.1956 – I ZR 71/54, BGHZ 21, 80.

II. Rechtsmissbrauch i. e. S.

Der Rechtsmissbrauch i. e. S. bildet, ebenso wie die Verwirkung von Rechten, der Fall des venire contra factum proprium und die Verwirkung infolge Zeitablaufs, einen Unterfall des § 242 BGB. Zudem ist er der eindeutigste, wenn aber auch unbedeutendste Fall der unzulässigen Rechtsausübung. Er tritt ein, wenn die Rechtsausübung als solche zu missbilligen ist[317].

1. Herleitung des Rechtsinstitutes des Rechtsmissbrauchs i. e. S.

Auch der Rechtsmissbrauch i. e. S. lässt sich in die Funktionskreise des § 242 BGB einordnen. Hierbei bildet er einen Unterfall der Schrankenfunktion[318]. Aufgrund der Tatsache, dass diese Schrankenfunktion oft auch synonym mit dem Rechtsmissbrauch und der unzulässigen Rechtsausübung verwendet wird, spricht man vom Rechtsmissbrauch i. e. S.

2. Tatbestand

Der Rechtsmissbrauch i. e. S. kann in drei Formen auftreten: Weil die Rechtsausübung der Art oder den Begleitumständen nach ungehörig ist, weil sie anderweitige Pflichten verletzt oder weil ihr kein schutzwürdiges Interesse des Ausübenden zugrunde liegen kann, ihr einziger möglicher Effekt mithin die Benachteiligung der Betroffenen ist[319]. Nach Ansicht des BGH ist der Tatbestand des Rechtsmissbrauchs i. e. S. dann erfüllt, wenn die Rechtsausübung als Vorwand der Erreichung vertragsfremder oder unlauterer Zwecke dient, z. B. wenn ein Recht zu dem Zwecke ausgeübt wird, den Gegner „in grob eigennütziger Weise zu einer Leistung zu veranlassen, auf die er keinen Anspruch hat und billigerweise auch nicht erheben kann."[320] In diesem, dem BGH vorliegenden Fall wurde eine Anfechtungsklage gegen einen Hauptversammlungsbeschluss einer Aktiengesellschaft erhoben. Die eigentliche Beanstandung des Beschlusses war für die Kläger jedoch nur sekundär. Vielmehr war es ihr Ziel die Ausführung des Beschlusses zu verzögern und sich „den „Lästigkeitswert" ihres Vorgehens abkaufen zu lassen"[321]. Hieran lässt sich sehr gut verdeutlichen, wie das Recht zur

---

317 MünchKommBGB/*Roth/Schubert*, § 242 BGB, Rn. 235.

318 S. a. Abbildung unter Kap. 3, I., 1., S. 62.

319 MünchKommBGB/*Roth/Schubert*, § 242 BGB, Rn. 235.

320 BGH vom 22.05.1989 – II ZR 206/88, BGHZ 107, 296, 310 f.

321 BGH vom 22.05.1989 – II ZR 206/88, BGHZ 107, 296, 310.

Erhebung einer Anfechtungsklage ausgeübt wird, um mit grob eigennütziger Absicht eine Zahlung zu veranlassen, für die es keine Rechtsgrundlage gibt. Wäre die innere Willensrichtung („Erpressung“ einer finanzielle Zuwendung) in diesem Fall nicht wegen der Forderungen der Kläger objektiv feststellbar, so wäre die Anfechtungsklage allein nicht verwerflich i. S. d. § 242 BGB gewesen. Denn die Kläger hatten das Recht den Beschluss anzufechten.

Zusammenfassend ist die innere Zweckrichtung das in der Praxis entscheidende Merkmal des Rechtsmissbrauchs i. e. S. Besonders wichtig ist demnach die wertende Missbilligung, der rechtlich-sittliche Vorwurf, wofür zumeist auch die entsprechenden subjektiven Tatbestandsmerkmale (Gesinnung, Absichten) maßgeblich sind[322]. Es muss also nicht nur objektiv wie eine mutwillige Erschwernis für die Gegenpartei erscheinen, sondern auch subjektiv vom Rechtsinhaber so gewollt sein. Handelt der Rechtsinhaber grundlos, so scheidet § 242 BGB aus. Diesen inneren Tatbestand hat jedoch der Verpflichtete zu beweisen. Anders als bei dem vom BGH zu entscheidenden Fall ist dies jedoch nur selten möglich. So kommt es zwar zu einer objektiv feststellbaren Erschwernis oder sogar zu einem Hindernis für den Verpflichteten, jedoch lässt sich i. d. R. die innere Willensrichtung des Berechtigten mangels Anhaltspunkten nicht aufklären, wodurch ein Rechtsmissbrauch i. e. S. ausscheidet.

3. Rechtsfolgen

Die Rechtsfolgen eines Rechtmissbrauchs i. e. S. bestehen darin, dass die Ausübung des Rechts oder die Geltendmachung einer Rechtsposition durch den Berechtigten unzulässig ist[323]. D. h., dass die dem Recht entsprechende Rechtswirkungen oder Rechtsfolgen versagt werden[324]. „Dies kann sowohl dazu führen, dass ein an sich bestehendes Recht oder eine Rechtsposition nicht geltend gemacht werden kann, als auch dazu, dass der anderen Partei ein an sich nicht zustehendes Recht durch „Ersetzung“ der fehlenden Umstände zuerkannt wird.“[325]

322 MünchKommBGB/*Roth/Schubert*, § 242 BGB, Rn. 235.

323 Staudinger/*Looschelders/Olzen*, § 242 BGB, Rn. 226, m. w. N.

324 MünchKommBGB/*Roth*, § 242 BGB (2007), Rn. 197.

325 Staudinger/*Looschelders/Olzen*, § 242 BGB, Rn. 226, m. w. N.

4. KAPITEL: Grundlagen der Verwirkung infolge Zeitablaufs und des Rechtsmissbrauchs i. e. S. bei § 613a BGB

I. Verwirkung infolge Zeitablaufs

Die Verwirkung infolge Zeitablaufs bildet i. R. d. Verwirkung des Widerspruchsrechts gegen den Übergang des Arbeitsverhältnisses i. R. d. Betriebsübergangs den wohl wichtigsten und in der Praxis relevantesten Anteil der von den Gerichten zu entscheidenden Fälle. Warum dies gerade bei § 613a BGB so ist, sollen die folgenden Ausführungen zeigen.

1. Ursachen des Rückgriffs auf die Verwirkung infolge Zeitablaufs und dessen Folgen

a) Unterrichtungspflicht als Grundproblem

Die Ursache des vermehrten Rückgriffs auf die Verwirkung infolge Zeitablaufs bei § 613a BGB ist auf einen der Kernaspekte des Betriebsübergangs zurückzuführen: Die Unterrichtungspflicht der Arbeitgeber gem. § 613a Abs. 5 BGB. Diese bildet den Dreh- und Angelpunkt für die verwirkungserheblichen Fälle. Das beruht auf der Tatsache, dass solange keine vollständige und fehlerfreie Unterrichtung der Arbeitnehmer durch die Arbeitgeber erfolgt ist, die Monatsfrist des § 613a Abs. 6 BGB für den Widerspruch nicht zu laufen beginnt[326]. Eine absolute zeitliche Grenze für die Ausübung des Widerspruchsrechts fehlt. Somit kann eine Einschränkung nur noch über die Verwirkung vorgenommen werden.

Fraglich ist, warum es sich für die Arbeitgeberparteien als so schwierig erweist ein fehlerfreies Unterrichtungsschreiben zu formulieren. Denn § 613a Abs. 5 BGB gibt durch seine Nummern 1 bis 4 eine Aufzählung der er-

---

326 BT-Drucks. 14/7760, 19; s. a. BAG vom 13.07.2006 – 8 AZR 305/05, NZA 2006, 1268; BAG vom 14.12.2006 – 8 AZR 763/05, NZA 2007, 682; BAG vom 21.08.2008 – 8 AZR 407/07, NZA-RR 2009, 62; *Gaul/Otto*, DB 2002, 634, 638; Erman/*Edenfeld*, § 613a BGB, Rn. 131; Bamberger/Roth/*Fuchs*, § 613a BGB, Rn. 77; MünchKommBGB/*Müller-Glöge*, § 613a BGB, 120; ErfK/*Preis*, § 613a BGB, Rn. 100; HWK/*Willemsen/Müller-Bonanni*, § 613a BGB, Rn. 336.

forderlichen Informationsgegenstände vor[327]. Jedoch herrscht in der Lit. seit Inkrafttreten der Normen im Jahre 2002 erhebliche Unklarheit darüber, wie die Enumeration des § 613a Abs. 5 BGB auszulegen ist[328]. Diese Auslegungsschwierigkeiten werden durch die Rspr. des BAG jedoch nicht geklärt, sondern vielmehr forciert. Neben den aus Arbeitnehmerschutzgründen bestehenden hohen Anforderungen an den Inhalt, werden bereits kleinere Fehler der Formalia der Unterrichtung als Gründe für die Fehlerhaftigkeit erwogen. Exemplarisch hierfür ist die oft zitierte Überlegung des *Achten Senats* des BAG im Jahre 2006, ob bereits eine fehlerhafte Benennung des Vornamens des Geschäftsführers des Erwerberbetriebes (Jochen/Joachim) der Informationspflicht nicht genüge[329]. Durch solche Überlegungen der Gerichte entsteht auf Arbeitgeberseite die Gefahr, „dass in einem arbeitsgerichtlichen Rechtsstreit das erkennende Gericht bei einer noch so umfangreichen Information „das Haar in der Suppe“ findet und das Schreiben hiermit für unzureichend erklärt“[330]. Man könnte so weit gehen zu behaupten, dass es in der Rechtspraxis erheblich mehr fehlerhafte Unterrichtungsschreiben gibt als gesetzeskonforme. Diese warten nur darauf von einem Anwalt gefunden zu werden, um seinem Mandanten als „Notnagel“ z. B. bei Erwerberinsolvenz und Kündigung auch nach längerer Zeit den Widerspruch gegen den Übergang des Arbeitsverhältnisses zu ermöglichen.

Sehr zum Leidwesen der Arbeitgeber wird dieser Trend durch die Rspr. fortgesetzt. So entschied in jüngster Vergangenheit das LAG München, dass bei einer Übertragung eines Mobiltelefongeschäftsbereichs die Arbeitnehmer über die Eckdaten der sehr komplexen Transaktion im Unterrichtungsschreiben zu informieren sind[331]. Die verschiedenen Kammern des LAG begründen dies jedoch unter Hinweis auf unterschiedliche Nummern des § 613a Abs. 5 BGB[332].

---

327 S. a. Kap. 2, II., 1., S. 47.

328 *Düwell*, FA 2002. 107; *Franzen*, RdA 2002, 258; *Göpfert/Winzer*, ZIP 2008, 761; *Grobys*, BB 2002, 726; *Hauck*, Beil. zu NZA 1/2009, 18; *Hohenstatt/Grau*, NZA 2007, 13; *Huke*, FA 2002, 263; *Lempke*, NJW 2007, 2138; *Lindemann/Wolter-Roßteutscher*, BB 2007, 938; *Mohnke/Betz*, BB 2008, 498; *Reinhard*, NZA 2009, 63; *Worzalla*, NZA 2002, 353; für generelle Betrachtungen zur Informationspflicht s. *Eckhardt*, Die Informationspflicht des Arbeitgebers beim Betriebsübergang.

329 Vgl. BAG vom 13.07.2006 – 8 AZR 305/05, BAGE 119, 91, DB 2006, 2406.

330 *Schiefer/Worzalla*, NJW 2009, 558.

331 LAG München vom 29.04.2008 – 7 Sa 986/07, zit. nach juris; s. a. LAG München vom 09.10.2008 – 4 Sa 411/08, zit. nach juris.

332 Subsumtion unter § 613a Abs. 5 Nr. 2 BGB: LAG München vom 09.10.2008 – 4 Sa 411/08, zit. nach juris; LAG München vom 25.06.2008 – 9 Sa 825/07, zit. nach juris; unter § 613a Abs. 5 Nr. 3 BGB: LAG München vom 25.06.2008 – 5 Sa 993/07, zit. nach juris; LAG München 09.06.2008 – 2 Sa 959/07, zit. nach juris; s. a. krit. *Dzida*, NZA 2009, 641, 642.

Dies zeigt, dass selbst die Gerichte keine exakte Handhabe für das Informationsschreiben haben. Der Rechtsanwender kann sich hierbei zu Recht fragen: Wie soll er den genauen Inhalt des Schreibens aus Abs. 5 entnehmen, wenn selbst bei Gericht keine Einigkeit besteht? Auch stellt sich die Frage, ob in einem solchen oder sogar noch komplizierteren Fall eine ausreichende Unterrichtung für den Arbeitgeber noch möglich und dem Arbeitnehmer überhaupt zumutbar ist. D. h., es besteht die Gefahr, dass durch eine solche „Überaufklärung“[333] die für den Arbeitnehmer eigentlich entscheidungserheblichen Tatsachen in den Hintergrund rücken. Denn je strenger die Komplexitätsanforderungen, um so intransparenter und voluminöser wird die notwendige Unterrichtung. Ob dann ein mehrseitiger und bis in das kleinste Detail ausformulierter Schriftsatz dem Arbeitnehmer die Entscheidung erleichtert, ist fragwürdig.

Bestrebungen, diese für beide Seiten des Betriebsübergangs unbefriedigende Situation zu entschärfen, blieben bisweilen ohne Erfolg. So hat z. B. weder eine Einschränkung der Unterrichtungspflicht im Allgemeinen[334], noch die Überlegung eines Kausalitäts- bzw. Relevanzerfordernisses zwischen dem Fehler im Unterrichtungsschreiben und der Rechtsausübung des Arbeitnehmers[335] beim Gesetzgeber oder den Gerichten Anklang gefunden.

Letztendlich bleibt auf Seiten des Arbeitgebers nur die ständige Ungewissheit, ob das von ihm ausgearbeitete Unterrichtungsschreiben einer arbeitsgerichtlichen Kontrolle standhält. Ist dies nicht der Fall, muss er sich darauf einrichten, dass u. U. auch noch nach mehreren Jahren das Widerspruchsrecht nach § 613a Abs. 6 BGB ausgeübt wird.

b) Folgen der fehlerhaften Unterrichtung

Klammert man den unproblematischen „Normalfall“, in dem der Arbeitnehmer bei fehlerhafter oder fehlerfreier Unterrichtung noch *vor* Betriebsübergang dem Übergang seines Arbeitsverhältnisses widerspricht, aus, so entstehen bei Widerspruch *nach* Betriebsübergang erhebliche Probleme auf Arbeitgeberseite[336]. Diese verschärfen sich, je größer die Zeitspanne zwischen Betriebsübergang und Widerspruch des Arbeitnehmers wird.

---

[333] *Rieble/Wiebauer*, NZA 2009, 401.

[334] S. u. Kap. 6, I., 1., S. 188 ff.

[335] S. u. Kap. 2, II., 1., S. 48 ff.

[336] Zu beachten ist, dass auch eine Unterrichtung der Arbeitnehmer gem. § 613a Abs. 5 BGB nach Betriebsübergang diesem nicht entgegen steht, s. Kap. 2, II., 1., S. 46.

aa) Folgen auf Arbeitgeberseite

Schaut man sich die Gesamtsituation eines solchen Szenarios an, werden die kritischen Punkte sehr schnell klar: Der Betriebsveräußerer hat seinen Betrieb oder Betriebsteil i. R. e. finanziell, logistisch, wirtschaftlich und juristisch i. d. R. aufwendigen Transaktionsprozesses an den Erwerber übertragen. In diesem Zusammenhang hat er die betroffenen Arbeitnehmer unterrichtet und diese sind nun seit einiger Zeit beim Erwerber tätig. Dieser hat ein ebenso aufwendiges Procedere hinter sich und rechnet grds. fest mit den übernommenen Arbeitskräften, die er zu diesem Zeitpunkt schon eine Weile bei sich beschäftigt. Die Widerspruchsfrist läuft ab. Der Widerspruch wird einige Monate danach dennoch von einigen übernommenen Arbeitnehmern erklärt. Die Widersprechenden möchten gerne wieder beim Veräußerer arbeiten. Aufgrund eines Fehlers im Unterrichtungsschreiben ist Letzterer gezwungen, diese wieder, auch nach längerer Zeit, bei sich aufzunehmen. Selbst wenn der entsprechende Betrieb oder Betriebsteil nicht mehr besteht. Dies stellt ihn vor erhebliche Probleme. Zum einen hat er die Arbeitsplätze der übergegangenen Arbeitnehmer nicht mehr zur Verfügung und seinen Restbetrieb wirtschaftlich und personell umgestellt. Zum anderen ist er nun nach der Rspr. des *Zweiten Senats* des BAG gezwungen eine erneute Sozialauswahl durchzuführen, die u. U. andere Arbeitnehmer, die ursprünglich gar nicht vom Betriebsübergang betroffen gewesen sind, ihre Arbeitsplätze kosten könnte[337]. Kommt hierbei eine Zuweisung eines freien Arbeitsplatzes nicht in Betracht, bleibt dem Veräußerer häufig nur eine betriebsbedingte Kündigung[338]. Dieser steht, im Unterschied zu dem Fall einer verhaltensbedingten Kündigung, die Vorschrift des § 613a Abs. 4 S. 1 BGB nicht entgegen, da die betriebsbedingte Kündigung nicht „wegen" des Betriebsübergangs ausgesprochen wird.

Wurde der gesamte Betrieb vom Veräußerer übertragen, so ist die betriebsbedingte Kündigung i. d. R. rechtmäßig, da eine eventuell durch den Arbeitgeber vorzunehmende Sozialauswahl grds. nur betriebsbezogen vorzunehmen ist[339].

---

337 BAG vom 31.05.2007 – 2 AZR 218/06 und 2 AZR 276/06, NZA 2008, 53 in AP KSchG 1969 § 1 Soziale Auswahl Nr. 94 = EzA § 1 KSchG Soziale Auswahl Nr. 77; s. a. *Eylert/Spinner*, BB 2008, 50 ff.

338 Vgl. MünchKommBGB/*Müller-Glöge*, § 613a BGB, Rn. 124.

339 BAG vom 22.05.1986 – 2 AZR 612/85, DB 1986, 2547.

Wurde hingegen lediglich ein Betriebsteil übertragen, ist die Sozialauswahl nach § 1 KSchG[340] unter Einbeziehung der widersprechenden Arbeitnehmer durchzuführen[341]. Nach der früheren Rspr. des BAG sollten bei dieser Sozialauswahl die Gründe des Widerspruchs berücksichtigt werden[342]. Nach der aktuellen Ansicht des *Zweiten Senats* des BAG kann eine solche Berücksichtigung der Widerspruchsgründe i. R. d. seit dem 01.01.2004 geltenden § 1 Abs. 3 KSchG nicht mehr praktiziert werden, da der eindeutige Wortlaut des Gesetzes entgegensteht[343]. Mit der Neufassung der Regelung wurde die Sozialauswahl auf die vier darin genannten gesetzlichen Kriterien[344] beschränkt, sodass sie grds. die Berücksichtigung der Gründe für den Widerspruch im Rahmen der Sozialauswahl ausschließt[345]. D. h., der widersprechende Arbeitnehmer muss, unabhängig von seiner Motivation bzgl. des Widerspruchs, i. R. e. Sozialauswahl mit anderen vergleichbaren Arbeitnehmern des Restbetriebes in Konkurrenz gesetzt werden. Ein in Bezug auf diese Sozialauswahl (wissentlich) gut gestellter (z. B. aufgrund von einer Schwerbehinderung oder langer Betriebszugehörigkeit) widersprechender Arbeitnehmer kann mithin, auch nach monatelanger Abwesenheit, einen ursprünglich beim Veräußerer gebliebenen Arbeitnehmer seinen Arbeitsplatz verdrängen. Dieses Problem auf Seiten des Veräußererbetriebes wird umso größer, je mehr Arbeitnehmer dem Übergang ihrer Arbeitsverhältnisse nach langer Zeit wirksam widersprechen.

Weiterhin entsteht auf Veräußererseite u. U. eine finanzielle Mehrbelastung, die so für den ehemaligen und jetzt neuen Arbeitgeber so nicht kalkulierbar und tragbar ist. Geht man nämlich davon aus, dass beim Unternehmenskauf der Veräußerer in aller Regel einen Kaufpreisabzug hinnehmen muss, da er davon ausgeht, dass die Verpflichtung aus betrieblicher Altersversorgung der aktiven Arbeitnehmer auf den Betriebserwerber übergeht, so trifft ihn die Betriebsveräuße-

340 Zur Anwendbarkeit der Norm bei Widerspruch gegen den Betriebsübergang siehe MünchKommBGB/*Müller-Glöge*, § 613a BGB, Rn. 124; ErfK/*Preis*, § 613a BGB, Rn. 106 ff.

341 BAG vom 31.05.2007 – 2 AZR 218/06 und 2 AZR 276/06, NZA 2008, 53 in AP KSchG 1969 § 1 Soziale Auswahl Nr. 94 = EzA § 1 KSchG Soziale Auswahl Nr. 77; s. a. *Eylert/Spinner*, BB 2008, 50 ff.

342 BAG vom 07.04.1993 – 2 AZR 449/91, NZA 1993, 795; BAG vom 21.03.1996 – 8 AZR 156/95, BAGE 82, 316; BAG vom 24.02.2000 – 8 AZR 167/99, NZA 200, 764

343 BAG vom 31.05.2007 – 2 AZR 276/06, NZA 2008, 33 ff.

344 Dauer der Betriebszugehörigkeit, Lebensalter, Unterhaltspflicht und Schwerbehinderung, vgl. § 1 Abs. 3 Satz 1 KSchG.

345 Vgl. BAG vom 31.05.2007 – 2 AZR 276/06, NZA 2008, 33 ff.

rung doppelt[346], sofern es keine vertragliche Regelungen im Kaufvertrag gibt, die dies abmildern.

Auf Erwerberseite können sich ebenso Schwierigkeiten ergeben. Hier gehen nach u. U. monatelanger Beschäftigungsdauer Arbeitnehmer zum ehemaligen Betrieb zurück, die für den Betriebsablauf des Erwerberunternehmens notwendig sind. Hierbei kann es sich sowohl um den gering qualifizierten, durchaus „austauschbaren", Arbeitnehmer, als auch um den spezialisierten Know-How-Träger handeln. Wobei gerade Letztere bei Rückwirkung ihrer Arbeitsverhältnisse eine durchaus nicht zu unterschätzende Schädigung der Betriebsstruktur des Erwerbers hinterlassen können. Denn diese können als Schlüsselkraft und damit u. U. wirtschaftliche Grundlage der Veräußerung den Erwerb eines Betriebes oder Betriebsteil für den Erwerber wertlos machen[347].

I. E. stellt der späte Widerspruch des Arbeitnehmers für die Arbeitgeberparteien eine extreme finanzielle und logistische Belastung dar. Beide haben aufgrund der vermeintlich abgelaufenen Widerspruchsfrist des § 613a Abs. 6 BGB Dispositionen getroffen, die nach Widerspruch erheblich in Frage gestellt werden.

bb) Folgen auf Arbeitnehmerseite

Kommt es zum Widerspruch nach Betriebsübergang, so wird ex tunc das Arbeitsverhältnis zum Betriebsveräußerer wieder hergestellt. Da dem Arbeitnehmer kein Arbeitgeber aufgezwungen werden darf, den er nicht selbst gewählt hat[348], ist er in dieser Situation schutzwürdig[349]. Der Arbeitnehmer wird durch diese Rückwirkung so gestellt, als hätte er die ganze Zeit beim Veräußerer gearbeitet[350]. Für die effektiv beim Betriebserwerber gearbeitete Zeit wird hingegen ein faktisches/fehlerhaftes Arbeitsverhältnis konstruiert[351]. So kann der Arbeitnehmer den Erwerber auf eventuell noch bestehende Vergütungsansprüche o. ä. aus diesem Rechtsverhältnis in Anspruch nehmen, auch wenn er mit Wirkung ex tunc zum Veräußerer zurückgekehrt ist.

---

346 Vgl. *Dzida*, NZA 2009, 641, 642, m. w. N.

347 S. a. *Gaul*, ZfA 1990, 87, 91.

348 BAG vom 13.07.2006 – 8 AZR 382/05, NZA 2006, 1406, 1410; BAG vom 14.12.2006 – 8 AZR 763/05, NZA 2007, 682, 686; *Worzalla*, NZA 2002, 353, 358.

349 BAG vom 13.07.2006 – 8 AZR 382/05, NZA 2006, 1406, 1409.

350 Dies war auch schon vor Inkrafttreten der neuen Regelungen so und wurde vom BAG aus dem Sinn und Zweck des Widerspruchsrechts hergeleitet, BAG vom 19.03.1998 – 8 AZR 139/97, BAGE 88, 196, DB 1998, 1416.

351 Vgl. *Willemsen*, NJW 2007, 2065, 2072.; a. A. *Rieble*, NZA 2004, 1, 5.

cc) Exkurs: Sperrzeit nach § 159 Abs. 1 Satz 2 Nr. 1 SGB III

An dieser Stelle soll ein Blick auf das sozialrechtliche Problem der Folgen eines Widerspruchs gegen den Übergang des Arbeitsverhältnisses bei Betriebsübergang für die Sperrzeit des Arbeitslosengeldes des Arbeitnehmers geworfen werden. Nach § 159 Abs. 1 Satz 2 Nr. 1 SGB III (wortgleich: § 144 Abs. 1 Satz 2 Nr. 1 SGB III a. F.) ergibt sich eine Sperrzeit, wenn sich der Arbeitnehmer ohne wichtigen Grund versicherungswidrig verhält. Dies ist der Fall, wenn er vorsätzlich oder grob fahrlässig die Arbeitslosigkeit herbeiführt. Er also das Beschäftigungsverhältnis löst oder durch ein arbeitsvertragswidriges Verhalten Anlass für dessen Lösung gegeben hat. Ob der Widerspruch gegen den Übergang des Arbeitsverhältnisses i. R. d. Betriebsübergangs ein solches Verhalten begründet, ist sehr umstritten.

Auf der einen Seite wird dies abgelehnt. Hergeleitet wird die Ablehnung damit, dass durch den Widerspruch lediglich das Beschäftigungsverhältnis zum Veräußerer erhalten werden soll und sich gerade gegen eine Lösung von Veräußererseite gewehrt wird[352]. Wird dem Arbeitnehmer anschließend mangels Beschäftigungsbedarfs bei diesem gekündigt, ist es erneut nicht der Arbeitnehmer sondern der Arbeitgeber der das Beschäftigungsverhältnis löst[353]. Dem stimmt das BSG i. E. zu[354]. Es führt an, dass bereits der Zweck des Widerspruchs sowie der Sinn der Sperrzeitregelung es ausschließe, dem damit verbundenen mittelbaren Beitrag an der anschließenden Beendigung des Beschäftigungsverhältnisses einen nennenswerte kausale Relevanz beizumessen. Weiterhin erklärt das Gericht, dass die Ausübung des Widerspruchsrechts sich hauptsächlich als Reaktion der alleinigen unternehmerischen Entscheidung des Arbeitgebers darstelle, einen Betriebsübergang ganz oder teilweise durchzuführen. Aus diesem Grund könne sie nicht zwangsläufig als Ausdruck manipulativer Herbeiführung des Versicherungsfalls der Arbeitslosigkeit verstanden werden. Denn nur diesen Fall gelte es mithilfe der Sperrzeitregelung zu vermeiden.

Auf der anderen Seite wird vertreten, dass ein Widerspruch die Rechtsfolgen des § 159 SGB III auslösen kann. Es müsse hierbei jedoch differenziert werden, ob dem Arbeitnehmer ein solches Lösen vorwerfbar sei und ob er einen wichtigen Grund für den Widerspruch habe[355].

---

352 Noch zu § 144 Abs. 1 Satz 2 SGB III a. F.: ErfK/*Rolfs*, § 144 SGB III, Rn. 6.

353 Noch zu § 144 Abs. 1 Satz 2 SGB III a. F.: Niesel/*Niesel*, § 144 SGB III, Rn. 15.

354 Noch zu § 144 Abs. 1 Satz 2 SGB III a. F.: BSG vom 08.07.2009 – B 11 AL 17/08 R, ZInsO 2010, 248.

355 Noch zu § 144 Abs. 1 Satz 2 SGB III a. F.: LSG Baden-Württemberg vom 11.05.2007 – L 8 AL 271/05, BeckRS 2007, 45157; *Engesser Means/Klebeck*, NZA 2008, 143, 145 f.

I. E. zeigt sich ein weiteres Risiko auf Seiten des Arbeitnehmers. So kann ein Widerspruch gegen den Übergang des Arbeitsverhältnisses i. R. d. Betriebsübergangs neben dem eventuellen Arbeitsplatzverlust zudem eine Sperrzeit gem. § 159 Abs. 1 Satz 2 Nr. 1 SGB III nach sich ziehen.

c) Zusammenfassung

I. E. besteht i. d. R. keine Möglichkeit einer Einschlägigkeit der Verwirkung infolge Zeitablaufs bzgl. des Widerspruchsrechts, solange der Widerspruch gegen den Übergang des Arbeitsverhältnisses bei Betriebsübergang in der Monatsfrist des § 613a Abs. 6 BGB erklärt wird. Zu diesem Zeitpunkt hat weder der Erwerber fest mit der Arbeitskraft disponiert, noch kann sich der Veräußerer eines Betriebes oder Betriebsteils eines kompletten Übergangs aller Arbeitnehmer sicher sein. Auch wurde von Arbeitgeberseite zu diesem Zeitpunkt mangels detaillierter Kenntnisse i. d. R. noch kein Vertrauen in den Übergang der Arbeitnehmer gesetzt.

Ist der Betriebsübergang aber bereits vollzogen und haben die übergegangenen Arbeitnehmer bereits einige Zeit beim Erwerber gearbeitet, ergeben sich erhebliche Schwierigkeiten. Den Ausgangspunkt dafür bildet das Unterrichtungsschreiben nach § 613a Abs. 5 BGB. Aufgrund der hohen Anforderungen an dieses Schreiben besteht eine ebenso hohe Fehleranfälligkeit der Unterrichtung. Ist diese fehlerhaft, beginnt die Monatsfrist des Abs. 6 nicht zu laufen. Dies kann zu einer oft Monate späteren Rückabwicklung der Arbeitsverhältnisse führen, der in der momentanen Rspr. nur durch das „ultima-ratio-Werkzeug“ der Verwirkung infolge Zeitablaufs Einhalt geboten werden kann.

2. Grundlagen der Verwirkung des Widerspruchsrechts infolge Zeitablaufs bei fehlerhafter Unterrichtung

a) Zeitmoment

Anknüpfungszeitpunkt

Bevor die konkreten Sachverhalte der Verwirkung infolge Zeitablaufs bei § 613a BGB untersucht werden sollen, ist zu klären, wann die Frist für die Berechnung des Zeitmoments bei einem Widerspruch nach Abs. 6 zu laufen beginnt und wann sie endet. Wie bereits allgemein zu § 242 BGB ausgeführt, handelt es sich bei dem Zeitmoment nicht um eine gesetzlich, gerichtlich oder vertraglich vorgegebene Frist. Demnach gelten für dieses auch keine bestimmten

Anfangs- und Endzeitpunkte, wie solche, die in den §§ 186 ff. BGB geregelt sind[356]. Vielmehr hat bei der Prüfung, ob ein Recht verwirkt ist, eine Gesamtbetrachtung stattzufinden, bei der das Zeit- und das Umstandsmoment zu berücksichtigen und in Relation zueinander zu setzen sind[357].

Die Bestimmung des für die Verwirkung infolge Zeitablaufs maßgeblichen Zeitpunkts bei § 613a BGB hat der Rspr. in den vergangen Jahren einige Probleme bereitet. Es kam aufgrund der unbestimmten Norm des § 242 BGB immer wieder zu missverständlichen Urteilen. So vertrat des LAG Hamm im Jahre 1998 die Ansicht, dass das Zeitmoment erst mit der umfassenden Unterrichtung des Arbeitnehmers über den Betriebsübergang und seine Folgen beginnen solle[358]. Dies ist nach Inkrafttreten von § 613a Abs. 5 und 6 BGB jedoch ein Zirkelschluss. Denn gerade durch die Nachholung oder die Erstvornahme einer umfassenden und somit fehlerfreien Unterrichtung nach § 613a Abs. 5 BGB beginnt die für den Widerspruch gesetzlich vorgeschriebene Monatsfrist zu laufen. Eben diese Normierung macht demnach einen Rückgriff auf die Verwirkung infolge Zeitablaufs obsolet, da diese nur bei fehlerhafter Unterrichtung auftreten kann[359]. Schon damals hatte auch das BAG diese These verworfen. Es sagte, dass der Beginn des Zeitmoments bereits mit der positiven Kenntnis des Arbeitnehmers von den, den Betriebsübergang ausmachenden, tatsächlichen Umständen beginnt[360].

Im Jahre 2008 änderte das BAG seine Rspr. Die frühere Ansicht wurde dahingehend modifiziert, dass vielmehr darauf abzustellen sei, ob der Arbeitgeber auf Grund der Zeitspanne, in der der Arbeitnehmer sein Recht nicht ausgeübt hat, und den Umständen des Einzelfalles, zu denen auch der jeweilige Informationsstand des Arbeitnehmers gehört, darauf vertrauen durfte, der Arbeitnehmer werde sein Recht nicht mehr geltend machen[361]. D. h., es ist zur Bestimmung des Beginns des Zeitmoments eine Gesamtbetrachtung der Umstände vorzu-

---

356 BAG vom 27.11.2008 – 8 AZR 174/07, DB 2009, 1075, 1076; für genauere Betrachtungen s. auch Kap. 3, I., 1., S. 64 ff.

357 BAG vom 27.11.2008 – 8 AZR 174/07, DB 2009, 1075, 1076; für genauere Betrachtungen s. auch Kap. 3, I., 1., S. 64 f.

358 Vgl. LAG Hamm vom 26.11.1998 – 4 Sa 384/98, ZInsO 1999, 302.

359 Es erscheint als eher unwahrscheinlich, dass eine Verwirkung infolge Zeitablaufs innerhalb der Monatsfrist des § 613a Abs. 6 BGB eintritt, da das notwendige Zeitmoment grds. noch nicht erfüllt ist. Ein Fall, bei dem das Umstandsmoment so gravierend wiegt, dass es eine so kurze Zeitspanne kompensieren würde, ist m. E. nicht als Fall der Verwirkung infolge Zeitablaufs einzuordnen, siehe hierzu die im direkten Anschluss folgenden Ausführungen.

360 BAG vom 27.01.2000 – 8 AZR 106/99, ZInsO 2000, 411.

361 Vgl. BAG vom 27.11.2008 – 8 AZR 174/07, NZA 2009, 552.

nehmen. I. R. d. ist unter Berücksichtigung des Einzelfalls der Grad des Vertrauens des Arbeitgebers auf die Tatsache entscheidend, ob der Arbeitnehmer von seinem Widerspruchsrecht noch Gebrauch macht oder nicht. Hierbei sieht man erneut die Wechselwirkung von Zeit- und Umstandsmoment: Nicht nur ist zu bedenken, dass die Zeitspanne umso kürzer sein kann, je gravierender die sonstigen Umstände sind, und dass umgekehrt an diese Umstände desto geringere Anforderungen gestellt werden, je länger der abgelaufene Zeitraum ist[362], sondern auch, dass die sonstigen Umstände gerade erst den Beginn des maßgeblichen Zeitraums bestimmen. Dies bedeutet, dass der gesamte Zeitraum seit Begründung des Widerspruchsrechts für die Bemessung des Beginns des Zeitmoments relevant ist[363].

Des Weiteren wurde im Jahre 2008 vom LAG Düsseldorf die Ansicht vertreten, dass der Beginn des Zeitmoments von der Kenntnis des Arbeitnehmers von der Fehlerhaftigkeit des Unterrichtungsschreibens abhängt[364]. Ebenso wie die zuvor angeführte Rspr. des BAG wird hierbei zur Bestimmung des Anknüpfungszeitpunkts sehr stark auf subjektive Elemente Wert gelegt. So kam es nach beiden Ansichten auf den jeweiligen Einzelfall an. Über den genauen Zeitpunkt des Beginns des Zeitmoments konnte somit in keinem Fall eine generelle Aussage getroffen werden.

Schlussendlich änderte der *Achte Senat* des BAG in einer anderen Entscheidung aus demselben Jahr erneut seine Rspr. Er sagte, dass das Zeitmoment grds. einen Monat nach einer Unterrichtung über den Betriebsübergang in Textform beginnt, wenn diese auch unvollständig oder fehlerhaft war. Denn dadurch gibt der Arbeitgeber zu erkennen, dass er mit der Unterrichtung die Monatsfrist für den Widerspruch in Gang setzen will und danach die Erklärung von Widersprüchen nicht mehr erwartet[365]. Durch diese vorerst letzte Änderung der Rspr. konnte ein fixer Zeitpunkt für jeden beliebigen Fall bestimmt werden.

Die seit dem Jahre 2008 vom *Achten Senat* angewandte Beurteilung des Anknüpfungszeitpunkts für das Zeitmoment ist zu begrüßen. Dies rührt zum einen daher, dass das Ende der grds. bestehenden einmonatigen Widerspruchsfrist gem. § 613a Abs. 6 BGB, auch wenn diese gar nicht erst zu laufen begonnen hat, wohl der entscheidende Zeitpunkt ist, ab welchem man davon ausgehen kann, dass der Arbeitgeber nicht mehr mit einem Widerspruch des Arbeitnehmers rechnet. Zum anderen ist es auch praktikabel, da ein objektivierter Zeit-

---

362 BGH vom 19.12.2000 – X ZR 150/98, ZIP 2001, 670; BSG vom 05.12.1972 – 10 RV 441/71, NJW 1973, 871.

363 So auch BAG vom 27.11.2008 – 8 AZR 174/07, NZA 2009, 552.

364 LAG Düsseldorf vom 20.08.2008 – 7 Sa 127/07, ZInsO 2009, 792.

365 Vgl. BAG vom 20.03.2008 – 8 AZR 1016/06, BB 2008, 1354.

punkt von der Rspr. bestimmt wurde, der durch die Rechtspraxis auch positiv feststellbar ist.

Es schließen sich jedoch zwei Fragen an: Zum einen, ob es möglich ist, dass das Zeitmoment bereits während der Widerspruchsfrist, also vor dem vom *Achten Senat* festgestellten Zeitpunkt, zu laufen beginnt. Zum anderen, ob der Ablauf dieser fiktiven Frist ausreicht, um bereits das Umstandsmoment zu erfüllen.

Bzgl. der ersten Frage müsste man von der Annahme ausgehen, dass der Arbeitnehmer zur Erfüllung des Umstandsmoments einen vertrauensbildenden Tatbestand setzt[366], der den Arbeitgeber auch schon vor Ablauf der Monatsfrist des § 613a Abs. 5 BGB davon ausgehen lässt, das Widerspruchsrecht werde nicht mehr ausgeübt. Das Umstandsmoment sozusagen das Zeitmoment bereits von dem vom BAG entwickelten Beginn auslöst. Dies ist nicht abwegig, da das für die Verwirkung infolge Zeitablaufs notwendige Umstandsmoment auch während der Widerspruchsfrist auftreten kann. Fraglich ist jedoch, ob das Zeitmoment in diesem Stadium schon einschlägig sein kann. So besteht zwar eine Wechselwirkung zwischen Zeit- und Umstandsmoment, welche dazu führt, dass der Zeitablauf umso kürzer sein kann, je gravierender die sonstigen Umstände sind, und dass umgekehrt an diese Umstände desto geringere Anforderungen gestellt werden, je länger der abgelaufene Zeitraum ist[367]. Jedoch ist die angesprochene Zeitspanne, bei der es sich ja nur um unter einem Monat nach Unterrichtungsschreiben handeln kann, zu kurz. In diesen Fällen ist die Verwirkung infolge Zeitablaufs nicht einschlägig. Vielmehr kann ein solcher Fall nur über den übergeordneten Tatbestand des venire contra factum proprium gelöst werden[368]. Denn der Arbeitnehmer hat in diesen Fällen durch ein wie auch immer geartetes vertrauensbildendes Verhalten während der Widerspruchsfrist einen Rechtsschein für die Nichtausübung des Gestaltungsrechts gesetzt auf den die Arbeitgeberparteien vertrauen durften und zu dem er sich dann in Widerspruch setzt.

I. R. d. zweiten Frage stellt sich das Problem, ob der vom *Achten Senat* entwickelte fiktive Fristablaufszeitpunkt bereits ausreicht, um das Umstandsmoment zu erfüllen. Also ob bereits das hypothetische Ende der Widerspruchsfrist beim Arbeitgeber den Eindruck erweckt, dass der Arbeitnehmer nicht mehr widersprechen wolle. Dies ist zu verneinen. Der Arbeitnehmer selbst hat zu diesem Zeitpunkt jedoch noch keinen für das Umstandsmoment notwendigen vertrau-

---

366 S. o. Kap. 3, I., 1., S. 68 f.

367 BGH vom 19.12.2000 – X ZR 150/98, ZIP 2001, 670; BSG vom 05.12.1972 – 10 RV 441/71, NJW 1973, 871; s. a. genauer Kap. 3, I., 1., S. 63 ff.

368 Zur Frage, ob es sich u. U. auch um einen konkludenten Verzicht handeln könnte, s. Kap. 6, IV., 2., S. 226 ff.; zur Abgrenzung von Verwirkung infolge Zeitablaufs und dem Fall des venire contra factum proprium s. Kap. 3, I., 1., S. 79.

ensbildenden Tatbestand gegenüber dem Arbeitgeber gesetzt[369]. Zwar hat das BAG festgestellt, dass dieser Anknüpfungspunkt ausreicht, um sagen zu können, dass der Arbeitgeber i. d. R. nicht mehr mit einem Widerspruch rechnet[370], dies reicht jedoch nicht für die Einschlägigkeit des Umstandsmoments aus. So gibt es mitunter Fälle, die das Umstandsmoment auch durch Unterlassen des Arbeitnehmers u. U. auslösen können[371], ein fiktiver Fristablauf erfüllt dieses Kriterium m. E. jedoch nicht. Dies würde nämlich im Extremfall dazu führen, dass das Gestaltungsrecht immer zeitgleich mit dem hypothetischen Ende der Widerspruchsfrist gem. § 613a Abs. 6 BGB verwirken würde ohne dass auf Seiten des Arbeitnehmers ein positives Tun vorliegt.

Zusammenfassend bleibt es demnach bei der vom BAG entwickelten Rspr. Das Zeitmoment beginnt bei fehlerhafter Unterrichtung nach § 613a Abs. 5 BGB im Zeitpunkt des Ablaufs der (hypothetischen) Widerspruchsfrist gem. § 613a Abs. 6 BGB; also einen Monat nach Unterrichtung.

Bzgl. des Endes der Zeitspanne sollen in nachstehenden Betrachtungen noch genauere Aussagen getroffen und Lösungsansätze erarbeitet werden[372], da sich der Gesetzgeber bewusst gegen eine Höchstgrenze für die Ausübung des Widerspruchsrechts entschieden hat[373].

b) Umstandsmoment

aa) Verhalten des Arbeitnehmers

Um das Umstandsmoment zu erfüllen, muss der Arbeitnehmer in der Zeit nach Ablauf der (hypothetischen) Widerspruchsfrist nach § 613a Abs. 6 BGB in Bezug auf die Geltendmachung des Widerspruchs untätig geblieben sein. Darüber hinaus muss sich der Arbeitgeber aufgrund eines über dieses bloße Unterlassen der Rechtsausübung hinaus vorliegenden vertrauensbildenden Verhaltens des Arbeitnehmers darauf eingerichtet haben, dieser werde sein Recht nicht mehr geltend machen. Der durch diese beiden Verhalten hervorgerufene Vertrauenstatbestand muss dann die verspätete Geltendmachung des Widerspruchsrechts als eine mit Treu und Glauben unvereinbare Härte erscheinen lassen[374].

---

369 S. o. Kap. 3, I., 1., S. 68.

370 BAG vom 20.03.2008 – 8 AZR 1016/06, BB 2008, 1354.

371 S. u. Kap. 5, I., 3., S. 116 ff.

372 Siehe Kap. 5, I., 2., S. 112 ff. sowie Kap. 6, II., 1., S. 195 ff.

373 BT-Drucks. 14/8496, S. 5 und BT-Drucks. 14/8128, S. 4; s. a. vertiefend Kap. 6, II., 1., S. 195 ff.

374 BGH vom 13.03.1996 – VIII ZR 99/94, NJW-RR 1996, 950; s. a. Kap. 3, I., 1., S. 68.

Notwendig für die Einschlägigkeit des Umstandsmoments ist demnach, dass der Arbeitnehmer das Gestaltungsrecht nicht versucht durchzusetzen und neben diesem Unterlassen ein darüber hinaus gehendes Verhalten zeigt, das bei den Arbeitgeberparteien den Anschein erweckt, er wolle nicht (mehr) widersprechen. Welche Verhaltensweisen des Arbeitnehmers diesbezüglich genauer in Frage kommen, soll im 5. Kapitel untersucht werden[375].

Auch ist in diesem Zusammenhang noch einmal darauf hinzuweisen, dass dazu ein Verschulden des Arbeitnehmers nicht erforderlich ist[376]. Die Verwirkung infolge Zeitablaufs tritt unabhängig vom Willen des Arbeitnehmers ein[377]. Das Verschulden *kann* lediglich eine Rolle im Rahmen der Gesamtwertung des Verhaltens spielen[378].

bb) Verhalten der Arbeitgeberparteien

Zur Erfüllung des Tatbestandsmerkmals des Umstandsmoments ist es für die Arbeitgeberparteien notwendig, dass diese ein schutzwürdiges Vertrauen auf die Nichtausübung des Widerspruchsrechts entwickeln[379]. Sie müssen sich also subjektiv darauf eingerichtet haben, dass der Arbeitnehmer dem Übergang seines Arbeitsverhältnisses nicht mehr widerspricht. Wie bereits mehrfach beschrieben, muss sich dieses Vertrauen zum einen aus der Untätigkeit und zum anderen aus dem Hinzutreten von weiteren Umständen oder Verhaltensweisen des Arbeitnehmers, die gegen dessen Rechtsausübung sprechen, ergeben[380].

Zur Vereinfachung der Bestimmung des Umstandsmoments kann dieser Vertrauenstatbestand auf sog. „Vertrauensinvestitionen" der Arbeitgeber gestützt werden. Sprich Dispositionen mit wirtschaftlichem Wert oder sonstiges Verhalten im Vertrauen auf die Nichtausübung. Sie dienen jedoch nur als Anhaltspunkt und können das Umstandsmoment verstärken, stellen jedoch *keine* Voraussetzung für die Annahme dessen dar[381].

Es sind im Falle eines Betriebs- oder Betriebsteilübergangs mehrere Möglichkeiten für das Vorliegen von „Vertrauensinvestitionen" denkbar. So ist i. d. R. bereits die Veräußerung des (Teil-) Betriebes eine Disposition von erheb-

---

375 S. u. Kap. 5, I., 3., S. 116 ff.

376 Vgl. LG München vom 16.03.1989 – 11 O 20714/88, NJW-RR 1989, 852; *Siebert*, Verwirkung und Unzulässigkeit der Rechtsausübung, S. 174; s. a. Kap. 3, I., 1., S 68.

377 BGH vom 27.06.1957 – II ZR 15/56, BGHZ 25, 47, NJW 1957, 1358.

378 *Siebert*, Verwirkung und Unzulässigkeit der Rechtsausübung, S. 174; s. a. Kap. 3, I., 1., S. 68.

379 Siehe Kap. 3, I., 1., S. 70 ff.

380 Siehe erneut Kap. 3, I., 1., S. 70 ff.; s. a. Kap. 4, I., 2., S. 96.

381 BAG vom 22.06.2011 – 8 AZR 752/09, DB 2011, 2385, m. w. N.

lichem wirtschaftlichem Wert. Hierbei rechnen die Arbeitgeberparteien spätestens nach Ablauf der Widerspruchsfrist fest mit dem Übergang der betroffenen Arbeitsverhältnisse. Auch die Verteilung der Pensionslasten zwischen den Arbeitgeberparteien spielt als Disposition eine Rolle. Zudem können in der Zeit nach Betriebsübergang verschiedene Vertrauenstatbestände entstehen, die mit „Investitionen" verbunden sind. So kann auf Erwerberseite der Arbeitgeber z. B. eine Fortbildung oder Umschulung des Arbeitnehmers finanzieren, einen behindertengerechten Arbeitsplatz für diesen einrichten oder ihn z. B. durch Beförderung intensiver in die Betriebsorganisation einbinden. Auf Veräußererseite kann es u. a. zu einer kostenträchtigen Umstellung der Produktion kommen, um den Betrieb auf die Situation nach Betriebsteilsveräußerung anzupassen. Insgesamt spricht aufgrund i. d. R. hoher „Vertrauensinvestitionen" i. R. d. Betriebsübergangs vieles dafür, dass das Vertrauen der Arbeitgeber in die Nichtausübung des Widerspruchsrechts nach zu langer Zeit sehr stark ausgeprägt ist. Dementsprechend ist zumeist das Verhalten des Arbeitnehmers für eine Bejahung der Verwirkung infolge Zeitablaufs ausschlaggebend[382].

Darüber hinaus muss das Vertrauen der Arbeitgeber auf die Nichtausübung des Widerspruchsrechts auch schutzwürdig sein. Gegen eine solche Schutzwürdigkeit spricht z. B., wenn sich die Arbeitgeber, etwa aufgrund der Kenntnis eines Fehlers im Unterrichtungsschreiben, der Möglichkeit der verspäteten Ausübung des Widerspruchsrechts bewusst sind[383]. Des Weiteren kann ein schutzwürdiges Vertrauen auch dann verneint werden, wenn die Arbeitgeber wissentlich einen Fehler in das Schreiben aufgenommen haben. Auch hier können sie i. d. R. nicht auf eine Nichtausübung des Gestaltungsrechts vertrauen und eine Verwirkung infolge Zeitablaufs scheidet mangels Umstandsmoments aus.

c) Kenntnis des Widerspruchsrechts

Wie bereits zu § 242 BGB im Allgemeinen besprochen[384], soll nun auch im speziellen Fall des Betriebsübergangs erörtert werden, ob für eine Verwirkung infolge Zeitablaufs die Kenntnis des Widerspruchsrechts für die am Betriebsübergang beteiligten Parteien entscheidend ist.

---

[382] Zu den einzelnen konkreten Verhaltensweisen des Arbeitnehmers siehe Kap. 5, I., 3., S. 116 ff.; 4., S. 153 ff. und 5., S. 169 ff.

[383] Kap. 3, I., 1., S. 71 ff., m. w. N.

[384] Kap. 3, I., 1., S. 71 ff.

aa) Kenntnis des Arbeitnehmers

Grds. tritt die Verwirkung infolge Zeitablaufs unabhängig von der Kenntnis des Berechtigten ein, da es für das Ausbleiben der Geltendmachung des Rechts und der Vornahme eines vertrauensbildenden Verhaltens nicht auf eine solche des Berechtigten ankommt[385]. Als einzige Ausnahme kommt, wie bereits zu § 242 BGB im Allgemeinen festgestellt[386], der Fall der nicht zu vertretenden Unkenntnis in Betracht.

Übertragen auf den Fall des Widerspruchs gegen den Betriebsübergang ist zwischen zwei verschiedenen Zeitpunkten bzgl. der Kenntnis des Arbeitnehmers zu unterscheiden. Zum einen die Zeitspanne von einem Monat nach Zugang des Unterrichtungsschreibens nach § 613a Abs. 5 BGB. Zum anderen die darauf folgende Zeit bis hin zum „verspäteten" Widerspruch bei Fehlerhaftigkeit der Unterrichtung.

(1) Während der Monatsfrist des § 613a Abs. 6 Satz 1 BGB

I. R. d. ersten Zeitspanne, also während der Monatsfrist des § 613a Abs. 6 Satz 1 BGB, kommen i. d. R. zwei Konstellationen in Betracht. Beiden liegt der Erhalt des Informationsschreibens durch den Arbeitnehmer zugrunde:

Auf der einen Seite erfährt der Arbeitnehmer durch das Schreiben von seinem Widerspruchsrecht. In diesem Fall hat er positive Kenntnis von seinem Gestaltungsrecht. Eine Verwirkung infolge Zeitablaufs ist möglich.

Auf der anderen Seite liest er die Unterrichtung nicht oder nicht sorgfältig, sodass ihm der Hinweis auf ein bestehendes Widerspruchsrecht vorerst[387] verborgen bleibt. Hier ist von (grob) fahrlässiger Unkenntnis des Arbeitnehmers auszugehen. Diese steht einer Verwirkung infolge Zeitablaufs ebenfalls nicht entgegen.

(2) Nach Ablauf der Monatsfrist des § 613a Abs. 6 Satz 1 BGB

Problematisch hingegen gestaltet sich die zweite Zeitspanne nach Ablauf der hypothetischen Widerspruchsfrist und vor Ausübung des „verspäteten" Widerspruchs. Erneut sind grds. zwei Konstellationen denkbar, welchen vorerst der gleiche Sachverhalt zugrunde liegt: Der Arbeitnehmer lässt die Monatsfrist des

---

385 Siehe Kap. 3, I., 1., S. 71 ff., m. w. N.

386 Siehe erneut Kap. 3, I., 1., S. 71 ff., m. w. N.

387 Es ist grds. davon auszugehen, dass der Arbeitnehmer spätestens im Zuge der dem Unterrichtungsschreiben folgenden Gespräche mit Mitarbeitern, Gewerkschaften und Arbeitgebern die Kenntnis seines Rechts erlangt.

§ 613a Abs. 6 Satz 1 BGB verstreichen ohne dem Übergang seines Arbeitsverhältnisses zu widersprechen. Von nun an befindet er sich in dem Glauben, das Widerspruchsrecht könne nicht mehr ausgeübt werden. Er setzt die Arbeit beim Betriebserwerber fort.

In dieser ersten Konstellation ändert sich am beschriebenen Sachverhalt nichts. Hierbei befindet sich der Arbeitnehmer in nicht zu vertretender Unkenntnis seines Gestaltungsrechts. Es besteht für ihn keinerlei Obliegenheit nach Erhalt des Informationsschreibens dieses auf seine Fehlerhaftigkeit hin zu überprüfen.

In diesem Fall der nicht zu vertretenden Unkenntnis muss im Einzelfall eine Abwägung der Schutzwürdigkeit beider Parteien stattfinden. Im Rahmen einer solchen Abwägung können objektive Gesichtspunkte, welche eine erhöhte Schutzwürdigkeit des Arbeitgebers begründen, eine mangelnde Kenntnis des Arbeitnehmers ausgleichen[388]. Zu nennen wären hier z. B. Dispositionen, die der Arbeitgeber im Vertrauen auf die Nichtausübung des Widerspruchsrechts getätigt hat. Hierbei gelten grds. dieselben Argumente, die bereits zum Verhalten der Arbeitgeberparteien bzgl. sog. „Vertrauensinvestitionen" erwogen wurden[389]. I. E. kann eine solche Abwägung jedoch nur im konkreten Einzelfall getroffen werden.

In der zweiten Konstellation ändert sich der Sachverhalt dahingehend, dass das Vertrauen des Arbeitnehmers auf das Nichtbestehen des Widerspruchsrechts erschüttert wird. So kann es sein, dass er beim Lesen des Schreibens Tatsachen, die ihn an der Fehlerfreiheit der Unterrichtung zweifeln lassen, entdeckt. Darüber hinaus ist es nicht unwahrscheinlich, dass er durch Arbeitskollegen oder Gewerkschaften, ja u. U. sogar durch den Arbeitgeber selbst, von der Fehlerhaftigkeit des Unterrichtungsschreibens Kenntnis erlangt. Wird der Arbeitnehmer in einer solchen Situation nicht tätig und beschafft sich Informationen über die möglichen Rechtsfolgen einer fehlerhaften Unterrichtung, so kann ihm eine (grob) fahrlässige Unkenntnis seines Gestaltungsrechts vorgeworfen werden. Eine solche (grob) fahrlässige Unkenntnis des Arbeitnehmers steht einer Verwirkung infolge Zeitablaufs erneut nicht entgegen.

(3) Zusammenfassung

Die Kenntnis des Berechtigten von seinem Recht stellt ebenso wie das Verschulden, nur ein mögliches Abwägungskriterium des Umstandsmoments des § 242 BGB dar[390]. I. R. d. Widerspruchs gegen den Übergang des Arbeitsver-

---

388 *Birr*, Verjährung und Verwirkung, Rn. 205; s. a. Kap 3, I., 1., S. 71 ff.

389 S. o. Kap. 4, I., 2., S. 97.

390 S. o. Kap. 3, I., 1., S. 71 ff.

hältnisses bei § 613a BGB sind i. d. R. vier Situationen zu unterscheiden: (1) Erlangt der Arbeitnehmer durch das Unterrichtungsschreiben positive Kenntnis von seinem Widerspruchsrecht steht diese der Einschlägigkeit des Umstandsmoments nicht entgegen. Ebenso steht dieses Tatbestandsmerkmal der Verwirkung infolge Zeitablaufs nicht in Frage, sofern sich der Arbeitnehmer (2) aufgrund von nicht oder nicht richtigem Lesen der Unterrichtung oder (3) unterlassener Nachforschungen bei Kenntnis der Fehlerhaftigkeit dessen in (grob) fahrlässiger Unkenntnis seines Gestaltungsrechts befindet. Einzig und allein im Falle (4) des nach Ansicht des Arbeitnehmers fehlerfreien Unterrichtungsschreibens nach Ablauf der Frist des § 613a Abs. 6 Satz 1 BGB kann die fehlende Kenntnis des Arbeitnehmers die Einschlägigkeit des Umstandsmoments in Frage stellen. Denn hier befindet sich dieser in nicht zu vertretender Unkenntnis des Widerspruchsrechts. In diesem letzten Fall bedarf es jedoch einer Abwägung der Schutzwürdigkeit beider Parteien, die entschieden zugunsten des Arbeitnehmers ausfallen muss, um das Umstandsmoment zu verneinen und eine Verwirkung infolge Zeitablaufs ausscheiden zu lassen.

bb) Kenntnis der Arbeitgeberparteien

Wie bereits im allgemeinen Teil zu § 242 BGB festgestellt, scheidet eine Verwirkung infolge Zeitablaufs grds. mangels Vorliegens des Umstandsmoments bei Unkenntnis des Verpflichteten von dem gegen ihn gerichteten Recht aus[391]. Einzige Ausnahmen sind nur bei nachträglicher Kenntniserlangung des Verpflichteten, bei Untätigkeit des Berechtigten bzgl. der Ausübung seines Rechts von beinahe zehn Jahren und bei bestimmten von der Rspr. entwickelten Einzelfällen denkbar[392]. Übertragen auf den Betriebsübergang nach § 613a BGB lassen sich also folgende Aussagen treffen:

Ist aus wie auch immer gearteten Gründen dem Erwerber und dem Veräußerer das Gestaltungsrecht unbekannt, scheidet die Verwirkung infolge Zeitablaufs grds. aus. Es ist ihnen in dieser Situation nicht möglich, das für das Umstandsmoment notwendige schutzwürdige Vertrauen in die Nichtausübung des Widerspruchsrechts zu bilden[393].

Eine solche Unkenntnis der Arbeitgeberparteien bei Betriebsübergang nach § 613a BGB ist jedoch i. d. R. nicht vorhanden. Die Arbeitgeber haben nach § 613a Abs. 5 BGB die Pflicht die betroffenen Arbeitnehmer vor dem Übergang ihrer Arbeitsverhältnisse zu unterrichten. Neben dieser Unterrichtung müssen sie

---

391 Siehe dazu detailliert Kap 3, I., 1., S. 73 ff.

392 Siehe erneut Kap 3, I., 1., S. 73 ff.

393 MünchKommBGB/*Roth/Schubert*, § 242 BGB, Rn. 363; s. a. BAG vom 25.04.2001 – 5 AZR 497/99, BAGE 97, 326; s. a. Kap. 3, I., 1., S. 73 ff.

zudem die Betroffenen auch über das nach Abs. 6 mögliche Widerspruchsrecht informieren. Im Zuge dessen muss das Gestaltungsrecht dem Arbeitnehmer erläutert und auf die einmonatige Widerspruchsfrist nach § 613a Abs. 6 Satz 1 BGB hingewiesen. Die Arbeitgeber haben neben ihrer gesetzlichen Verpflichtung zur Unterrichtung ebenfalls ein gesteigertes Eigeninteresse an dieser Frist und damit auch am Widerspruchsrecht selbst. Denn nach Ablauf (und bei fehlerfreiem Unterrichtungsschreiben) können sie fest mit der sich daraus ergebenden Personalstruktur rechnen. Daraus ergibt sich, dass eine Kenntnis der Arbeitgeber vom Widerspruchsrecht des Arbeitnehmers bei Betriebsübergang grds. immer vorliegt. Unschädlich ist hierbei auch die Tatsache, dass die Arbeitgeber nach Ablauf der Widerspruchsfrist davon ausgehen, dass das Gestaltungsrecht nicht mehr „existiert". Denn die Verwirkung infolge Zeitablaufs schützt gerade das Vertrauen auf die Nichtausübung des Rechts[394]. Neben dem zur Einschlägigkeit des Umstandsmoments noch notwendigen vertrauensbildenden Verhalten des Arbeitnehmers verstärkt diese Tatsache demnach sogar dieses Vertrauen anstatt es auszuschließen.

Nach dem soeben Gesagten kann die Ausnahme der nachträglichen Kenntniserlangung des häufigeren beim Betriebsübergang eine Rolle spielen[395]. Denn selbst wenn die Arbeitgeberparteien noch vor Betriebsübergang keine Kenntnis vom Widerspruchsrecht der Arbeitnehmer hatten, erhalten sie diese spätestens im Laufe der notwendigen Transaktionsplanungen. Im Zuge solcher Gespräche werden die gesetzlichen Rahmenbedingungen der Betriebs- oder Betriebsteilsveräußerung besprochen. Hierbei sollte jeder Arbeitgeber, sei es durch seinen Rechtsbeistand oder in Eigenrecherche, die Notwendigkeit einer Unterrichtung und das damit in Verbindung stehende Widerspruchsrecht erkennen. Auch ist es denkbar, dass die Arbeitgeber während des Betriebsübergangs von den Arbeitnehmern (die wiederum ihre Kenntnis u. U. von einer Gewerkschaft oder anderen Informationsquellen bezogen hatten) auf dieses, ihnen zustehenden Gestaltungsrecht hingewiesen werden. Haben die Arbeitgeber nach alle dem es immer noch unterlassen sich bzgl. des Widerspruchsrechts nach § 613a Abs. 6 BGB zu informieren, so befinden sie sich in (grob) fahrlässiger Unkenntnis des Rechts. In diesem Fall ist ein Schutz über die Verwirkung infolge Zeitablaufs ausgeschlossen.

Des Weiteren kommt als Ausnahme vom Grundsatz der notwendigen Kenntnis der Arbeitgeber vom Widerspruchsrecht eine Untätigkeit des Arbeit-

---

394 BGH vom 27.06.1957 – II ZR 15/56, BGHZ 25, 47, NJW 1957, 1358; BGH vom 06.03.1986 – III ZR 195/84, BGHZ 97, 212, NJW 1986, 1803; s. a. Kap. 3, I., 1.,S. 73 ff.

395 Siehe dazu auch Kap. 3, I., 1., S. 73.

nehmers bzgl. der Ausübung dieses Rechts von beinahe zehn Jahren[396] in Betracht. Beginnt aufgrund einer fehlerhaften Unterrichtung nach § 613a Abs. 5 BGB die Widerspruchsfrist nach Abs. 6 Satz 1 nicht zu laufen[397], so ist eine derartige Zeitspanne bis zur Ausübung des Gestaltungsrechts durchaus denkbar. In diesen Fällen sind aufgrund der Wechselwirkung von Zeit- und Umstandsmoment die Anforderungen an das Umstandsmoment lediglich in dem Unterlassen des Arbeitnehmers zu sehen[398].

Eine darüber hinausgehende Verkürzung des Zeitmoments zum Schutze der Arbeitgeber bei Unkenntnis des Widerspruchsrechts bei Betriebsübergang ist nicht ersichtlich[399].

I. E. scheidet eine Verwirkung infolge Zeitablaufs grds. mangels Vorliegens des Umstandsmoments bei Unkenntnis der Arbeitgeber vom Widerspruchsrecht der Arbeitnehmer nach § 613a Abs. 6 BGB aus. Aufgrund der besonderen Eigenheiten des Betriebsübergangsablaufs kommt eine solche Unkenntnis jedoch nur selten vor. Nichtsdestotrotz wären als Ausnahmen eine nicht unwahrscheinliche nachträgliche Kenntniserlangung der Arbeitgeber und eine mögliche Untätigkeit des Arbeitnehmers bzgl. der Ausübung des Widerspruchsrechts von beinahe zehn Jahren denkbar.

d) Kenntnis des verwirkungserheblichen Verhaltens und gegenseitige Zurechnung

Wie bereits festgestellt, muss sich der Arbeitgeber berechtigterweise wegen der Untätigkeit des Arbeitnehmers darauf eingerichtet haben und auch bei objektiver Beurteilung aufgrund dessen Verhalten dementsprechend einrichten dürfen, dass dieser künftig nicht mehr widersprechen werde, sodass ihm die Hinnahme der durch die Ausübung entstehenden Rechtslage nicht zuzumuten ist[400].

Zum einen lässt sich hieraus die Erkenntnis ziehen, dass bei der Beurteilung des Umstandsmoments auf eine objektive Sichtweise abzustellen ist. D. h. die Gesamtsituation muss in der Art und Weise beschaffen sein, dass bei objektiver

---

396 Für die Festlegung der Zeitspanne s. Kap. 6, II., 1., S. 198 und S. 199 f.; s. a. Kap. 3, I., 1., S. 75 f.

397 S. o. Kap. 2, II., 1., S. 47.

398 Für nähere Betrachtungen s. Kap. 3, I., 1., S. 74 ff.

399 Siehe Fn. 280 zu einer derartigen Verkürzung des Zeitmoments bei fehlender Kenntnis im Falle der Geltendmachung des Sonderkündigungsschutzes nach § 85 SGB IX.

400 BGH vom 12.12.2008 – V ZR 49/08, BGHZ 179, 146, NJW 2009, 847; *Löwisch/Göpfert/Siegrist*, DB 2007, 2538, 2539; s. a. Kap. 3, I., 1.,S. 68 f.

Betrachtung der Arbeitgeber davon ausgehen konnte, der Arbeitnehmer werde sein Widerspruchsrecht nicht mehr geltend machen[401].

Zum anderen stellt sich die Frage, auf welche Art und Weise der Arbeitgeber, v. a. der Betriebsveräußerer, von diesen objektiv zu beurteilenden Tatsachen Kenntnis erlangen soll. Denn nur dann kann er einen für das Umstandsmoment relevanten Vertrauenstatbestand in die Nichtausübung des Widerspruchsrechts aufbauen[402].

Der *Achte Senat* des BAG hat diese Frage beantwortet. Mit Urteil vom 27.11.2008[403] wurde entschieden, dass sich neuer und alter Arbeitgeber wechselseitig die Kenntnis des anderen vom verwirkungsbegründenden Arbeitnehmerverhalten zurechnen lassen können und beide als Einheit zu behandeln sind. Werden bereits Erwerber und Veräußerer i. R. d. Unterrichtungspflicht und darüber hinaus bzgl. der Empfängereigenschaft des Widerspruchs vom Gesetzgeber in § 613a Abs. 5 und 6 BGB als Einheit und Gesamtschuldner erfasst[404], so muss dies auch in umgekehrte Richtung in Bezug auf die verwirkungserhebliche Handlung des Arbeitnehmers gelten. Kommt es beim Erwerber demnach zu Handlungen, die das Umstandsmoment erfüllen, so sind diese als bei dem Betriebsveräußerer bekannt vorauszusetzen[405]. Durch diese Fähigkeit sich wechselseitig auf die Kenntnis des anderen berufen zu können, wird es dem Veräußerer, der i. d. R. keine Kenntnis vom Arbeitnehmerverhalten im Erwerberbetrieb hat, ermöglicht, sich auf die Verwirkung infolge Zeitablaufs zu berufen, obwohl für ihn das Umstandsmoment mangels vertrauensbildenden Verhaltens nicht erfüllt ist.

II. Rechtsmissbrauch i. e. S.

Im Vergleich zur Verwirkung infolge Zeitablaufs spielt der Rechtsmissbrauch i. e. S. beim Widerspruch des Arbeitnehmers nach § 613a Abs. 6 BGB eine eher untergeordnete Rolle. Dies liegt zum einen daran, dass der Tatbestand des Rechtsmissbrauchs i. e. S. an sich eher selten vorliegt[406]. Zum anderen an der

---

401 Vgl. z. B.: BAG vom 12.12.2006 – 9 AZR 747/06, NZA 2007, 396; allgemein zu § 242 BGB siehe BGH vom 30.04.1993 – V ZR 234/91, NJW 1993, 2178.

402 Siehe dazu Kap. 4, I., 2., S. 101 ff., s. a. Kap. 3, I., 1., S. 73 ff.

403 BAG vom 27.11.2008 – 8 AZR 174/07, DB 2009, 1075.

404 BAG vom 27.11.2008 – 8 AZR 174/07, DB 2009, 1075; s. a. RL 2001/23/EG, Art. 3 Abs. 2.

405 BAG vom 27.11.2008 – 8 AZR 174/07, DB 2009, 1075.

406 S. o. Kap. 3, II., S. 83 ff.

mangelnden praktischen Relevanz einer generellen Missbilligung von Arbeitnehmerverhalten bei Widersprüchen gegen den Betriebsübergang.

1. Ursachen des Rückgriffs auf den Rechtsmissbrauch i. e. S. und dessen Folgen

Die Ursache des Rückgriffs auf den Rechtsmissbrauch i. e. S. bei § 613a BGB liegt in einem generell zu missbilligenden Arbeitnehmerverhalten bei der Ausübung des Widerspruchsrechts nach Abs. 6. Führt man sich die Ursachen für den Rückgriff auf die Verwirkung infolge Zeitablaufs bei § 613a BGB erneut vor Augen[407], so erkennt man, dass die Gründe für die Anwendung des Rechtsmissbrauchs i. e. S. völlig unabhängig von diesen bestehen. D. h., obwohl beide Institute des § 242 BGB i. E. das Widerspruchsrecht versagen, knüpfen sie an unterschiedliche Aspekte des Betriebsübergangs an. Im Unterschied zur Verwirkung infolge Zeitablaufs liegt die Ursache des Rückgriffs auf § 242 BGB in den Fällen des Rechtsmissbrauchs i. e. S. nicht in der fehlerhaften Unterrichtung nach § 613a Abs. 5 BGB von Arbeitgeberseite. Setzte die Verwirkung infolge Zeitablaufs dies noch voraus, da durch den Nichtbeginn der Widerspruchsfrist erst das für die Beurteilung der Fälle mitentscheidende Zeitmoment in Gang gesetzt wurde, so ist es für den Rechtsmissbrauch i. e. S. unerheblich. Denn hier ist nicht die Verwerflichkeit der Ausübung des Widerspruchsrechts im Zusammenhang mit der verstrichenen Zeit ausschlaggebend, sondern die Frage, ob das konkrete Verhalten des Arbeitnehmers bei Widerspruch an sich rechtsmissbräuchlich ist. Die Ursache des Rückgriffs auf § 242 BGB liegt demnach nicht im Fehlverhalten der Arbeitgeberparteien sondern im Fehlverhalten des Arbeitnehmers.

Ist ein solche Ursache gesetzt, sprich hat der Arbeitnehmer sich bzgl. seines Widerspruchsrechts rechtsmissbräuchlich verhalten, stellt sich die Frage nach den Folgen eines solchen Verhaltens. Für den Arbeitnehmer kommt es bei Erfüllung des Tatbestands des Rechtmissbrauchs i. e. S.[408] zu einer Versagung seines Gestaltungsrechts[409]. Die Folgen auf Arbeitgeberseite sind mitunter ebenso gravierend. Ist der durch Individualverhalten u. U. auftretende Rechtsmissbrauch i. e. S. eines einzelnen noch ein marginaler Schadensposten im Gesamtkonzept des Betriebs- oder Betriebsteilübergangs, so entstehen durch einen von mehreren Arbeitnehmern ausgeübten Widerspruch erhebliche Probleme für die gesamte

---

407 S. o. Kap. 4, I., 1., S. 85 ff.

408 Siehe zu den tatbestandsmäßigen Voraussetzungen des Rechtmissbrauch i. e. S. Kap. 3, II., 2., S. 83 ff.

409 Siehe Kap. 3, II., 3., S. 84.

Transaktion. Kommt es also zu dem denkbaren Fall, in dem beinahe die gesamte zur Übernahme bestimmte Belegschaft widerspricht[410], kann dies zu einem Scheitern des geplanten Betriebsübergangs führen. Gerade bei betriebsmittelarmen Betrieben ist ein solcher „Massenwiderspruch“ extrem problematisch. Denn in solchen Betrieben, in welchen der Betriebsübergang allein durch die Übernahme eines qualitativ und quantitativ erheblichen Teils der Belegschaft konstituiert wird, kommt eine kollektive Verweigerung der Arbeitnehmer eines gescheiterten Übergangs gleich[411]. Hier müsste der Betriebserwerber ad hoc neue Arbeitskräfte zur Sicherung und Wahrnehmung der betrieblichen Abläufe einsetzen, was bei größeren Belegschaften einer faktischen Unmöglichkeit gleichkommt[412].

Unabhängig von einem solchen Fall weist *Rieble* zu Recht darauf hin, dass ein solches kollektives Verhalten sehr leicht als „kollektives Druckinstrument“ missbraucht werden kann[413]. Dort heißt es weiter: „So soll der Betriebsübergang insgesamt verhindert werden, oder es wird die „Rücknahme“ der Widersprüche in Aussicht gestellt, wenn die Arbeitgeberseite den Arbeitnehmern bestimmte Modalitäten des Übergangs ihrer Arbeitsverhältnisse versprechen würde (Interessenausgleich, Sozialplan, Garantie der Tarifbindung und anderes mehr)“[414]

Diesem „kollektiven Druckinstrument“ steht die freie Disposition des Arbeitnehmers über sein Arbeitsverhältnis gegenüber, welche verfassungsrechtlich durch Art. 12 GG geschützt ist[415]. So sollte der Arbeitnehmer im Hinblick auf die Höchstpersönlichkeit und Nichtübertragbarkeit der Arbeitsleistung, den Rechtsgedanken des § 415 Abs. 1 BGB sowie die Verfassungsrechtsgüter der Menschenwürde, des Persönlichkeitsrechts und des Rechts auf freie Wahl des Arbeitsplatzes davor geschützt werden, einen anderen als den gewählten Arbeitgeber aufgezwungen zu bekommen[416].

---

410 So geschehen im Zeitungs- und Verlagswesen bei Betriebsteilübergang, bei welchem 19 von 21 betroffenen Arbeitnehmer dem Übergang ihrer Arbeitsverhältnisse mit gleich lautendem Schreiben widersprachen, vgl. BAG vom 30.09.2004 – 8 AZR 462/03, BAGE 112, 124, NZA 2005, 43.

411 Vgl. *Moll/Henke*, Anm. zu BAG vom 30.09.2004 – 8 AZR 462/03, BAGE 112, 124, NZA 2005, 43, in AP § 613a BGB, Nr. 275.

412 Vgl. erneut *Moll/Henke*, Anm. zu BAG vom 30.09.2004 – 8 AZR 462/03, BAGE 112, 124, NZA 2005, 43, in AP § 613a BGB, Nr. 275.

413 *Rieble*, NZA 2005, 1.

414 *Rieble*, NZA 2005, 1.

415 BAG vom 02.03.2006 – 8 AZR 147/05, AP Nr. 302 zu § 613a BGB; BeckOK RGKU/*Gussen*, § 613a BGB, Rn. 171a; s. a. Kap. 2, I., 2., S. 38 ff.

416 BAG vom 30.09.2004 – 8 AZR 462/03, BAGE 112, 124, NZA 2005, 43, m. w. N.

Beide Positionen sind bei der Bewertung eines vermeintlich rechtsmissbräuchlichen Verhaltens des Arbeitnehmers i. R. d. Widerspruchs nach § 613a Abs. 6 BGB zu berücksichtigen und i. E. in Einklang zu bringen.

2. Grundlagen des Rechtsmissbrauchs i. e. S. bei Betriebsübergang

Der Fall des Rechtsmissbrauchs i. e. S. des Arbeitnehmers bei Widerspruch gegen den Übergang des Arbeitsverhältnisses i. R. e. Betriebsübergangs kann grds. nur in zwei Konstellationen auftreten. Zum einen bei zu missbilligendem Verhalten des Arbeitnehmers als Individuum und zum anderen als zu missbilligendes Verhalten von einer Vielzahl von Arbeitnehmern im Kollektiv. Letzteres zumeist in der Form des sog. Kollektivwiderspruchs[417].

Der Tatbestand des Rechtsmissbrauchs i. e. S. ist bei Widerspruch des Arbeitnehmers gegen den Übergang seines Arbeitsverhältnisses grds. dann erfüllt, wenn die Rechtsausübung des Gestaltungsrechts als Vorwand für die Erreichung vertragsfremder oder unlauterer Zwecke herhält[418]. Z. B. wenn das Gestaltungsrecht nur zu dem Zwecke ausgeübt wird, den Gegner in grob eigennütziger Weise zu einer Leistung zu veranlassen, auf die er keinen Anspruch hat und billigerweise auch nicht erheben kann[419]. Hierbei sei zudem auf den Rechtsgedanken des § 226 BGB verwiesen[420].

---

417 S. u. Kap. 5, II., 2., S. 183 ff.

418 BGH vom 22.05.1989 – II ZR 206/88, BGHZ 107, 296, 310 f.; s. a. Kap. 3, II., S. 83 ff.

419 BGH vom 22.05.1989 – II ZR 206/88, BGHZ 107, 296, 310 f.; s. a. Kap. 3, II., S. 83 ff.

420 Palandt/*Grüneberg*, § 242, Rn. 18 und 50; s. a. Kap. 3, II., S. 83 ff.

5. KAPITEL: Fälle von Verwirkung infolge Zeitablaufs und Rechtsmissbrauch i. e. S.

Die Bewertung eines Sachverhalts anhand der Verwirkung infolge Zeitablaufs und des Rechtsmissbrauchs i. e. S. ist immer eine Abwägung im Einzelfall. Das macht es unmöglich generelle Aussagen über die Einschlägigkeit beider Institute des § 242 BGB bei Widerspruch des Arbeitnehmers gegen den Übergang des Arbeitsverhältnisses bei § 613a BGB zu treffen. Es müssen die unterschiedlichen Fälle einzeln untersucht und bewertet werden.

I. Fälle der Verwirkung infolge Zeitablaufs

Die Untersuchung der Fälle der Verwirkung des Widerspruchsrechts infolge Zeitablaufs soll wie folgt vorgenommen werden:

Als Ausgangspunkt der Betrachtungen soll das Urteil des *Achten Senats* des BAG vom 23.07.2009[421] besprochen werden. Denn an dieser Entscheidung lässt sich sehr gut die Ansicht des BAG zur Einschlägigkeit der Verwirkung infolge Zeitablaufs bei § 613a BGB veranschaulichen.

Im Anschluss daran soll eine Einordnung des Zeitmoments bei § 613a BGB vorgenommen werden. Hierbei sollen die von der Rspr. als einschlägig beurteilten Fälle des Zeitmoments zusammengetragen und der als Grundlage für die noch zu betrachtenden Einzelfälle dienende zeitliche Rahmen bestimmt werden.

Daraufhin erfolgt eine Untersuchung der möglichen Gründe im Verhalten des Arbeitnehmers, diejenigen Gründe bei Beendigung des Arbeitsverhältnisses und schließlich derer durch initiatives Verhalten durch den Arbeitgeber. Die in diesen drei Themengebieten besprochenen Verhaltensweisen des Arbeitnehmers sind für die Einschlägigkeit des Umstandsmoments relevant.

1. Die Ansicht des *Achten Senats* des BAG zur Verwirkung infolge Zeitablaufs bei § 613a BGB

a) Frühere Rechtslage

Bis Mitte des Jahres 2009 herrschte weitgehend Unklarheit über die genaue Bestimmung des Tatbestandsmerkmals des Umstandsmoments bei Widerspruch des Arbeitnehmers gegen den Übergang seines Arbeitsverhältnisses. Dies hatte

---

[421] BAG vom 23.07.2009 – 8 AZR 541/08, zit. nach juris.

zur Folge, dass eine Fülle unterschiedlicher Verhaltensweisen des Arbeitnehmers nach Betriebsübergang bei fehlerhafter Unterrichtung begutachtet und als Erfüllung des Tatbestandes vertreten wurden[422].

Auch der *Achte Senat* des BAG hatte bis dahin eine klare Aussage vermieden. Er sprach in den zu beurteilenden Fällen lediglich von einer für das Umstandsmoment notwendigen Disposition des Arbeitnehmers über sein Arbeitsverhältnis[423]. Beispielhaft wurde der Abschluss eines Aufhebungsvertrages[424], die Hinnahme einer Kündigung[425] oder die Aufnahme einer Tätigkeit bei einer Drittfirma[426] genannt. Jedoch wurde keine bestimmte und bestimmbare Verhaltensweise des Arbeitnehmers benannt, die für eine Vielzahl von Fällen Aufschluss über die Einschlägigkeit des Umstandsmoments geben konnte.

Durch das Urteil vom 23.07.2009[427] sollte nun diesem „Schwebezustand" entgegengewirkt und der Begriff der Disposition des Arbeitnehmers für den Rechtsanwender anhand von § 242 BGB näher ausgelegt werden.

b) Urteil des BAG vom 23.07.2009 – 8 AZR 541/08

Mit Urteil vom 23.07.2009 betont der *Achte Senat* des BAG, dass das für eine Verwirkung infolge Zeitablaufs notwendige Umstandsmoment bei aktivem Tun des Arbeitnehmers grds. erst dann erfüllt sein kann, sofern dieser eine erhebliche Disposition über den Bestand seines Arbeitsverhältnisses treffe[428]. Solche „erhebliche Dispositionen" sind in den Augen des *Achten Senats* „Vereinbarungen oder Verhaltensweisen des Arbeitnehmers, durch welche es zu einer Beendigung des Arbeitsverhältnisses kommt, z. B. Abschluss eines Aufhebungsvertrages bzw. die Hinnahme einer vom Betriebserwerber ausgesprochenen Kündigung, oder durch welche das Arbeitsverhältnis auf eine völlig neue rechtliche Grundlage gestellt wird (z. B. die Begründung eines Altersteilzeitarbeitsverhältnisses)" [429].

Mit anderen Worten nimmt der Senat lediglich eine Erfüllung des Umstandsmoments an, sofern es zu einem aktiven Tun des Arbeitnehmers kommt,

---

422 Siehe beispielhaft *Gaul/Niklas*, DB 2009, 452 ff.; *Löwisch/Göpfert/Siegrist*, DB 2007, 2538 ff.

423 Siehe beispielhaft BAG vom 20.03.2008 – 8 AZR 1016/06, BB 2008, 2072.

424 BAG vom 20.03.2008 – 8 AZR 1016/06, BB 2008, 2072.

425 Siehe erneut BAG vom 20.03.2008 – 8 AZR 1016/06, BB 2008, 2072.

426 BAG vom 27.11.2008 – 8 AZR 174/07, DB 2009, 1075.

427 BAG vom 23.07.2009 – 8 AZR 541/08, zit. nach juris.

428 Siehe exemplarisch BAG vom 23.07.2009 – 8 AZR 541/08, AP Nr. 12 zu § 613a BGB Unterrichtung; BAG vom 23.07.2009 – 8 AZR 538/08, DB 2010, 58.

429 BAG vom 23.07.2009 – 8 AZR 541/08, zit. nach juris.

welches die „Wurzeln seiner Tätigkeit“ berührt. Also das Arbeitsverhältnis als solches aufgelöst oder geändert wird. Im Folgenden soll in diesen Fällen von einer *qualifizierten Disposition*[430] gesprochen werden.

Im Unterschied dazu reicht nach Ansicht des *Achten Senates* eine schlichte Disposition des Arbeitnehmers (also eine solche, die nicht als „erheblich“ oder „qualifiziert“ zu bewerten ist) nicht aus. Eine solche schlichte Disposition in Bezug auf das Arbeitsverhältnis ist nach Aussage der Richter z. B. die Bewerbung auf eine intern ausgeschriebene Stelle[431] oder das Verlangen von Zeugnissen[432].

c) Kritik

Auf den ersten Blick ist die Rspr. des *Achten Senats* zur näheren Bestimmung des Tatbestandsmerkmals des Umstandsmoments zu begrüßen. Die Richter versuchten die unbestimmte Rechtslage bei Verwirkung infolge Zeitablaufs bei Widerspruch des Arbeitnehmers näher zu konkretisieren. Nichtsdestotrotz bleibt es auch nach diesem Urteil dabei, dass lediglich Einzelfälle begutachtet und keine generellen Aussagen getroffen werden konnten. Denn, wie bereits erörtert, hört die rechtliche Bewertung des verwirkungserheblichen Sachverhalts nicht bei der Bestimmung eines geeigneten Umstandsmoments auf. Vielmehr muss dieses in der Folge noch in Relation zu einem bestimmten Zeitmoment gesetzt werden[433]. Es herrscht der Grundsatz, dass der Zeitablauf umso kürzer sein kann, je gravierender die sonstigen Umstände sind, und dass umgekehrt an diese Umstände desto geringere Anforderungen gestellt werden, je länger der abgelaufene Zeitraum ist[434]. Dies führt dazu, dass die Rspr. des BAG im konkreten Fall zwar in Bezug auf ein Arbeitsverhältnis anzuwenden ist, bei dem ein Widerspruch nach einer Dauer von 12 bis 15 Monaten erfolgte, jedoch nicht auf Zeiträume jenseits dieser Marge schlicht übertragen werden kann[435]. In diesen, zuletzt genannten Fällen, kann nämlich aufgrund der Wechselwirkung von Zeit- und Umstandsmoment ein gleichwertiges Verhalten des Arbeitnehmers den Tatbestand der Verwirkung infolge Zeitablaufs erfüllen, was bei einer kürzeren Zeitspanne noch unzureichend gewesen wäre.

Dies scheint wohl auch der *Achte Senat* zu berücksichtigen, wenn er immer wieder in seinen Entscheidungen betont: „Hinsichtlich des Zeitmoments kann

430 So wohl zuerst *Dzida*, DB 2010, 167, 168.
431 S. a. Kap. 5, I., 3., S. 140 ff.
432 S. a. Kap. 5, I., 3., S. 142 ff.
433 Für genauere Betrachtungen s. Kap. 3, I., 1., S. 64 ff.
434 BGH vom 19.12.2000 – X ZR 150/98, ZIP 2001, 670; BSG vom 05.12.1972 – 10 RV 441/71, NJW 1973, 871.
435 Zutreffend *Dzida*, DB 2010, 167, 169.

bei der Verwirkung nicht auf eine feststehende Monatsfrist, beispielsweise von sechs Monaten abgestellt werden. Abzustellen ist vielmehr auf die konkreten Umstände des Einzelfalls. Dabei ist davon auszugehen, dass bei schwierigen Sachverhalten die Rechte des Arbeitnehmers erst nach längerer Untätigkeit verwirken können. Außerdem ist die Länge des Zeitablaufs in Wechselwirkung zu dem ebenfalls erforderlichen Umstandsmoment zu setzen. Je stärker das gesetzte Vertrauen oder die Umstände, die eine Geltendmachung für den Anspruchsgegner unzumutbar machen, sind, desto schneller kann ein Anspruch verwirken"[436]. Umso verwunderlicher ist es demnach, wenn dasselbe Gericht im Urteil vom 23.07.2009 „regelmäßig" nur eine qualifizierte Disposition als Verwirklichung des Umstandsmoments ansehen möchte.

Zutreffend geht *Dzida* davon aus, dass, würde man bei einem sehr ausgeprägten Zeitmoment ebenfalls eine qualifizierte Disposition verlangen, die vom BAG aufgestellt Regel, wonach Umstands- und Zeitmoment sich in einer Wechselwirkung befinden, zu einer „hohlen Phrase" würde[437]. Denn diese Wechselbeziehung würde unterlaufen, sofern man von einem „starren" Umstandsmoment ausgeht, das nicht mehr durch das Zeitmoment beeinflusst werden kann.

I. E. ergibt sich aus der Rspr. des *Achten Senats* nicht lediglich, dass nur in den Fällen des Aufhebungsvertrages, der Eigenkündigung, der Hinnahme einer Kündigung und der Vereinbarung eines Altersteilzeitarbeitsverhältnisses mit dem Betriebserwerber das Umstandsmoment erfüllt ist. Vielmehr müssen die noch zu untersuchenden Fälle des Arbeitnehmerverhaltens unter dem Aspekt gesehen werden, dass auch in anderen als den vom BAG genannten Fällen (unter Berücksichtigung eines wie auch immer gearteten Zeitmoments) eine Verwirkung infolge Zeitablaufs einschlägig sein kann.

2. Einordnung des Zeitmoments bei § 613a BGB

a) Ausdehnung des Zeitmoments nach der Rechtsprechung des BAG

Dass Zeit- und Umstandsmoment i. R. d. § 242 BGB in einer unabdingbaren Wechselwirkung stehen, wobei sich beide Institute gegenseitig in ihrer Einschlägigkeit bedingen, ist mittlerweile zu genüge diskutiert[438]. Fraglich ist je-

---

436 BAG vom 12.11.2009 – 8 AZR 530/07, NJW 2010, 1302; vgl. zudem beispielhaft BAG vom 15.02.2007 – 8 AZR 431/06, BAGE 121, 289; DB 2007, 1468; s. a. Kap. 3, I., 1., S. 63 ff.

437 Vgl. *Dzida*, DB 2010, 167, 169.

438 Siehe nur Kap. 3, I., 1., S. 64 ff.

doch, ob es eine Möglichkeit gibt, die Ausdehnung des Zeitmoments für die Fälle i. R. d. Betriebsübergangs nach § 613a BGB zu konkretisieren.

Schaut man sich die Urteile des *Achten Senats* des BAG in Bezug auf eine Erfüllung des Zeitmoments an, so lässt sich zumindest eine zeitliche Marge in den Urteilen des Senats erkennen. Diese ist selbstverständlich wiederum bedingt durch das dem Urteil zugrunde liegende Umstandsmoment und darf auch nur in Verbindung mit diesem gesehen werden. Nichtsdestotrotz zeigen die folgenden Entscheidungen einen zeitlichen Rahmen auf, der eine Einschätzung ermöglicht:

In Bezug auf den Abschluss eine Aufhebungsvertrags[439] zwischen Arbeitnehmer und Arbeitgeber stellte der *Achte Senat* des BAG eine Einschlägigkeit der Verwirkung infolge Zeitablaufs bei einem Zeitmoment von 13 ½[440], 14[441], 14 ½[442] und 17[443] Monaten fest. Bzgl. der Aufnahme einer Tätigkeit bei einer Drittfirma reichten 15 Monate[444]. Ebenfalls 15 Monate erschienen den Richtern angemessen im Falle einer Hinnahme einer Kündigung durch den Arbeitnehmer[445]; 16 Monate bei einer Eigenkündigung[446]. Zuletzt reichten bereits 12 ½ Monate aus, um den Tatbestand der Verwirkung infolge Zeitablaufs zu erfüllen, sofern der Arbeitnehmer im Gütetermin durch seinen Prozessbevollmächtigten erklären lässt, dass er dem Betriebsübergang nicht widersprochen habe[447].

Unabhängig davon macht der *Achte Senat* bzgl. einer Ausgestaltung des Zeitmoments in einer Vielzahl von Entscheidungen keine Aussage. So liest man häufig, dass es dahinstehen kann, ob das Zeitmoment erfüllt ist, da es zumindest schon am Umstandsmoment fehle[448]. Diese Aussage ist zwar für den konkreten Fall korrekt, für den Versuch einer genauen Bewertung aber unbefriedigend. Denn die Wechselwirkung beider Institute kann, wie bereits auch schon an der

---

439 Siehe dazu vertiefend Kap. 5, I., 4., S. 162 ff.

440 BAG vom 12.11.2009 – 8 AZR 751/07, BB 2010, 789.

441 BAG vom 12.11.2009 – 8 AZR 370/07, zit. nach juris.

442 BAG vom 23.07.2009 – 8 AZR 357/08. NZA 2010, 393.

443 BAG vom 12.11.2009 – 8 AZR 530/07, NJW 2010, 1302.

444 BAG vom 27.11.2008 – 8 AZR 174/07, NZA 2009, 813.

445 BAG vom 24.07.2008 – 8 AZR 175/07, AP Nr. 347 zu § 613a BGB; s. a. für genauere Betrachtungen Kap. 5, I., 4., S. 155 ff.

446 BAG vom 12.11.2009 – 8 AZR 718/07, zit. nach juris; siehe dazu vertiefend Kap. 5, I., 4., S. 161 f.

447 BAG vom 15.12.2007 – 8 AZR 431/06, BAGE 121, 289; NZA 2007, 793; vertiefend auch Kap. 5, I., 3., S. 147 ff.

448 Vgl. exemplarisch BAG vom 20.03.2008 – 8 AZR 1030/06, zit. nach juris; BAG vom 24.07.2008 – 8 AZR 1020/06, zit. nach juris; BAG vom 27.11.2008 – 8 AZR 199/07, zit. nach juris; BAG vom 02.04.2009 – 8 AZR 178/07, ZIP 2009, 2307; BAG vom 23.07.2009 – 8 AZR 538/08, DB 2010, 58.

neuen Dispositionsrechtsprechung des *Achten Senats* kritisiert[449], bei einer Verlängerung des Zeitmoments zu einer Einschlägigkeit des zuvor uneinschlägigen Umstandsmoments führen.

I. E. lässt sich somit festhalten, dass der *Achte Senat* des BAG in Bezug auf die dargestellten Verhaltensweisen des Arbeitnehmers ein Zeitmoment von 12 bis 17 Monaten als notwendig ansieht, um eine Verwirkung infolge Zeitablaufs in den genannten Fällen zu erfüllen.

b) Konkrete Umstände des Einzelfalls

Das voran stehende Ergebnis überrascht unter Berücksichtigung der in Kap. 3 erzielten Erkenntnisse nicht. Die vom BAG beschriebenen Zeiträume sind nur situationsgebundene Fristen, die im Wechselspiel von Zeit- und Umstandsmoment keine verwertbaren Ergebnisse für eine beliebige Vielzahl von Fällen liefern können und wollen. Dies kommt daher, dass es bei der Abwägung von Zeit- und Umstandsmoment immer auf die Umstände des konkreten Einzelfalles ankommt. D. h., es ist notwendigerweise immer eine auf die konkrete Situation der Parteien abgestimmte Beurteilung geboten. Das führt dazu, dass eine generelle Begutachtung der Sachverhalte unmöglich, dies aber auch durchaus gewollt und sachgerecht ist. Denn nur so lässt sich der Ausnahmetatbestand der Verwirkung infolge Zeitablaufs mit seinen, im Verhältnis zur komplizierten Bestimmbarkeit der Tatbestandsmerkmale, gravierenden Rechtsfolgen sachgerecht anwenden.

Die daraus resultierende, einzelfallorientierte Rspr. führt bei Widerspruch gegen den Übergang des Arbeitsverhältnisses zumeist zu unvorhergesehenen Ergebnissen, die vor allem auf Arbeitnehmerseite als Rechtsunsicherheit und Willkür wahrgenommen werden[450]. Aus diesem Grund wurden in Bezug auf § 613a BGB bereits mehrere Ansätze vertreten, um diese Bestimmung der konkreten Umstände des Einzelfalls zu umgehen oder zu vereinfachen[451]. Bisweilen blieb dies jedoch ohne Erfolg.

Zusammenfassend gibt es keine fixen zeitlichen Anhaltspunkte, die es ermöglichen die Ausdehnung des Zeitmoments i. R. d. Wechselwirkung zum Umstandsmoment zu bestimmen. Darüber hinaus ist es nicht möglich einen konstanten zeitlichen Wert einem bestimmten Verhalten des Arbeitnehmers zuzuordnen, der über jeden Zweifel erhaben zu einer Einschlägigkeit der Norm führt.

---

449 S. o. Kap. 5, I., 1., S. 111 ff.

450 Vgl. z. B. die Stellungnahme des Deutschen Anwaltsvereins durch den Ausschuss Arbeitsrecht zur Befristung des Widerspruchsrechts im Falle eines Betriebsübergangs, AE 2009, 106, 107.

451 Für vertiefte Betrachtungen s. u. Kap. 6, II., 1., S. 195 ff.

c) Der als Grundlage dienende zeitliche Rahmen

Trotz alledem können aus der Rspr. des *Achten Senats* Erkenntnisse in Bezug auf das Zeitmoment gewonnen werden. Diese sollen als Grundlage der folgenden Betrachtungen der verschiedenen Fälle von Arbeitnehmerverhalten dienen.

Zum einen sollte beim Vorliegen einer vom *Achten Senat* beschriebenen qualifizierten Disposition[452] des Arbeitnehmers über sein Arbeitsverhältnis das Zeitmoment in einer Marge von 12 bis 15 Monaten erfüllt sein. Um einen zumindest versucht abschließenden Charakter der Situationsbewertung vornehmen zu können, geht die Untersuchung deshalb in diesen und vergleichbaren Fällen der Disposition vom letztmöglichen Zeitpunkt, also 15 Monaten, aus[453].

Zum anderen ging das BAG in Fällen vor dem Urteil vom 23.07.2009[454], bei denen keine qualifizierte, sondern lediglich eine schlichte Disposition des Arbeitnehmers vorlag[455] von einer zeitlichen Ausprägung von 17 Monaten aus, um die Einschlägigkeit der Verwirkung infolge Zeitablaufs zu bejahen. In Anbetracht der geäußerten Kritik an der Entscheidung vom 23.07.2009[456], ist davon auszugehen, dass die Notwendigkeit einer qualifizierten Disposition des Arbeitnehmers immer mehr verblasst, je mehr Zeit seit Beginn des Zeitmoments vergangen ist. Mithin kann aufgrund der Wechselwirkung von Zeit- und Umstandsmoment ein gleichwertiges aktives Tun die Rechtsfolgen des § 242 BGB auslösen, welches bei einer kürzeren Zeitspanne noch unzureichend gewesen wäre. Daher gibt *Dzida* zu bedenken, dass das Umstandsmoment bei einer Zeitspanne von z. B. 24 Monaten nach dem Betriebsübergang bereits dann anzunehmen sei, wenn der Arbeitnehmer über Bestandteile seines Arbeitsverhältnisses disponiere, die dessen Bestand gerade nicht berühren und nicht zum Kern des Arbeitsverhältnisses gehören[457].

Dem ist voll und ganz zuzustimmen. Die Institute der Verwirkung infolge Zeitablaufs bedingen sich aufgrund der Wechselwirkung gegenseitig. So verringern sich die Anforderungen an das Umstandsmoment durch Verlängerung des Zeitmoments. Es ist demnach für die folgenden Betrachtungen davon auszugehen, dass, trotz der Entscheidung des *Achten Senats* bzgl. der Notwendigkeit einer qualifizierten Disposition des Arbeitnehmers, eine Einschlägigkeit des Umstandsmoments nach Ablauf von 24 Monate nach Beginn des Zeitmoments

---

[452] Siehe Kap. 5, I., 1., S. 109 ff.

[453] Vgl. z. B. Kap. 5, I., 4., S. 161 f., S. 162 ff. und S. 166 ff.

[454] Siehe erneut Kap. 5, I., 1., S. 109 ff.

[455] Siehe beispielhaft BAG vom 15.12.2007 – 8 AZR 431/06, BAGE 121, 289; NZA 2007, 793; vertiefend auch Kap. 5, I., 3., S. 147 ff.

[456] S. o. Kap. 5, I., 1., S. 111 ff.

[457] *Dzida*, DB 2010, 167, 169.

auch für schlichte Dispositionen und ähnliche Verhaltensweisen des Arbeitnehmers angenommen werden kann[458].

3. Gründe im Verhalten des Arbeitnehmers

Der Tatbestand des Umstandsmoments der Verwirkung infolge Zeitablaufs setzt in Bezug auf § 613a BGB eine Untätigkeit des Arbeitnehmers bzgl. der Ausübung des Widerspruchsrechts voraus. Darüber hinaus müssen weitere Umstände hinzutreten, die dem Arbeitgeber nahe legen, dass das Gestaltungsrecht nicht mehr ausgeübt wird[459]. Diese weiteren Umstände sind Verhaltensweisen des Arbeitnehmers, die einen Vertrauenstatbestand auf Arbeitgeberseite hervorrufen.

Im Folgenden sollen diejenigen, einen solchen Vertrauenstatbestands begründenden Arbeitnehmerverhalten untersucht werden, welche in der Praxis am häufigsten auftreten. Hierbei wird die Untersuchung in mögliche Gründe durch Unterlassen und durch Tun des Arbeitnehmers aufgegliedert.

a) Gründe durch Unterlassen des Arbeitnehmers

In Anbetracht der bereits erarbeiteten Grundlagen[460] ist bei Unterlassen des Arbeitnehmers mangels aktivem und objektiv vertrauenserweckenden Verhaltens (und damit auch fehlender Disposition) eine Einschlägigkeit des Umstandsmoments grds. zu verneinen.

Nichtsdestotrotz hatte die Rspr. eine Vielzahl von Fällen mit Arbeitnehmerunterlassungen nach Betriebsübergang zu entscheiden. Die Arbeitgeberparteien sehen gerade im Unterlassen die für die Verwirkung infolge Zeitablaufs notwendige Untätigkeit des Arbeitnehmers bzgl. der Durchsetzung seines Gestaltungsrechts, erkennen jedoch nicht, dass es darüber hinaus i. d. R. noch eine weitere Handlung des Arbeitnehmers bedarf[461].

aa) Schlichtes Weiterarbeiten beim Erwerber

Dem verwirkungsrelevanten Fall des schlichten Weiterarbeitens des Erwerbers beim Veräußerer könnte folgender Sachverhalt zugrunde liegen:

---

458 S. u. beispielhaft Kap. 5, I., 3., S. 139 ff.

459 BGH vom 23.03.1965 – V BLw 25/64, NJW 1965, 1532; BGH vom 20.10.1988 – VII ZR 302/87, BGHZ 105, 290, m. w. N.; MünchKommBGB/*Roth/Schubert*, § 242 BGB, Rn. 336; s. a. Kap. 3, I., 1., S. 67 ff. und Kap. 4, I., 2., S. 96 ff.

460 Vgl. Kap. 3, I., S. 67 ff.; s. a. BAG vom 23.07.2009 – 8 AZR 541/08, zit. nach juris; dazu Kap. 5, I., 1., S. 109 ff.

461 Kap. 4, I., 2., S. 96 f.

Ein Betriebs- oder Betriebsteilübergang wurde zwischen den beiden Arbeitgeberparteien vereinbart und vollzogen. Im Rahmen dessen wurden die Arbeitnehmer gem. § 613a Abs. 5 BGB in Textform rechtzeitig unterrichtet. Nach einigen Monaten stellt sich heraus, dass die Unterrichtung fehlerhaft war. Demnach die einmonatige Widerspruchsfrist nach § 613a Abs. 6 BGB nicht zu laufen begonnen hat. Der betroffene Arbeitnehmer widerspricht nun dem Übergang seines Arbeitsverhältnisses durch den Betriebsübergang. In den vergangenen Monaten beim Erwerber ist er lediglich seinen arbeitsvertraglichen Verpflichtungen nachgekommen. Er hat demnach schlicht beim Erwerber gearbeitet.

Fraglich ist, ob ein solches schlichtes Weiterarbeiten des Arbeitnehmers beim Erwerber ausreicht, um das Umstandsmoment zu erfüllen. Also, ob dieses Verhalten beim Arbeitgeber einen Vertrauenstatbestand geschaffen hat, der diesen unter objektiver Betrachtung dazu veranlasste zu denken, der Arbeitnehmer werde sein Widerspruchsrecht nicht mehr geltend machen[462].

Nach Einführung der Absätze 5 und 6 des § 613a BGB im Jahr 2002 wurde der Fall des schlichten Weiterarbeitens des Arbeitnehmers noch als eine Erfüllung des Umstandsmoments gesehen. So vertrat *Grobys*[463] unter Verweis auf die Rspr. des BAG, dass die tatsächliche Weiterarbeit zur Verwirkung infolge Zeitablaufs führe. Denn zu diesem Zeitpunkt war das BAG noch der Meinung, dass das Schweigen des Arbeitnehmers nach vollzogenem Betriebsübergang eine stillschweigende Zustimmung zum Übergang des Arbeitsverhältnisses sei, wodurch der Arbeitnehmer sein Wahlrecht zwischen Widerspruch und Übergang ausübe[464]. Dagegen argumentierte *Franzen*[465], dass der Arbeitnehmer unmissverständlich deutlich gemacht haben müsse, dass der Betriebserwerber sein neuer Vertragspartner ist.

Auch einige Zeit nach der Einführung der Absätze 5 und 6 wurde der Ansatz des schlichten Weiterarbeitens als Erfüllung des Umstandsmoments noch vertreten. Das LAG München hatte in seiner Entscheidung vom 12.10.2006[466] entschieden, dass die bloße Tätigkeit des Klägers für den Betriebserwerber über einen längeren Zeitraum bei dem Veräußerer das berechtigte Vertrauen erwecken könne, er werde sein Widerspruchsrecht nicht mehr ausüben. Das LAG meinte, der Kläger habe „durch seine unbestrittene Tätigkeit für die Firma E.

---

462 Für genauere Betrachtungen s. Kap. 3, I., 1., S. 68 f. und Kap. 4, I., 2., S. 96 f.

463 *Grobys*, BB 2002, 726, 730.

464 BAG vom 17.11.1977 – 5 AZR 618/76, AP Nr. 10 zu § 613a BGB.

465 *Franzen*, RdA 2002, 258, 267.

466 LAG München vom 12.10.2006 – 2 Sa 990/05, BB 2007, 502; interessanter Weise wird dies von der dritten Kammer des LAG München abgelehnt, siehe LAG München vom 23.11.2006 – 3 Sa 644/06, zit. nach juris.

zum Ausdruck gebracht, dass er bei der Beklagten jedenfalls nicht mehr in seinem bisherigen Bereich weiterbeschäftigt werden möchte“[467].

Der *Achte Senat* des BAG lehnt in mittlerweile gefestigter Rspr. die Einschlägigkeit des Umstandsmoments bei schlichtem Weiterarbeiten beim Erwerber ab. Der Senat ist der Auffassung, dass allein der Umstand, dass der Arbeitnehmer (zunächst) widerspruchslos beim Betriebserwerber weiterarbeitet und von diesem die Arbeitsvergütung entgegennimmt, keine Disposition über den Bestand des Arbeitsverhältnisses darstelle[468]. Allein aus der widerspruchslosen Weiterarbeit des Arbeitnehmers könne kein Umstandsmoment hergeleitet werden[469]. „Es fehle an einer besonderen vertrauenbegründenden Verhaltensweise des Arbeitnehmers“[470]. Würde allein die widerspruchslose Fortsetzung des Arbeitsverhältnisses mit dem Betriebserwerber das Umstandsmoment für eine Verwirkung infolge Zeitablaufs erfüllen, so würde das Ziel, falsch unterrichteten Arbeitnehmern das Widerspruchsrecht zu erhalten, unterlaufen[471]. D. h., der Arbeitnehmer muss immer noch ein weiteres, vertrauensbildendes Verhalten vorgenommen haben. Dies muss jedoch über die bloße Erfüllung seiner arbeitsvertraglichen Verpflichtungen beim Erwerber hinausgehen. Der Arbeitnehmer muss also unter Umständen untätig geblieben sein, die den Eindruck erwecken, dass er sein Recht nicht mehr geltend machen wolle[472].

I. E. ist demnach der Ansatz von *Grau*[473] und dem LAG München[474] abzulehnen. Eine Erfüllung des Umstandsmoments ist nicht in der tatsächlichen Weiterarbeit beim Erwerber zu sehen. Auch lässt sich daraus nicht schließen, dass der Arbeitnehmer diesen als Arbeitgeber akzeptiert hat.

Das Widerspruchsrecht des § 613a Abs. 6 BGB soll dem Arbeitnehmer ein Wahlrecht in Bezug auf seinen Arbeitgeber ermöglichen, dass er auch aktiv aus-

---

467 In dem besagten Urteil des LAG München kommt es weiterhin dazu, dass der Kläger gegenüber dem Erwerber einen Antrag auf Versäumnisurteil gestellt hat. Diesbezüglich weist das LAG zwar darauf hin, dass der Kläger auch dadurch u. U. kenntlich gemacht habe, dass er den Veräußerer nicht mehr als Arbeitgeber ansehe, jedoch beruht das Urteil lediglich auf Gründer der schlichten Weiterarbeit, vgl. LAG München vom 12.10.2006 – 2 Sa 990/05, BB 2007, 502, 507, m. Anm. *Göpfert/Siegrist*.

468 BAG vom 14.12.2006 – 8 AZR 763/05, NZA 2007, 682; BAG vom 20.03.2008 – 8 AZR 1016/06, BB 2008, 2072; BAG vom 24.07.2008 – 8 AZR 175/07, DB 2008, 2716; BAG vom 27.11.2008 – 8 AZR 225/07, ArbRB 2009, 229; BAG vom 23.07.2009 – 8 AZR 357/08, NZA 2010, 393.

469 BAG vom 24.07.2008 – 8 AZR 205/07, DB 2009, 69.

470 BAG vom 24.07.2008 – 8 AZR 205/07, DB 2009, 69.

471 Siehe erneut BAG vom 24.07.2008 – 8 AZR 205/07, DB 2009, 69.

472 LAG Köln vom 14.06.2007 – 14 Sa 1225/06, AuR 2007, 403.

473 *Grau*, RdA 2005, 367, 370.

474 LAG München vom 12.10.2006 – 2 Sa 990/05, BB 2007, 502.

üben kann. Eine Ansicht, die ein solches Wahlrecht dem Arbeitnehmer in Form einer durch schlichtes Weiterarbeiten konkludenten Willenserklärung „abnehmen“ möchte, ist nicht zu vertreten. Eine solche konkludente Willenserklärung kann und darf hier nicht in das Verhalten des Arbeitnehmers hineininterpretiert werden. Dies wäre mit dem Arbeitnehmerschutzgedanken des § 613a BGB[475] nicht zu vereinbaren. Denn würde die schlichte Weiterarbeit das Tatbestandsmerkmal des Umstandsmoments erfüllen, so würde das Ziel des Erhalts des Widerspruchrechts der Arbeitnehmer bei Falschunterrichtung unterlaufen.

Die Frage, die man sich bei der schlichten Weiterarbeit des Arbeitnehmers beim Betriebserwerber somit stellen muss, ist nämlich nicht, wie sich der Arbeitnehmer Verhalten soll, um den Tatbestand der Verwirkung zu erfüllen, sondern eher, wie sich der Arbeitnehmer denn „richtig“ verhalten soll[476]? Dem Arbeitnehmer bleibt aufgrund seiner Verpflichtung aus dem Arbeitsvertrag nichts anderes übrig als weiterzuarbeiten. Schließlich ist er auch auf sein regelmäßiges Einkommen angewiesen[477]. Somit ist m. E. der inzwischen gefestigten Rspr. des BAG zu folgen[478], die ein solches Verhalten des Arbeitnehmers nicht zu dessen Lasten wertet. Und dies im Einzelfall sogar nach einer Zeitspanne der Weiterarbeit von 6 ½ Jahren[479]! „Pflichterfüllung hat weder einen eigenständigen Erklärungswert, noch wirkt sie vertrauenerweckend oder bestärkend. Der Arbeitnehmer tut lediglich, was er muss“[480]. Er hat ja auch keine andere Wahl, sofern er seinen Arbeitsplatz nicht wegen Untätigkeit verlieren möchte.

Notwendig für die Einschlägigkeit des Umstandsmoments ist demnach ein über die Weiterarbeit hinausgehendes Verhalten des Arbeitnehmers, dass ein besonderes Vertrauen auf Arbeitgeberseite auf die Nichtausübung des Widerspruchsrechts hervorruft[481].

Mithin stellt die bloße Weiterarbeit beim Betriebserwerber kein Verhalten des Arbeitnehmers dar, welches das Umstandsmoment der Verwirkung infolge Zeitablaufs erfüllt. Die Verwirkung infolge Zeitablaufs ist demnach nicht einschlägig[482].

---

475 Siehe dazu erneut Kap. 2, I., 2, S. 38 f. und Kap. 2, II., S. 43 ff.

476 So auch *Rieble*, NZA 2009, 401, 403.

477 *Schmalenberg*, AuR 2008, 165, 167.

478 Vgl. Fn. 468.

479 BAG vom 15.03.2012 – 8 AZR 700/10, NZA 2012, 1097.

480 *Rieble*, NZA 2009, 401, 402.

481 S. a. Kap. 3, I., 1., S. 67 ff. und Kap. 4., I., 2., S. 96 ff.

482 Kommt es zu einer Ausdehnung des Zeitmoments von beinahe zehn Jahren, kann jedoch auch das schlichte Weiterarbeiten beim Erwerber aufgrund der Wechselwirkung von Zeit- und Umstandsmoment zur Erfüllung der Verwirkung infolge Zeitablaufs führen, siehe dazu vertiefend Kap. 3, I., 1., S. 75 f.

bb) Kenntnis des Arbeitnehmers von widerspruchsbegründenden Tatsachen bzgl. des Erwerberbetriebes

Wie auch im Falle des schlichten Weiterarbeitens des Arbeitnehmers beim Betriebserwerber ist bei einer Kenntnis des Arbeitnehmers von widerspruchsbegründenden Tatsachen bzgl. des Erwerberbetriebes keine aktives Tun des Arbeitnehmers vorhanden. Beide Konstellationen ähneln sich dahingehend, dass der Arbeitnehmer schlicht weiterarbeitet. Der Unterschied besteht jedoch darin, dass der Arbeitnehmer hier dies tut, obwohl er sich in einer ihm bekannten Notsituation für den Erwerberbetrieb (z. B. einer drohenden Insolvenz) befindet. Der Fall könnte wie folgt aussehen:

> Ein Betriebs- oder Betriebsteilübergang wurde zwischen den beiden Arbeitgeberparteien vereinbart und vollzogen. Im Rahmen dessen wurden die Arbeitnehmer gem. § 613a Abs. 5 BGB in Textform rechtzeitig unterrichtet. Nach einigen Monaten stellt sich heraus, dass die Unterrichtung fehlerhaft war. Demnach die einmonatige Widerspruchsfrist nach § 613a Abs. 6 BGB nicht zu laufen begonnen hat. Der betroffene Arbeitnehmer widerspricht nun dem Übergang seines Arbeitsverhältnisses durch den Betriebsübergang. Zuvor hat er Kenntnis davon erlangt, dass der Erwerberbetrieb einen Insolvenzantrag gestellt, bzw. das Insolvenzverfahren über den Erwerberbetrieb eröffnet ist.

Es stellt sich die Frage, ob der Arbeitnehmer über das schlichte Weiterarbeiten hinaus durch die Kenntnis der Notlage für den Betrieb einen Vertrauenstatbestand bei den Arbeitgeberparteien geschaffen hat, der diese bei objektiver Betrachtung nicht mehr mit einem Widerspruch gegen den Übergang seines Arbeitsverhältnisses rechnen lässt. Hierbei sind drei Konstellationen denkbar:

Zum einen, dass der Arbeitnehmer in Anbetracht der Notlage für den Erwerberbetrieb schlicht die Arbeit für diesen fortsetzt. Zum anderen, dass er aufgrund der Notlage sich an die Arbeitgeberparteien wendet und unter der gegebenen Situation einen Widerspruch ernsthaft in Betracht zieht. Und zum dritten, dass er sich zwar an die Arbeitgeberparteien wendet, jedoch keine ernsthaften Äußerungen bzgl. des Widerspruchs, bzw. solche bzgl. eines eventuellen Verzichts auf das Widerspruchsrecht verlautbaren lässt.

(1) Schlichtes Weiterarbeiten i. R. e. Notlage für den Erwerberbetrieb

In Anbetracht dessen, was bereits über das schlichte Weiterarbeiten des Arbeitnehmers gesagt wurde[483], könnte man davon ausgehen, dass auch bei schlichter Weiterarbeit i. R. e. Notsituation für den Betrieb nichts anderes gelten müsse.

483 S. o. Kap. 5, I., 3., S. 116 ff.

Der Arbeitnehmer also keinerlei Verhalten geäußert hat, dass das Umstandsmoment der Verwirkung infolge Zeitablaufs erfüllt.

So sieht es auch das BAG. In seiner Entscheidung vom 27.11.2008 geht der *Achte Senat* davon aus, dass das Umstandsmoment insbesondere auch nicht darin zu sehen sei, dass der Arbeitnehmer nicht unmittelbar nach dem Insolvenzantrag des Betriebserwerbers sein Widerspruchsrecht ausgeübt hat[484]. Durch dieses Verhalten würde der Arbeitgeber nicht den Eindruck erwecken, er wolle sein Widerspruchsrecht nicht mehr ausüben[485].

Der Ansicht des BAG ist zuzustimmen. Darüber hinaus ist jedoch fraglich, ob sofern ein nicht unmittelbarer Widerspruch des Arbeitnehmers bei einer drohende Insolvenz des Erwerberbetriebes für das Umstandsmoment noch unschädlich ist, ein über einen längeren Zeitraum hinweg nicht geltend gemachtes Widerspruchsrecht bei gleicher Situation doch zu einer Einschlägigkeit des Umstandsmoments führen kann. Mit anderen Worten: Ob es einen Zeitpunkt gibt, ab welchem die Kenntnis der Notlage des Betriebes von einem unschädlichen Wissen zu einem schädlichen und damit für die Arbeitgeberparteien „vertrauenerweckenden Wissen in die Nichtausübung des Widerspruchsrechts" umschlägt.

Dieser Zeitpunkt ist spätestens dann erfüllt, wenn das Zeitmoment so gravierend ausfällt, dass das Umstandsmoment (aufgrund der Wechselwirkung[486]) nur noch unwesentlich zum Tatbestand der Verwirkung infolge Zeitablaufs beiträgt[487].

Doch kann dies auch schon früher passieren? Abzuwägen wäre hier die Vertrauenslage beider Parteien im Einzelfall. Generell lässt sich sagen, dass sich aufgrund der zeitlichen Fortentwicklung eine Vertrauensbasis auf Seiten der Arbeitgeber bilden wird. Diese werden vermuten, dass der Arbeitnehmer trotz der drohenden Insolvenz und seiner Kenntnis dieser tatenlos beim Erwerber weiterarbeitet und nichts unternimmt, um seinem Arbeitsplatzverlust entgegenzuwirken; ja geradezu fahrlässig der Insolvenz und einem möglichen Arbeitsplatzverlust „entgegentreibt". Zieht sich dies über Monate bis kurz vor einer möglichen Kündigung aufgrund der Insolvenz hin, kann man wohl durchaus von einem verwirkungserheblichen Vertrauen der Arbeitgeber ausgehen.

Der Arbeitnehmer kommt jedoch auch in diesen Fällen lediglich seinen vertraglich geforderten Pflichten nach. Dies erfüllt i. d. R., wie bereits untersucht[488], keinesfalls das Umstandsmoment. Auch handelt es sich bei seinem Wi-

---

484 BAG vom 27.11.2008 – 8 AZR 1021/06, ZInsO 2009, 1715.

485 BAG vom 27.11.2008 – 8 AZR 1021/06, ZInsO 2009, 1715.

486 Siehe dazu Kap. 3, I., 1., S. 64 ff.

487 Die ist wohl i. d. R. nach beinahe zehn Jahren der Fall; siehe dazu Kap. 3, I., 1., S. 75 f.

488 S. o. Kap. 5, I., 3., S. 116 ff.

derspruchsrecht nach § 613a Abs. 6 BGB um ein Gestaltungsrecht. Es bleibt ihm also selbst überlassen, ob und wann er dieses ausübt.

I. E. ist m. E. der Arbeitnehmer grds. schutzwürdig. In Bezug auf das Umstandsmoment hat er unter objektiver Betrachtung keinen Umstand aktiv gesetzt, der ein begründetes Vertrauen der Arbeitgeber in die Nichtausübung des Widerspruchsrechts begründet. Die einzige Möglichkeit für die Arbeitgeber ein solchen Vertrauen zu entwickeln liegt in der Annahme, der Arbeitnehmer müsse letztendlich durch den Widerspruch etwas gegen die vermeintlich durch die Insolvenz des Erwerberbetriebes drohende Arbeitslosigkeit unternehmen. Eine solche Annahme ist jedoch daher schon problematisch, da dem Arbeitnehmer selbst bei einem solchem Widerspruch u. U. eine Arbeitslosigkeit aufgrund betriebsbedingter Kündigung beim Betriebsveräußerer droht. Im Übrigen ist auf die bereits genannten Gründe bzgl. des Ablehnens eines Umstandsmoments bei schlichtem Weiterarbeiten des Arbeitnehmers zu verweisen[489].

In Anbetracht der Tatsache, dass ein Insolvenzverfahren sich in bestimmten Fällen über mehrere Monate hinweg hinziehen kann, ist jedoch erneut auf die Wechselwirkung von Zeit- und Umstandsmoment hinzuweisen. Denn je mehr das Zeitmoment in die Gleichung miteinbezogen wird, desto weniger Anforderungen sind an das Umstandsmoment zu stellen[490]. I. R. d. drohenden Insolvenz des Erwerberbetriebes kann eine solche zeitliche Ausdehnung jedoch nur zum Nachteil des Arbeitnehmers ausfallen. Die hier vertretene Ansicht geht davon aus, dass es zu einer Einschlägigkeit des Umstandsmoments bei bloßem Unterlassen der Geltendmachung des Rechts (bzw. bei schlichtem Weiterarbeiten des Arbeitnehmers) nach beinahe zehn Jahren kommt[491]. Mithin muss bei einem, über ein solches Unterlassen hinausgehenden, Sachverhalt auch die Anforderungen an das Zeitmoment verringert werden. Dies steht auch im Einklang mit der hier vertretenen Ansicht zum Urteil des *Achten Senats* bzgl. der Notwendigkeit einer qualifizierten Disposition[492].

Möchte man diese Verkürzung des zeitlichen Rahmens genauer bestimmen, so wäre eine Einschlägigkeit des Umstandsmoments bei einem Zeitmoment jenseits von 24 Monaten[493] anzunehmen.

Somit stellt die bloße Weiterarbeit i. R. e. Notlage für den Erwerberbetrieb grds. kein Verhalten des Arbeitnehmers dar, welches das Umstandsmoment der

---

489 S. o. Kap. 5, I., 3., S. 116 ff.

490 BGH vom 19.12.2000 – X ZR 150/98, ZIP 2001, 670; BSG vom 05.12.1972 – 10 RV 441/71, NJW 1973, 871; für weitere Betrachtungen s. Kap. 3. I., 1., S. 64 ff.

491 S. o. Kap. 3, I., 1., S. 75 f.

492 Kap. 5, I., 1., S. 111 f.

493 Für nähere Betrachtungen zu dem hier zugrunde gelegten zeitlichen Rahmen des Zeitmoments s. Kap. 5, I., 2., S. 115 f.

Verwirkung infolge Zeitablaufs erfüllt. Eine Ausnahme ist jedoch dann zu machen, wenn sich die Notlage über einen Zeitraum jenseits der 24 Monate nach Beginn des Zeitmoments hinzieht.

(2) Inbetrachtziehen des Widerspruchs i. R. e. Notlage für den Erwerberbetrieb

Die zweite Konstellation ist diejenige, in welcher der Arbeitnehmer aufgrund der Notlage sich an die Arbeitgeberparteien wendet und unter der gegebenen Notlage einen Widerspruch ernsthaft in Betracht zieht. Beispielhaft kann hier das vom BAG am 02.04.2009[494] entschiedene Urteil herangezogen werden. In diesem reagierte der Arbeitnehmer nach dem Insolvenzantrag der Betriebserwerberin zeitnah mit einem Schreiben, in welchem er sich vorbehält nach genauerer Information seitens der Arbeitgeber sein Widerspruchsrecht noch auszuüben. Hierbei waren sich die Richter einig, dass eine solche Stellungnahme weder allein verwirkungshemmend wirkt noch einen Umstand im Sinne der Verwirkung darstellt[495].

Dem ist zuzustimmen. Anders als in der vorangegangenen Konstellation hat der Arbeitnehmer nicht lediglich seine arbeitsvertraglichen Verpflichtungen weiter erfüllt. Er hat sich hingegen aktiv gegenüber den Arbeitgebern eingebracht. Er hat explizit geäußert, dass ihm noch an seinem Widerspruchsrecht gelegen ist. M. E. kann dadurch kein Umstand geschaffen werden, der unter objektiver Betrachtung die Arbeitgeberparteien dazu veranlasst zu denken, der Arbeitnehmer werde seine Rechte nicht mehr ausüben. Er versucht sie sich ja gerade „vorzubehalten“[496]. Eine Verwirkung infolge Zeitablaufs ist demnach in diesem Falle grds. nicht einschlägig.

Es bleibt jedoch das soeben zur schlichten Weiterarbeit des Arbeitnehmers i. R. e. Notlage Gesagte zu bedenken. Denn sofern sich der Arbeitnehmer in der auf das Schreiben folgenden Zeit nicht mehr äußert und auch nicht widerspricht, kann es aufgrund des heranwachsenden Zeitmoments, noch zu einer Verwirkung infolge Zeitablaufs kommen.

So stellt auch der *Achte Senat* des BAG in der betreffenden Entscheidung fest, dass sofern der Arbeitnehmer „gleichwohl unverändert weiter und über einen erheblichen Zeitraum die Arbeitsleistung für den Betriebserwerber erbringt“[497], „der Schluss nach den äußeren Umständen zulässig werden kann, der Arbeitnehmer habe sich entschieden, von dem Widerspruchsrecht nicht Ge-

---

494 BAG vom 02.04.2009 – 8 AZR 178/07, ZIP 2009, 2307.

495 BAG vom 02.04.2009 – 8 AZR 178/07, ZIP 2009, 2307.

496 Zur grds. Unzulässigkeit eines Widerspruchsvorbehalts s. Kap. 6, IV., 8., S. 242.

497 BAG vom 02.04.2009 – 8 AZR 178/07, ZIP 2009, 2307.

brauch zu machen“[498]. In diesem Fall wäre, in Einklang mit dem Ergebnis bzgl. des schlichten Weiterarbeitens i. R. e. Notsituation[499], eine Einschlägigkeit des Umstandsmoments bei einem Zeitmoment jenseits von 24 Monaten[500] denkbar.

Mithin stellt das Inbetrachtziehen eines Widerspruchs i. R. e. Notlage für den Erwerberbetrieb grds. kein Verhalten des Arbeitnehmers dar, welches das Umstandsmoment der Verwirkung infolge Zeitablaufs erfüllt. Eine Ausnahme ist jedoch dann zu machen, wenn sich die Notlage über einen Zeitraum jenseits der 24 Monate nach Beginn des Zeitmoments hinzieht.

(3) Negativäußerungen bzgl. des Widerspruchsrechts i. R. e. Notlage für den Erwerberbetrieb

I. R. d. dritten und letzten Konstellation ist darauf abzustellen, dass der Arbeitnehmer sich zwar in Anbetracht der Notlage an die Arbeitgeberparteien wendet, jedoch keine ernsthaften Äußerungen bzgl. des Widerspruchs, bzw., gerade im Gegenteil, solche bzgl. eines eventuellen Verzichts auf das Widerspruchsrecht verlautbaren lässt. Mit anderen Worten: Der Arbeitnehmer weiß, dass eine Notlage, z. B. eine Eröffnung des Insolvenzverfahrens, für den Betrieb besteht bei welcher er beschäftigt ist. Daraufhin wendet er sich an die Arbeitgeberpartei und verlangt Aufklärung bzgl. dieser Situation. Er macht weiterhin deutlich, dass er nachdem dies geschehen ist entscheiden möchte, ob er sein Widerspruchsrecht ausübt. Er schließt es jedoch auch nicht aus auf einen solchen zu verzichten.

I. R. e. solchen Situation sagt das BAG, dass, wenn der Arbeitnehmer „angesichts einer nunmehr auch für ihn offenkundig gewordenen prekären wirtschaftlichen Situation und einer von ihm festgestellten Falschinformation nicht ausschließt, auf die Ausübung seines Widerspruchsrechts möglicherweise zu verzichten“[501], dies eher die Vertrauensbildung bei den Arbeitgeberparteien, der Arbeitnehmer werde ein etwaiges Recht zum Widerspruch im Ergebnis doch nicht ausüben, stärke[502]. Die Richter sehen also in einer solchen Vorgehensweise des Arbeitnehmers im Vergleich zu den anderen beiden besprochenen Konstellationen eine gesteigerte Tendenz bzgl. der Erfüllung des Umstandsmoments. Leider hat der *Achte Senat* über ein solches Verhalten des Arbeitnehmers nicht abschließend entschieden. Denn es kam im konkreten Fall zu einem Aufhe-

---

498 BAG vom 02.04.2009 – 8 AZR 178/07, ZIP 2009, 2307.

499 Siehe Kap. 5, I., 3., S. 120 f.

500 Für nähere Betrachtungen zu dem hier zugrunde gelegten zeitliche Rahmen des Zeitmoments s. Kap. 5, I., 2., S. 115 f.

501 BAG vom 27.11.2008 – 8 AZR 174/07, NZA 2009. 552.

502 BAG vom 27.11.2008 – 8 AZR 174/07, NZA 2009. 552.

bungsvertrag[503] und einer Anstellung bei einer Drittfirma, sodass das Umstandsmoment der Verwirkung infolge Zeitablaufs darauf gestützt werden konnte.

Die hier beschriebene Situation unterscheidet sich von der voran Stehenden nur leicht. Verlangt der Arbeitnehmer eine Aufklärung bzgl. der wirtschaftlichen Situation des Betriebes und bekundet er nach Erhalt der Informationen über seinen Widerspruch zu entscheiden, wobei er möglicherweise auf das Gestaltungsrecht verzichten möchte, entsteht unter objektiver Betrachtung eine höhere Vertrauensbildung als in dem beschriebenen Fall, indem der Arbeitnehmer selbiges tut jedoch einen Widerspruch ernsthaft in Betracht zieht. Der Widerspruch ist in letzterem Fall für die Arbeitgeberparteien mehr wahrscheinlich. Damit auch das Vertrauen in die Nichtausübung des Widerspruchsrechts etwas niedriger.

Nichtsdestotrotz handelt es sich bei dem Vorgehen des Arbeitnehmers, der einen Widerspruch u. U., abhängig von der Information der Arbeitgeber bzgl. der wirtschaftlichen Lage des Betriebes, nicht ausüben möchte, um eine sehr „schwache“ Grundlage für das Umstandsmoment. Denn macht dies eine Ausübung des Widerspruchsrechts für die Arbeitgeber zwar weniger wahrscheinlich, jedoch ist eine solche Aussage insgesamt betrachtet sehr weit entfernt von einer Erfüllung des Umstandsmoments[504]. Das BAG spricht hier zwar von einer Stärkung der Vertrauensbildung[505], diese reicht jedoch alleine nicht aus, um das Umstandsmoment der Verwirkung infolge Zeitablaufs anzunehmen.

Demnach muss i. E., wie auch in den anderen beiden voran stehenden Sachverhalten i. R. e. Notlage des Erwerberbetriebs, der Arbeitnehmer zur Erfüllung des Umstandsmoments nach der Aufklärung bzgl. der Notlage des Betriebes gleichwohl unverändert über einen nicht unerheblichen Zeitraum weiter beim Betriebserwerber arbeiten[506]. Erst dann ließe sich der Schluss ziehen, er habe kein Interesse mehr an der Geltendmachung des Gestaltungsrechts. In diesem Fall wäre, in Einklang mit dem Ergebnis bzgl. des schlichten Weiterarbeitens i. R. e. Notsituation[507], und dem Inbetrachtziehen eines Widerspruchs i. R. e. Notlage[508] eine Einschlägigkeit des Umstandsmoments bei einem Zeitmoment jenseits von 24 Monaten[509] denkbar.

---

503 Für genauere Betrachtungen s. Kap. 5, I., 4., S. 162 ff.

504 Siehe dazu Kap. 3, I., 1., S. 68; Kap. 4, I., 2., S. 96.

505 BAG vom 27.11.2008 – 8 AZR 174/07, NZA 2009. 552.

506 Vgl. auch BAG vom 02.04.2009 – 8 AZR 178/07, ZIP 2009, 2307.

507 Siehe Kap. 5, I., 3., S. 120 ff.

508 Siehe Kap. 5, I., 3., S. 123 ff.

509 Für nähere Betrachtungen zu dem hier zugrunde gelegten zeitliche Rahmen des Zeitmoments s. Kap. 5, I., 2., S. 115 f.

Demnach stellen Negativäußerungen bzgl. des Widerspruchsrechts i. R. e. Notlage für den Erwerberbetrieb grds. kein Verhalten des Arbeitnehmers dar, welches das Umstandsmoment der Verwirkung infolge Zeitablaufs erfüllt. Eine Ausnahme ist jedoch dann zu machen, wenn sich die Notlage über einen Zeitraum jenseits der 24 Monate nach Beginn des Zeitmoments hinzieht.

cc) Abwarten einer sachverhaltsdienlichen Parallelentscheidung

Auch das Abwarten einer sachverhaltdienlichen Parallelentscheidung gehört zu den Fällen, in welchen dem Arbeitnehmer lediglich ein Unterlassen i. R. d. Umstandsmoments vorgeworfen werden kann. Der Sachverhalt könnte wie folgt aussehen:

> Ein Betriebs- oder Betriebsteilübergang wurde zwischen den beiden Arbeitgeberparteien vereinbart und vollzogen. Im Rahmen dessen wurden die Arbeitnehmer gem. § 613a Abs. 5 BGB in Textform rechtzeitig unterrichtet. Nach einigen Monaten stellt sich heraus, dass die Unterrichtung fehlerhaft war. Demnach die einmonatige Widerspruchsfrist nach § 613a Abs. 6 BGB nicht zu laufen begonnen hat. Der betroffene Arbeitnehmer widerspricht nun dem Übergang seines Arbeitsverhältnisses durch den Betriebsübergang. Zuvor hat der Arbeitnehmer jedoch über einige Monate eine sachverhaltsdienliche Parallelentscheidung eines anderen Gerichtes abgewartet, um seinen Widerspruch zu untermauern.

In Bezug auf das Abwarten einer sachverhaltdienlichen Parallelentscheidung muss zwischen zwei unterschiedlichen Sachverhalten unterschieden werden. Zum einen der Fall, dass der Arbeitnehmer eine ihn betreffende und mit dem Betriebsübergang direkt zusammenhängende Parallelentscheidung abwartet. Zum anderen das Abwarten einer, wie auch immer im generellen Zusammenhang mit der Thematik des Betriebsübergangs und des Widerspruchsrecht stehenden, richterlichen Entscheidung.

(1) Sachverhaltsimmanente Parallelentscheidung

I. R. d. sachverhaltsimmanenten Parallelentscheidungen geht es um gerichtliche Entscheidungen, die in einem unmittelbaren Zusammenhang mit dem Arbeitnehmer und dem ihm betreffenden konkreten Betriebsübergang stehen.

So hatte das LAG Köln mit Urteil vom 11.08.2008[510] die Frage zu beantworten, ob eine Verwirkung infolge Zeitablaufs nach einer Zeitspanne von zweieinhalb Jahren darin liegt, dass der Arbeitnehmer u. a. eine Parallelentscheidung des BAG zum generellen Vorliegen des Betriebsübergangs in der ihn betreffenden Situation abgewartet hat. Hier entschieden die Richter, dass darin

---

510 LAG Köln vom 11.08.2008 – 5 Sa 1323/07, NZA-RR 2009, 182.

keine Erfüllung des Zeitmoments zu sehen ist. So heißt es: „Aus dem Umstand, dass der Kläger nicht vor der Verkündung der entsprechenden Urteil [sic!] des Bundesarbeitsgerichts tätig geworden ist, konnte die Beklagte nicht die Erwartung ableiten, wegen des Betriebsübergangs vom Kläger nicht mehr in Anspruch genommen zu werden. Es lag vielmehr auch im prozessökonomischen Interesse der Beklagten, zunächst die höchstrichterliche Klärung abzuwarten“[511].

Diesem Ansatz ist zu folgen. Wartet der Arbeitnehmer auf eine gerichtliche Entscheidung, die sein Arbeitsverhältnis in Bezug auf den konkreten Betriebsübergang betrifft, und teilt er dies dem Arbeitgeber mit, so kann ihm ein solches Vorgehen i. R. d. Verwirkung infolge Zeitablaufs nicht zum Nachteil gereicht werden. Denn hierbei handelt es sich i. d. R. um Entscheidungen, welche die Voraussetzungen für die Ausübung des Widerspruchsrechts betreffen. So z. B. ein Verfahren zur Klärung, ob überhaupt ein Betriebsübergang vorliegt.

Ein Vertrauen in die Nichtausübung des Widerspruchsrechts kann in solchen Fällen auf Arbeitgeberseite nicht entstehen. Ein Umstandsmoment liegt demnach nicht vor. Denn die Arbeitgeber sind zum einen i. d. R. selbst in ein solches Verfahren verwickelt und zum anderen können sie nicht davon ausgehen, dass der Arbeitnehmer einem Betriebsübergang widerspricht, der rechtlich noch fragwürdig ist.

Darüber hinaus kann auch nichts anderes für laufende Verfahren zur Klärung der Fehlerhaftigkeit des Unterrichtungsschreibens nach § 613a Abs. 5 BGB gelten. Auch hier kann es für die Arbeitgeber nicht überraschend und treuwidrig sein, wenn der Arbeitnehmer eine Entscheidung abwartet, die als Grundlage für die u. U. noch bestehende Möglichkeit der Ausübung seines Gestaltungsrechts dient.

Unterlässt es der Arbeitnehmer jedoch dies anzuzeigen, so ist es für die Arbeitgeberparteien geradezu unmöglich herauszufinden, warum das Widerspruchsrecht nicht ausgeübt wird. Eine Vertrauensbildung ist aufgrund einer fehlenden Maßnahme des Arbeitnehmers nicht gegeben. Aus diesem Grund handelt es sich in einem solchem Fall i. R. d. Verwirkung infolge Zeitablaufs um einen solchen des schlichten Weiterarbeitens beim Betriebserwerber[512] und muss i. E. auch so behandelt werden.

Mithin ist das Abwarten einer sachverhaltsimmanenten Parallelentscheidung zum konkreten Betriebsübergang kein Verhalten des Arbeitnehmers, welches das Umstandsmoment der Verwirkung infolge Zeitablaufs erfüllt. Eine Verwirkung infolge Zeitablaufs ist demnach in diesem Zeitraum nicht einschlägig.

---

511 Siehe erneut LAG Köln vom 11.08.2008 – 5 Sa 1323/07, NZA-RR 2009, 182.

512 S. o. Kap. 5, I., 3., S. 116 ff.

(2) Sachverhaltsferne Parallelentscheidung

Denkbar ist, dass der Arbeitnehmer lediglich auf eine sein eigenes Arbeitsverhältnis nicht unmittelbar betreffende gerichtliche Entscheidung zu generellen Fragen bzgl. des Betriebsübergangs und/oder des Widerspruchsrechts nach § 613a Abs. 6 BGB wartet. Fraglich ist, ob dies ebenfalls gegen eine Einschlägigkeit des Umstandsmoments in diesem Zeitraum spricht.

Dies ist m. E. abzulehnen. Lässt sich zwar ein genereller Zusammenhang zu irgendeinem Betriebsübergang damit herstellen, so fehlt es jedoch an einer Verknüpfung mit dem konkreten Arbeitsverhältnis des Arbeitnehmers und damit auch an dem konkreten Betriebsübergang. Der Arbeitnehmer ist nicht direkt betroffen und es besteht keine unmittelbare Auswirkung auf sein Widerspruchsrecht. Teilt der Arbeitnehmer also dem Arbeitgeber mit, er warte mit der Ausübung seines Widerspruchs auf eine wie auch immer geartete Entscheidung bzgl. des § 613a BGB, so kann dies zwar ein schutzwürdiges Vertrauen der Arbeitgeberparteien nicht schlechthin fördern. Nichtsdestotrotz darf es dieses Vertrauen auch nicht schmälern.

Im gegebenen Falle würde der Arbeitnehmer eine sachverhaltsferne Rechtsprechung als Grund nehmen, sich sein Widerspruchsrecht „zu bewahren". Denn er wirkt durch die Äußerung, er wolle seine Rechtsausübung von einer, wenn auch im Zusammenhang mit § 613a BGB stehenden, Gerichtsentscheidung abhängig machen, einer Bildung eines Vertrauenstatbestandes auf Arbeitgeberseite in die Nichtausübung des Widerspruchsrechts entgegen. Dies führt dazu, dass zwar das Zeitmoment weiterhin läuft, er jedoch das Umstandsmoment gezielt nicht verwirklicht. Dies liegt nicht im Sinn und Zweck der Norm und würde zu einer Umgehung des Umstandsmoments führen.

Ebenso muss entschieden werden, sofern der Arbeitnehmer bei sachverhaltsferner Rechtsprechung dem Arbeitgeber ein Abwarten auf diese nicht einmal mitteilt. Hier ist, vergleichbar mit dem Abwarten einer sachverhaltsimmanenten Parallelentscheidung[513], ein Fall des schlichten Weiterarbeitens beim Betriebserwerber[514] gegeben.

Somit ändert das Abwarten einer sachverhaltsfernen Parallelentscheidung nichts an der Einschlägigkeit des Umstandsmoments der Verwirkung infolge Zeitablaufs. Der Fall ist wie derjenige des schlichten Weiterarbeitens beim Betriebserwerber zu behandeln. Die Verwirkung infolge Zeitablaufs ist demnach nicht einschlägig[515].

---

513 Siehe bereits zuvor Kap. 5, I., 3., S. 127.

514 S. o. Kap. 5, I., 3., S. 116 ff.

515 Kommt es zu einer Ausdehnung des Zeitmoments von beinahe zehn Jahren, kann es jedoch aufgrund der Wechselwirkung von Zeit- und Umstandsmoment zur Erfüllung

dd) Erhalt von Entgeltfortzahlung im Krankheitsfall

Der Erhalt von Entgeltfortzahlung im Krankheitsfall ist ein weiterer Fall, indem dem Arbeitnehmer ohne aktives Tun eine Verwirklichung des Umstandsmoments vorgeworfen werden kann. Der Sachverhalt ist wie folgt:

> Ein Betriebs- oder Betriebsteilübergang wurde zwischen den beiden Arbeitgeberparteien vereinbart und vollzogen. Im Rahmen dessen wurden die Arbeitnehmer gem. § 613a Abs. 5 BGB in Textform rechtzeitig unterrichtet. Nach einigen Monaten stellt sich heraus, dass die Unterrichtung fehlerhaft war. Demnach die einmonatige Widerspruchsfrist nach § 613a Abs. 6 BGB nicht zu laufen begonnen hat. Der betroffene Arbeitnehmer widerspricht nun dem Übergang seines Arbeitsverhältnisses durch den Betriebsübergang. Zuvor hat der Arbeitnehmer jedoch aufgrund einer unverschuldeten Krankheit Entgeltfortzahlung im Krankheitsfalle erhalten.

Das Ergebnis ist unter Berücksichtigung des bis zu diesem Punkt Erläuterten klar. Der Arbeitnehmer setzt durch den schlichten Erhalt von Entgeltfortzahlung im Krankheitsfalle keinerlei Grund für die Arbeitgeber davon auszugehen, er werde sein Widerspruchrecht nicht mehr geltend machen. Ein schutzwürdiges Vertrauen auf Seiten der Arbeitgeber und damit eine Verwirkung infolge Zeitablaufs ist demnach mangels vorliegenden Umstandsmoments grds. abzulehnen.

Von dem oben geschilderten Sachverhalt ist jedoch derjenige zu unterscheiden, in welchem der Arbeitnehmer nicht nur eine Entgeltfortzahlung enthält, sondern auch über diese mit dem Arbeitgeber verhandelt. Hier überschreitet der Arbeitnehmer die Schwelle zum aktiven Tun. Lit.[516] und Rspr.[517] sehen z. T. bereits in einer solchen Handlung des Arbeitnehmers die Verwirklichung des Umstandsmoments. Diesbezüglich heißt es, dass das Umstandsmoment einschlägig sei, sobald der Arbeitnehmer die Entgeltfortzahlung „geltend macht“[518], bzw. mit dem Betriebserwerber „erörtert“[519].

Beide Formulierungen sind m. E. nicht präzise genug. Eine „Geltendmachung“ kann bereits konkludent darin liegen, dass der Arbeitnehmer Entgeltfortzahlung im Krankheitsfalle erhält, nachdem er die Krankmeldung eingereicht hat. Auch ist eine „Erörterung“ nicht zwangsläufig mit einer Verhandlung über die Modalitäten der Entgeltfortzahlung verbunden. In beiden Fällen kann also

---

der Verwirkung infolge Zeitablaufs kommen, siehe dazu vertiefend Kap. 3, I., 1., S. 75 ff.

516 *Dzida*, NZA 2009, 641, 645; *Gaul*, Das Arbeitsrecht der Betriebs- und Unternehmensspaltung, § 11, Rn. 55.

517 ArbG Solingen vom 18.08.2006 – 2 Ca 364/06, zit. nach juris.

518 *Dzida*, NZA 2009, 641, 645.

519 *Gaul*, Das Arbeitsrecht der Betriebs- und Unternehmensspaltung, § 11, Rn. 55.

nicht von vorne herein von einer Verwirklichung des Umstandsmoments ausgegangen werden.

Es ist vielmehr entscheidend, ob der Arbeitnehmer aktiv über die Inhalte und Umstände seines Arbeitsverhältnisses mit der Arbeitgeberseite disponiert oder lediglich die Entgeltfortzahlung erhält. Respektive ob er durch schlichte Informationen die Entgeltfortzahlung vom neuen Arbeitgeber „erörtert" also „erklärt" bekommt.

Bei letzteren beiden Alternativen ist unter objektiver Betrachtung meiner Ansicht nach eine Verwirklichung des Umstandsmoments abzulehnen, da der Arbeitnehmer keinerlei Vertrauen auf die Nichtausübung seines Gestaltungsrechts beim Arbeitgeber erweckt. Es kommt lediglich zum passiven Erhalt der Leistung, bzw. zur passiven Information.

Jedoch wird im Gegensatz dazu, z. B. i. R. e. versuchten und aktiven Geltendmachung der Entgeltfortzahlung bei Nichtvorliegen der Voraussetzungen, bzw. bei aktivem Verhandeln mit dem Betriebserwerber über die Ausgestaltung dieser, das Umstandsmoment (bei entsprechendem Zeitmoment) zu bejahen sein. Denn in diesen Fällen kann der Arbeitgeber i. d. R. davon ausgehen, dass der Arbeitnehmer über sein Arbeitsverhältnis disponieren möchte. Eine solche Disposition bestärkt ihn in der Annahme, der Arbeitnehmer möchte gerade dieses Arbeitsverhältnis in eben dieser Form weiterhin behalten. Denn ein Widerspruch erscheint weniger wahrscheinlich, sobald sich der Arbeitnehmer beim Erwerber bzgl. seines Arbeitsverhältnisses individuell „einrichtet".

Zwar handelt es sich hierbei nicht um eine von der Rspr. geforderte qualifizierte Disposition[520] über den Bestand des Arbeitsverhältnisses. Nichtsdestotrotz ist eine solche Handlung unter Berücksichtigung der hier zur Rspr. des BAG vertretenen Ansicht[521], sowie im Einklang mit den noch folgenden Sachverhalten der vom Arbeitnehmer geforderten Gehaltserhöhung[522], der Bewerbung auf eine intern ausgeschrieben Stelle[523] oder der Beantragung einer Nebentätigkeitserlaubnis beim Betriebserwerber selbst[524] alsbald nach Ablauf von 15 Monaten das Umstandsmoment erfüllen.

Demnach stellt der Erhalt von Entgeltfortzahlung im Krankheitsfall kein Verhalten des Arbeitnehmers dar, welches das Umstandsmoment der Verwirkung infolge Zeitablaufs erfüllt. Eine Ausnahme ist jedoch dann zu machen, wenn der Arbeitnehmer über die konkrete Ausgestaltung der Fortzahlung mit

520 Für genauere Betrachtungen bzgl. Dispositionen über das Arbeitsverhältnis s. Kap. 5, I., 1, S. 109 ff.

521 S. o. Kap. 5, I., 1., S. 111 ff.

522 Siehe Kap. 5., I., 3., S. 134 ff.

523 Siehe Kap. 5., I., 3., S. 140 ff.

524 Siehe Kap. 5., I., 3., S. 145 f.

dem Arbeitgeber verhandelt. Hier kann eine Verwirkung infolge Zeitablaufs bei einem Zeitmoment von 15 Monaten[525] einschlägig sein.

ee) Unterlassene Rückfrage, Nachfrage und Aufklärung

Als letzter Fall des verwirkungserheblichen Verhaltens des Arbeitnehmers durch Unterlassen ist derjenige zu nennen, in welchem dieser keinerlei Rückfragen, bzw. Aufklärungsversuche, bzgl. eines offensichtlich oder vermeintlich offensichtlich fehlerhaften Unterrichtungsschreibens vornimmt. Der Sachverhalt ist wie folgt:

> Ein Betriebs- oder Betriebsteilübergang wurde zwischen den beiden Arbeitgeberparteien vereinbart und vollzogen. Im Rahmen dessen wurden die Arbeitnehmer gem. § 613a Abs. 5 BGB in Textform rechtzeitig unterrichtet. Nach einigen Monaten stellt sich heraus, dass die Unterrichtung fehlerhaft war. Demnach die einmonatige Widerspruchsfrist nach § 613a Abs. 6 BGB nicht zu laufen begonnen hat. Der betroffene Arbeitnehmer widerspricht nun dem Übergang seines Arbeitsverhältnisses durch den Betriebsübergang. Zuvor hat der Arbeitnehmer jedoch nicht auf den vermeintlich erkennbaren Fehler im Unterrichtungsschrieben reagiert und versucht diese Unklarheit beim Arbeitgeber aufzuklären.

Auch im letzten Fall der Gründe für das Umstandsmoment durch Unterlassen des Arbeitnehmers ist fraglich, ob ein solches Verhalten des Arbeitnehmers ein schutzwürdiges Vertrauen auf Arbeitgeberseite begründen kann.

Willemsen/Lembke sehen das Umstandsmoment als erfüllt an, „wenn der Arbeitnehmer trotz der Aufforderung, etwaige Unklarheiten oder Informationsdefizite innerhalb der einmonatigen Widerspruchsfrist gegenüber dem unterrichtenden Arbeitgeber geltend zu machen, erkennbare Unterrichtungsmängel nicht innerhalb der Widerspruchsfrist oder innerhalb angemessener Zeit danach rügt“[526]. Weiterhin wird empfohlen eine entsprechende Aufforderung des Arbeitnehmers in das Unterrichtungsschreiben aufzunehmen[527].

Schnitker/Grau argumentieren in dieselbe Richtung. Sie bewerten die Verwirkung infolge Zeitablaufs jedoch nach der Erkennbarkeit des Unterrichtungsmangels. Sie begründen dies damit, dass eine Obliegenheit des Arbeitnehmers zur zeitnahen Rückfrage bestehe, welche sich wiederum aus einer i. d. R. vorliegenden ausdrücklichen Möglichkeit und Aufforderung zur Rückfrage und Aufklärung solcher Unzulänglichkeiten des Arbeitnehmers in Informationsschreiben

---

525 Für nähere Betrachtungen zu dem hier zugrunde gelegten zeitliche Rahmen des Zeitmoments s. Kap. 5, I., 2., S. 115 f.

526 *Willemsen/Lembke*, NJW 2002, 1159, 1160.

527 *Willemsen/Lembke*, NJW 2002, 1159, 1160.

herleite[528]. „Eine Verwirkung kommt nämlich umso eher in Betracht, je erkennbarer die unwillkürliche Unzulänglichkeit der Mitteilung ist und je eher deswegen mit einer möglichen Rückfrage des Arbeitnehmers gerechnet werden konnte“[529].

M. E. gehen beide Ansätze fehl. Beim Umstandsmoment der Verwirkung infolge Zeitablaufs kommt es einzig und allein darauf an, ob bei objektiver Nichtgeltendmachung eines Rechts die objektive Schlussfolgerung für den Verpflichteten entsteht, der Berechtigte wolle dieses Recht nicht mehr geltend machen. In dieser Annahme muss der Verpflichtete schutzwürdig sein. Unerheblich ist hierbei, ob es sich im Unterrichtungsschreiben um einen offensichtlichen oder versteckten Fehler handelt. Das Unterrichtungsschreiben bildet keine bloße Grundlage für eine eigenverantwortliche Informationspflicht des Arbeitnehmers[530]. Es dient, ganz im Gegenteil, der Erfüllung einer Pflicht der Arbeitgeber zur vollständigen Information. Der Wortlaut des § 613a Abs. 5 BGB ist hier eindeutig[531]. Auch ändert eine eventuelle Aufforderung zur Geltendmachung etwaiger Fehler im Unterrichtungsschreiben nichts an dieser Tatsache[532]. Durch die Nichtklärung eines solchen Fehlers wird keinerlei Vertrauen auf Seiten der Arbeitgeber gebildet. Es ist nicht die Aufgabe des Arbeitnehmers die Arbeitgeberparteien auf eventuelle Fehler hinzuweisen. Schon gar nicht können also diese davon ausgehen, dass sofern der Arbeitnehmer nicht rügt, er nicht mehr von seinem Widerspruchsrecht Gebrauch machen möchte. Hier sind bei gegenseitiger Abwägung von Arbeitgeber- und Arbeitnehmerinteressen Letztgenannte schutzwürdiger. Ein Vorliegen des Umstandsmoments ist demnach in allen diesen und ähnlich gelagerten Fällen mangels vertrauenbegründenden Verhaltens des Arbeitnehmers abzulehnen.

I. E. stellt das Unterlassen von Rückfragen, Nachfragen und Aufklärungsversuchen bzgl. eines offensichtlich oder vermeintlich offensichtlich fehlerhaften Unterrichtungsschreibens kein Verhalten des Arbeitnehmers dar, welches das Umstandsmoment erfüllt. Eine Verwirkung infolge Zeitablaufs scheidet aus[533].

---

528 *Schnitker/Grau*, BB 2005, 2238, 2242.

529 *Schnitker/Grau*, BB 2005, 2238, 2242, m. w. N.

530 A. A. *Meyer*, DB 2007, 858, 860.

531 So auch *Schmalenberg*, AuR 2008, 165, 167.

532 Ebenso dürfte eine formularmäßige Bestätigungsklausel wegen § 309 Nr. 12 BGB keinen Bestand haben, *Schnitker/Grau*, BB 2005, 2238, 2242.

533 Kommt es zu einer Ausdehnung des Zeitmoments von beinahe zehn Jahren, kann es jedoch aufgrund der Wechselwirkung von Zeit- und Umstandsmoment zur Erfüllung der Verwirkung infolge Zeitablaufs kommen, siehe dazu vertiefend Kap. 3, I., 1., S. 75 f.

ff) Zusammenfassung

Betrachtet man die möglichen Gründe für das Umstandsmoment einer Verwirkung infolge Zeitablaufs durch Unterlassen des Arbeitnehmers noch einmal abschließend, so hat sich gezeigt, dass eine Einschlägigkeit nur in Ausnahmefällen gegeben ist. Dies ist nicht verwunderlich. Denn es bedarf für die Erfüllung des Umstandsmoments i. d. R. einer Handlung des Arbeitnehmers, die einen Vertrauenstatbestand auf Arbeitgeberseite schafft. Das Hervorrufen eines solchen Vertrauens auf die Nichtausübung des Widerspruchsrechts ist nur in seltensten Fällen durch ein Unterlassen möglich. Solche Fälle, wie z. B. derjenige des schlichten Weiterarbeitens i. R. e. Notsituation[534], finden ihren Einschlag in die Norm deshalb i. d. R. nicht durch ein sonderlich ausgeprägtes Umstandsmoment, sondern lediglich durch ein ungewöhnlich langes jedoch in der Praxis nicht auszuschließendes Zeitmoment. Denn gerade dieses kann trotz der vertretenen Ansichten des *Achten Senats* bzgl. einer notwendigen qualifizierten Disposition des Arbeitnehmers über sein Arbeitsverhältnis[535] und anhand der hier geäußerten Kritik an diesem Urteil[536] den entscheidenden Ausschlag i. R. d. Wechselwirkung beider Institute zur Erfüllung des Umstandsmoments geben.

b) Gründe durch aktives Tun des Arbeitnehmers

Nachdem nun die relevanten Fälle i. R. d. Verwirkung infolge Zeitablaufs bzgl. der Gründe für das Vorliegen eines Umstandsmoments durch Unterlassen des Arbeitnehmers untersucht wurden, sollen nun solche Sachverhalte begutachtet werden, in denen der Arbeitnehmer aktiv mit den Arbeitgeberparteien in Kontakt tritt. Diese Fallgruppen zeichnen sich demnach dadurch aus, dass der Arbeitnehmer initiativ und u. U. sogar fordernd gegenüber dem Arbeitgeber auftritt und i. d. R. selbstständig gestaltend tätig wird[537]. Diese Handlungen kann man in groben Zügen als Dispositionen in Bezug auf das Arbeitsverhältnis bezeichnen.

Hierbei ist noch einmal daran zu erinnern, dass nicht jede aktive Handlung des Arbeitnehmers eine Disposition in Bezug auf das Arbeitsverhältnis ist. Ebenso ist nicht jede Disposition in Bezug auf das Arbeitsverhältnis eine Disposition über den Bestand des Arbeitsverhältnisses. Diese bereits untersuchten Un-

---

534 S. o. Kap. 5., I., 3., S. 120 ff.

535 BAG vom 23.07.2009 – 8 AZR 541/08, zit. nach juris; s. Kap. 5, I., 1., S. 109 ff.

536 Siehe Kap. 5, I., 1., S. 111 ff.

537 Für die darüber hinaus gehenden Gründe in Bezug auf die Beendigung des Arbeitsverhältnisses s. Kap. 5, I., 4., S. 153 ff.

terscheidungen[538], sind für die folgenden Beurteilungen des Umstandsmoments von Bedeutung.

aa) Vertragsänderungen

Das erste zu untersuchende aktive Verhalten des Arbeitnehmers, welches das Umstandsmoment begründen könnte, ist der vom Arbeitnehmer unternommene Versuch eine Vertragsänderung mit dem Betriebserwerber herbeizuführen.

Hierbei tritt der Arbeitnehmer an seinen neuen Arbeitgeber heran und unternimmt Bemühungen den Arbeitsvertrag in wie auch immer gearteter Art und Weise zu verändern. Entscheidend ist hierbei, dass in den zu untersuchenden Sachverhalten dieses Verhalten vom Arbeitnehmer selbst ausgeht. Eine Begutachtung der Sachverhalte bei denen eine eventuelle Vertragsänderung von Arbeitgeberseite ausgeht ist u. U. rechtlich anders zu bewerten und soll im späteren Verlauf noch behandelt werden[539].

Grds. sind Vertragsänderungen sehr relevant in Bezug auf eine mögliche Einschlägigkeit der Verwirkung infolge Zeitablaufs. Dies liegt daran, dass in Anbetracht des hier als Grundlage dienenden Urteils des BAG vom 23.07.2009[540] es sehr wahrscheinlich ist, dass durch eine Veränderung des Arbeitsvertrages „das Arbeitsverhältnis auf eine völlig neue rechtliche Grundlage gestellt wird“[541]. Ist dies der Fall, so ist nach Ansicht des *Achten Senats* das Umstandsmoment i. d. R. erfüllt[542].

Exemplarisch für eine Vielzahl von denkbaren Konstellationen soll hier lediglich der Fall der Gehaltserhöhung und die Altersteilzeit, respektive der Wechsel von Vollzeit auf Teilzeit oder umgekehrt, diskutiert werden.

(1) Gehaltserhöhung

Der Sachverhalt einer vom Arbeitnehmer verlangten Gehaltserhöhung könnte wie folgt aussehen:

> Ein Betriebs- oder Betriebsteilübergang wurde zwischen den beiden Arbeitgeberparteien vereinbart und vollzogen. Im Rahmen dessen wurden die Arbeitnehmer gem. § 613a Abs. 5 BGB in Textform rechtzeitig unterrichtet. Nach einigen Monaten stellt sich heraus, dass die Unterrichtung fehlerhaft war. Demnach die einmonatige Widerspruchsfrist nach § 613a Abs. 6 BGB nicht zu laufen begonnen hat. Der betroffene Arbeitnehmer widerspricht nun dem Übergang seines Arbeitsverhältnisses

[538] S. o. Kap. 5, I., 1., S. 109 ff.
[539] Siehe dazu Kap. 5, I., 5., S. 169 ff.
[540] BAG vom 23.07.2009 – 8 AZR 541/08, zit. nach juris; Kap. 5, I., 1., S. 109 ff.
[541] BAG vom 23.07.2009 – 8 AZR 541/08, zit. nach juris.
[542] BAG vom 23.07.2009 – 8 AZR 541/08, zit. nach juris

durch den Betriebsübergang. Zuvor hat sich der Arbeitnehmer jedoch an den Betriebserwerber gewandt und eine Gehaltserhöhung verlangt, die er auch bewilligt bekommen hatte.

Fraglich ist wiederum, ob ein solches Verhalten des Arbeitnehmers eine Verwirklichung des Umstandsmoments darstellt. Um dies abschließend feststellen zu können, muss der Fall der Gehaltserhöhung in drei Kategorien unterteilt werden. Zum einen das oben geschilderte, vom Arbeitnehmer ausgehende, unregelmäßige Beantragen einer Gehaltserhöhung. Zum anderen die regelmäßige, turnusmäßig wiederkehrende Weitergabe von Tariflohnerhöhungen. Und als Drittes die vom Arbeitgeber ausgehende Gehaltserhöhung.

(a) Unregelmäßige Beantragung

I. R. d. ersten Kategorie beantragt, wie im voran stehenden Beispielfall dargestellt, der Arbeitnehmer einmalig und unregelmäßig beim Betriebserwerber eine Gehaltserhöhung. Es kommt also zu einer autonomen Entscheidung des Arbeitnehmers die Bedingungen seiner Arbeitsvertrages zu verändern. Dies geschieht nachdem sein Arbeitsverhältnis auf den neuen Betriebsinhaber übergegangen ist. Fraglich ist wiederum, ob durch ein solches Verhalten ein schutzwürdiges Vertrauen der Arbeitgeber darauf entsteht, dass der Arbeitnehmer sich mit seinem neuen Arbeitsplatz abgefunden hat und von einem Widerspruch absieht.

Löwisch/Göpfert/Siegrist[543] sehen in einem solchen Verhalten allenfalls im Einzelfall ein widersprüchliches Verhalten. Sie gehen davon aus, dass hierin grds. keine über die Entgegennahme der Entgeltleistung bei Weiterarbeit hinausgehende Einrichtung auf das übergegangene Arbeitsverhältnis durch aktives rechtliches Verhalten bestehe.

Das BAG sieht dies ähnlich. Es sagt, dass bei einer solchen Disposition des Arbeitnehmers die entsprechende Qualifikation fehle, wenn es zu Verhandlungen über die Höhe der Arbeitsvergütung und deren effektiven Veränderung kommt[544].

M. E. ist dem nicht zuzustimmen[545]. Es ist zwar korrekt, dass die schlichte Entgegennahme von Arbeitslohn kein verwirkungserhebliches Verhalten darstellt[546], jedoch befindet sich der Arbeitnehmer bei einem Verlangen einer Gehaltserhöhung nicht mehr in einer Situation der bloßen Hinnahme. Vielmehr möchte der Arbeitnehmer Vertragsmodalitäten mit dem Arbeitgeber neu aushandeln. Hierbei ist es nach meiner Einschätzung mehr als ein bloßer Einzelfall,

543 *Löwisch/Göpfert/Siegrist*, DB 2007, 2538, 2541.

544 Vgl. BAG vom 23.07.2009 – 8 AZR 541/08, zit. nach juris; Kap. 5, I., 1., S. 109 ff.

545 So auch schon *Dzida*, NZA 2009, 641, 645.

546 Siehe vertiefend Kap. 5, I., 3., S. 116 ff.

dass der verhandlungsbeteiligte Arbeitgeber davon ausgehen kann, der Arbeitnehmer verhandele mit ihm um bessere Entlohnung, gerade weil er den Arbeitsplatz behalten möchte. Es wäre aus Sicht des Arbeitgebers und unter objektiver Betrachtung geradezu paradox, wenn der mit einer Gehaltserhöhung aus den Verhandlungen gehende Arbeitnehmer nun, nachdem er seine Arbeitsbedingungen verbessert hat, dem Übergang seines Arbeitsverhältnisses widerspricht. Somit ist es auch bei objektiver Betrachtung nicht unwahrscheinlich, dass der Arbeitgeber ein durchaus gesichertes Vertrauen in die Tatsache entwickelt, der Arbeitnehmer werde nicht mehr widersprechen. Warum sollte der Arbeitnehmer seine Arbeitsbedingungen verbessern wollen, wenn er ohnehin nicht mehr beim Betriebserwerber arbeiten will?

Auch ist erneut darauf hinzuweisen, dass selbst wenn ein solches Arbeitnehmerverhalten dem *Achten Senat* des BAG nicht für eine qualifizierte Disposition über das Arbeitsverhältnis genügt, es unter Berücksichtigung der der hier vertretenen Ansicht[547] aufgrund der Wechselwirkung von Zeit- und Umstandsmoment[548] durchaus zur Erfüllung des Umstandsmoments kommen kann.

I. E. stellt das unregelmäßige Beantragen einer Gehaltserhöhung ein Verhalten des Arbeitnehmers dar, welches das Umstandsmoment erfüllen kann. Eine Verwirkung infolge Zeitablaufs kommt bei einem Zeitmoment jenseits der 15 Monate[549] in Betracht.

(b) Regelmäßige Beantragung

Fraglich ist, ob im Unterschied zur unregelmäßigen Beantragung einer Gehaltserhöhung eine regelmäßige, turnusmäßig wiederkehrende Weitergabe von Tariflohnerhöhungen ein Umstandsmoment begründen kann.

Übereinstimmend mit dem zur unregelmäßigen Beantragung einer Gehaltserhöhung Gesagtem, sieht der *Achte Senat* des BAG auch in diesem Fall keine Einschlägigkeit des Umstandsmoments. So stellen „Vereinbarungen mit dem Betriebserwerber, durch welche einzelne Arbeitsbedingungen, z. B. Art und Umfang der zu erbringenden Arbeitsleistung, Höhe der Arbeitsvergütung, geändert werden“[550] keine für das Umstandsmoment notwendige qualifizierte Disposition dar[551].

---

547 Siehe Kap. 5, I., 1., S. 111 f.

548 S. o. Kap. 3, I., 1., S. 64 ff.

549 Für nähere Betrachtungen zu dem hier zugrunde gelegten zeitlichen Rahmen des Zeitmoments s. Kap. 5, I., 2., S. 115 f.

550 BAG vom 23.07.2009 – 8 AZR 541/08, zit. nach juris.

551 BAG vom 23.07.2009 – 8 AZR 541/08, zit. nach juris; s. a. Kap. 5, I., 1., S. 109 ff.

Bzgl. der regelmäßigen Beantragung einer Gehaltserhöhung kann das Urteil des BAG nicht beanstandet werden. Wie auch schon in der Vorinstanz zutreffend formuliert „nimmt die Klägerin eine Leistung der Arbeitgeberin in Anspruch, auf die sie tariflich ein Recht hat"[552]. Dies wird vor allem turnusmäßig und damit regelmäßig vorgenommen. D. h., der Arbeitnehmer will nicht einmalig und für den Arbeitgeber „ungewöhnlich" um eine Gehaltserhöhung verhandeln. Dies ist demnach von der Situation zu unterscheiden, indem der Arbeitnehmer aus eigener Initiative und atypisch einmalig an den Arbeitgeber herantritt. Im Gegensatz dazu kann unter objektiver Betrachtung bei einer regelmäßigen, turnusmäßig wiederkehrenden, Weitergabe von Tariflohnerhöhungen keine Rede von einer Vertrauensbildung auf Arbeitgeberseite sein. Auch wenn der Arbeitnehmer diese einfordert, spricht dies nicht gegen die Ausübung des Widerspruchsrechts. Er möchte lediglich dem allgemein im Erwerberbetrieb anliegenden Gehaltsstandart angepasst werden.

Mithin stellt das regelmäßige Beantragen einer Gehaltserhöhung kein Verhalten des Arbeitnehmers dar, welches das Umstandsmoment erfüllen kann. Eine Verwirkung infolge Zeitablaufs scheidet damit grds. aus[553].

(c) Vom Betriebserwerber eröffnete Gehaltserhöhung

In Bezug auf die dritte Kategorie der Gehaltserhöhungen von Betriebserwerberseite sind auf die Ausführungen i. R. d. möglichen Gründe ausgelöst durch ein Verhalten des Erwerbers zu verweisen, da diese thematisch in der Sphäre des Arbeitgebers einzuordnen sind[554].

(2) Altersteilzeit / Wechsel von Vollzeit auf Teilzeit

Eine weitere Untergruppe der Vertragsänderung ist der Abschluss eines Altersteilzeitarbeitsvertrages mit dem Erwerber. Der Sachverhalt könnte wie folgt aussehen:

> Ein Betriebs- oder Betriebsteilübergang wurde zwischen den beiden Arbeitgeberparteien vereinbart und vollzogen. Im Rahmen dessen wurden die Arbeitnehmer gem. § 613a Abs. 5 BGB in Textform rechtzeitig unterrichtet. Nach einigen Monaten stellt sich heraus, dass die Unterrichtung fehlerhaft war. Demnach die einmonatige Widerspruchsfrist nach § 613a Abs. 6 BGB nicht zu laufen begonnen hat. Der be-

---

[552] LAG Düsseldorf vom 29.04.2008 – 6 Sa 148/08, ZIP 2008, 1695.

[553] Kommt es zu einer Ausdehnung des Zeitmoments von beinahe zehn Jahren, kann es jedoch aufgrund der Wechselwirkung von Zeit- und Umstandsmoment zur Erfüllung der Verwirkung infolge Zeitablaufs kommen, siehe dazu vertiefend Kap. 3, I., 1., S. 75 f.

[554] Siehe Kap. 5, I., 5., S. 170 ff.

troffene Arbeitnehmer widerspricht nun dem Übergang seines Arbeitsverhältnisses durch den Betriebsübergang. Zuvor hat sich der Arbeitnehmer jedoch an den Betriebserwerber gewandt und mit diesem einen Altersteilzeitarbeitsvertrag geschlossen.

Bei der Vereinbarung von Altersteilzeitarbeitsverhältnissen zwischen dem Arbeitgeber und dem Arbeitnehmer hat das BAG eine eindeutige Erfüllung des Umstandsmoments angenommen[555]. Dies begründen die Richter damit, dass „das Arbeitsverhältnis auf eine völlig neue rechtliche Grundlage gestellt wird“[556]. Dies sei eine qualifizierte Disposition über den Bestand des Arbeitsverhältnisses, welche nach Ansicht des Achten Senats i. d. R. immer zur Einschlägigkeit des Umstandsmoments führt[557].

Dem Urteil des BAG ist zuzustimmen. Durch den Abschluss eines Altersteilzeitarbeitsverhältnisses wird objektiv eindeutig beim Betriebserwerber der Anschein erweckt, der Arbeitnehmer wolle dem Übergang seines Arbeitsverhältnisses nicht mehr widersprechen. Denn der Arbeitnehmer richtet sich beim Betriebserwerber auf das baldige Ende seiner Berufstätigkeit ein. Dies plant er konkret mit dem Erwerber, sodass eine Rückkehr zum Veräußerer sehr fern liegt. Ein schutzwürdiges Vertrauen der Arbeitgeber in die Nichtausübung des Widerspruchsrechts nach § 613a abs. 6 BGB ist demnach gegeben.

Fraglich ist jedoch, ob man diesen Ansatz auch auf einen eventuellen Wechsel des Arbeitnehmers von Vollzeit auf Teilzeit oder umgekehrt anwenden kann. M. E. ist dieser Transfer unproblematisch vorzunehmen[558]. Zum einen werden durch eine solche Vereinbarung, ebenso wie bei einem Altersteilzeitvertrag, die signifikanten Inhalte des Arbeitsvertrages geändert – Arbeitszeit und Vergütung[559]. Hierin ist unter Berücksichtigung der Rspr. des BAG eine qualifizierte Disposition der Vertragsparteien sehen, da die Wurzeln des Arbeitsvertrages berührt werden[560].

Zum anderen befindet sich der Arbeitgeber erneut in der schutzwürdigen Position, dass er objektiv nicht mehr damit rechnen kann, der Arbeitnehmer werde dem Übergang seines Arbeitsverhältnisses widersprechen. Denn durch eine solche Veränderung der Arbeitsbedingungen kann der Arbeitgeber davon ausgehen, der Arbeitnehmer wolle unter diesen Begebenheiten und bei ihm weiterhin arbeiten. Es ist nicht ersichtlich, warum der Betriebserwerber in einem solchen Fall weiterhin mit einem Widerspruch rechnen muss, wenn der Arbeit-

555 BAG vom 23.07.2009 – 8 AZR 541/08, zit. nach juris.
556 BAG vom 23.07.2009 – 8 AZR 541/08, zit. nach juris.
557 BAG vom 23.07.2009 – 8 AZR 541/08, zit. nach juris; s. a. Kap. 5, I., 1., S. 109 ff.
558 Wohl a. A. *Göpfert/Siegrist*, ArbR 2010, 60, 62.
559 Siehe auch *Dzida*, DB 2010, 167, 169.
560 Ebenso auch *Dzida*, DB 2010, 167, 169.

nehmer seine Arbeitsbedingungen zuvor auf seine persönlichen Bedürfnisse bei diesem eingerichtet hat.

Mithin liegt bei einer Vereinbarung eines Altersteilzeitarbeitsverhältnisses sowie bei einem Wechsel von Vollzeit auf Teilzeit oder umgekehrt ein Verhalten des Arbeitnehmers vor, welches das Umstandsmoment erfüllen kann. Eine Verwirkung infolge Zeitablaufs kommt bei einem Zeitmoment jenseits der 15 Monate[561] in Betracht.

bb) Inanspruchnahme der Arbeitgeberparteien nach § 613a Abs. 2 BGB

Das Umstandsmoment der Verwirkung infolge Zeitablaufs könnte auch dadurch erfüllt sein, dass der Arbeitnehmer die Arbeitgeberparteien nach § 613a Abs. 2 BGB in Anspruch nimmt:

> Ein Betriebs- oder Betriebsteilübergang wurde zwischen den beiden Arbeitgeberparteien vereinbart und vollzogen. Im Rahmen dessen wurden die Arbeitnehmer gem. § 613a Abs. 5 BGB in Textform rechtzeitig unterrichtet. Nach einigen Monaten stellt sich heraus, dass die Unterrichtung fehlerhaft war. Demnach die einmonatige Widerspruchsfrist nach § 613a Abs. 6 BGB nicht zu laufen begonnen hat. Der betroffene Arbeitnehmer widerspricht nun dem Übergang seines Arbeitsverhältnisses durch den Betriebsübergang. Zuvor hat der Arbeitnehmer jedoch versucht den Betriebsveräußerer im Zuge einer Nachhaftung nach § 613a Abs. 2 Satz 1 BGB bzgl. einer Sozialplanabfindung in Anspruch zu nehmen.

Der Anspruch des Arbeitnehmers aus § 613a Abs. 2 BGB setzt sich von der Menge an denkbaren Ansprüchen gegen die Arbeitgeber ab. Denn im Vergleich zu sonstigen Ansprüchen setzt dieser nämlich voraus, dass ein wirksamer Betriebsübergang stattgefunden hat. Dies beinhaltet die Vermutung zugunsten der Arbeitgeber der Arbeitnehmer hätte sich mit dem Betriebsübergang abgefunden. Da sofern er diese Norm geltend macht, er wohl von einem wirksamen Betriebsübergang als Grundlage des Anspruchs ausgeht.

Zugegebenermaßen wiegt diese Vermutung nicht sonderlich schwer. Sie kann jedoch unter Hinzutreten weiterer Faktoren zur Annahme des Umstandsmoments führen.

Hierzu ist auf ein Urteil des BAG vom 27.07.2008[562] zu verweisen. In diesem Fall wurde neben der Tatsache der Inanspruchnahme nach § 613a Abs. 2 BGB durch einen beauftragten Rechtsanwalt in dessen Schreiben die positive Feststellung des Betriebsübergangs als Haftungsvoraussetzung der

---

561 Für nähere Betrachtungen zu dem hier zugrunde gelegten zeitlichen Rahmen des Zeitmoments s. Kap. 5, I., 2., S. 115 f.

562 BAG vom 24.07.2008 – 8 AZR 205/07, ZInsO 2009, 108.

Norm formuliert[563]. Das BAG war aufgrund dieser Formulierung der Meinung, dass der Arbeitgeber davon ausgehen konnte, dass der Arbeitnehmer „aufgrund fundierter Beratung durch einen Fachanwalt für Arbeitsrecht von einem Übergang seines Arbeitsverhältnisses auf die A GmbH im Wege eines Betriebsübergangs nach § 613a BGB ausgehe“[564]. Dies führte zur Bejahung des Umstandsmoments durch den *Achten Senat*.

M. E. lässt sich hieraus der Schluss ziehen, dass auch eine alleinige Inanspruchnahme aus § 613a Abs. 2 BGB in Kombination mit dem entsprechenden Zeitmoment[565] grds. unter objektiver Betrachtung geeignet ist die Verwirklichung eines Umstandsmoments und damit eine Verwirkung infolge Zeitablaufs herbeizuführen. Denn bedient sich der Arbeitnehmer der Anspruchsnorm des § 613a Abs. 2 BGB, gibt er den Arbeitgeberparteien konkludent zu verstehen, er akzeptiere den Betriebsübergang als solchen, da er sich einer Norm bedient, welche einen wirksamen Betriebsübergang und damit auch einen Übergang seines Arbeitsverhältnisses auf den Betriebserwerber voraussetzt. Ein schutzwürdiges Vertrauen auf Arbeitgeberseite in die Nichtausübung des Widerspruchsrechts ist i. d. R. vorhanden.

Somit liegt durch eine Inanspruchnahme der Arbeitgeber nach § 613a Abs. 2 BGB ein Verhalten des Arbeitnehmers vor, welches das Umstandsmoment erfüllen kann. Eine Verwirkung infolge Zeitablaufs kommt bei einem Zeitmoment jenseits der 24 Monate[566] in Betracht.

cc) Bewerbung auf eine andere Stelle (interne Stellenausschreibung)

Auch die Bewerbung des Arbeitnehmers auf eine andere Stelle (z. B. durch interne Stellenausschreibung) könnte das Umstandsmoment erfüllen. Denkbar ist folgender Fall:

> Ein Betriebs- oder Betriebsteilübergang wurde zwischen den beiden Arbeitgeberparteien vereinbart und vollzogen. Im Rahmen dessen wurden die Arbeitnehmer gem. § 613a Abs. 5 BGB in Textform rechtzeitig unterrichtet. Nach einigen Monaten

---

[563] „Der Betriebsübergang war am 1.11.2004, sodass sämtliche Voraussetzungen des § 613 Abs. 2 Satz 1 BGB (richtig wohl § 613a Abs. 2 Satz 1 BGB) vorliegen.“; „Am 01.11.2004 ist das Arbeitsverhältnis nach § 613a BGB auf die A GmbH übergegangen“; „...im Rahmen der Gesamtschuldnerhaftung gemäß § 613a II S. 1 BGB nimmt Sie hiermit unsere Mandantschaft wegen der Sozialplanabfindung in Anspruch“, siehe BAG vom 24.07.2008 – 8 AZR 205/07, ZInsO 2009, 108.

[564] BAG vom 24.07.2008 – 8 AZR 205/07, ZInsO 2009, 108.

[565] Siehe dazu auch die Ausführungen zum Urteil des BAG vom 23.07.2009 – 8 AZR 541/08, zit. nach juris; Kap. 5, I., 1., S. 109 ff.

[566] Für nähere Betrachtungen zu dem hier zugrunde gelegten zeitlichen Rahmen des Zeitmoments s. Kap. 5, I., 2., S. 115 f.

stellt sich heraus, dass die Unterrichtung fehlerhaft war. Demnach die einmonatige Widerspruchsfrist nach § 613a Abs. 6 BGB nicht zu laufen begonnen hat. Der betroffene Arbeitnehmer widerspricht nun dem Übergang seines Arbeitsverhältnisses durch den Betriebsübergang. Zuvor hat der Arbeitnehmer sich jedoch aufgrund einer internen Stellenausschreibung auf eine andere Stelle im Erwerberbetrieb beworben und diese auch bekommen.

Der *Achte Senat* des BAG verneint im Falle einer Bewerbung auf eine andere Stelle im Betrieb nach interner Stellenausschreibung das Vorliegen einer qualifizierten Disposition des Arbeitnehmers[567] und damit auch das Umstandsmoment[568]. Hierzu heißt es, dass die Bewerbung auf eine intern ausgeschriebene höherwertige Stelle nicht geeignet ist, das Umstandsmoment zu erfüllen, da der Arbeitnehmer „lediglich eine Änderung ihrer Arbeitsbedingungen [...] angestrebt" [569] hat. Mit anderen Worten: Eine interne Bewerbung reicht nach Ansicht des BAG nicht aus, das Arbeitsverhältnis auf eine neue rechtliche Grundlage zu stellen, die für eine qualifizierte Disposition notwendig sind[570]. Dies ist selbst dann nicht der Fall, wenn der Arbeitnehmer diese Stelle sogar bekommt[571].

Dieser Auffassung ist so nicht zuzustimmen. Zum einen erscheint die bloße Bewerbung auf eine andere Stelle im Betrieb unter objektiver Betrachtung durchaus vertrauensbildend für die Arbeitgeber, dass der Arbeitnehmer sein Widerspruchsrecht nicht mehr ausüben möchte. Die Wahrnehmung des Gestaltungsrechts ist doch sehr unwahrscheinlich, wenn sich der Arbeitnehmer zuvor auf eine andere Stelle im Erwerberbetrieb bewirbt. „Denn die Arbeitnehmer hat mit ihrer Initiative für Veränderung, regelmäßig für einen Aufstieg, zum Ausdruck gebracht, dass sie sich auf das Arbeitsverhältnis beim Betriebserwerber eingerichtet haben und ihre Chance dort suchen wollen"[572]. In diesem Sinne sprechen *Löwisch/Göpfert/Siegrist* von einer „Rosinenpickerei" [573], wenn der Arbeitnehmer in dem Fall, dass alles gut geht, den Vorteil der neuen, i. d. R. besser bezahlten Stelle, in Anspruch nimmt und für den Fall einer Krise schlicht widerspricht[574]. Hierbei kann und muss der Arbeitgeber davon ausgehen, dass der Arbeitnehmer sein Widerspruchsrecht nicht mehr ausüben will. Aus diesem Grund ist er m. E. schutzwürdiger als der Arbeitnehmer.

---

567 S. o. Kap. 5, I., 1., S. 109 ff.
568 BAG vom 23.07.2009 – 8 AZR 541/08, zit. nach juris.
569 BAG vom 23.07.2009 – 8 AZR 541/08, zit. nach juris.
570 Siehe Kap. 5, I., 1., S. 109 ff.
571 BAG vom 23.07.2009 – 8 AZR 541/08, zit. nach juris.
572 *Löwisch/Göpfert/Siegrist*, DB 2007, 2538, 2540.
573 *Löwisch/Göpfert/Siegrist*, DB 2007, 2538, 2541.
574 Vgl. *Löwisch/Göpfert/Siegrist*, DB 2007, 2538, 2541.

Zum anderen, schaut man sich den Fall der Bewerbung und einer tatsächlichen Versetzung eines Arbeitnehmers auf eine intern ausgeschriebene Stelle an, so verstärkt sich diese Ansicht sogar noch. Geht man davon aus, dass es durch die Versetzung des Arbeitnehmers u. U. zu einer Veränderung von Entgelt und Arbeitszeit kommt, ist es nicht ersichtlich, warum in diesen Fällen die vom BAG beschriebenen Voraussetzungen einer qualifizierten Disposition nicht greifen sollen. Denn Vergütung und Arbeitszeit bilden die grundlegenden Faktoren des Arbeitsverhältnisses. Werden diese verändert sollte auch nach den Kriterien des BAG „das Arbeitsverhältnis auf eine völlig neue rechtliche Grundlage gestellt werden“[575]. Dies zeigt auch schon die hier vertretene Ansicht in Bezug auf den Wechsel von Teilzeit auf Vollzeit oder umgekehrt[576]. Hier kommt es erst recht auf Arbeitgeberseite zu der Vorstellung der Arbeitnehmer richte sich im neuen Betrieb ein und suche dort neue Herausforderungen und berufliche Perspektive. Denn der Arbeitnehmer hat sich nicht nur auf eine Stelle beworben, sondern sich auch tatsächlich auf diese versetzen lassen.

Demnach liegt durch die Bewerbung auf eine intern ausgeschrieben Stelle und erst Recht, wenn sich der Arbeitnehmer daraufhin tatsächlich dorthin versetzen lässt, ein Verhalten des Arbeitnehmers vor, welches das Umstandsmoment erfüllen kann. Eine Verwirkung infolge Zeitablaufs kommt bei einem Zeitmoment jenseits der 15 Monate[577] in Betracht.

dd) Verlangen von Zeugnissen

Ebenfalls diskutiert wird die Einschlägigkeit des Umstandsmoments durch das Verlangen von Zwischen- oder Endzeugnisses bzgl. der Arbeitsleistung des Arbeitnehmers vom Arbeitgeber:

> Ein Betriebs- oder Betriebsteilübergang wurde zwischen den beiden Arbeitgeberparteien vereinbart und vollzogen. Im Rahmen dessen. wurden die Arbeitnehmer gem. § 613a Abs. 5 BGB in Textform rechtzeitig unterrichtet. Nach einigen Monaten stellt sich heraus, dass die Unterrichtung fehlerhaft war. Demnach die einmonatige Widerspruchsfrist nach § 613a Abs. 6 BGB nicht zu laufen begonnen hat. Der betroffene Arbeitnehmer widerspricht nun dem Übergang seines Arbeitsverhältnisses durch den Betriebsübergang. Zuvor hat der Arbeitnehmer jedoch vom Betriebsveräußerer ein Abschlusszeugnis für seine Tätigkeiten verlangt.

---

575 BAG vom 23.07.2009 – 8 AZR 541/08, zit. nach juris.

576 S. o. Kap. 5, I., 3., S. 137 ff.

577 Für nähere Betrachtungen zu dem hier zugrunde gelegten zeitlichen Rahmen des Zeitmoments s. Kap. 5, I., 2., S. 115 f.

In Bezug auf die Beantragung von Zeugnissen ist der gerade geschilderte Fall des End- oder Abschlusszeugnisses von demjenigen des Zwischenzeugnisses zu unterscheiden:

(1) Verlangen eines Endzeugnisses vom Betriebsveräußerer

Verlangt der Arbeitnehmer vom Betriebsveräußerer anlässlich des Betriebsübergangs ein Abschlusszeugnis, veranlasst er diesen zu der Annahme, er beantragt dieses, um eine abschließende Bewertung seiner Tätigkeit zu erhalten. Die Vermutung liegt also nahe, dass der Arbeitnehmer nach Erhalt dieses Zeugnisses nicht mehr beim Veräußerer arbeiten möchte und endgültig zum Erwerber wechselt. Hierzu sagt *Dzida,* der Arbeitnehmer bringe damit zum Ausdruck, „dass nach seinen Vorstellungen sein Arbeitsverhältnis auf den Betriebserwerber übergeht“ [578].

Durch ein solches Verhalten des Arbeitnehmers entsteht auf Seiten des Arbeitgebers ein schutzwürdiges Vertrauen in die Nichtausübung des Widerspruchsrechts. Dieses wiegt m. E. jedoch nicht sehr schwer. Das Beantragen und Erhalten eines Endzeugnisses für die geleistete Tätigkeit kann man grds. als ein „Standardverhalten“ des Arbeitnehmers, der freiwillig oder gezwungenermaßen seinen Arbeitgeber verlassen bzw. wechseln muss, werten. D. h., es werden wohl i. d. R. alle Arbeitnehmer ein solches Zeugnis beim Veräußerer beantragen, um eine Bescheinigung ihrer Leistungen für zukünftige Arbeitgeber zu besitzen. Demgegenüber steht das Argument, dass es sich ja gerade um die Beantragung eines Endzeugnisses und nicht eines Zwischenzeugnisses handelt. Da es durch den Betriebsübergang zu keiner Beendigung des Arbeitsverhältnisses kommt, sondern dies lediglich auf den Erwerber übergeht, vermag es für den Arbeitgeber durchaus vertrauenerweckend sein, dem Arbeitnehmer bzgl. seiner Leistungen bei ihm ein Endzeugnis auszustellen.

Somit liegt durch das Verlangen eines Endzeugnisses vom Betriebsveräußerer ein Verhalten des Arbeitnehmers vor, welches das Umstandsmoment erfüllen kann. Eine Verwirkung infolge Zeitablaufs kommt aufgrund des geringen Vertrauenstatbestandes erst bei einem Zeitmoment jenseits der 24 Monate[579] in Betracht.

---

578 *Dzida,* NZA 2009, 641, 645.

579 Für nähere Betrachtungen zu dem hier zugrunde gelegten zeitlichen Rahmen des Zeitmoments s. Kap. 5, I., 2., S. 115 f.

(2) Verlangen eines Zwischenzeugnisses vom Betriebserwerber

In Bezug auf das Beantragen eines Zwischenzeugnisses muss noch einmal unterschieden werden.

Wie gerade bereits erwähnt, kann ein solches Verhalten des Arbeitnehmers gegenüber dem Betriebsveräußerer keinerlei verwirkungserhebliche Relevanz haben. Es ist sein gutes Recht ein solches zu verlangen und es kommt unter objektiver Betrachtung zu keinerlei Vertrauensbildung auf Arbeitgeberseite, die von einer Nichtausübung des Widerspruchsrechts ausgehen könnte.

Fraglich ist jedoch, wie ein solches Verhalten auf Betriebserwerberseite zu bewerten ist. Grds. ist die aufgrund eines Verlangens eines Zwischenzeugnisses entstehende Vertrauenslage des Erwerbers durchaus erheblich, sofern Erstgenannter damit einen persönlichen Aufstieg im Unternehmen erreichen wollte[580]. D. h. der Betriebserwerber kann sehr wohl die Schlussfolgerung ziehen, der Arbeitnehmer will nicht mehr widersprechen, da dadurch ein Aufstiegswille in seinem Unternehmen geäußert wurde. Betrachtet man sich dies nun jedoch unter Berücksichtigung der aktuellen Rspr. des BAG in Bezug auf eine interne Bewerbung auf eine Stellenausschreibung[581] kann, ebenso wie beim Verlangen eines Endzeugnisses beim Betriebsveräußerer, dem Verhalten keine gehobene Relevanz mehr beigemessen werden. Es kann selbst unter Berücksichtigung der hier angebrachten Kritik an dieser Entscheidung[582] und der vertretenen Ansicht zur Bewerbung auf eine intern ausgeschriebene Stelle[583] nur von einer Einschlägigkeit des Umstandsmoments bei einem sehr langen Zeitmoment ausgegangen werden.

I. E. liegt durch das Verlangen eines Zwischenzeugnisses vom Betriebserwerber ein Verhalten des Arbeitnehmers vor, welches das Umstandsmoment erfüllen kann. Eine Verwirkung infolge Zeitablaufs kommt jedoch aufgrund des geringen Vertrauenstatbestandes erst bei einem Zeitmoment jenseits der 24 Monate[584] in Betracht.

ee) Verlangen einer Nebentätigkeitserlaubnis

Der Fall des Beantragens einer Nebentätigkeitserlaubnis durch den Arbeitnehmer könnte sich wie folgt zutragen:

---

580 So auch *Dzida*, NZA 2009, 641, 645; *Löwisch/Göpfert/Siegrist*, DB 2007, 2538, 2541.
581 Siehe ausführlich Kap. 5, I., 3., S. 140 ff.
582 Siehe Kap. 5, I., 1., S. 109 ff.
583 Siehe Kap. 5, I., 3., S. 140 ff.
584 Für nähere Betrachtungen zu dem hier zugrunde gelegten zeitlichen Rahmen des Zeitmoments s. Kap. 5, I., 2., S. 115 f.

Ein Betriebs- oder Betriebsteilübergang wurde zwischen den beiden Arbeitgeberparteien vereinbart und vollzogen. Im Rahmen dessen wurden die Arbeitnehmer gem. § 613a Abs. 5 BGB in Textform rechtzeitig unterrichtet. Nach einigen Monaten stellt sich heraus, dass die Unterrichtung fehlerhaft war. Demnach die einmonatige Widerspruchsfrist nach § 613a Abs. 6 BGB nicht zu laufen begonnen hat. Der betroffene Arbeitnehmer widerspricht nun dem Übergang seines Arbeitsverhältnisses durch den Betriebsübergang. Zuvor hat der Arbeitnehmer jedoch beim Betriebserwerber eine Nebentätigkeitserlaubnis beantragt.

Unter einer Nebentätigkeit ist jede Tätigkeit zu verstehen, die außerhalb des in Rede stehenden Arbeitsverhältnisses beim gleichen Arbeitgeber, bei einem anderen Arbeitgeber oder auf andere Weise (z. B. selbstständig) ausgeübt wird[585]. I. d. R. steht sie unter einem arbeits- oder tarifvertraglichen Erlaubnisvorbehalt. *Löwisch/Göpfert/Siegrist* gehen bei einem Beantragen einer solchen durch den Arbeitnehmer davon aus, dass dieser dadurch das auf den Erwerber übergegangene Arbeitsverhältnis als Grundlage akzeptiert und daneben, fußend auf dieser Grundlage, eine damit zu vereinbarende weitere Tätigkeit entfalten möchte[586]. „Diese auf dem übertragenen Arbeitsverhältnis fußende Doppelstellung in Anspruch genommen zu haben und danach den Übergang des Arbeitsverhältnisses durch Widerspruch rückgängig zu machen, ist widersprüchlich und darf ebenfalls nicht zulasten des Vertrauensschutzes des Veräußerers gehen."[587] *Dzida*[588] spricht in diesem Zusammenhang von einem „Indiz" [589] für eine Anerkennung des Erwerbers als neuer Arbeitgeber.

Diese Ansicht ist m. E. zu allgemein formuliert. Es muss genauer zwischen den verschiedenen Situationen einer Nebentätigkeit unterschieden werden. Zum einen kommt hierbei einer Nebentätigkeit beim Betriebserwerber selbst und zum anderen eine solche bei einem anderen Arbeitgeber, respektive einer selbstständigen Tätigkeit, in Frage.

(1) Nebentätigkeit beim Betriebserwerber

Beantragt der Arbeitnehmer beim Betriebserwerber eine Nebentätigkeit, ist der von *Löwisch/Göpfert/Siegrist* geäußerten Ansicht zu folgen, wonach die Ausübung eines Widerspruchs verwirkungserheblich wäre[590]. Denn in diesem Fall entsteht auch unter objektiver Betrachtung ein schutzwürdiges Vertrauen auf Seiten des Arbeitgebers. Es erscheint für diesen so, dass der Arbeitnehmer tat-

---

585 *Braun*, AuR 2004, 47.

586 *Löwisch/Göpfert/Siegrist*, DB 2007, 2538, 2541.

587 *Löwisch/Göpfert/Siegrist*, DB 2007, 2538, 2541.

588 *Dzida*, NZA 2009, 641, 645, m. w. N.

589 *Dzida*, NZA 2009, 641, 645, m. w. N.

590 S. o. Kap. 5, I., 3., S. 144; *Löwisch/Göpfert/Siegrist*, DB 2007, 2538, 2541.

sächlich auf Grundlage seiner neuen Tätigkeit diese bei ihm ausbauen und festigen möchte.

Noch offensichtlicher wird die Situation, sofern die angestrebte Nebentätigkeit zwingend eine Änderung des Arbeitsvertrages beim Betriebserwerber erfordert und dieser diesem zustimmt. Kommt es hierbei zu einer Veränderung von Arbeitszeit und u. U. Arbeitsentgelt wird man dies wohl unter die Rspr. des BAG in Bezug auf ein Stellen des Arbeitsverhältnisses auf eine neue rechtliche Grundlage subsumieren können. Es werden entscheidende Teile des Arbeitsverhältnisses verändert. Ebenso wie bei der hier vertretenen Ansicht bzgl. eines Wechsels des Arbeitnehmers von Teilzeit auf Vollzeit oder umgekehrt[591] kann man auch in diesem Fall eine qualifizierte Disposition und damit eine Verwirklichung des Umstandsmoments ausgehen.

Mithin liegt im Verlangen einer Nebentätigkeitserlaubnis für eine Stelle beim Betriebserwerber ein Verhalten des Arbeitnehmers, welches das Umstandsmoment erfüllen kann. Eine Verwirkung infolge Zeitablaufs kommt bei einem Zeitmoment jenseits der 15 Monate[592] in Betracht.

(2) Nebentätigkeit bei einem Dritten/Selbstständigkeit

Der Arbeitnehmer kann eine Nebentätigkeitserlaubnis auch für eine Tätigkeit bei einem anderen Arbeitgeber oder zur Selbstständigkeit beim Betriebserwerber beantragen. Kommt es hierbei zu einer Änderung des Arbeitsvertrages, ist das Umstandsmoment, wie im Fall der Nebentätigkeit beim Betriebserwerber, erfüllt[593]. Ist dies nicht der Fall, so ist das Umstandsmoment anders zu bewerten.

Der Arbeitnehmer greift mangels Vertragsänderung nicht die Wurzeln seines Arbeitsverhältnisses an. Auch erweckt er nicht, wie im Falle einer Bewerbung auf eine interne Stellenausschreibung beim Betriebserwerber[594], auf Erwerberseite den Eindruck er akzeptiere diesen als neuen Arbeitgeber und wolle auf dieser Basis den weiteren beruflichen Fortschritt etablieren. Eine Nebentätigkeitsaufnahme, die nicht beim Betriebserwerber selbst vollzogen wird, kann vielfältige Gründe haben. Diese können über die Motivation der Festigung des Arbeitsplatzes hinausgeht. Der Arbeitnehmer hat einen Rechtsanspruch auf die Genehmigung einer Nebentätigkeit, sofern diese die Interessen des Arbeitgebers

591 S. o. Kap. 5, I., 3., S. 137 ff.

592 Für nähere Betrachtungen zu dem hier zugrunde gelegten zeitlichen Rahmen des Zeitmoments s. Kap. 5, I., 2., S. 115 f.

593 S. o. Kap. 5, I., 3., S. 145 f.

594 Genauer Kap. 5, I., 3., S. 140 ff.

nicht beeinträchtigt[595]. Somit kann unter objektiver Betrachtung aus diesem keinerlei verwirkungserhebliches Verhalten abgeleitet werden.

Demnach liegt im Verlangen einer Nebentätigkeitserlaubnis für die Tätigkeit bei einem Dritten oder für eine Selbstständigkeit kein Verhalten des Arbeitnehmers, welches das Umstandsmoment erfüllt. Eine Verwirkung infolge Zeitablaufs scheidet damit aus.

ff) Äußerungen gegenüber den Arbeitgebern/Äußerungen im Gütetermin

Äußerungen des Arbeitnehmers, die den Arbeitgeber zur Annahme veranlassen, das Widerspruchsrecht werde nicht mehr ausgeübt, können ebenfalls zu einer Erfüllung des Umstandsmoments führen. Der Fall stellt sich wie folgt dar:

> Ein Betriebs- oder Betriebsteilübergang wurde zwischen den beiden Arbeitgeberparteien vereinbart und vollzogen. Im Rahmen dessen wurden die Arbeitnehmer gem. § 613a Abs. 5 BGB in Textform rechtzeitig unterrichtet. Nach einigen Monaten stellt sich heraus, dass die Unterrichtung fehlerhaft war. Demnach die einmonatige Widerspruchsfrist nach § 613a Abs. 6 BGB nicht zu laufen begonnen hat. Der betroffene Arbeitnehmer widerspricht nun dem Übergang seines Arbeitsverhältnisses durch den Betriebsübergang. Zuvor hat der Arbeitnehmer jedoch im Rahmen eines Gütetermins gegenüber dem Betriebserwerber erklären lassen, er habe einem Betriebsübergang nicht widersprochen.

Der beschriebene Fall orientiert sich an einem Urteil des BAG vom 15.02.2007[596]. Das Gericht war der Meinung, dass eine solche Aussage im konkreten Fall mangels Bewusstseins des bestehenden Rechts (der Arbeitnehmer glaubte im Gütetermin noch daran, dass gar kein Betriebsübergang vorliegt) kein Verzicht darstellt[597]. Jedoch führte es aus, dass, ähnlich wie im bereits beschriebenen Fall der Inanspruchnahme der Arbeitgeberparteien nach § 613a Abs. 2 BGB[598], dieser durch seinen Prozessbevollmächtigten zumindest vorsorglich einen solchen Widerspruch hätte erklären müssen[599]. Aufgrund der Kombination dieser Aussage und der darauf folgenden Nichtvornahme des Widerspruchs entstand auf Seiten des Arbeitgebers ein schutzwürdiges Vertrauen in die Nichtausübung des Widerspruchsrechts, das zu einer Bejahung des Umstandsmoments führte[600].

---

595 BAG vom 11.12.2001 – 9 AZR 464/00, BAGE 100, 70; *Brox/Rüthers/Henssler*, Rn. 72.
596 BAG vom 15.02.2007 – 8 AZR 431/06, BAGE 121, 289.
597 BAG vom 15.02.2007 – 8 AZR 431/06, BAGE 121, 289.
598 Siehe für nähere Betrachtungen Kap. 5, I., 3., S. 139 ff.
599 BAG vom 15.02.2007 – 8 AZR 431/06, BAGE 121, 289.
600 BAG vom 15.02.2007 – 8 AZR 431/06, BAGE 121, 289.

Der *Achte Senat* des BAG sieht eine solche Äußerung, die keinen Verzicht darstellt[601], nach aktueller Rspr. wohl nicht mehr als eine Erfüllung des Umstandsmoments an. Denn ein solches Arbeitnehmerverhalten stellt keine qualifizierte Disposition des Arbeitnehmers über sein Arbeitsverhältnis dar[602]. Eine Verwirkung infolge Zeitablaufs scheidet damit aus.

Anhand der geäußerten Kritik an dieser Rspr.[603], spricht jedoch vieles dafür, ein Umstandsmoment anzunehmen. Geht aus Aussagen des Arbeitnehmers hervor, dass er an einem Widerspruch nicht mehr interessiert ist oder äußert dieser, dass er froh sei mit dem Betriebsveräußerer nichts mehr zu tun zu haben, ist ein solches Verhalten objektiv vertrauensbildend auf Seiten der Arbeitgeber[604]. In solchen Fällen drängt es sich für die Arbeitgeber geradezu auf, von einer Nichtausübung des Widerspruchsrechts auszugehen. Dies freilich nur so lange, wie der Arbeitnehmer dieses Vertrauensmoment nicht wieder durch gegenläufige Aussagen revidiert. I. E. stellt ein solches Verhalten jedoch nur eine schwache Ausprägung des Umstandsmoments dar. Es bedarf also eines stark ausgeprägten Zeitmoments, um den Tatbestand der Verwirkung infolge Zeitablaufs zu verwirklichen.

Darüber hinaus kann es jedoch m. E., auch wenn man der Ansicht der aktuellen Rspr. des BAG folgt, zu einer Versagung des Gestaltungsrechts kommen. Verneint der *Achte Senat* in dem hier untersuchten Fall mangels eines Vorliegens einer qualifizierten Disposition die Einschlägigkeit einer Verwirkung infolge Zeitablaufs[605], ist es im Falle einer solchen Äußerung des Arbeitnehmers denkbar auf den übergeordneten Tatbestand des venire contra factum proprium[606] zurückzugreifen. Dessen Tatbestand ist durch eine solche Äußerung des Arbeitnehmers erfüllt. Denn dieser setzt durch solche Aussagen den Rechtsschein, dass er das Widerspruchsrecht nicht mehr ausüben möchte. Dieser kann, wie gerade besprochen, nach objektiven Gesichtspunkten auch darauf vertrauen, sofern der Arbeitnehmer dies betont und nicht revidiert. Verhält sich der Arbeitnehmer nun entgegen diesem Rechtsschein, ist dies rechtsmissbräuchlich. Ihm ist demnach das Gestaltungsrecht abzuerkennen.

Mithin liegt bei Äußerungen des Arbeitnehmers bzgl. der Nichtausübung des Widerspruchsrechts ein Verhalten des Arbeitnehmers vor, welches das Um-

---

601 Zum Verzicht des Arbeitnehmers auf das Widerspruchsrecht s. Kap. 6, IV., 1., S. 219 ff.

602 BAG vom 23.07.2009 – 8 AZR 541/08, zit. nach juris; s. a. Kap. 5, I., 1., S. 109 ff.

603 Siehe Kap. 5, I., 1., S. 111 f.

604 So auch schon *Löwisch/Göpfert/Siegrist*, DB 2007, 2538, 2540.

605 BAG vom 15.02.2007 – 8 AZR 431/06, BAGE 121, 289.

606 Zur Abgrenzung beider Institute s. Kap. 3, I., 1., S. 79 f.

standsmoment erfüllen kann. Eine Verwirkung infolge Zeitablaufs kommt bei einem Zeitmoment jenseits der 24 Monate[607] in Betracht.

Darüber hinaus ist auch der Tatbestand des venire contra factum proprium einschlägig. Dem Arbeitnehmer kann somit nach zwei Instituten des § 242 BGB das Gestaltungsrecht versagt werden.

gg) Selbstständige Fristsetzung

Einen weiteren Fall des Arbeitnehmerverhaltens stellt derjenige der selbstständigen Fristsetzung zur Ausübung des Widerspruchs durch den Arbeitnehmer dar. Der Sachverhalt wäre wie folgt:

> Ein Betriebs- oder Betriebsteilübergang wurde zwischen den beiden Arbeitgeberparteien vereinbart und vollzogen. Im Rahmen dessen wurden die Arbeitnehmer gem. § 613a Abs. 5 BGB in Textform rechtzeitig unterrichtet. Nach einigen Monaten stellt sich heraus, dass die Unterrichtung fehlerhaft war. Demnach die einmonatige Widerspruchsfrist nach § 613a Abs. 6 BGB nicht zu laufen begonnen hat. Der Arbeitnehmer fordert diesbezüglich den Betriebsveräußerer schriftlich auf das fehlerhafte Unterrichtungsschreiben zu vervollständigen. Weiterhin setzt der Arbeitnehmer für diese Klarstellung eine vierwöchige Frist. Er erklärt, dass er aufgrund dieser zusätzlichen Informationen eine Entscheidung über die Ausübung seines Widerspruchsrechts fällen möchte. Sollte er jedoch bis dahin keine Information erhalten haben, werde er seine Entscheidung anhand der bis dahin vorliegenden (u. U. unvollständigen) Informationen treffen. Nach Erhalt der beantragten Informationen vor Fristablauf lässt sich der Arbeitnehmer einen weiteren Monat Zeit, bis er nun dem Übergang seines Arbeitsverhältnisses durch den Betriebsübergang widerspricht.

Einen ähnlichen Fall hatte das BAG mit Urteil vom 02.04.2009[608] zu entscheiden. Das Gericht ging davon aus, dass der Arbeitnehmer durch die selbstständige Fristsetzung selbst den Zeitraum festgelegt hatte, in welchem die Arbeitgeberseite noch mit einem Widerspruch seinerseits zu rechnen hatte[609]. Das Fristende müsste demnach zeitnah zum Ende der Frist zur Vervollständigung der Informationen des fehlerhaften Unterrichtungsschreibens eintreten[610].

Unglücklicherweise hatte im zu entscheidenden Fall der Arbeitnehmer, nachdem er die selbst gesetzte Frist hatte verstreichen lassen, einen Aufhebungsvertrag mit dem Erwerber[611] und einen neuen Arbeitsvertrag mit einem

607 Für nähere Betrachtungen zu dem hier zugrunde gelegten zeitlichen Rahmen des Zeitmoments s. Kap. 5, I., 2., S. 115 f.

608 BAG vom 04.02.2009 – 8 AZR 262/07, NZA 2009, 1149.

609 BAG vom 04.02.2009 – 8 AZR 262/07, NZA 2009, 1149.

610 BAG vom 04.02.2009 – 8 AZR 262/07, NZA 2009, 1149.

611 Zur Thematik des Aufhebungsvertrages s. Kap. 5, I., 4., S. 162 ff.

Drittunternehmer geschlossen, sodass es darauf für die Entscheidung einer Verwirkung infolge Zeitablaufs nicht mehr ankam.

Fraglich ist demnach, ob, wäre der Umstand des Aufhebungsvertrages nicht eingetreten, ein solches Verhalten des Arbeitnehmers den Tatbestand des Umstandsmoments erfüllt. Grds. lässt sich auch hier, ebenso wie in den Fällen des Verlangens von Zeugnissen[612] oder einer Nebentätigkeitserlaubnis[613], keine qualifizierte Disposition über das Arbeitsverhältnis feststellen. Nichtsdestotrotz ist auch im Falle des Verstreichenlassens selbstständig gesetzter Fristen zum Widerspruch, wie auch schon vom BAG bemerkt[614], eine hohe Vertrauenskomponente auf Arbeitgeberseite entstanden. Der Arbeitnehmer beschränkt seine Möglichkeit zum Widerspruch eigenmächtig. Mithin kann nach objektiver Betrachtung sowie nach der Einschätzung der Arbeitgeber eine Ausübung des Gestaltungsrechts Wochen nach Ende der selbst gesetzten Frist überraschend und unzumutbar sein. Der Arbeitgeber geht wohl. i. d. R. davon aus, dass nach dem Ablauf der Frist alsbald ein Widerspruch des Arbeitnehmers einzugehen hat. Ist dies nicht der Fall und bleibt eine Äußerung des Arbeitnehmers diesbezüglich aus, so kann er sich darauf einrichten, der Arbeitnehmer wolle dem Übergang seines Arbeitsverhältnisses nicht mehr widersprechen.

Somit liegt bei der selbstständigen Fristsetzung zur Ausübung des Widerspruchs ein Verhalten des Arbeitnehmers vor, welches das Umstandsmoment erfüllen kann. Eine Verwirkung infolge Zeitablaufs kommt bei einem Zeitmoment jenseits der 15 Monate[615] in Betracht.

hh) Elternzeit / Bildungsurlaub

Der letzte Sachverhalt zum Thema der Gründe für das Umstandsmoment durch aktives Tun des Arbeitnehmers ist derjenige der Inanspruchnahme von Elternzeit oder Bildungsurlaub:

> Ein Betriebs- oder Betriebsteilübergang wurde zwischen den beiden Arbeitgeberparteien vereinbart und vollzogen. Im Rahmen dessen wurden die Arbeitnehmer gem. § 613a Abs. 5 BGB in Textform rechtzeitig unterrichtet. Nach einigen Monaten stellt sich heraus, dass die Unterrichtung fehlerhaft war. Demnach die einmonatige Widerspruchsfrist nach § 613a Abs. 6 BGB nicht zu laufen begonnen hat. Der betroffene Arbeitnehmer widerspricht nun dem Übergang seines Arbeitsverhältnisses durch den Betriebsübergang. Zuvor hat der Arbeitnehmer jedoch Elternzeit beim Betriebserwerber in Anspruch genommen.

---

612 Siehe Kap. 5, I., 3., S. 142 ff.

613 Siehe Kap. 5, I., 3., S. 144 ff.

614 BAG vom 04.02.2009 – 8 AZR 262/07, NZA 2009, 1149.

615 Für nähere Betrachtungen zu dem hier zugrunde gelegten zeitlichen Rahmen des Zeitmoments s. Kap. 5, I., 2., S. 115 f.

Elternzeit und Bildungsurlaub sind neben dem Erholungsurlaub weitere Gründe, warum der Arbeitnehmer von seiner Arbeitspflicht befreit sein kann. Sie stehen dem Arbeitnehmer nur zu, wenn er diese in Anspruch nimmt[616]. Nach § 16 Abs. 1 BEEG muss ein Arbeitnehmer, der Elternzeit beanspruchen will, diese spätestens sieben Wochen vor Beginn schriftlich vom Arbeitgeber verlangen und gleichzeitig erklären, für welche Zeiten innerhalb von zwei Jahren die Elternzeit genommen werden soll. Ähnliche Fristen zur Geltendmachung gelten auch für den nicht bundeseinheitlich geregelten Bildungsurlaub[617].

Löwisch/Göpfert/Siegrist sehen in der Inanspruchnahme von Elternzeit oder Bildungsurlaub ein „aktives rechtsgeschäftliches Handeln des Arbeitnehmers“[618], das zugleich zeigt, dass sich dieser „auf den Boden des Arbeitsverhältnisses mit diesem Arbeitgeber stellt“[619]. Insbesondere werde im Fall der Elternzeit eine weit in die Zukunft reichende „Umgestaltung des Arbeitsverhältnisses“[620] vorgenommen, welches die Widersprüchlichkeit einer Ausübung des Widerspruchsrechts indiziert[621]. Für sie stellt ein solches Verhalten demnach eine Erfüllung des Umstandsmoments dar.

Dieser Ansicht ist nicht zuzustimmen. Zum einen ist aufgrund der Rspr. des BAG zur qualifizierten Disposition[622] eine solche Annahme nicht mehr haltbar. Durch die Inanspruchnahme von Elternzeit und Bildungsurlaub kommt es lediglich zu einem Ruhen der Arbeitspflichten. Auch wenn *Löwisch/Göpfert/Siegrist* von einer „Umgestaltung des Arbeitsverhältnisses“ sprechen, so führt dies in keinster Weise zu einem vom BAG verlangten Stellen des Arbeitsverhältnisses auf eine völlig neue rechtliche Grundlage. Die Vertragsmodalitäten werden nämlich nicht berührt und die Leistungspflichten ruhen lediglich.

Zum anderen kann auch nach der hier vertretenen Ansicht zur Rspr. des *Achten Senats*[623] keine gehobene Vertrauensbildung auf Seiten des Arbeitgebers entstehen, welches ein Umstandsmoment objektiv rechtfertigt. Zwar ist es kor-

---

616 Anzumerken ist, dass eine bundeseinheitliche Regelung für den Anspruch auf Bildungsurlaub fehlt. Derzeit gibt es diesen nur in Berlin, Brandenburg, Bremen, Hessen, Niedersachsen, Nordrhein-Westfalen, Rheinland-Pfalz, im Saarland und in Schleswig-Holstein.

617 Berlin (6 Wochen), Brandenburg (6 Wochen), Bremen (4 Wochen), Hessen (6 Wochen), Niedersachsen (4 Wochen), Nordrhein-Westfalen (6 Wochen), Rheinland-Pfalz (6 Wochen), Saarland (8 Wochen) und Schleswig-Holstein (6 Wochen).

618 *Löwisch/Göpfert/Siegrist*, DB 2007, 2538, 2541.

619 *Löwisch/Göpfert/Siegrist*, DB 2007, 2538, 2541.

620 *Löwisch/Göpfert/Siegrist*, DB 2007, 2538, 2541.

621 *Löwisch/Göpfert/Siegrist*, DB 2007, 2538, 2541; zust. wohl auch *Dzida*, NZA 2009, 641, 645.

622 BAG vom 23.07.2009 – 8 AZR 541/08, zit. nach juris; Kap. 5, I., 1., S. 109 ff.

623 Vgl. Kap. 5, I., 1., S. 111 f.

rekt, dass der Arbeitnehmer einen Anspruch geltend macht, der auf dem Arbeitsverhältnis zum Betriebserwerber beruht. Dies ist M. E. jedoch gerade in Bezug auf die Elternzeit für ihn unabwendbar. Kein Arbeitnehmer kalkuliert in eine Schwangerschaft die zeitlichen Abläufe eines Betriebsübergangs ein. D. h. sofern die Elternzeit notwendig ist, kann es nicht rechtsmissbräuchlich sein, wenn der Arbeitnehmer diese grds. erst einmal beim Betriebserwerber in Anspruch nimmt und eventuell später einen Widerspruch ausübt. Die Zeit für die Kindesbetreuung ist demnach losgelöst von der konkreten Anstellungsbegebenheit. Es geht um die generelle Freistellung unabhängig bei welchem Arbeitgeber.

Bzgl. der Inanspruchnahme von Bildungsurlaub kann m. E. nichts anderes gelten. Zwar liegt der Sachverhalt hier nicht so unberechenbar, wie etwa bei einer Elternzeit, jedoch kann man wohl auch hier davon ausgehen, dass der Arbeitnehmer seine beruflichen Kenntnisse generell erweitern möchte. Dies ist erneut unabhängig von dem derzeitigen Anstellungsverhältnis.

Etwas anderes ist es jedoch, sofern es sich um Weiterbildungen für die konkret neu beim Betriebserwerber ausgeübten Tätigkeiten handelt. Hier muss auch unter objektiver Betrachtung der Arbeitgeber davon ausgehen, dass der Arbeitnehmer sich mit dem Übergang des Arbeitsverhältnisses abgefunden hat. Denn der Arbeitnehmer möchte sich Wissen aneignen, das er nur im Zusammenhang mit der neuen Tätigkeit benötigt. In einem solchen Fall, ist eine Verwirklichung des Umstandsmoments möglich.

Mithin liegt grds. in der Inanspruchnahme von Elternzeit und Bildungsurlaub kein Verhalten des Arbeitnehmers, welches das Umstandsmoment erfüllen kann.

Eine Ausnahme ist jedoch in dem Fall zu machen, in dem der Arbeitnehmer Bildungsurlaub für die konkret neu beim Betriebserwerber ausgeübten Tätigkeiten beantragt. Hierbei kommt eine Verwirkung infolge Zeitablaufs bei einem Zeitmoment jenseits der 15 Monate[624] in Betracht.

ii) Zusammenfassung

Im Vergleich zu den Fällen durch Unterlassen befindet sich der Arbeitnehmer bei den gerade besprochenen verhaltensgeprägten Konstellationen zumeist näher an der Verwirklichung des Umstandsmoments. Fraglich ist dann, welches Ausmaß eines vertrauensbildenden Verhaltens des Arbeitnehmers eine Annahme des Umstandsmoments rechtfertigt. Durch die Rspr. des BAG zur qualifizierten

---

[624] Für nähere Betrachtungen zu dem hier zugrunde gelegten zeitlichen Rahmen des Zeitmoments s. Kap. 5, I., 2., S. 115 f.

Disposition[625] konnte zwar für die schmale Marge des Zeitmoments von 12 bis 15 Monaten eine zufriedenstellende Lösung gefunden werden. Jedoch bietet sie in allen zeitlich darüber hinausgehenden Fällen keine Alternative. Hier muss unter Berücksichtigung aller vertrauensbildenden Faktoren im Einzelfall abgewogen werden, ob das aktive Tun des Arbeitnehmers ein derart gesichertes Vertrauen auf Arbeitgeberseite hervorruft, dass diese von einer Nichtausübung des Widerspruchsrechts nach § 613a Abs. 6 BGB ausgeht.

4. Gründe bei Beendigung des Arbeitsverhältnisses

Nachdem die verwirkungsrelevanten Gründe in Bezug auf das Verhalten des Arbeitnehmers untersucht wurden, soll sich mit denjenigen Gründen beschäftigt werden, die bei Beendigung des Arbeitsverhältnisses auftreten können.

a) Kündigung durch den Betriebsveräußerer bei über den Zeitpunkt des Betriebsübergangs hinauslaufender Kündigungsfrist

Der erste Sachverhalt ist derjenige der Kündigung des Arbeitnehmers durch den Betriebsveräußerer vor dem Zeitpunkt des Betriebsübergangs. Spezieller, ein so gelagerter Fall, bei welchem die Kündigungsfrist über den Zeitpunkt des Betriebsübergangs hinaus läuft:

> Ein Betriebs- oder Betriebsteilübergang wurde zwischen den beiden Arbeitgeberparteien vereinbart und zum 01.11.2004 vollzogen. Im Rahmen dessen wurden die Arbeitnehmer gem. § 613a Abs. 5 BGB in Textform rechtzeitig unterrichtet. Nach einigen Monaten stellt sich heraus, dass die Unterrichtung fehlerhaft war. Demnach die einmonatige Widerspruchsfrist nach § 613a Abs. 6 BGB nicht zu laufen begonnen hat. Der betroffene Arbeitnehmer widerspricht nun am 15.06.2005 dem Übergang seines Arbeitsverhältnisses durch den Betriebsübergang, da zum 01.08.2005 das Insolvenzverfahren über den nachteilsausgleichsverpflichteten Erwerberbetrieb eröffnet werden soll. Am 01.12.2003 wurde das Arbeitsverhältnis des Arbeitnehmers jedoch mit Kündigungsfrist zum 28.02.2005 vom Betriebsveräußerer gekündigt[626].

Allein die Kündigung durch den Betriebsveräußerer stellt keinen verwirkungsrelevanten Tatbestand dar. Durch sie kommt es zu keiner Vertrauensbildung auf Arbeitgeberseite, die diese von einem möglichen Unterlassen der Geltendma-

[625] S. o. Kap. 5, I., 1., S. 109 ff.

[626] Angelehnt an das Urteil des BAG vom 20.03.2008 – 8 AZR 1016/06, NZA 2008, 1354.

chung des Gestaltungsrechts ausgehen lässt. Zudem wird durch die Kündigung an sich kein aktives Verhalten des Arbeitnehmers begründet[627].

Treten jedoch weitere Umstände oder Handlungen des Arbeitnehmers, wie soeben im Fallbeispiel beschrieben, hinzu, ist fraglich, ob ein solches Verhalten des Arbeitnehmers das Umstandsmoment erfüllt.

Das BAG sah dies im konkreten Falle nicht so[628]. Neben der Zulassung des Widerspruchs nach Beendigung des Arbeitsverhältnisses[629] stellte das Gericht klar, dass der Arbeitnehmer neben der bloßen Weiterarbeit beim Veräußerer[630] keine weiteren Umstände gesetzt habe, die ein Umstandsmoment begründen können[631]. Der *Achte Senat* führt weiter aus, dass der Arbeitnehmer in dieser Situation „insbesondere nicht selbst über eine Beendigung des Arbeitsverhältnisses disponiert“[632] hat, „indem er beispielsweise einen Aufhebungsvertrag mit dem Betriebserwerber geschlossen oder eine von diesem nach dem Betriebsübergang erklärte Kündigung hingenommen hätte“[633]. Die Beendigung des Arbeitsverhältnisses wäre lediglich Folge der bereits weit vor Betriebsübergang durch den Betriebsveräußerer erklärten Kündigung[634].

Dieser Ansicht ist zu folgen. Auch m. E. kann dem Arbeitnehmer kein objektiv vertrauensbildendes Verhalten vorgeworfen werden. Neben der für das Umstandsmoment unerheblichen schlichten Weiterarbeit beim Betriebsveräuße-

---

627 Zu der möglichen Einschlägigkeit einer Verwirkung infolge Zeitablaufs durch Unterlassen des Arbeitnehmers s. Kap. 5, I., 3., S. 116 ff.

628 BAG vom 20.03.2008 – 8 AZR 1016/06, NZA 2008, 1354.

629 Das BAG geht davon aus, dass alle mit ihrem Arbeitsverhältnis vom Betriebsübergang betroffenen Arbeitnehmer das Recht haben, der Rechtsfolge des § 613a Abs. 1 Satz 1 BGB zu widersprechen. Dieses Recht entfällt grundsätzlich nicht, wenn das Arbeitsverhältnis nach dem Betriebsübergang beendet wird. Insoweit besteht die Gestaltungs- und Verfügungsbefugnis zur Ausübung des Widerspruchsrechts nachvertraglich fort, BAG vom 20.03.2008 – 8 AZR 1016/06, NZA 2008, 1354. Eine a. A. vertritt hingegen *Rieble*, der in der Möglichkeit eines Widerspruchs nach Beendigung des Arbeitsverhältnisses die Gefahr sieht, dass der Arbeitnehmer beim Betriebserwerber sanktionslos „auf den Putz hauen“ kann, da er durch den ex-tunc wirkenden Widerspruch beim Veräußerer verblieben ist; eine eventuelle kündigungsrelevante Pflichtverletzung demnach bedeutungslos wird, vgl. *Rieble*, NZA 2004, 1, 6.

630 Für eine detaillierte Betrachtung s. Kap. 5, I., 3., S. 116 ff.

631 BAG vom 20.03.2008 – 8 AZR 1016/06, NZA 2008, 1354.

632 BAG vom 20.03.2008 – 8 AZR 1016/06, NZA 2008, 1354.

633 BAG vom 20.03.2008 – 8 AZR 1016/06, NZA 2008, 1354; siehe dazu auch Kap. 5, I., 4., S. 155 ff.

634 BAG vom 20.03.2008 – 8 AZR 1016/06, NZA 2008, 1354.

rer[635] kann ihm für den verwirkungsrelevanten Zeitraum bis zur Beendigung des Arbeitsverhältnisses kein Vorwurf gemacht werden.

Fraglich ist lediglich, ob ihm hingegen für die Zeit zwischen Beendigung des Arbeitsverhältnisses und Ausübung des Widerspruchsrechts eine Erfüllung des Umstandsmoments vorgeworfen werden kann. Dieses könnte darin gesehen werden, dass der Arbeitnehmer das Gestaltungsrecht ausübt, obwohl er bereits keine Beschäftigung mehr im Erwerberbetrieb hat. Er also z. B. wie im konkreten Fall nur widerspricht, da er eine finanzielle Gefährdung seines Nachteilsausgleichsverpflichteten sieht und sich dementsprechend lieber an einen solventeren Vertragspartner halten möchte. Ein solches Vorgehen mag zwar eine gewisse Finesse besitzen, die beim Betriebsveräußerer negativ ins Gewicht fällt, jedoch wird sie vom Wortlaut des § 613a BGB gebilligt. Dieser spricht nämlich allen vom Betriebsübergang betroffenen Arbeitnehmern ein solches Widerspruchsrecht zu. „Also alle zum Zeitpunkt des geplanten Betriebsübergangs noch in einem Arbeitsverhältnis mit dem bisherigen Betriebsinhaber stehenden Arbeitnehmer, die dem übergehenden Betrieb oder Betriebsteil zuzuordnen sind“[636]. I. E. hat der Arbeitnehmer lediglich einen solventen Partner erworben. Die Kündigung bleibt wirksam und besteht auch rückwirkend beim Veräußerer fort. Nichtsdestotrotz scheidet ein Umstandsmoment aus.

Mithin liegt in der Ausübung des Widerspruchs bei über den Zeitpunkt des Betriebsübergangs hinauslaufender Kündigungsfrist kein Verhalten des Arbeitnehmers, welches das Umstandsmoment erfüllen kann. Eine Verwirkung infolge Zeitablaufs scheidet damit aus.

b) Kündigung durch den Betriebserwerber

Der Sachverhalt der Kündigung des Betriebserwerbers nach Vollzug des Betriebsübergangs ist wie folgt:

> Ein Betriebs- oder Betriebsteilübergang wurde zwischen den beiden Arbeitgeberparteien vereinbart und vollzogen. Im Rahmen dessen wurden die Arbeitnehmer gem. § 613a Abs. 5 BGB in Textform rechtzeitig unterrichtet. Nach einigen Monaten stellt sich heraus, dass die Unterrichtung fehlerhaft war. Demnach die einmonatige Widerspruchsfrist nach § 613a Abs. 6 BGB nicht zu laufen begonnen hat. Der betroffene Arbeitnehmer widerspricht nun dem Übergang seines Arbeitsverhältnisses durch den Betriebsübergang. Zuvor wurde der Arbeitnehmer jedoch durch den Betriebserwerber gekündigt, wobei Erstgenannter keine Kündigungsschutzklage gegen diese Kündigung erhebt.

[635] Siehe erneut für detaillierte Betrachtungen Kap. 5, I., 3., S. 116 ff.

[636] BAG vom 20.03.2008 – 8 AZR 1016/06, NZA 2008, 1354.

Wie auch schon im Falle der Kündigung durch den Betriebsveräußerer[637], kann einer Kündigung durch den Erwerber grds. keine Erheblichkeit für das Umstandsmoment beigemessen werden. Es fehlt an dem über die bloße Nichtausübung des Widerspruchsrechts hinausgehendem Verhalten, das einen Vertrauenstatbestand auf Arbeitgeberseite hervorruft[638]. Die Arbeitgeber sind demnach nicht schutzwürdig. Eine Versagung des Widerspruchsrechts über die Verwirkung infolge Zeitablaufs kommt nicht in Betracht.

Darüber hinaus ist jedoch fraglich, ob das Umstandsmoment einschlägig ist, wenn der Arbeitnehmer nach Kündigung durch den Betriebserwerber die Präklusion der §§ 4, 7 KSchG eintreten lässt und in der Folge dem Übergang seines Arbeitsverhältnisses widerspricht. Denn hierbei treten weitere, aus der Sphäre des Arbeitnehmers kommende, Gründe neben der von Arbeitgeberseite ausgesprochenen Kündigung hinzu, die ein Umstandsmoment erfüllen können.

Das BAG geht in ständiger Rspr. davon aus, dass dies bei einer solchen Hinnahme einer vom Betriebserwerber ausgesprochenen Kündigung der Fall ist[639]. Ein Umstandsmoment also grds. vorliegt. Auch i. R. d. Rspr. zur Notwendigkeit einer qualifizierten Disposition des Arbeitnehmers wird der Fall der Nichterhebung einer Kündigungsschutzklage explizit angesprochen[640]. Dort heißt es: „Als Disposition über den Bestand des Arbeitsverhältnisses stellen sich nur solche Vereinbarungen und Verhaltensweisen des Arbeitnehmers dar, durch welche es zu einer Beendigung des Arbeitsverhältnisses kommt, z. B. [...] Hinnahme einer vom Betriebserwerber ausgesprochenen Kündigung [...]". Im Umkehrschluss formulieren die Richter in der Entscheidung vom 02.04.2009[641]: „Das für die Annahme einer Verwirkung erforderliche Umstandsmoment wird nicht dadurch verwirklicht, dass sich der Arbeitnehmer gegen eine Kündigung des Betriebserwerbers nach Betriebsübergang mit einer Kündigungsschutzklage wehrt. Durch sie wahrt der Arbeitnehmer zunächst nur sein Interesse, den Fort-

---

637 Siehe Kap. 5, I., 4., S. 153 ff.

638 Vgl. zur Erfüllung des Umstandsmoments durch Unterlassen des Arbeitnehmers Kap. 5, I., 3., S. 116 ff.

639 BAG vom 20.03.2008 – 8 AZR 1016/06, BB 2008, 2072; BAG vom 24.07.2008 – 8 AZR 175/07, AP Nr. 347 zu § 613a BGB; BAG vom 27.11.2008 – 8 AZR 225/07, AP Nr. 346 zu § 613a BGB; BAG vom 02.04.2009 – 8 AZR 178/07, ZIP 2009, 2307; BAG vom 23.07.2009 – 8 AZR 541/08, zit. nach juris; BAG vom 24.02.2011 – 8 AZR 413/09, zit. nach juris; so auch *Gaul/Niklas*, DB 2009, 452, 456; übt der Arbeitnehmer allerdings noch während der dreiwöchigen Präklusionsfrist der § 4, 7 KSchG das Widerspruchsrecht aus, so tritt das Umstandsmoment nicht ein, BAG vom 09.12.2010 – 8 AZR 152/08, DB 2011, 1268.

640 BAG vom 23.07.2009 – 8 AZR 541/08, zit. nach juris; Kap. 5, I., 1., S. 109 ff.

641 BAG vom 02.04.2009 – 8 AZR 178/07, ZIP 2009, 2307.

bestand des Arbeitsverhältnisses im Hinblick auf die Regelung des § 7 KSchG geltend zu machen. Er begründet damit aber kein berechtigtes Vertrauen, er werde sein Widerspruchsrecht nicht mehr ausüben, sondern akzeptiere den Betriebserwerber als neuen Arbeitgeber". Weiterhin spricht der *Achte Senat* der Ausübung der Kündigungsschutzklage zwar eine gewisse Vertrauensbildung auf Arbeitgeberseite zu, sagt aber, dass dieses Vertrauen nicht ausreiche, um eine Akzeptanz des neuen Arbeitgebers durch den Arbeitnehmer herzuleiten[642].

Diese Ansicht des BAG stößt auf Landesebene jedoch auf Kritik. So geht das LAG Düsseldorf in den Entscheidungen vom 20.12.2006[643] und 27.05.2009[644] davon aus, dass die Nichterhebung einer Kündigungsschutzklage gegen eine vom Betriebserwerber ausgesprochene Kündigung für sich genommen nach einer Zeitspanne von etwas mehr als sieben ein halb Monaten nicht ausreicht, um eine Verwirkung des Widerspruchsrechts anzuerkennen. Das LAG argumentiert, dass gerade durch die Nichterhebung der Kündigungsschutzklage der Arbeitnehmer zu erkennen gibt, er wolle nicht in einem Arbeitsverhältnis zum Erwerber stehen[645]: „Durch ihre Untätigkeit hat sie [die Arbeitnehmerin] – im Gegensatz zu einem Arbeitnehmer, der eine Kündigungsschutzklage erhebt – nicht die Behauptung aufgestellt, jemals in einem Arbeitsverhältnis zum Erwerber aufgrund eines wirksamen Übergangs ihres Arbeitsverhältnisses gestanden zu haben. Diese Behauptung stellt vielmehr ein Arbeitnehmer auf, der eine Kündigungsschutzklage erhebt, denn nach ständiger Rechtsprechung des Bundesarbeitsgerichts ist für eine Kündigungsschutzklage Voraussetzung, dass zwischen den Parteien des Verfahrens zum Zeitpunkt des Ausspruchs der Kündigung ein Arbeitsverhältnis bestanden hat. Eine derartige Behauptung stellt ein Arbeitnehmer auf, der eine Kündigungsschutzklage erhebt, nicht aber derjenige, der keine Klage erhebt"[646]. Demnach sehen die Landesrichter in der Nichtausübung der Kündigungsschutzklage ein Verhalten des Arbeitnehmers, das gerade von seiner nicht vorhandenen Affinität zum Betriebserwerber zeugt. Er will das Arbeitsverhältnis mit diesem ja gerade nicht aufrechterhalten.

Das LAG stellt weiterhin fest, dass letztlich die Auffassung des BAG, dass allein die Nichterhebung einer Kündigungsschutzklage nach Kündigung des Erwerbers zum Verlust des Widerspruchsrechts führen würde, darin münden wür-

---

642 Vgl. BAG vom 02.04.2009 – 8 AZR 178/07, ZIP 2009, 2307.

643 LAG Düsseldorf vom 20.12.2006 – 7 (1) Sa 763/06, zit. nach juris; diese Ansicht wurde durch die Revisionsinstanz verworfen, die auch von einer Verwirklichung des Umstandsmoment durch Hinnahme der Kündigung ausgeht, BAG vom 27.11.2008 – 8 AZR 225/07, AP Nr. 364 zu § 613a BGB.

644 LAG Düsseldorf vom 27.05.2009 – 7 Sa 443/07, zit. nach juris.

645 LAG Düsseldorf vom 27.05.2009 – 7 Sa 443/07, zit. nach juris.

646 LAG Düsseldorf vom 27.05.2009 – 7 Sa 443/07, zit. nach juris.

de, „das [sic!] jeder Arbeitnehmer, der an einem Betriebsübergang teilnimmt und eine Kündigung vom Erwerber erhält, rein prophylaktisch eine Kündigungsschutzklage erheben müsste, um sich die Möglichkeit eines Widerspruchs zu erhalten, selbst wenn er – zum Beispiel weil er auf der Namensliste eines Interessenausgleichs steht – die Durchführung eines Kündigungsschutzverfahren [sic!] für aussichtslos hält“[647].

Beide Argumente sind nachvollziehbar, ihnen ist aber i. E. nicht zu folgen. Es ist m. E. dem LAG Düsseldorf zuzustimmen, dass es rechtlich bedenklich ist, dass der Erhalt eines Gestaltungsrechts von der Ausübung einer Kündigungsschutzklage abhängig gemacht wird. Insbesondere, wenn dieses Gestaltungsrecht das gekündigte Arbeitsverhältnis nicht als Grundlage benötigt[648]. Der Arbeitnehmer also ein Gerichtsverfahren betreiben muss, das i. d. R. mit einer Auferlegung vom Anwalts- und Gerichtskosten einhergeht. Man könnte in diesem Sinne wohl überspitzt von einem „Erkaufen des Widerspruchsrechts“ sprechen.

Sicherlich könnte man in diesem Zusammenhang argumentieren, dass das BAG lediglich von einer verwirkungserheblichen „Hinnahme einer vom Betriebserwerber ausgesprochenen Kündigung“ spricht. Also dies nicht notwendigerweise ein Vorgehen des Arbeitnehmers in Form der Kündigungsschutzklage verlangt. Man denke z. B. an eine außergerichtliche Einigung. Oder der Arbeitnehmer sich im Kündigungsschutzprozess selbst vertritt, um die ihm nach § 12a ArbGG auferlegten Kosten zu umgehen. Jedoch erscheinen beide Alternativen als praktisch sehr fragwürdig.

Führt man sich jedoch noch einmal vor Augen, dass es für den Widerspruch gegen den Übergang des Arbeitsverhältnisses unerheblich ist, dass dieses zum Betriebserwerber nicht mehr besteht[649], spricht dies gegen das Argument des BAG bezogen auf die Sicherung der Rechte aus § 7 KSchG[650].

I. E. lassen sich jedoch beide Auffassungen nicht mit der Schutzrichtung des § 242 BGB vereinbaren. Dieser möchte i. R. d. Verwirkung infolge Zeitablaufs denjenigen Personenkreis schützen, der aufgrund längerer Untätigkeit der Gegenpartei einen Vertrauenstatbestand gebildet hat, welcher ihm unter objektiver Betrachtung und subjektiver Einschätzung suggeriert, diese werde sein Recht nicht mehr geltend machen[651]. Da jedoch kein bestehendes Arbeitsverhältnis

---

647 LAG Düsseldorf vom 27.05.2009 – 7 Sa 443/07, zit. nach juris.

648 BAG vom 20.03.2008 – 8 AZR 1016/06, NZA 2008, 1354; a. A. *Rieble*, NZA 2004, 1, 6; siehe auch Kap. 5, I., 4., S. 153 ff.

649 Vgl. nur BAG vom 20.03.2008 – 8 AZR 1016/06, NZA 2008, 1354; a. A. *Rieble*, NZA 2004, 1, 6; siehe auch Kap. 5, I., 4., S. 153 ff.

650 Siehe BAG vom 02.04.2009 – 8 AZR 178/07, ZIP 2009, 2307.

651 Für genauere Betrachtungen s. Kap. 3, I., 1., S. 67 ff.

zum Zeitpunkt des Widerspruchs für die Ausübung dessen notwendig ist[652], kann der Arbeitgeber m. E. weder bei einer Kündigungsschutzklage noch bei einem Unterlassen dieser ein Vertrauen auf die Nichtausübung des Gestaltungsrechts bilden. Dafür erscheinen beide Verhalten als zu diffus[653]. Zum einen kann der Ausübung einer Kündigungsschutzklage nicht die Aussage unterstellt werden, der Arbeitnehmer akzeptiere den Betriebserwerber als neuen Arbeitgeber[654]. Sie dient lediglich der Sicherung von Rechten des Arbeitnehmers. Zum anderen darf aber auch nicht in die Nichtausübung einer Kündigungsschutzklage eine Disposition des Arbeitnehmers über das Arbeitsverhältnis hineininterpretiert werden, welche ein Umstandsmoment pauschal verwirklicht. Gerade der nicht juristisch beratene Arbeitnehmer würde so nach der dreiwöchigen Präklusionsfrist nicht nur seine Möglichkeit zur gerichtlichen Überprüfung der Kündigung, sondern auch sein gesetzlich zuerkanntes Widerspruchsrecht verlieren.

Beide Positionen erscheinen hier als zu „steif" für die Betrachtung von Einzelfällen. Im konkreten Fall muss genauer differenziert werden, ob der Arbeitnehmer womöglich weitere, die Verwirkung infolge Zeitablaufs verwirklichende, Umstände gesetzt hat. Zu denken wäre hier z. B. an die im direkten Anschluss zu besprechende Situation der Rücknahme einer bereits erhobenen Kündigungsschutzklage. Ist dies jedoch nicht der Fall, so ist eine Kündigung durch den Betriebsveräußerer, unabhängig von einer Hinnahme oder von einem Vorgehen gegen diese, als neutral zu bewerten. In beiden Fällen sprechen unter objektiver Betrachtung Erwägungen für aber auch gegen eine Annahme eines schutzwürdigen Vertrauens, welche jedoch in der Gesamtheit keine der beiden Parteien als schlechthin schutzwürdig erscheinen lassen kann.

Somit liegt in der Nichterhebung einer Kündigungsschutzklage nach Kündigung des Betriebserwerbers kein Verhalten des Arbeitnehmers, welches das Umstandsmoment erfüllen kann. Eine Verwirkung infolge Zeitablaufs scheidet damit aus.

Nachträgliche Rücknahme der Kündigungsschutzklage

Fraglich ist, wie der voran stehende Sachverhalt zu bewerten wäre, sofern der Arbeitnehmer nach Erhebung der Kündigungsschutzklage diese vor Verhand-

---

652 Vgl. erneut BAG vom 20.03.2008 – 8 AZR 1016/06, NZA 2008, 1354; a. A. *Rieble*, NZA 2004, 1, 6; siehe auch Kap. 5, I., 4., S. 153 ff.

653 So wohl auch zust. in einer Anmerkung zum Urteil des BAG vom 27.11.2008 – 8 AZR 174/07 *Rolf*, BB 2009, 1423, 1424.

654 So auch BAG vom 02.04.2009 – 8 AZR 178/07, ZIP 2009, 2307.

lungsbeginn wieder zurücknimmt. D. h. beide denkbaren verwirkungserheblichen Verhaltensweisen[655] des Arbeitnehmers nacheinander vorliegen.

In diesem Fall wäre also durch die zeitlich vorausgehende Erhebung der Kündigungsschutzklage nach Ansicht des *Achten Senates* des BAG das Widerspruchsrecht nicht verwirkt, da der Arbeitnehmer dadurch lediglich sein Interesse wahrt, den Fortbestand des Arbeitsverhältnisses im Hinblick auf die Regelung des § 7 KSchG geltend zu machen[656]. Durch die nachfolgende Rücknahme wäre es für die Richter nur konsequent, wenn sie dieses Verhalten als Disposition über den Bestand des Arbeitsverhältnisses werten und damit eine Verwirklichung des Umstandsmoments nachträglich annehmen würden[657].

Das LAG Düsseldorf hingegen würde gerade umgekehrt entscheiden. Durch die Erhebung der Kündigungsschutzklage würde es zu einer Verwirklichung des Umstandsmoments aufgrund eines „Bekennens" zu dem mit dem Betriebserwerber bestehenden Arbeitsverhältnis kommen[658]. Die zeitlich folgende Rücknahme müsste dann wohl diese Annahme entkräften. Hiermit stellt sich der Arbeitnehmer nämlich auf den Standpunkt, dass ein wirksames Arbeitsverhältnis mit dem Betriebserwerber bestanden hat.

Nach der hier vertretenen Ansicht[659] kann auch in diesem Fall kein Umstandsmoment angenommen werden. Sieht man schon in dem ursprünglichen Verhalten des Arbeitnehmers bzgl. der Erhebung oder Nichterhebung einer Kündigungsschutzklage ein unzureichendes Umstandsmoment, so darf konsequenterweise auch bei einer nachträglichen Rücknahme diese Arbeitnehmerentscheidung zu keiner Verwirklichung des Tatbestandes führen. Ein solches Verhalten begründet zwar auf Arbeitgeberseite ein Vertrauen. Dieses kann jedoch nur darin bestehen, dass der Arbeitnehmer keine Kündigungsschutzklage, bzw. Rechte bzgl. der Kündigung, mehr erheben möchte[660]. Rückschlüsse auf eine

---

655 Siehe vorherige Ansichten des BAG und des LAG Düsseldorf zur Nichterhebung einer Kündigungsschutzklage nach Kündigung durch den Betriebserwerber, Kap 5, I., 4., S. 156 ff.

656 BAG vom 02.04.2009 – 8 AZR 178/07, ZIP 2009, 2307; s. a. vorherige Ausführungen, Kap 5, I., 4., S. 156 ff.

657 So geschehen bzgl. einer Verwirkung eines Rechts zur Geltendmachung der Nichteinhaltung eines Kündigungstermins, BAG vom 21.08.2008 – 8 AZR 201/07, NZA 2009, 29. Das Gericht ging davon aus, dass die Rücknahme der Kündigungsschutzklage durch den Arbeitnehmer, auch mangels weiteren gegenteiligen Verhaltens, vom Arbeitgeber so verstanden werden muss, dass Erstgenannter seine Rechte nicht mehr geltend machen möchte; das Umstandsmoment also dadurch erfüllt ist.

658 LAG Düsseldorf vom 27.05.2009 – 7 Sa 443/07, zit. nach juris; s. a. vorherige Ausführungen, Kap 5, I., 4., S. 156 ff.

659 Siehe vorherige Ausführungen, Kap 5, I., 4., S. 158 f.

660 So auch entschieden in BAG vom 21.08.2008 – 8 AZR 201/07, NZA 2009, 29.

eventuelle Ausübung des Widerspruchsrechts lassen sich dadurch aber nicht ziehen.

Mithin reicht auch die nachträgliche Rücknahme, ebenso wie die Erhebung und die Nichterhebung, einer Kündigungsschutzklage nicht aus, um ein Umstandsmoment zu begründen. Eine Verwirkung infolge Zeitablaufs muss auch hier ausscheiden.

c) Eigenkündigung

Ein weiterer Sachverhalt i. R. d. Gründe für das Vorliegen des Umstandsmoments bei Beendigung des Arbeitsverhältnisses ist derjenige der Eigenkündigung durch den Arbeitnehmer:

> Ein Betriebs- oder Betriebsteilübergang wurde zwischen den beiden Arbeitgeberparteien vereinbart und vollzogen. Im Rahmen dessen wurden die Arbeitnehmer gem. § 613a Abs. 5 BGB in Textform rechtzeitig unterrichtet. Nach einigen Monaten stellt sich heraus, dass die Unterrichtung fehlerhaft war. Demnach die einmonatige Widerspruchsfrist nach § 613a Abs. 6 BGB nicht zu laufen begonnen hat. Der betroffene Arbeitnehmer widerspricht nun dem Übergang seines Arbeitsverhältnisses durch den Betriebsübergang. Zuvor hat er jedoch aus eigener Initiative das Arbeitsverhältnis mit dem Betriebserwerber gekündigt.

Die Eigenkündigung des Arbeitnehmers stellt neben der Vereinbarung eines Aufhebungsvertrages[661] den mitunter eindeutigsten Fall der Verwirklichung des Umstandsmoments i. R. d. Verwirkung infolge Zeitablaufs dar. Der Arbeitnehmer scheidet aufgrund eigener Entscheidung aus dem Arbeitsverhältnis mit dem Betriebserwerber aus. Durch eine solche qualifizierte Disposition über den Bestand des Arbeitsverhältnisses, die zu einer Beendigung dessen führt, ist das Umstandsmoment für die Rspr.[662] und die Lit.[663] unzweifelhaft erfüllt.

Dieser Ansicht ist zuzustimmen. Im Gegensatz zur Kündigung durch den Betriebserwerber oder –veräußerer[664], disponiert der Arbeitgeber im Falle der Eigenkündigung aus Eigeninitiative aktiv über die Gesamtheit seines Arbeitsverhältnisses. Durch eine solche Beendigung des Arbeitsverhältnisses aus eigenen Stücken entsteht unter objektiver Betrachtung auf Arbeitgeberseite ein Vertrauenstatbestand in die Nichtausübung des Widerspruchsrechts. Nicht nur will der Arbeitnehmer i. d. R. ohne Abfindung und zeitnah das Arbeitsverhältnis beenden, sondern er nimmt dadurch ebenfalls in Kauf, dass er womöglich einer

---

661 Siehe dazu Kap. 5, I., 4., S. 162 ff.

662 Vgl. nur BAG vom 23.07.2009 – 8 AZR 541/08, zit. nach juris; Kap. 5, I., 1., S. 109 ff.

663 Siehe beispielhaft *Dzida*, DB 2010, 167, 168; *Göpfert/Siegrist*, ArbR 2010, 60, 63; *Löwisch/Göpfert/Siegrist*, DB 2007, 2538, 2540.

664 Für genauere Ausführungen s. Kap. 5, I., 4., S. 153 ff. und S. 155 ff.

Sperrzeit bzgl. des Arbeitslosengeldes nach § 159 Abs. 1 Satz 2 Nr. 1 SGB III ausgesetzt ist, um dieses Ziel zu erreichen. Dieser Annahme steht auch nicht entgegen, dass es für einen wirksamen Widerspruch gegen den Übergang des Arbeitsverhältnisses keines bestehenden Arbeitsverhältnisses zum Zeitpunkt der Ausübung des Gestaltungsrechts bedarf[665]. Das fragliche Recht ist nämlich bereits durch die Arbeitnehmerkündigung verwirkt.

Abschließend wird der Arbeitnehmer, der eine Eigenkündigung vornimmt, wohl i. d. R. einen Arbeitsplatz bei einem Dritten in Aussicht haben. Spätestens, wenn er bei diesem einen Arbeitsvertrag unterzeichnet oder diesen womöglich bereits unterzeichnet hat, kann keinerlei Zweifel mehr an der Erfüllung des Umstandsmoments bestehen[666].

Somit ist in der Eigenkündigung ein Verhalten des Arbeitnehmers zu sehen, welches das Umstandsmoment erfüllen kann. Eine Verwirkung infolge Zeitablaufs kommt bei einem Zeitmoment jenseits der 15 Monate[667] in Betracht.

d) Aufhebungsvertrag

Ebenso wie im Falle der Eigen- oder Arbeitnehmerkündigung[668] ist beim Abschluss eines Aufhebungsvertrages mit dem Arbeitgeber das Umstandsmoment stark ausgeprägt:

> Ein Betriebs- oder Betriebsteilübergang wurde zwischen den beiden Arbeitgeberparteien vereinbart und vollzogen. Im Rahmen dessen wurden die Arbeitnehmer gem. § 613a Abs. 5 BGB in Textform rechtzeitig unterrichtet. Nach einigen Monaten stellt sich heraus, dass die Unterrichtung fehlerhaft war. Demnach die einmonatige Widerspruchsfrist nach § 613a Abs. 6 BGB nicht zu laufen begonnen hat. Der betroffene Arbeitnehmer widerspricht nun dem Übergang seines Arbeitsverhältnisses durch den Betriebsübergang. Zuvor hat er jedoch mit dem Betriebserwerber einen Aufhebungsvertrag bzgl. seines Arbeitsverhältnisses geschlossen.

Durch den Abschluss eines Aufhebungsvertrages mit dem Betriebserwerber nimmt der Arbeitnehmer eindeutig eine Disposition über den Bestand seines Arbeitsverhältnisses vor. Nichtsdestotrotz sind von dieser Grundkonstellation noch zwei weitere Spezialfälle im Zusammenhang mit dem Abschluss eines Aufhebungsvertrages zu unterscheiden. Nämlich der Fall des Aufhebungsvertrages

---

665 BAG vom 20.03.2008 – 8 AZR 1016/06, NZA 2008, 1354; a. A. *Rieble*, NZA 2004, 1, 6; siehe auch Kap. 5, I., 4., S. 153 ff.

666 So *Dzida*, DB 2010, 167, 168.

667 Für nähere Betrachtungen zu dem hier zugrunde gelegten zeitlichen Rahmen des Zeitmoments s. Kap. 5, I., 2., S. 115 f.

668 Siehe Kap. 5, I., 4., S. 111 ff.

nach Ausübung des Widerspruchs und derjenige der Anfechtung des Aufhebungsvertrages.

aa) Abschluss eines Aufhebungsvertrages per se

Wie soeben vorangestellt, stellt der Abschluss eines Aufhebungsvertrages mit dem Betriebserwerber ein verwirkungserhebliches Verhalten des Arbeitnehmers dar. Unabhängig von der Tatsache, ob er selbst oder der Arbeitgeber diesen Vertrag anbietet, kommt durch den Abschluss unzweifelhaft zum Ausdruck, dass der Arbeitnehmer sich endgültig von seinem Arbeitsverhältnis lösen möchte. Diese Entscheidung schließt jegliche Rechtsbeziehungen zum Betriebsveräußerer und auch die spätere zum Betriebserwerber mit ein[669].

Die Einschlägigkeit des Umstandsmoments bei Vornahme eines Aufhebungsvertrages wird in der Lit.[670] nicht beanstandet und auch das BAG geht in gefestigter Rspr.[671] davon aus, dass der Abschluss eines Aufhebungsvertrages eine derart gehobene Vertrauenslage auf Arbeitgeberseite schafft, dass das Umstandsmoment ausnahmslos erfüllt ist. Auch nahm der *Achte Senat* diesen Fall in die Aufzählung zur qualifizierten Disposition auf[672].

Einzig das LAG München hat in mehreren Entscheidungen[673] eine gegenläufige Ansicht vertreten. Diese stützte sich auf die These, dass ein Umstandsmoment nur dann anzunehmen sei, sofern der Arbeitnehmer sich bei Abschluss des Aufhebungsvertrages im Bewusstsein befunden hat, er könne aufgrund der Fehlerhaftigkeit des Unterrichtungsschreibens dem Übergang seines Arbeitsverhältnisses noch widersprechen. Dies geht jedoch schon aufgrund der Tatsache fehl, dass es für das Umstandsmoment grds. nicht auf die Kenntnis des Arbeitnehmers[674], sondern vielmehr auf das entstehende Vertrauensmoment auf Arbeitgeberseite in die Nichtausübung des Gestaltungsrechts ankommt. Zu Recht

---

669 So auch schon *Göpfert/Löwisch/Siegrist*, DB 2007, 2538, 2540.

670 Siehe z. B. *Dzida*, NZA 2009, 641, 645; *Gaul/Niklas*, DB 2009, 452, 456; *Göpfert/Löwisch/Siegrist*, DB 2007, 2538, 2540.

671 Siehe exemplarisch BAG vom 20.03.2008 – 8 AZR 1016/06, NZA 2008, 1354; BAG vom 27.11.2008 – 8 AZR 174/07, NZA 2009, 552; BAG vom 23.07.2009 – 8 AZR 541/08, zit. nach juris; BAG vom 09.12.2010 – 8 AZR 614/08, zit. nach juris; BAG vom 24.02.2011 – 8 AZR 413/09, zit. nach juris.

672 BAG vom 23.07.2009 – 8 AZR 541/08, zit. nach juris; s. a. Kap 5, I., 1., S. 109 ff.

673 LAG München vom 25.06.2008 – 5 Sa 994/07, zit. nach juris; LAG München vom 25.09.2008 – 3 Sa 266/08, zit. nach juris; LAG München vom 23.12.2008 – 9 Sa 835/07, zit. nach juris.

674 Für genauere Betrachtungen und eventuelle Ausnahmen von diesem Grundsatz s. Kap. 4, I., 2., S. 99 ff.

wurde dieser Ansatz demnach auch im Zuge der Revision vom BAG verworfen[675].

Demnach ist in dem Abschluss eines Aufhebungsvertrages ein Verhalten des Arbeitnehmers zu sehen, welches das Umstandsmoment erfüllen kann. Eine Verwirkung infolge Zeitablaufs ist spätestens bei einem Zeitmoment von 15 Monaten[676] anzunehmen.

bb) Aufhebungsvertrag nach Ausübung des Widerspruchsrechts

Der Abschluss eines Aufhebungsvertrages nach bereits vollzogener Ausübung des Widerspruchsrechts stellt eine eher seltene Konstellation dar. Hierbei sind zwei Gründe für ein solches Vorgehen denkbar:

Zum einen, dass die Arbeitsvertragsparteien einen Aufhebungsvertrag für den Fall schließen wollen, dass der vorgenommene Widerspruch u. U. unwirksam sein könnte. Diesbezüglich stellt das BAG zu Recht fest, dass bei Wirksamkeit des Widerspruchs und aufgrund der ex-tunc-Wirkung[677] dessen ein Aufhebungsvertrag „ins Leere"[678] gehe, da kein Arbeitsverhältnis mehr zwischen den Parteien bestehe[679]. Es ist also zu unterscheiden: Ist der Widerspruch wirksam, so kann ein nachträglicher Aufhebungsvertrag mit dem Betriebserwerber keinerlei verwirkungserhebliche Wirkung entfalten. Denn die Rechtsfolgen des Widerspruchs sind bereits eingetreten. Eine „nachträgliche" Verwirkung ausgeübter Rechte ist nicht möglich. Ist der Widerspruch hingegen unwirksam, so kommt es zwar zu einem wirksamen Aufhebungsvertrag, der, wie oben erläutert[680], unbestritten zu einer Verwirklichung des Umstandsmoments führt, jedoch keinerlei Relevanz mehr hat, da der vorangehende Widerspruch ja schon aus anderen Gründen unwirksam ist.

Zum anderen, dass der Aufhebungsvertrag für den Veräußerer und den Erwerber gelten soll. Dies wäre z. B. denkbar, wenn der Arbeitnehmer mit beiden Arbeitgebern in Verhandlungen tritt. Schließt er dann einen Aufhebungsvertrag, so ist aufgrund der ex-tunc-Wirkung zwar der Aufhebungsvertrag für den Erwerber ins Leere gelaufen. Derjenige, der mit dem Veräußerer abgeschlossen

---

675 Vgl. beispielhaft zu LAG München vom 23.12.2008 – 9 Sa 835/07, zit. nach juris das Urteil des BAG vom 25.02.2010 – 8 AZR 740/08, sowie dessen Parallelentscheidung BAG vom 23.07.2009 – 8 AZR 357/08, zit. nach juris.

676 Für nähere Betrachtungen zu dem hier zugrunde gelegten zeitlichen Rahmen des Zeitmoments s. Kap. 5, I., 2., S. 115 f.

677 S. o. Kap. 2, II., 2., S. 53.

678 BAG vom 02.04.2009 – 8 AZR 318/07, AP Nr. 8 zu § 613a BGB Widerspruch.

679 BAG vom 02.04.2009 – 8 AZR 318/07, AP Nr. 8 zu § 613a BGB Widerspruch.

680 Siehe Kap. 5., I., 4., S. 163.

wurde, wirkt bei Fortbestand des Arbeitsverhältnisses zum Veräußerer fort. Weiterhin ist hierbei auf die noch zu untersuchenden Möglichkeiten der vorherigen Zustimmung, der nachträglichen Genehmigung und der Stellvertretung i. R. d. Aufhebungsvertrages zu verweisen[681].

Sollte darüber hinaus ein erneuter Widerspruch zeitlich nach dem Aufhebungsvertrag aus welchen Gründen auch immer doch noch für den Arbeitnehmer möglich sein, so bleibt es bei der im Vorfeld besprochenen[682] Verwirkung infolge Zeitablaufs nach einer Zeitspanne von höchstens 15 Monaten[683].

cc) Anfechtung des Aufhebungsvertrages

Handelte es sich i. R. d. Aufhebungsvertrages nach Ausübung des Widerspruchsrechts noch eher um einen Ausnahmefall, so ist die Anfechtung des Aufhebungsvertrages mit anschließendem Widerspruch weitaus häufiger anzutreffen.

Diese Konstellation kommt i. d. R. dann vor, wenn der Arbeitgeber sich bei Abschluss des Aufhebungsvertrages bereits in der Situation einer drohenden Insolvenz befindet. Denn schließt der Arbeitnehmer einen Aufhebungsvertrag mit einer zugesagten Abfindung und wird vor Auszahlung dieser das Insolvenzverfahren über den Betrieb des Arbeitgebers eröffnet, so kann der Arbeitnehmer den Aufhebungsvertrag wegen vermeintlicher Täuschung über die Zahlungsfähigkeit nach § 123 BGB anfechten.

Unabhängig von der Wirksamkeit dieser Anfechtung hat der Arbeitnehmer jedoch durch Abschluss eines Aufhebungsvertrages auch in dieser Konstellation das Umstandsmoment erfüllt. Eine Argumentation, die auf die ex-tunc-Wirkung der Anfechtung abstellt und damit ein Umstandsmoment als nicht erfüllt ansieht, geht in Anbetracht der geforderten Tatbestandsmerkmale der Verwirkung infolge Zeitablaufs ins Leere[684]. „Entscheidend ist nämlich nicht, ob der Aufhebungsvertrag an einem Wirksamkeitsmangel leidet, sondern dass der Arbeitnehmer durch Abschluss eines Aufhebungsvertrages zu erkennen gegeben hat, dass er den Betriebserwerber für eine von dem Arbeitnehmer beabsichtigte Disposition über den Bestand seines Arbeitsverhältnisses als neuen Arbeitgeber anerkennt.“[685] Ein solches Verhalten schafft auf Arbeitgeberseite das für eine Einschlägigkeit des Umstandsmoments notwendige Vertrauenspotential in die

---

681 S. u. Kap. 6, II., 2., S. 208 ff.

682 Siehe erneut Kap. 5, I., 4., S. 163.

683 Für nähere Betrachtungen zu dem hier zugrunde gelegten zeitlichen Rahmen des Zeitmoments s. Kap. 5, I., 2., S. 115 f.

684 So auch *Dzida*, DB 2010, 167, 169.

685 *Dzida*, DB 2010, 167, 169.

Nichtausübung des Widerspruchsrechts. Dieses Potential ist nach Ansicht des BAG[686] durch den Abschluss eines Aufhebungsvertrages an sich derart stark ausgeprägt, dass unter objektiver Betrachtung, unabhängig von einer Anfechtung des Vertrages, ein Umstandsmoment grds. immer als erfüllt anzusehen ist. Dieser Ansicht ist uneingeschränkt zuzustimmen. Denn der Eindruck, der trotz Anfechtung wegen arglistiger Täuschung beim Arbeitgeber bleibt, ist derjenige, dass der Arbeitnehmer sich endgültig durch Abschluss eines Aufhebungsvertrages von seinem Arbeitsverhältnis und allen damit verbundenen Rechtsbeziehungen zu ihm lösen möchte.

Mithin ist auch bei einer Anfechtung nach Abschluss eines Aufhebungsvertrages ein Verhalten des Arbeitnehmers zu sehen, welches das Umstandsmoment erfüllen kann. Eine Verwirkung infolge Zeitablaufs ist spätestens bei einem Zeitmoment von 15 Monaten[687] anzunehmen.

e) Abwicklungsvertrag

Ähnlich wie im Falle des Aufhebungsvertrages ist der diesem nahestehende Abwicklungsvertrag, bzw. die Abwicklungsvereinbarung zwischen Arbeitnehmer und Arbeitgeber, zu behandeln:

> Ein Betriebs- oder Betriebsteilübergang wurde zwischen den beiden Arbeitgeberparteien vereinbart und vollzogen. Im Rahmen dessen wurden die Arbeitnehmer gem. § 613a Abs. 5 BGB in Textform rechtzeitig unterrichtet. Nach einigen Monaten stellt sich heraus, dass die Unterrichtung fehlerhaft war. Demnach die einmonatige Widerspruchsfrist nach § 613a Abs. 6 BGB nicht zu laufen begonnen hat. Der betroffene Arbeitnehmer widerspricht nun dem Übergang seines Arbeitsverhältnisses durch den Betriebsübergang. Zuvor wurde ihm jedoch durch den Betriebserwerber gekündigt sowie ausschließlich eine diesbezügliche Abwicklungsvereinbarung getroffen.

„Ein Abwicklungsvertrag unterscheidet sich vom Aufhebungsvertrag in erste Linie dadurch, dass der Aufhebungsvertrag das Arbeitsverhältnis selbst beendet, während der Abwicklungsvertrag einen anderen Beendigungstatbestand – i. d. R. eine arbeitgeberseitige Kündigung – voraussetzt“[688] und lediglich die anfallenden Modalitäten der Abwicklung dieser vorherigen Kündigung regelt[689].

---

[686] Siehe exemplarisch BAG vom 20.03.2008 – 8 AZR 1016/06, NZA 2008, 1354; BAG vom 27.11.2008 – 8 AZR 174/07, NZA 2009, 552; BAG vom 23.07.2009 – 8 AZR 541/08, zit. nach juris.

[687] Für nähere Betrachtungen zu dem hier zugrunde gelegten zeitlichen Rahmen des Zeitmoments s. Kap. 5, I., 2., S. 115 f.

[688] DLW/*Hoß*, Kap. 6, Rn. 14.

[689] DLW/*Hoß*, Kap. 6, Rn. 14.

„Mit der Unterzeichnung des Abwicklungsvertrages erklärt der Arbeitnehmer sein Einverständnis mit der Beendigung des Arbeitsverhältnisses zu dem im Abwicklungsvertrag genannten Zeitpunkt, der i. d. R. identisch ist mit dem Zeitpunkt, zu dem das Arbeitsverhältnis aufgrund der Kündigung endet“[690].

Der *Achte Senat* des BAG geht in seiner Entscheidung vom 12.11.2009[691] davon aus, dass in Bezug auf die Verwirkung infolge Zeitablaufs keinerlei Unterschiede zu einem Abschluss eines Aufhebungsvertrages bestehen. Das Umstandsmoment dementsprechend grds. verwirklicht ist[692].

Diesem Ansatz ist zuzustimmen. Im Unterschied zu dem hier als „neutraler Sachverhalt“ eingestuften, lediglichen Hinnahme einer Kündigung durch den Betriebserwerber[693] kommt es bei dem Abschluss eines Abwicklungsvertrages nach Kündigung zu einem Verhalten des Arbeitnehmers, nämlich das durch die Unterzeichnung des Vertrages geäußerte Einverständnis der Beendigung des Arbeitsverhältnisses, welches eindeutig und unzweifelhaft den Arbeitgeber zu der Annahme kommen lässt, der Arbeitnehmer wolle keinen Widerspruch mehr ausüben. Er möchte sich ja gerade aus dem Arbeitsverhältnis lossagen und verhandelt sogar über dessen Abwicklung.

Auch ist es unerheblich, ob es zu einer nachträglichen Anfechtung des Abwicklungsvertrages kommt. Das Umstandsmoment ist trotz Ausübung dieses Gestaltungsrechts erfüllt. Ebenso wie beim Aufhebungsvertrag[694] kann hier nichts anderes gelten. Allein der Abschluss einer Abwicklungsvereinbarung schafft ein derart hohes Vertrauenspotential auf Arbeitgeberseite in die Nichtausübung des Widerspruchsrechts, dass eine nachträgliche Beseitigung dieses nicht mehr untergraben kann.

Demnach ist in dem Abschluss eines Abwicklungsvertrages, ebenso wie beim Abschluss eines Aufhebungsvertrages, ein Verhalten des Arbeitnehmers zu sehen, welches das Umstandsmoment erfüllen kann. Eine Verwirkung infolge Zeitablaufs ist spätestens bei einem Zeitmoment von 15 Monaten[695] anzunehmen.

---

690 DLW/*Hoß*, Kap. 6, Rn. 15.

691 “[…] der als Aufhebungsvertrag zu betrachtenden Abwicklungsvereinbarung […]“, BAG vom 12.11.2009 – 8 AZR 751/07, DB 2010, 789.

692 So auch LAG München vom 14.01.2009 – 10 Sa 360/08, ZInsO 2009, 2024.

693 S. o. Kap. 5, I., 4., S. 155 ff.

694 Siehe Kap. 5, I., 4., S. 165.

695 Für nähere Betrachtungen zu dem hier zugrunde gelegten zeitlichen Rahmen des Zeitmoments s. Kap. 5, I., 2., S. 115 f.

f) Faktische Beendigung des Arbeitsverhältnisses

Ein weiterer Sachverhalt des für das Umstandsmoment relevanten Verhaltens bei Beendigung des Arbeitsverhältnisses stellt die Situation der faktischen Beendigung des Arbeitsverhältnisses dar:

> Ein Betriebs- oder Betriebsteilübergang wurde zwischen den beiden Arbeitgeberparteien vereinbart und vollzogen. Im Rahmen dessen wurden die Arbeitnehmer gem. § 613a Abs. 5 BGB in Textform rechtzeitig unterrichtet. Nach einigen Monaten stellt sich heraus, dass die Unterrichtung fehlerhaft war. Demnach die einmonatige Widerspruchsfrist nach § 613a Abs. 6 BGB nicht zu laufen begonnen hat. Der betroffene Arbeitnehmer widerspricht nun dem Übergang seines Arbeitsverhältnisses durch den Betriebsübergang. Zuvor hat er jedoch ohne das Arbeitsverhältnis formal zu beenden die Beschäftigung bei einer Drittfirma aufgenommen.

Die Fälle, in denen das Arbeitsverhältnis zwar lediglich faktisch nicht aber formal eine Beendigung gefunden hat, sind in Anbetracht der für das Umstandsmoment maßgeblichen Voraussetzungen eindeutig. Nimmt der Arbeitnehmer (z. B. aufgrund einer Freistellung) die Arbeit in Form einer vollwertigen Stelle bei einer Drittfirma auf und hat der Arbeitgeber Kenntnis dieses Umstandes, so lässt dies den eindeutigen Schluss zu, der Arbeitnehmer wolle nicht mehr für den ursprünglichen Arbeitgeber tätig sein.

Anders als bei der Beantragung einer Nebentätigkeitserlaubnis für eine parallel zum Arbeitsverhältnis mit dem Betriebserwerber auszuübende Stelle bei einem Dritten[696], ist es dem Arbeitnehmer hier nämlich nicht möglich, zwei vollwertige Stellen zu besetzen. Die Arbeitgeberparteien müssen daher davon ausgehen, dass der Arbeitnehmer anstatt sein Widerspruchsrecht auszuüben lieber seine auf das Arbeitsleben bezogene Zukunft bei einem Drittbetrieb sucht[697].

Mithin ist in den Fällen der faktischen Beendigung des Arbeitsverhältnisses ein Verhalten des Arbeitnehmers zu sehen, welches das Umstandsmoment erfüllen kann. Eine Verwirkung infolge Zeitablaufs ist spätestens nach Ablauf eines Zeitmoments von 15 Monaten[698] anzunehmen.

g) Zusammenfassung

Schaut man sich die für das Umstandsmoment relevanten Verhalten des Arbeitnehmers i. R. d. Gründe bei Beendigung des Arbeitsverhältnisses an, so wird sehr schnell klar, dass grds. nur bei aktivem, auf die Beendigung des Arbeitsverhältnisses hinwirkendem Verhalten des Arbeitnehmers eine Erheblichkeit für

---

696 S. o. Kap. 5, I., 3., S. 146.

697 So auch *Dzida*, NZA 2009, 641, 645.

698 Für nähere Betrachtungen zu dem hier zugrunde gelegten zeitlichen Rahmen des Zeitmoments s. Kap. 5, I., 2., S. 115 f.

das Umstandsmoment anzunehmen ist. D. h. im Umkehrschluss die alleinige Kündigung durch die Arbeitgeberseite nicht ausreicht, um den Tatbestand der Verwirkung infolge Zeitablaufs zu erfüllen.

Durchbrochen wird diese Annahme lediglich durch die Rspr. des BAG bzgl. des Nichterhebens einer Kündigungsschutzklage bei Kündigung durch den Betriebsveräußerer. Dieser Entscheidung ist jedoch nach hier vertretender Ansicht nicht zu folgen. Es ist kein Grund ersichtlich, warum unter objektiver Betrachtung in ein solches Unterlassen eine derart hohe Vertrauenswirkung hineininterpretiert werden soll, wobei eine Nichtausübung ebenso plausibel das gerade Gegenteil begründen kann. M. E. ist es diesbezüglich als nur konsequent das Umstandsmoment mangels eindeutigem Verhalten des Arbeitnehmers als nicht erfüllt anzusehen.

Richtig hingegen ist die Annahme einer qualifizierten Disposition bei Aufhebungsvertrag, Abwicklungsvereinbarung und Eigenkündigung. Hier ist das Verhalten des Arbeitnehmers eindeutig. Durch das Lösen vom Arbeitsverhältnis gibt der Arbeitnehmer eindeutig und unzweifelhaft zu erkennen, dass er einen Widerspruch, der ja gerade in diesem Verhältnis wurzelt, nicht mehr ausüben möchte.

5. Gründe ausgelöst durch das Verhalten des Erwerbers

Nach den Untersuchungen zur Einschlägigkeit des Umstandsmoments i. R. d. Gründe durch Verhalten des Arbeitnehmer und derjenigen bei Beendigung des Arbeitsverhältnisses[699] sollen im letzten Teil solche begutachtet werden, die im Verhalten des Betriebserwerbers liegen.

Das Verhalten kommt bei diesen Sachverhalten aus der Sphäre des Arbeitgebers, sodass der Arbeitnehmer i. d. R. nur reagiert. Das führt dazu, dass einen Begründung des Umstandsmoments mitunter nicht oder nur schwerlich möglich ist.

a) Vertragsänderung

Im Unterschied zu den bereits besprochenen Fällen der Vertragsänderungen herangetragen durch den Arbeitnehmer[700] soll im Folgenden die umgedrehte Situation, also vom Arbeitgeber ausgehende Vertragsänderungen, untersucht werden.

---

[699] Für eine kurze Übersicht der Ergebnisse s. Kap. 5, I., 3., S. 133 f. und S. 152 f., sowie Kap. 5, I., 4., S. 168 f.

[700] Kap. 5, I., 3., S. 134 ff.

Hierbei sollen nur die Fälle der Gehaltserhöhung und der Versetzung des Arbeitnehmers besprochen werden.

aa) Gehaltserhöhung

Die Fälle der vom Arbeitnehmer geforderten regelmäßigen und unregelmäßigen Beantragung einer Gehaltserhöhung wurden ja bereits i. R. d. Gründe durch aktives Verhalten des Arbeitnehmers besprochen[701] und teilweise eine Einschlägigkeit des Umstandsmoments bejaht[702]. Es bleibt jedoch die Frage offen, wie eine vom Arbeitgeber angebotene Gehaltserhöhung zu bewerten ist. Der Sachverhalt ist wie folgt:

> Ein Betriebs- oder Betriebsteilübergang wurde zwischen den beiden Arbeitgeberparteien vereinbart und vollzogen. Im Rahmen dessen wurden die Arbeitnehmer gem. § 613a Abs. 5 BGB in Textform rechtzeitig unterrichtet. Nach einigen Monaten stellt sich heraus, dass die Unterrichtung fehlerhaft war. Demnach die einmonatige Widerspruchsfrist nach § 613a Abs. 6 BGB nicht zu laufen begonnen hat. Der betroffene Arbeitnehmer widerspricht nun dem Übergang seines Arbeitsverhältnisses durch den Betriebsübergang. Zuvor hat er jedoch eine vom Arbeitgeber angebotene Gehaltserhöhung angenommen.

Ausgehend von der Tatsache, dass der Arbeitnehmer bei einer ihm durch den Arbeitgeber angetragenen Gehaltserhöhung diese lediglich annimmt und darüber hinaus schlicht beim Betriebserwerber weiterarbeitet[703], wird es schwer eine Einschlägigkeit des Umstandsmoments zu begründen. So sagen *Löwisch/Göpfert/Siegrist*: „Grundsätzlich liegt hierin aber wohl keine über die Entgegennahme der Entgeltleistung bei Weiterarbeit hinausgehende Einrichtung auf das übergegangene Arbeitsverhältnis durch aktives rechtlich relevantes Verhalten.“ [704] Auch hier wird zur eventuellen Erfüllung des Umstandsmoments eine wie auch immer geartete Initiative des Arbeitnehmers gefordert[705].

Auch das BAG ist dieser Ansicht. In der Entscheidung vom 23.07.2009 sagt der *Achten Senats* des BAG, dass bei einer solchen Disposition des Arbeitnehmers die entsprechende Qualifikation fehlt, sofern es zu Verhandlungen über die Höhe der Arbeitsvergütung und deren effektiven Veränderung kommt[706]. Eine

---

701 Kap. 5, I., 3., S. 134 ff.

702 So bei einer unregelmäßigen Beantragung durch den Arbeitnehmer, s. Kap. 5, I., 3., S. 135 ff.

703 Siehe zum Thema der schlichten Weiterarbeit beim Betriebserwerber Kap. 5., I., 3., S. 116 ff.

704 *Löwisch/Göpfert/Siegrist*, DB 2007, 2538, 2541.

705 *Löwisch/Göpfert/Siegrist*, DB 2007, 2538, 2541; sowie für eingehendere Betrachtungen Kap. 5, I., 3., S. 134 ff.

706 Vgl. BAG vom 23.07.2009 – 8 AZR 541/08, zit. nach juris; s. a. Kap. 5, I., 1., S. 109 ff.

qualifizierte Disposition und damit eine Einschlägigkeit des Umstandsmoments kommt für den Senat also in solchen Fällen nicht in Frage.

Einen anderen Ansatz vertritt jedoch *Dzida.* Dieser geht davon aus, dass auch die vom Arbeitgeber ausgehende Gehaltserhöhung das Umstandsmoment erfüllen könne[707]. Begründet wird dies damit, dass eine solche Gehaltserhöhung eine Vertragsänderung darstelle, die dadurch zustande komme, dass der Arbeitgeber eine solche Vergütung gewährt und der Arbeitnehmer diese stillschweigend nach § 151 BGB annimmt[708]. Eine solche Vertragsänderung ist demnach eine Disposition über das Arbeitsverhältnis, welche das Umstandsmoment erfüllt.

M. E. ist der Ansicht von *Dzida* nicht zu folgen[709]. Der Argumentation von *Löwisch/Göpfert/Siegrist* und dem *Achten Senat* des BAG ist hingegen zuzustimmen. Zwar wurde zuvor Kritik an dieser Entscheidung des BAG geäußert[710] und eine teilweise dem Urteil entgegenstehende Meinung zur unregelmäßigen Beantragung einer Gehaltserhöhung durch den Arbeitnehmer[711] vertreten. Jedoch ist der Sachverhalt einer vom Betriebserwerber ausgehenden Gehaltserhöhung von dieser strikt zu unterscheiden. Denn der Arbeitnehmer ist nicht aktiv und initiativ an der Veränderung seiner Vertragsbedingungen beteiligt. Entscheidend für das Vorliegen des Umstandsmoments bei § 613a BGB ist nämlich das schutzwürdige Vertrauen der Arbeitgeberseite in die Nichtausübung des Widerspruchs[712].

Lässt sich eine Einschlägigkeit des Umstandsmoments noch bei einer entsprechenden Dauer des Zeitmoments bei Initiativverhalten des Arbeitnehmers rechtfertigen, so ist dies jedoch bei schlichter Entgegennahme der erhöhten Vergütung nicht mehr möglich. Würde man eine solche Konstruktion des Umstandsmoments zulassen, so hätte der Arbeitgeber es durch das Angebot einer Gehaltserhöhung in der Hand bei (sogar stillschweigender!) Annahme durch den Arbeitnehmer (und bei einem entspr. Zeitmoment) eine Verwirkung infolge Zeitablaufs auszulösen. Im Umkehrschluss müsse der Arbeitnehmer bei jedem Angebot einer Gehaltserhöhung durch den Betriebserwerber befürchten, er verliere bei der Annahme sein gesetzlich zugesprochenes Gestaltungsrecht nach § 613a Abs. 6 BGB. Man könnte sogar so weit gehen zu behaupten, der Arbeitgeber könne dem Arbeitnehmer dieses Recht quasi „abkaufen".

---

707 *Dzida*, NZA 2009, 641, 645.

708 Siehe erneut *Dzida*, NZA 2009, 641, 645, m. w. N.

709 So wohl dann auch *Dzida*, DB 2010, 167, 168.

710 Siehe Kap. 5, I., 1., S. 111 f.

711 S. o. Kap. 5, I., 3., S. 135 ff.

712 Für genauere Betrachtungen s. Kap. 4, I., 2., S. 96 ff.; s. a. im Allgemeinen Kap. 3, I., 1., S. 67 ff.

Mithin reicht eine durch den Arbeitgeber angetragene Gehaltserhöhung nach Übergang des Arbeitsverhältnisses auf den Betriebserwerber ohne Hinzutreten etwaigen Initiativverhaltens des Arbeitnehmers nicht aus, um das Umstandsmoment zu begründen. Eine Verwirkung infolge Zeitablaufs scheidet damit aus.

bb) Versetzung

Auch der Fall der Versetzung des Arbeitnehmers wurde bereits i. R. d. Gründe durch aktives Tun des Arbeitnehmers besprochen[713]. Hier ging die Versetzung von einem Verlangen des Arbeitnehmers aus. Im Unterschied dazu ist fraglich, wie dieselbe Situation bzgl. einer Erfüllung des Umstandsmoments zu beurteilen ist, wenn die Versetzung vom Arbeitgeber ausgeht:

> Ein Betriebs- oder Betriebsteilübergang wurde zwischen den beiden Arbeitgeberparteien vereinbart und vollzogen. Im Rahmen dessen wurden die Arbeitnehmer gem. § 613a Abs. 5 BGB in Textform rechtzeitig unterrichtet. Nach einigen Monaten stellt sich heraus, dass die Unterrichtung fehlerhaft war. Demnach die einmonatige Widerspruchsfrist nach § 613a Abs. 6 BGB nicht zu laufen begonnen hat. Der betroffene Arbeitnehmer widerspricht nun dem Übergang seines Arbeitsverhältnisses durch den Betriebsübergang. Zuvor wurde er jedoch durch den Arbeitgeber in einen anderen Tätigkeitsbereich versetzt.

Bei der Versetzung durch den Arbeitgeber ist zwischen zwei Konstellationen zu unterscheiden. Zum einen der Versetzung i. R. d. Direktionsrechts und zum anderen der Versetzung mit Einverständnis des Arbeitnehmers.

(1) Versetzung i. R. d. Direktionsrechts

Die Versetzung des Arbeitnehmers durch den Arbeitgeber im Rahmen seines Direktionsrechts ist in Bezug auf die Einschlägigkeit des Umstandsmoments eindeutig. Kommt es zu einer solchen Versetzung bleibt dem Arbeitnehmer keinerlei Handlungsspielraum. Er muss der Anordnung Folge leisten. Dementsprechend kann unter objektiver Betrachtung kein Vertrauen des Arbeitgebers in die Nichtausübung des Widerspruchsrechts entstehen. Eine bloße Hinnahme kann, ebenso wie das schlichte Weiterarbeiten[714], nicht als widersprüchliches Verhalten gewertet werden[715].

---

[713] Siehe Kap. 5, I., 3., S. 140 ff.

[714] Für eine vertiefte Betrachtung s. Kap. 5, I., 3., S. 116 ff.

[715] So auch *Löwisch/Göpfert/Siegrist*, DB 2007, 2538, 2541.

(2) Versetzung unter Einverständnis

Der Fall der Versetzung des Arbeitnehmers, die nur mit dessen Einverständnis zustande kommt, ist von der Versetzung i. R. d. Direktionsrechts zu unterscheiden. Eine Unterscheidung ist deswegen notwendig, da auf der einen Seite dem Arbeitnehmer dieses Angebot zwar angetragen wird, er also nicht initiativ oder aktiv auf eine Versetzung hinwirkt, er jedoch auf der anderen Seite durch sein Einverständnis eine rechtsgeschäftliche Handlung vornimmt, die zu einer Änderung seiner Arbeitsbedingungen führt. Gerade Letzteres könnte in Anbetracht der hier zur internen Stellenausschreibung vertretenen Ansicht[716] zu dem Schluss führen, dass der Arbeitnehmer, sofern er die Versetzung begrüßt (er könnte sie ja auch ablehnen), einen Vertrauenstatbestand auf Arbeitgeberseite schafft. Dieser Vertrauenstatbestand wird dann ebenfalls dadurch begründet, dass der Arbeitnehmer im neuen Betrieb durch die Zustimmung zu einer solchen Versetzung neue Herausforderungen und Chancen sucht; er lebt sich sozusagen ein.

Jedoch nach Ansicht des *Achten Senats* des BAG reichte bereits die bereits angesprochene Bewerbung auf eine interne Stellenausschreibung nicht aus, das Arbeitsverhältnis auf neue rechtliche Grundlagen zu stellen, die für eine qualifizierte Disposition notwendig sind[717]. Ebenso sollte dann wohl auch die Antwort des Gerichts auf ein Einverständnis des Arbeitnehmers zu einer arbeitgeberseitig angebotenen Versetzung ausfallen. Denn auch in diesem Falle könnte man behaupten, dass der Arbeitnehmer lediglich eine Änderung seiner Arbeitsbedingungen angestrebt hat[718]. Ob dadurch ein eventueller Vertrauenstatbestand geschaffen wird, ist für das BAG mangels qualifizierter Disposition des Arbeitnehmers unerheblich.

I. E. ist und bleibt eine solche Konstellation eine Entscheidung des Einzelfalls. Kommt es zu einer Annahme der Versetzung durch den Arbeitnehmer und schließt dies eine Veränderung der Arbeitsbedingungen in dem Maße ein, dass es zu einer Veränderung von Arbeitszeit und -entgelt kommt, kann m. E. unabhängig von der Tatsache, dass die Vertragsänderung durch den Arbeitgeber angetragen wurde, nichts anderes gelten als bei der bereits zur internen Stellenausschreibung vertretene Ansicht[719]. Hierbei wird über das Arbeitsverhältnis und dessen grundlegende Elemente disponiert. Der Arbeitnehmer hat in dieser Situation, anders als bei einer Versetzung i. R. d. Direktionsrechts oder einer einseitig angeordneten Gehaltserhöhung durch den Arbeitgeber, die Vertragsänderung

---

[716] Kap. 5, I., 3., S. 140 ff.

[717] Kap. 5, I., 1., S. 109 ff.

[718] BAG vom 23.07.2009 – 8 AZR 541/08, zit. nach juris.

[719] Vgl. Kap. 5, I., 3., S. 140 ff.

selbst in der Hand. Er kann jederzeit das Angebot ausschlagen und sich damit vom Erwerberbetrieb distanzieren. Ist die Annahme der Versetzung für den Arbeitnehmer jedoch eine Verbesserung seiner Arbeitsbedingungen und damit sehr „verlockend", so ist es nicht ersichtlich, warum ein solches Verhalten unter objektiver Betrachtung nicht als vertrauensbildend auf Arbeitgeberseite gewertet werden sollte.

Zieht die angenommene Versetzung jedoch keinerlei Vertragsänderungen bzgl. arbeitsvertraglicher Aspekte wie z. B. der Arbeitszeit oder des Entgeltes nach sich, so ist der Arbeitnehmer in Bezug auf das Vorliegen eines Umstandsmoments jedoch schutzwürdig. Neben der Vermutung der Arbeitnehmer nehme eine Chance im Erwerberbetrieb war und richte sich dort ein, kann kein weiteres Vertrauensmoment entstehen. Die Disposition verliert erheblich an Gewicht. Im Unterschied zu einer internen Stellenausschreibung und im Einklang mit dem zur Versetzung i. R. d. Direktionsrechts Gesagten[720], muss hierbei die passive Komponente des Arbeitnehmerverhaltens gewürdigt werden und i. E. auch ausschlaggebend sein.

Mithin ist bei der Annahme eines Versetzungsangebots kein Verhalten des Arbeitnehmers zu sehen, welches das Umstandsmoment erfüllen kann.

Eine Ausnahme ist jedoch dann zu machen, sofern es durch diese Versetzung zu einer Veränderung des Arbeitsvertrages kommt. Eine Verwirkung infolge Zeitablaufs ist dann spätestens nach Ablauf eines Zeitmoments von 15 Monaten[721] anzunehmen.

b) Gewährung einer „Treueprämie"

Ein weiterer Sachverhalt in Bezug auf die Erfüllung des Umstandsmoments ausgelöst durch ein Verhalten des Betriebserwerbers ist die Gewährung einer „Treueprämie" und die darauffolgende Annahme dieser durch den Arbeitnehmer:

> Ein Betriebs- oder Betriebsteilübergang wurde zwischen den beiden Arbeitgeberparteien vereinbart und vollzogen. Im Rahmen dessen wurden die Arbeitnehmer gem. § 613a Abs. 5 BGB in Textform rechtzeitig unterrichtet. Nach einigen Monaten stellt sich heraus, dass die Unterrichtung fehlerhaft war. Demnach die einmonatige Widerspruchsfrist nach § 613a Abs. 6 BGB nicht zu laufen begonnen hat. Der betroffene Arbeitnehmer widerspricht nun dem Übergang seines Arbeitsverhältnisses durch den Betriebsübergang. Zuvor hat der Arbeitnehmer jedoch eine Treueprämie

---

720 S. o. Kap. 5, I., 5., S. 172.

721 Für nähere Betrachtungen zu dem hier zugrunde gelegten zeitlichen Rahmen des Zeitmoments s. Kap. 5, I., 2., S. 115 f.

vom Betriebserwerber dafür angenommen, dass er dem Betriebsübergang nicht widerspricht.

Grds. kann allein das Angebot einer Treueprämie von Arbeitgeberseite mit dem Ziel der Bindung an den Erwerberbetrieb sowie der Verhinderung eines eventuellen Widerspruchs keine Relevanz für das Umstandsmoment haben. Es fehlt am aktiven vertrauensbildenden Verhalten des Arbeitnehmers. Nimmt dieser jedoch ein solches Angebot an, so stellt sich die Frage, ob ein solches Verhalten ausreicht, um von einer Nichtausübung des Widerspruchsrechts durch den Arbeitnehmer auszugehen. Damit also ein schutzwürdiges Vertrauensmoment auf Arbeitgeberseite begründet wird.

Dies wird in der Lit. bejaht. *Grobys*[722] und *Dzida*[723] gehen davon aus, dass eine solche Entgegennahme einer Treueprämie mit der Kondition der Nichtausübung des Widerspruchsrechts durchaus geeignet wäre eine Verwirkung zu rechtfertigen.

Das BAG hatte einen solchen Fall noch nicht vorliegen. Jedoch ist wohl unschwer anhand der Rspr. des *Achten Senats*[724] zu erkennen, dass dieses Verhalten des Arbeitnehmers nicht unter den Aspekt einer qualifizierten Disposition über den Bestand des Arbeitsverhältnisses fallen dürfte.

M. E. ist nicht von der Hand zu weisen, dass aufgrund der Entgegennahme der Prämie, sowie des damit verbundenen Zwecks der Nichtausübung des Widerspruchsrechts, ein Verhalten des Arbeitnehmers vorliegt, das unter objektiver Betrachtung ein nicht unerhebliches Vertrauen des Betriebserwerbers in die Nichtausübung des Gestaltungsrechts hervorruft.

Möchte das BAG in diesen Fällen mangels eines Vorliegens einer qualifizierten Disposition den Weg zu einer Verwirkung infolge Zeitablaufs verschließen, so wäre es aufgrund der expliziten Äußerungen des Arbeitnehmers und in Anlehnung an die zur Verwirkungserheblichkeit von Äußerungen im Gütetermin vertretenen Ansicht[725] auch hier angebracht auf den übergeordneten Tatbestand des venire contra factum proprium[726] zurückzugreifen. Denn der Arbeitnehmer setzt durch die Entgegennahme und deren Zweckbindung, ebenso wie bei gleichartigen Äußerungen vor Gericht, den Rechtsschein auf Seiten des Arbeitgebers, dass er das Widerspruchsrecht nicht mehr ausüben möchte. Dieser kann und darf demnach nach objektiven Gesichtspunkten auch auf eine solche Nichtausübung vertrauen. Verhält sich der Arbeitnehmer nun entgegen diesem

---

[722] *Grobys*, BB 2002, 726, 730.

[723] *Dzida*, NZA 2009, 641, 645.

[724] S. o. BAG vom 23.07.2009 – 8 AZR 541/08, zit. nach juris; Kap. 5, I., 1., S. 109 f.

[725] Siehe dazu Kap. 5, I., 3., S. 147 ff.

[726] Zur Abgrenzung beider Institute s. Kap. 3, I., 1., S. 79 f.

Rechtsschein, ist dies rechtsmissbräuchlich und ihm ist das Gestaltungsrecht i. d. R. abzuerkennen.

Mithin liegt bei Entgegennahme einer „Treueprämie“ mitunter für die Nichtausübung des Widerspruchsrechts ein Verhalten des Arbeitnehmers vor, welches das Umstandsmoment erfüllen kann. Eine Verwirkung infolge Zeitablaufs kommt bei einem Zeitmoment jenseits der 24 Monate[727] in Betracht.

Darüber hinaus ist auch der Tatbestand des venire contra factum proprium einschlägig. Dem Arbeitnehmer kann somit nach zwei Instituten des § 242 BGB das Gestaltungsrecht versagt werden.

c) Weiterer Betriebsübergang

Für eine Erfüllung des Umstandsmoments interessant sind sich auch diejenigen Fälle, in denen es in der Folgezeit des ersten Betriebsübergangs zu einem weiteren Betriebsübergang kommt, bei welchem der Arbeitnehmer erneut den Arbeitgeber wechselt.

> Ein Betriebs- oder Betriebsteilübergang wurde zwischen den beiden Arbeitgeberparteien vereinbart und vollzogen. Im Rahmen dessen wurden die Arbeitnehmer gem. § 613a Abs. 5 BGB in Textform rechtzeitig unterrichtet. Nach einigen Monaten kommt es zu einem weiteren, das Arbeitsverhältnis des Arbeitnehmers betreffenden, Betriebsübergang an ein Drittunternehmen. Nach weiteren zwei Monaten im Drittbetrieb stellt sich heraus, dass die Unterrichtung bzgl. des ersten Betriebsübergangs fehlerhaft war. Demnach die einmonatige Widerspruchsfrist nach § 613a Abs. 6 BGB nicht zu laufen begonnen hat. Das Informationsschreiben des zweiten Übergangs ist jedoch nicht zu beanstanden. Der betroffene Arbeitnehmer widerspricht nun dem zeitlich ersten Übergang seines Arbeitsverhältnisses.

Schaut man sich das gerade dargestellte Beispiel an, so wird sehr schnell klar, dass der Arbeitnehmer lediglich dem zeitlich ersten Betriebsübergang noch widersprechen können müsste, da i. R. d. zweiten Übergangs und aufgrund des fehlerfreien Informationsschreibens die Monatsfrist des § 613a Abs. 6 BGB bereits abgelaufen ist.

In Bezug auf eine solche Konstellation bejahen *Löwisch/Göpfert/Siegrist* eine Einschlägigkeit des Umstandsmoments. So wird argumentiert: „Zwar scheint auf den ersten Blick kein widersprüchliches Verhalten vorzuliegen, weil der Übergang des Arbeitsverhältnisses ohne Zutun des Arbeitnehmers kraft Gesetzes erfolgt ist. Indessen ist insoweit zu berücksichtigen, dass diese Arbeitnehmer den Übergang ihres Arbeitsverhältnisse auf den weiteren Erwerber durch Ausübung des Widerspruchsrechts *gegen diesen* Betriebsübergang hätten verhindern

---

727 Für nähere Betrachtungen zu dem hier zugrunde gelegten zeitlichen Rahmen des Zeitmoments s. Kap. 5, I., 2., S. 115 f.

können.“ [728] Ein solches Verhalten würde zeigen, dass der Arbeitnehmer mit dem jetzigen neuen (Dritt-) Arbeitgeber einverstanden ist[729].

M. E. ist die vorliegende Situation nicht ganz so einfach zu lösen. Die Frage, die man sich bzgl. des Umstandsmoments stellen muss, ist diejenige, ob unter objektiver Betrachtung das Unterlassen der Geltendmachung des Widerspruchsrechts in Bezug auf den zweiten Betriebsübergang als vertrauensbildendes Verhalten ausreicht, um das Widerspruchsrecht i. R. d. ersten Betriebsübergangs verwirken zu lassen. Oder, möchte man den noch restriktiveren Maßstab des *Achten Senats* des BAG anlegen, ob ein solches Unterlassen eine qualifizierte Disposition über den Bestand des Arbeitsverhältnisses darstellt.

Keine Probleme ergeben sich bei der Zurechnung der Kenntnis des verwirkungserheblichen Verhaltens. Denn es kommt zu einer wechselseitigen Zurechnung der Kenntnis solcher Verhaltensweisen zwischen ursprünglichem Betriebsveräußerer und Ersterwerber[730]. Infolge dessen kommt es somit auch zu einer Zurechnung zwischen dem Ersterwerber und dem Zweiterwerber, wodurch eine verwirkungsbegründende Handlung des Arbeitnehmers im Betrieb des Zweiterwerbers im Zuge einer solchen „Zurechnungskette“ auch für den Erstveräußerer wirken kann.

Problematisch ist hingegen die eigentliche Bestimmung des Umstandsmoments. Grds. liegt kein rechtlich relevantes Verhalten des Arbeitnehmers bei gesetzlichem Übergang seines Arbeitsverhältnisses durch den zweiten Betriebsübergang vor. Man könnte also lediglich von einem schlichten Weiterarbeiten beim Zweiterwerber ausgehen, welches nach herrschender und auch hier vertretener Ansicht nicht verwirkungserheblich ist[731].

Greift man nun jedoch das Argument von *Löwisch/Göpfert/Siegrist*[732] auf, so ist fraglich, ob in diesem besonderen Fall ein Unterlassen nicht doch zu einer Erfüllung des Umstandsmoments führen kann[733]. Man müsste dem Arbeitnehmer demnach unterstellen, dass, sofern er nicht dem zweiten Betriebsübergang widerspricht, er den Zweiterwerber als Arbeitgeber akzeptiert und damit sich vom Ersterwerber insofern distanziert, dass er kein Widerspruchsrecht mehr bzgl. des ersten Betriebsübergangs geltend machen möchte.

---

728 *Löwisch/Göpfert/Siegrist*, DB 2007, 2538, 2540.

729 *Löwisch/Göpfert/Siegrist*, DB 2007, 2538, 2540.

730 BAG vom 27.11.2008 – 8 AZR 174/07, DB 2009, 1075; siehe vertiefend auch Kap. 4, I., 2., S. 96 ff.

731 S. o. Kap. 5, I., 3., S. 116 ff.

732 *Löwisch/Göpfert/Siegrist*, DB 2007, 2538, 2540.

733 Zur grds. Nichteinschlägigkeit des Umstandsmoments bei Unterlassen des Arbeitnehmers vgl. Kap. 5, I., 3., S. 116 ff.

Betrachtet man sich diese Argumentation so erinnert sie sehr stark an die in Bezug auf die Nichterhebung einer Kündigungsschutzklage angeführten Thesen des BAG[734]. Der *Achte Senat* ging von einer Einschlägigkeit des Umstandsmoments in diesen Fällen aus[735].

Doch bereits im Rahmen der Nichterhebung der Kündigungsschutzklage stand dieser Ansicht diejenige des LAG Düsseldorf[736], entgegen. Überträgt man diese Ansicht auf die Situation des zweifachen Betriebsübergangs so spricht dies gegen eine Einschlägigkeit des Umstandsmoments. Denn durch ihre Untätigkeit bzgl. des Widerspruchs – im Gegensatz zu einem Arbeitnehmer, der einen solchen ausübt – wird nicht die Behauptung aufgestellt, jemals in einem Arbeitsverhältnis zum Erwerber aufgrund eines wirksamen Übergangs ihres Arbeitsverhältnisses gestanden zu haben[737]. Diese Behauptung müsste vielmehr ein Arbeitnehmer äußern, der einen Widerspruch gegen den zweiten Betriebsübergang ausübt[738]. Auch müsste jeder Arbeitnehmer rein prophylaktisch jedwedem weiterem Betriebsübergang widersprechen, um sich sein u. U. aufgrund fehlerhafter Unterrichtung bestehendes Widerspruchsrecht aus dem zeitlich vorangehenden Betriebsübergang zu erhalten[739].

I. E. muss auch hier, ebenso wie i. R. d. Nichtausübung einer Kündigungsschutzklage[740], die objektive Beurteilung zugunsten des Arbeitnehmers ausfallen. Die Situation ist mehrdeutig und kann demnach nicht in einer Versagung des Gestaltungsrechts münden. Darüber hinaus müsste es m. E. für die Ansicht des *Achten Senats* des BAG, losgelöst von der hier vertretenen Kritik[741], bereits an einer qualifizierten Disposition des Arbeitnehmers über den Bestand des Arbeitsverhältnisses fehlen. Da das Arbeitsverhältnis durch den Betriebsübergang unverändert auf den Erwerber übergeht[742], besteht dieses ohne jegliche verwirkungserhebliche Veränderungen bei diesem fort. Demnach entfällt mangels Dis-

---

734 Vgl. BAG vom 20.03.2008 – 8 AZR 1016/06, BB 2008, 2072; BAG vom 24.07.2008 – 8 AZR 175/07, AP Nr. 347 zu § 613a BGB; BAG vom 27.11.2008 – 8 AZR 225/07, AP Nr. 346 zu § 613a BGB; BAG vom 02.04.2009 – 8 AZR 178/07, ZIP 2009, 2307; BAG vom 23.07.2009 – 8 AZR 541/08, zit. nach juris; s. a. Kap. 5, I., 4., S. 155 ff.

735 Siehe voran stehende Fn.

736 LAG Düsseldorf vom 27.05.2009 – 7 Sa 443/07, zit. nach juris.

737 Vgl. LAG Düsseldorf vom 27.05.2009 – 7 Sa 443/07, zit. nach juris.

738 Vgl. LAG Düsseldorf vom 27.05.2009 – 7 Sa 443/07, zit. nach juris.

739 Vgl. erneut LAG Düsseldorf vom 27.05.2009 – 7 Sa 443/07, zit. nach juris.

740 Vgl. Kap. 5, I., 4., S. 155 ff.

741 S. o. Kap. 5, I., 1., S. 111 f.

742 BAG vom 22.02.1978 – 5 AZR 800/76, AP Nr. 11 zu § 613a BGB; BeckOK RGKU/*Gussen*, § 613a BGB, Rn. 81; ErfK/*Preis*, § 613a BGB, Rn. 66.

position auch die Frage einer solchen durch Unterlassen des Widerspruchs. Die Ansicht von *Löwisch/Göpfert/Siegrist* ist somit abzulehnen.

An diesem Ergebnis ändert sich ebenfalls nichts, sofern der Arbeitnehmer zunächst dem zeitlich letzten Betriebsübergang und dann erst in der Folge dem Vorangehenden widerspricht. Durch den „ersten“ Widerspruch kommt es zu keinen vertrauensbildenden Verhalten auf Arbeitgeberseite, das ein Umstandsmoment begründen könnte. Denn damit „erklärt der Arbeitnehmer lediglich gegenüber dem Betriebserwerber, dass er einer Beendigung der aktuell bestehenden Arbeitsvertragsbeziehung entgegentritt. Einen weitergehenden Erklärungswert enthält grundsätzlich weder [...] noch der Widerspruch gegen den Zweit-Betriebsübergang.“[743]

Mithin reicht weder ein unterlassener Widerspruch gegen einen zweiten Betriebsübergang noch zwei aufeinander folgende Widersprüche gegen Erst- und Zweit-Betriebsübergang aus, um das Umstandsmoment für die Versagung des Widerspruchsrechts i. R. d. ersten Betriebsübergangs zu begründen. Eine Verwirkung infolge Zeitablaufs scheidet damit aus.

d) Zusammenfassung

Wie bereits zu Beginn der vorausgehenden Ausführungen zu den Gründen für das Umstandsmoment bei Sachverhalten begründet durch das Verhalten des Erwerbers geäußert, ist hierbei eine Einschlägigkeit des Umstandsmoments grds. zu verneinen. Dies liegt vor allem daran, dass dem Arbeitnehmer in solchen Fällen kein vertrauensbildendes und damit verwirkungserhebliches Verhalten angelastet werden kann. Der Arbeitnehmer wird lediglich reaktiv und akzeptierend und nicht initiativ und gestaltend in Bezug auf sein Arbeitsverhältnis tätig.

Einzig bei den Sachverhalten der Versetzung unter Einverständnis und der Entgegennahme einer „Treueprämie“ ist eine Einschlägigkeit des Umstandsmoments möglich. Dies liegt bei Ersterem daran, dass es zu einer Veränderung der rechtlichen Grundlage des Arbeitsverhältnisses in Form von Entgelt und/oder Arbeitszeit kommen kann. Bei Letzterem ist m. E., sofern eine Zweckbindung an die Nichtausübung des Widerspruchsrechts besteht, ebenfalls eine Einschlägigkeit des Umstandsmoments bei einer „Treueprämie“ möglich. Kommt nach der Ansicht des *Achten Senats* des BAG in letztgenanntem Fall keine Verwirkung infolge Zeitablaufs in Betracht, so kann des Weiteren auf den übergeordneten Tatbestand des venire contra factum proprium zurückgegriffen werden.

---

743 BAG vom 26.05.2011 – 8 AZR 18/10, BB 2011, 2292.

6. Zwischenergebnis

Das Urteil des *Achten Senats* des BAG vom 23.07.2009[744] hat die Betrachtungen verwirkungserheblicher Fälle i. R. d. Widerspruchs gegen den Übergang des Arbeitsverhältnisses bei Betriebsübergang nachhaltig geprägt. Wurden noch zuvor auch fernliegendere Verhaltensweisen des Arbeitsnehmers als Möglichkeit einer Einschlägigkeit des Umstandsmoments gesehen, so sollten diese Auffassungen auf den ersten Blick nach Verkündung des Urteils nicht mehr haltbar sein. Denn die Richter entschieden sich strikt gegen eine Erfüllung des Tatbestandes bei schlichter Disposition und verlangten eine zu überspringende „Hürde" in Form der qualifizierten Disposition über den Bestand des Arbeitsverhältnisses.

Auf der einen Seite erleichtert das Urteil den Umgang mit der Verwirkung infolge Zeitablaufs, da es eine klare Aussage bzgl. der Einschlägigkeit des Umstandsmoments enthält. Auf der anderen Seite trifft diese Aussage jedoch nur auf eine Dauer von 12 bis 15 Monaten nach Beginn des Zeitmoments zu. Denn die vom BAG aufgestellte „Hürde" kann nämlich unter Anbetracht der Wechselwirkung von Zeit- und Umstandsmoment nur in diesem, vom Gericht zu entscheidenden Zeitraum zutreffen. Ist das Zeitmoment hingegen stärker ausgeprägt, so muss an der Voraussetzung einer qualifizierten Disposition gezweifelt werden. Denn in diesen Fällen hebelt die Antiproportionalität beider Institute eine Qualifikation eines der beiden klar aus.

In Anbetracht dessen wurden die zuvor dargestellten Sachverhalte untersucht und eine einzelfallbezogene Auswertung vorgenommen. Im Zuge der Auswertung wurde deutlich, dass zwar zum einen an bewährten Maßstäben des BAG, wie z. B. der Nichteinschlägigkeit bei schlichtem Weiterarbeiten oder der Gründe in Bezug auf die Beendigung des Arbeitsverhältnisses[745], festgehalten werden kann. Zum anderen jedoch gerade i. R. d. Gründe durch aktives Tun des Arbeitnehmers andere Ansichten möglich und sachgerechter sind. Dies liegt wiederum daran, dass die Voraussetzung einer qualifizierten Disposition nicht für alle zeitlichen Ausprägungen aufrechterhalten werden kann.

In diesem Sinne beantwortet das Urteil des BAG vom 23.07.2009 viele Fragen, lässt im Umkehrschluss jedoch auch viel offen. Die Verwirkung infolge Zeitablaufs bei Widerspruch gegen den Übergang des Arbeitsverhältnisses bei Betriebsübergang nach § 613a BGB ist und bleibt damit eine Entscheidung im Einzelfall.

---

744 BAG vom 23.07.2009 – 8 AZR 541/08, zit. nach juris.

745 Einzige Ausnahme bildet hier die m. E. abzulehnende Rspr. des BAG bzgl. der Nichterhebung einer Kündigungsschutzklage bei Kündigung durch den Betriebserwerber, s. o. Kap. 5, I., 4., S. 156 ff.

II. Fälle des Rechtmissbrauchs i. e. S.

Die Fälle des Rechtsmissbrauchs i. e. S. durch den Arbeitnehmer lassen sich in zwei Konstellationen aufspalten. Zum einen der individuelle, dem einzelnen Arbeitnehmer vorzuwerfende, Rechtsmissbrauch i. e. S. und zum anderen der Fall des möglichen Rechtsmissbrauchs i. e. S. durch kollektiven Widerspruch einer Vielzahl von Arbeitnehmer. Beide spielen i. R. d. § 613a BGB eine eher untergeordnete Rolle im Verhältnis zur Verwirkung infolge Zeitablaufs.

1. Individueller Rechtsmissbrauch i. e. S.

Die Möglichkeiten eines Rechtsmissbrauchs i. e. S. durch den einzelnen Arbeitnehmer bei Betriebsübergang sind sehr beschränkt. Denkbar ist folgender Sachverhalt:

> Ein Betriebs- oder Betriebsteilübergang wurde zwischen den beiden Arbeitgeberparteien vereinbart und vollzogen. Im Rahmen dessen wurden die Arbeitnehmer gem. § 613a Abs. 5 BGB in Textform rechtzeitig unterrichtet. Der betroffene Arbeitnehmer widerspricht dem Übergang seines Arbeitsverhältnisses durch den Betriebsübergang und verlangt eine Beschäftigung i. R. e. Personalgestellung beim Erwerber. Nach Widerspruch und daraufhin vom Betriebsveräußerer in Aussicht gestellter betriebsbedingter Kündigung auch aufgrund einer Unmöglichkeit einer solchen Gestellung nimmt der Arbeitnehmer Verhandlung mit dem Erwerber auf, die jedoch ebenfalls erfolglos verlaufen. Nachdem in der Folge auch weitere Verhandlungen mit dem Veräußerer bzgl. eines Wechsels, die auch das Angebot eines Aufhebungsvertrages und einer Neueinstellung beim Erwerber beinhalteten, nicht funktionierten und der Arbeitnehmer zwischenzeitlich die Arbeit seines Erachtens aufgrund einer Personalgestellung beim Betriebserwerber aufgenommen hatte, beharrt er weiterhin auf der Wirksamkeit seines Widerspruchs.

In diesem, der Entscheidung des BAG nachgebildeten Fall[746] ist fraglich, ob das Verhalten des Arbeitnehmers den Tatbestand des Rechtsmissbrauchs i. e. S. erfüllt. D. h., dass der Widerspruch unwirksam ist und der Arbeitnehmer aufgrund des Übergangs seines Arbeitsverhältnisses Arbeitnehmer des Erwerberbetriebes ist.

Neben der eigentlichen Entscheidung des *Achten Senats* lassen sich vorweg aus diesem Urteil bereits grundlegende Erkenntnisse bzgl. der Ansichten der Rspr. zum Rechtsmissbrauch i. e. S. i. R. d. Widerspruchs gegen den Übergang des Arbeitsverhältnisses bei Betriebsübergang gewinnen. So liegt ein rechtsmissbräuchliches Verhalten des Arbeitnehmers nicht bereits darin, dass er kei-

---

[746] BAG vom 19.02.2009 – 8 AZR 176/08, NZA 2009, 1095.

nen sachlichen Grund für den Widerspruch hat[747]. Vielmehr „hat der Gesetzgeber bei der Bestimmung des § 613a Abs. 6 BGB bewusst davon abgesehen, die Ausübung des Widerspruchsrechts von bestimmten Motiven oder Sachgründen abhängig zu machen“[748]. Ein Rechtsmissbrauch i. e. S. läge nur vor, wenn die Ausübung des Widerspruchsrechts als treuwidrig erscheint, etwa wenn der Arbeitnehmer damit unlautere Zwecke oder eine Schädigungsabsicht i. S. d. § 226 BGB verfolge[749].

Auf das obige Beispiel übertragen bedeutet dies, dass die Vorstellung des Arbeitnehmers u. U. auch für den Betriebserwerber Arbeitsleistungen zu erbringen, auch wenn diese schon vor Widerspruch vorlag, keinen Rechtsmissbrauch i. e. S. begründet[750]. Ebenso wenig führen Verhandlungen des Arbeitnehmers mit den Arbeitgeberparteien, sei es auch in Form von eventuellen Aufhebungsverträgen, Lohngestaltungen und Neueinstellung, zu einem solchen Ergebnis[751].

M. E. ist dies sachgerecht. Die Möglichkeit des Arbeitnehmers nach ausgesprochenem Widerspruch in Verhandlungen zu den Arbeitgeberparteien zu treten ist nicht rechtsmissbräuchlich. Hier kann der Arbeitnehmer selbstverständlich im Rahmen seiner individuellen, durch § 613a BGB geschützten Arbeitgeberwahlfreiheit eine für sich günstige Position durch Verhandlungsgeschick erwirtschaften[752]. Diese freie Disposition des Arbeitnehmers über sein Arbeitsverhältnis, welche verfassungsrechtlich durch Art. 12 GG geschützt ist[753], muss es ihm ermöglichen auch „aggressive“ Verhandlungen zu führen. Begrenzt wird dieses Recht nur dann, wenn sich die Zweckrichtung in den Bereich des Unlauteren verschiebt. Ein solcher Fall ist m. E. jedoch durch einen einzelnen Arbeitnehmer kaum zu erreichen. Hier muss auf die folgenden Konstellationen des kollektiven Widerspruchs verwiesen werden[754].

---

747 BAG vom 19.02.2009 – 8 AZR 176/08, NZA 2009, 1095; so auch zum kollektiven Widerspruch, BAG vom 30.09.2004 – 8 AZR 462/03, BAGE 112, 124, NZA 2005, 43; s. a. Kap. 5, II., 2., S. 183 ff.

748 Siehe erneut BAG vom 19.02.2009 – 8 AZR 176/08, NZA 2009, 1095.

749 BAG vom 19.02.2009 – 8 AZR 176/08, NZA 2009, 1095, mit Verweis auf die Entscheidung zum kollektiven Widerspruch, BAG vom 30.09.2004 – 8 AZR 462/03, BAGE 112, 124, NZA 2005, 43; s. a. Kap. 5, II., 2., S. 183 ff.

750 BAG vom 19.02.2009 – 8 AZR 176/08, NZA 2009, 1095.

751 BAG vom 19.02.2009 – 8 AZR 176/08, NZA 2009, 1095.

752 In der Begründung so auch BAG vom 19.02.2009 – 8 AZR 176/08, NZA 2009, 1095.

753 BAG vom 02.03.2006 – 8 AZR 147/05, AP Nr. 302 zu § 613a BGB; BeckOK RGKU/*Gussen*, § 613a BGB, Rn. 171a; s. a. Kap. 2, I., 2., S. 38 ff.

754 Siehe dazu Kap. 5, II., 2., S. 183 ff. sowie Kap. 6, III., S. 213 ff.

Mithin liegt in einem „aggressiven Vorgehen" des Arbeitnehmers bei Verhandlungen mit den Arbeitgeberparteien über sein Arbeitsverhältnis nach erklärtem Widerspruch kein Verhalten, das einen Rechtsmissbrauch i. e. S. begründet.

2. Kollektiver Rechtsmissbrauch i. e. S.

Der Widerspruch einer großen Anzahl von Arbeitnehmern gegen den Übergang ihrer Arbeitsverhältnisse und das damit verbundene Problem möglichen Scheiterns der gesamten Transaktion bildet den Hauptanwendungsfall des Rechtsmissbrauchs i. e. S. i R. d. § 613a BGB. Die Fälle ähneln sich zumeist:

> Ein Betriebs- oder Betriebsteilübergang wurde zwischen den beiden Arbeitgeberparteien vereinbart und vollzogen. Im Rahmen dessen wurden die Arbeitnehmer gem. § 613a Abs. 5 BGB in Textform rechtzeitig unterrichtet. Von den betroffenen fünfzehn Arbeitnehmern widersprechen nun vierzehn dem Übergang ihrer Arbeitsverhältnisse durch den Betriebsübergang mit gleichlautendem Schreiben. Aufgrund dieser Tatsache kann der geplante Übergang nicht stattfinden.

In einer solchen Situation ist es nur verständlich, dass die Arbeitgeberparteien von einem kollektiven Zusammenwirken der Belegschaft ausgehen, sodass diesen Arbeitnehmern zudem eine Schädigungsabsicht unterstellt wird. Hierbei wird häufig vermutet, dass vermeintlich gezielt der Betriebs- oder Betriebsteilübergang „sabotiert" wurde. Inwieweit einem solchen Verhalten durch das Institut des Rechtsmissbrauchs i. e. S. entgegengewirkt werden kann ist jedoch fraglich.

Wie bereits erwähnt, verlangt der Gesetzgeber und damit im Einklang die Rspr. keinen sachlichen Grund für die Ausübung des Widerspruchsrechts[755]. Auch eine generelle gemeinsame Ausübung des Gestaltungsrechts wird nicht dadurch rechtsmissbräuchlich, dass ein individuelles Arbeitnehmerrecht durch eine Mehrzahl ausgeübt wird[756]. Der *Achte Senat* des BAG drückt es so aus: „Bestehende Rechte können Arbeitnehmer immer ausüben, unabhängig davon, ob es um ein paralleles im Sinne von zufälligem Zusammentreffen mehrerer Widersprüche Handeln [sic!] oder aber um eine zwischen den Arbeitnehmern abgestimmte, gemeinschaftliche Ausübung des individuellen Widerspruchs geht"[757]. Zudem sei es für eine solche Abstimmung bzgl. eines gemeinschaftlichen Handelns irrelevant, ob das Widerspruchsschreiben in Form eines „Mus-

[755] S. o. Kap. 5, II., 1., S. 181 ff.; s. a. *Gaul*, Das Arbeitsrecht der Betriebs- und Unternehmensspaltung, S. 332; siehe dazu auch krit. Kap. 6, III., 1., S. 214 f.

[756] BAG vom 23.07.2009 – 8 AZR 538/08, NZA 2010, 89; *Grau*, Unterrichtung und Widerspruchsrecht der Arbeitnehmer bei Betriebsübergang, S. 359, m. w. N.

[757] BAG vom 23.07.2009 – 8 AZR 538/08, NZA 2010, 89.

ters" von allen Widersprechenden genutzt und für alle Widersprechenden etwa von einer Gewerkschaft via Internet bereitgestellt wird[758].

Nach Ansicht des BGH ist der Tatbestand des Rechtsmissbrauchs i. e. S. i. d. R. nur dann erfüllt, wenn die Rechtsausübung als Vorwand für die Erreichung vertragsfremder oder unlauterer Zwecke herhält, z. B. wenn ein Gestaltungsrecht nur zu dem Zwecke ausgeübt wird, den Gegner in grob eigennütziger Weise zu einer Leistung zu veranlassen, auf die er keinen Anspruch hat und billigerweise auch nicht erheben kann[759]. In Bezug auf den Betriebsübergang bedeutet dies: „Übt eine Vielzahl von Arbeitnehmern das Widerspruchsrecht aus, kann sich demgemäß aus der Zweckrichtung der Widerspruchsausübung, soweit sie nicht im Schwerpunkt auf die Verhinderung des Arbeitgeberwechsels, sondern beispielsweise von der Motivation getragen ist, den Betriebsübergang als solchen zu verhindern oder aber Vergünstigungen zu erzielen, auf die die Arbeitnehmer keinen Rechtsanspruch haben, ein rechtsmissbräuchliches Handeln ergeben. Die Verhinderung des Betriebsübergangs würde dabei die grundgesetzlich geschützte unternehmerische Entscheidungsfreiheit des Arbeitgebers beeinträchtigen"[760]. D. h., sofern die Arbeitnehmer das Widerspruchsrecht in einer Art und Weise „einsetzen", die nichts mit der Sicherung des eigenen Arbeitsverhältnisses zu tun hat, kann ein Rechtsmissbrauch einschlägig sein[761]. I. E. kommt es also auf die Zweckrichtung und Zielsetzung des Widerspruchs an[762].

Doch gerade diese subjektiven Interessenlagen der Arbeitnehmer sind durch die Arbeitgeberparteien schwer nachzuweisen. Das LAG Brandenburg schließt hieraus, dass ein solcher kollektiver Widerspruch i. d. R. als wirksam anzusehen sei, „zumal Rechtsmissbrauch schwer nachzuweisen ist"[763]. Tatsächlich lässt sich der Nachweis von Ziel und Zweck eines objektiven Arbeitnehmerverhaltens, sofern keiner der Beteiligten seine Motivation kundtut, nur aus objektiven Indiztatsachen erbringen[764].

Im oben geschilderten Falle, wäre also die Motivation der Arbeitnehmer bzgl. eines solchen Kollektivwiderspruchs zu untersuchen. Lassen sich keinerlei

---

758 Siehe erneut BAG vom 23.07.2009 – 8 AZR 538/08, NZA 2010, 89.

759 BGH vom 22.05.1989 – II ZR 206/88, BGHZ 107, 296, 310 f.; s. a. Kap. 3, II., S. 83 ff.

760 BAG vom 23.07.2009 – 8 AZR 538/08, NZA 2010, 89.

761 So auch *Moll/Henke*, Anm. zu BAG vom 30.09.2004 – 8 AZR 462/03, BAGE 112, 124, NZA 2005, 43, in AP Nr. 275 zu § 613a BGB.

762 *Moll/Henke*, Anm. zu BAG vom 30.09.2004 – 8 AZR 462/03, BAGE 112, 124, NZA 2005, 43, in AP Nr. 275 zu § 613a BGB.

763 LAG Brandenburg vom 29.08.2003 – 8 Sa 199,03, EWiR 2004, 173.

764 *Moll/Henke*, Anm. zu BAG vom 30.09.2004 – 8 AZR 462/03, BAGE 112, 124, NZA 2005, 43, in AP Nr. 275 zu § 613a BGB.

Anhaltspunkte für eine Verfolgung unlauterer und vertragsfremder Zwecke und Ziele finden, so muss der Rechtsmissbrauch i. e. S. ausscheiden.

3. Zusammenfassung

Nach Betrachtung der Fälle des individuellen und kollektiven Rechtsmissbrauchs i. e. S. wird einmal mehr klar, dass es sich hierbei um absolute Ausnahmefälle handelt. Entscheidend ist, welche Ziele und Zwecke der Arbeitnehmer mit seinem Widerspruch verfolgt. Verhandelt er lediglich geschickt und forsch, so kann ihm dies nicht zum Vorwurf gemacht werden. Ebenso ist ein Kollektivwiderspruch großer Teile der Belegschaft an sich nicht verwerflich, auch wenn dieser den geplanten Betriebsübergang erheblich in Frage stellt. Diese Sachlage kippt erst dann zu Lasten des Arbeitnehmers, sofern er den Widerspruch als Mittel zur Erreichung von Leistungen verwendet oder eine gezielte Schädigung der Arbeitgeberparteien bezweckt. Jedoch liegt die Beweislast einer solchen Motivation bei den Arbeitgebern, was faktisch dazu führt, dass bis dato kein Rechtmissbrauch i. e. S. in Fällen von Massenwidersprüchen angenommen wurde.

6. KAPITEL: Lösungsansätze, Erwägungen und Hilfestellungen zur praktischen Handhabe bezüglich Unterrichtungspflicht, Verwirkung infolge Zeitablaufs und Rechtsmissbrauchs i. e. S. bei § 613a BGB

Anhand der Untersuchung der unterschiedlichen Fallgestaltungen im voran stehenden Kapitel lässt sich erkennen, dass es zur Bewertung der von der Verwirkung infolge Zeitablaufs und des Rechtsmissbrauchs i. e. S. bei § 613a BGB betroffenen Fälle immer einer Betrachtung des konkreten Einzelfalls bedarf. Mithin fällt es schwer allgemeine Aussagen zu treffen, die für eine Vielzahl von Fällen zutreffend sind. Denn gerade dies macht den Charakter des § 242 BGB aus. Die Norm soll lediglich in Ausnahmefällen Einzelfallgerechtigkeit schaffen.

Nichtsdestotrotz stellt sich die Frage, ob rechtspolitische Lösungsansätze, Erwägungen de lege lata und de lege ferenda, sowie Hilfestellungen zur praktischen Handhabe nach geltendem Recht erarbeitet werden können, die es ermöglichen mehr Rechtssicherheit für beide Parteien im Falle eines Betriebsübergangs zu schaffen; also einer einzelfallbezogenen Rechtsbewertung entgegenwirken. So soll versucht werden den Umgang mit der Verwirkung infolge Zeitablaufs und des Rechtsmissbrauchs i. e. S. zu erleichtern oder es gar nicht erst zu einem Rückgriff auf diese beiden Institute kommen zu lassen.

I. Rechtspolitische Erwägungen zur Unterrichtungspflicht

Die Unterrichtungspflicht des § 613a Abs. 5 BGB bildet den Ausgangspunkt der für die Verwirkung infolge Zeitablaufs maßgeblichen Fälle[765]. Es soll untersucht werden, ob rechtspolitische Veränderungen bzgl. der Anforderungen an diese möglich sind und ob darüber hinaus dies einen Rückgriff auf die Verwirkung infolge Zeitablaufs unnötig macht.

1. Einschränkung der Unterrichtungspflicht

Denkbar wäre es, die Unterrichtungspflicht der Arbeitgeber nach § 613a Abs. 5 BGB einzuschränken. Hierbei bestehen zwei Ansätze. Zum einen

[765] Für genauere Betrachtungen s. Kap. 4, I., 1., S. 85 ff.

die Einschränkung bzgl. des Kreises der Adressaten der Unterrichtung und zum anderen eine Einschränkung bzgl. der Anforderungen an dessen Inhalt.

a) Einschränkung der Adressaten

Ein Ansatzpunkt einer Lösung des Problems der fehleranfälligen Unterrichtung des § 613a Abs. 5 BGB wäre ein Versuch den Adressatenkreis dieser einzuschränken. Dieser Ansatz ist nicht neu. Bereits bei Einführung der Absätze 5 und 6 im Jahr 2002 in das BGB wurde harsche Kritik an der Umsetzung der Richtlinie 2001/23/EG durch die Lit. geübt[766]. Die dort geäußerten Meinungen hatten zwar noch nicht eine Einschränkung von Fällen in Bezug auf die Verwirkung infolge Zeitablaufs als Ziel, jedoch können sie auf diese übertragen werden.

Die Kritik des Schrifttums beruhte z. T. auf der Tatsache, dass der Gesetzgeber nicht bzgl. der Information der Arbeitnehmer dem sog. Grundmodell des Art. 7 Abs. 1, 2 RL 2001/23/EG gefolgt ist[767]. Dieses sah vor, dass die Unterrichtungspflicht von Betriebsveräußerer- und erwerber nur gegenüber der Arbeitnehmervertretung zu erfolgen hat[768]. Stattdessen übernahm der Gesetzgeber das Ausnahmemodell des Art. 7 Abs. 3 RL 2001/23/EG. Dies führte i. E. dazu, dass eine Informationspflicht gegenüber jedem einzelnen Arbeitnehmer ihren Weg in das BGB fand und eine dementsprechende Änderung des Betriebsverfassungsrechts nicht mehr notwendig war[769].

Dies hatten auch bereits die FDP- und CDU/CSU-Fraktionen in ihrem Änderungsantrag bemängelt[770]. Ausgehend von der bereits angesprochenen, über die Anforderungen der Richtlinie hinausgehenden, Ausführung und einem befürchteten bürokratischen Mehraufwand gerade für Arbeitgeber in kleineren Betrieben forderten die Fraktionen ebenfalls, dass die Unterrichtungspflicht lediglich gegenüber der Arbeitnehmervertretung zu erfolgen hat[771]. Nichtsdestotrotz wurde diese Kritik im endgültigen Gesetzeswortlaut nicht berücksichtigt.

---

766 Siehe beispielhaft *Franzen*, RdA 2002, 258, 260 ff.; *Grobys*, BB 2002, 726, 727; *Willemsen/Lembke*, NJW 2002, 1159, 1160 f.

767 *Franzen*, RdA 2002, 258, 260.

768 *Franzen*, RdA 2002, 258, 260.

769 Vgl. *Franzen*, RdA 2002, 258, 260, m. w. N.

770 BT-Drucks. 14/8128, S. 4; ebenso beantragt von den Ländern Sachsen und Sachsen-Anhalt, BR-Drucks. 309/03.

771 Einzige Ausnahme und damit eine Informationspflicht gegenüber jedem einzelnen Arbeitnehmer sollte bei fehlender Arbeitnehmervertretung respektive bei Betrieben mit weniger als fünf ständig wahlberechtigten Arbeitnehmern gelten, BT-Drucks. 14/8128, S. 4.

Da nach geltendem Recht eine Einschränkung des Adressatenkreises bei § 613a Abs. 5 BGB nicht möglich ist, stellt sich die Frage, ob es bei einer entsprechenden Gesetzesänderung überhaupt zu einer Verringerung des Rückgriffs auf die Verwirkung infolge Zeitablaufs kommen würde. M. E. ist dies nicht der Fall. Unabhängig von einer eventuellen bürokratischen Mehrbelastung auf Arbeitgeberseite v. a. zu Lasten der kleineren Betriebe und losgelöst von der Frage, ob der Gesetzgeber bei der Gestaltung der Norm die RL 2001/23/EG etwas zu exzentrisch umgesetzt hat, bleibt die Fehleranfälligkeit der Unterrichtung dennoch erhalten. Es ist in diesem Maße nämlich unerheblich, ob die Arbeitgeber jeden einzelnen Arbeitnehmer oder lediglich eine wie auch immer geartete Arbeitnehmervertretung informieren müssten. Denn eine fehlerhafte Unterrichtung des Vertretungsorgans, das durch dieses an alle Arbeitnehmer weitergegeben wird oder mehrere fehlerhafte Einzelschreiben mit dem gleichen Inhalt an die jeweilig vom Betriebsübergang betroffenen Arbeitnehmer selbst, erspart zwar den angeprangerten Bürokratieaufwand, macht jedoch für die Rechtsfolgen des § 613a BGB keinerlei Unterschied. In beiden Fällen beginnt die Widerspruchsfrist des § 613a Abs. 6 BGB nicht zu laufen und ein eventueller Rückgriff auf das Institut der Verwirkung infolge Zeitablaufs ist ebenso wahrscheinlich. In diesem Sinne stellt eine Einschränkung der Informationspflicht auf Vertreterorgane der Arbeitnehmerschaft keine Lösung dar.

b) Einschränkung der inhaltlichen Anforderungen

Als weitere rechtspolitische Möglichkeit, um einen Rückgriff auf die Verwirkung infolge Zeitablaufs zu verringern, kommt eine Einschränkung der inhaltlichen Anforderungen des Unterrichtungsschreibens nach § 613a Abs. 5 BGB in Betracht.

Denn diese Anforderungen sind es, welche die Wahrscheinlichkeit eines Fehlers in der Unterrichtung nicht unerheblich erhöhen. So herrscht in der Lit. seit Inkrafttreten der Normen im Jahr 2002 erhebliche Unklarheit darüber, wie die Aufzählung des Abs. 5 BGB auszulegen ist[772]. Dies führt wiederum dazu, dass es für die Arbeitgeberparteien immer schwieriger wurde eine fehlerfreie und umfassende Unterrichtung der Arbeitnehmer vorzunehmen.

---

772 *Düwell*, FA 2002. 107; *Franzen*, RdA 2002, 258; *Göpfert/Winzer*, ZIP 2008, 761; *Grobys*, BB 2002, 726; *Hauck*, Beil. zu NZA 1/2009, 18; *Hohenstatt/Grau*, NZA 2007, 13; *Huke*, FA 2002, 263; *Lembke*, NJW 2007, 2138; *Lindemann/Wolter-Roßteutscher*, BB 2007, 938; *Mohnke/Betz*, BB 2008, 498; *Reinhard*, NZA 2009, 63; *Worzalla*, NZA 2002, 353; für generelle Betrachtungen zur Informationspflicht s. *Eckhardt*, Die Informationspflicht des Arbeitgebers beim Betriebsübergang, S. 52 ff.

Hinter diesen Anforderungen steht der Normzweck des § 613a Abs. 5 BGB. Dieser soll durch seine Unterrichtung als Grundlage für die arbeitnehmerische Entscheidung bzgl. einer Ausübung des Widerspruchsrechts dienen[773]. D. h. der Arbeitnehmer muss sich auf dessen Inhalt verlassen können und ihm alle notwendigen Informationen zur Verfügung stehen, um eine abschließende Entscheidung bzgl. seines Arbeitsverhältnisses zu treffen. Aus diesem Grund fordert der *Achte Senat* zudem, dass es sich um eine konkrete betriebsbezogene Darstellung handelt, die in für den juristischen Laien verständlicher Sprache abgefasst ist[774].

Ein solcher Kompromiss zwischen einer der gerichtlichen Kontrolle standhaltenden, ausreichenden und umfassender Unterrichtung und einer laienfreundlichen Unterrichtung als Grundlage arbeitnehmerischer Entscheidungen ist jedoch beinahe unmöglich.

Fraglich ist, ob eine Herabsetzung der Anforderungen an ein solches Unterrichtungsschreiben zu einer Verringerung des Rückgriffs auf die Verwirkung infolge Zeitablaufs beitragen kann.

Denkbar wäre hier z. B. eine Anlehnung an die frühe Rspr. des BAG, die nur eine „im Kern" richtige und „ausreichende" Unterrichtung für ausreichend hielt[775]. Durchaus interessant erscheint in diesem Zusammenhang auch eine von den Ländern Sachsen und Sachsen-Anhalt in den Bundesrat eingebrachte Initiative zur Änderung des § 613a BGB aus dem Jahre 2003. Neben anderen, teils abwegigen[776], Änderungsgesuchen wurde vorgetragen, den Fristbeginn des § 613a Abs. 6 BGB auf den Zugang der Unterrichtung nach Abs. 5 Ziff. 1 zu beschränken[777]. Ein solches Vorhaben wurde zuvor bereits 2002 im Gesetzgebungsverfahren von der FDP im Ausschuss für Arbeit und Sozialordnung angeregt[778], jedoch nicht berücksichtigt. Eine derartige Rechtsänderung hätte zur Folge gehabt, dass die Arbeitgeber lediglich über den Zeitpunkt oder den geplanten Zeitpunkt des Betriebsübergangs informieren hätten müssen. Der Rechtsausschuss des Bundesrates begrüßte diesen Antrag mit der Begründung,

---

773 BT-Drucks. 14/7760, S. 19; s. a. Kap. 2, I., 2., S. 38 ff.

774 BAG vom 13.07.2006 – 8 AZR 305/05, BAGE 119, 91, NZA 2006, 1268.

775 BAG vom 22.04.1993 – 2 AZR 313/92, AP Nr. 102 zu § 613a BGB.

776 Die Länder trugen vor, dass durch Landesgesetz bestimmt werden solle, dass das Formerfordernis gemäß Abs. 5 Satz 1 entfällt, die Frist zum Widerspruch gem. Abs. 6 auf 3 Wochen verkürzt und der Zugang der Unterrichtung nach Abs. 5 Ziff. 1 beschränkt wird, BR-Drucks. 309/03, S. 3. Eine solche Länderöffnungsklausel verwarf der federführende Rechtsausschuss des Bundesrates entschieden und m. E. zu Recht aufgrund der bundeseinheitlichen Regelungen des Arbeitsrechts, BR-Drucks. 309/1/03, S. 3.

777 Vgl. BR-Drucks. 309/03, S. 3.

778 BT-Drucks. 14/8128, S. 4.

dass auf diese Weise vermieden werde, „dass eine Kontroverse um die notwendige Darstellungstiefe über Jahre hinweg Rechtsunsicherheit schafft“[779]. De facto hieße dies jedoch, das Institut der Informationspflicht des Abs. 5 weitgehend von dem des Widerspruchs nach Abs. 6 abzukoppeln[780].

Dies hätte in der Praxis grds. zur Folge, dass aufgrund der minimalen Anforderungen an das Unterrichtungsschreiben (die Arbeitgeber müssten faktisch ja nur noch ein Datum, und dies sogar nur als geplanten Zeitpunkt (!), angeben, wobei die restlichen Ziffern des § 613a Abs. 5 BGB wohl eher kursorisch abgehandelt werden) eine Fehlerhaftigkeit so gut wie auszuschließen wäre. Mithin kreierte dies zwar die vom Rechtsausschuss angestrebte Rechtssicherheit, jedoch entschieden auf Kosten der informationsbedürftigen Arbeitnehmer.

I. E. ist die Antwort auf die Frage, ob eine Herabsetzung der Anforderungen an das Unterrichtungsschreiben zu einer Verringerung des Rückgriffs auf die Verwirkung infolge Zeitablaufs führen kann eben so leicht, wie unbefriedigend. Selbstverständlich würde eine Herabsetzung der Anforderungen im Unterrichtungsschreiben die Fälle der Verwirkung infolge Zeitablaufs verringern. Denn je weniger eine Fehlerhaftigkeit des Unterrichtungsschreibens vorliegt, desto mehr Monatsfristen des § 613a Abs. 6 BGB fangen an zu laufen. Eine Gesetzesänderung wäre jedoch zwingend notwendig.

M. E. kann eine Herabsetzung der Anforderungen an das Unterrichtungsschreiben jedoch keine rechtspolitische Lösung sein. Eine Beschränkung der Unterrichtungstiefe zum Nachteil der Arbeitnehmerschaft ist nämlich kein probates Mittel i. R. d. Arbeitnehmer schützenden Norm des § 613a BGB. Der Arbeitnehmerschutz hat in der jetzt geltenden Fassung der Norm den uneingeschränkten Vorrang und diesem müsste auch in einer Gesetzesänderung entsprochen werden. Vermutlich ist dies auch einer der Gründe, warum der Ausschuss für Arbeit und Sozialpolitik des Bundesrates dem Entwurf nicht zugestimmt hatte[781], ein Beschluss der Neufassung bis heute nicht erfolgt ist, sowie zuvor i R d. Gesetzgebungsverfahrens im Bundestag der Antrag der FDP[782] keine Fürsprache gefunden hat.

2. Musterunterrichtung

Eine weitere Möglichkeit der Verringerung der Rückgriffe auf die Verwirkung infolge Zeitablaufs ist die Einführung eines vom Gesetzgeber vorgegebenen

---

779 BR-Drucks. 309/1/03, S. 9.

780 So auch der Rechtsausschuss des Bundesrates, BR-Drucks. 309/1/03, S. 7.

781 BR-Drucks. 309/1/03, S. 12.

782 Siehe erneut BT-Drucks. 14/8128, S. 4.

Musters für die Unterrichtung nach § 613a Abs. 5 BGB. Dies würde der arbeitgeberseitigen Überforderung bzgl. des Erstellens des Unterrichtungsschreibens abhelfen und die Anzahl der fehlerhaften Schreiben verringern.

Die Idee eines Musters der Belehrung bei Gestaltungsrechten ist dem Gesetzgeber nicht fremd. Bereits in Bezug auf den Verbraucherwiderruf wird den Parteien ein Muster durch § 355 BGB i. V. m. Art. 246 EGBGB und dessen Anlage 2 an die Hand gegeben. Nach diesem ist die Widerrufsbelehrung, wenn korrekt ausgefüllt, fehlerfrei.

Eine Parallele zum Widerspruch bei Betriebsübergang zu ziehen und eine dementsprechende Gesetzesänderung zu erwägen ist somit naheliegend. Auch ist die Verbraucher- und Unternehmereigenschaft von Arbeitnehmer und Arbeitgeber zudem nicht von der Hand zu weisen[783]. Mithin sind beide Situationen unter Schutzwürdigkeitsgesichtspunkten vergleichbar. Darüber hinaus räumt der *Achte Senat* ein, dass es unschädlich ist, wenn sich bei dem Unterrichtungsschreiben um ein Standartschreiben handelt[784]. Damit steht auch § 613a Abs. 5 BGB einer Musterunterrichtung grds. nicht entgegen.

Jedoch stellt *Willemsen*[785] bei der Betrachtung des Urteils des *Achten Senats* fest, dass das Gericht diese Aussage wieder einschränkt. Hier solle gleichwohl vom Unterrichtenden auf die „Besonderheiten einzelner Arbeitsverhältnisse" eingegangen werden. Zu Recht zieht er daraus den Schluss, dass in der Praxis die Verwendung eines Standardschreibens wohl eher keinen Anklang finden würde, da für die jeweiligen Arbeitnehmergruppen (z. B. AT-Angestellte, leitende Angestellte, Außendienstmitarbeiter etc.) jeweils gesonderte Standardschreiben verfasst werden müssten[786]. Hier wäre es notwendig das Muster so auszugestalten, dass der Arbeitgeber auf die einzelnen Arbeitnehmer und Arbeitnehmergruppen eingehen kann. Ihm also ein gewisser „Freiraum" für eine Individualisierung durch das Muster gestattet wird.

I. E. stellt auch die Einführung eines gesetzlichen Musters für die Unterrichtung nach § 613a Abs. 5 BGB keine Lösung zur Verringerung des Rückgriffs auf die Verwirkung infolge Zeitablaufs dar. Es bestehen zu viele Schwierigkeiten bzgl. einer gesetzlichen Umsetzung. Der triftigste Grund gegen eine Verwendung eines gesetzlich bestimmten Musters für den Widerspruch gegen den Übergang des Arbeitsverhältnisses ist die Notwendigkeit einer individuellen, auf die „Besonderheiten einzelner Arbeitsverhältnisse" eingehenden Unterrich-

---

783 Zur Verbrauchereigenschaft des Arbeitnehmers vgl. exemplarisch BAG vom 25.05.2005 – 5 AZR 572/04, BAGE 115, 19, NJW 2005, 3305.

784 BAG vom 13.07.2006 – 8 AZR 303/05, BAGE 119, 81, NZA 2006, 1273.

785 *Willemsen*, NJW 2007, 2065, 2069.

786 Siehe erneut *Willemsen*, NJW 2007, 2065, 2069.

tung[787]. Denn hier lassen sich zwei sich gegenüber stehende Aspekte schwer miteinander vereinbaren: Auf der einen Seite die auf Individualität bedachte Unterrichtung und auf der anderen Seite das auf Vereinheitlichung beruhende Musterbeispiel. So vermag zwar eine Rückgabebelehrung bzgl. einer durch Fernabsatzvertrag erworbenen Sache im Grundsatz immer gleichförmig zu begutachten sein, eine Belehrung in Bezug auf den Übergang eines konkreten Arbeitsverhältnisses mit all seinen Inhalten jedoch nicht.

Auch der Einwand, dass dies eine Frage der Ausgestaltung des Musters ist, d. h. auch ein Muster genug „Freiraum" für individuelle Ausführungen lässt, spricht eher gegen die Einführung eines Musters. Denn je freier ein solches Muster gehalten wird, umso mehr eröffnet es Quellen für eventuelle Fehler, welche wiederum dazu führen, dass die Widerspruchsfrist nicht zu laufen beginnt. Haben die Arbeitgeberparteien lediglich einen Vordruck, der in einer Vielzahl von Unterpunkten individuell und konkret auf die jeweiligen Arbeitsverhältnisse noch zugeschnitten und angepasst werden muss, so gibt eben diese Vielzahl an Möglichkeiten eine Vielzahl an denkbaren Fehlerquellen. In diesem Sinne kommt auch *Eckhardt*[788] im Anhang der Ergebniszusammenfassung seiner Ausarbeitung und vor Formulierung eines Vorschlags bzgl. eines Unterrichtungsschreibens zu dem Ergebnis, „dass dieses Beispiel nur als Anregung gelten kann und eine Unterrichtung den jeweiligen Bedürfnissen des Einzelfalls angepasst werden muss, [...]."

3. Zusammenfassung

§ 613a Abs. 5 BGB soll es dem Arbeitnehmer ermöglichen eine fundierte Wissensgrundlage für seine Entscheidung zu erhalten, ob er nun dem Übergang seines Arbeitsverhältnisses aufgrund des Betriebsübergangs widersprechen möchte oder nicht[789]. Durch eine Einschränkung der Unterrichtungspflicht wäre es zwar möglich die Rückgriffe auf die Verwirkung infolge Zeitablaufs bei Widerspruch gegen den Übergang des Arbeitsverhältnisses bei Betriebsübergang zu verringern, jedoch ist weder eine Verringerung des Adressatenkreises noch eine Einschränkung der inhaltlichen Anforderungen nach geltendem Recht möglich. Doch selbst, wenn es zu einer Gesetzesänderung kommen würde, könnten beide keine Lösungen darstellen. Zum einen hätte eine Verringerung der Adressaten keine Auswirkung auf die Fehleranfälligkeit der Unterrichtung. Zum anderen

---

787 *Willemsen*, NJW 2007, 2065, 2069.

788 *Eckhardt*, Die Informationspflicht der Arbeitgeber beim Betriebsübergang, S. 221.

789 Vgl. BAG vom 13.07.2006 – 8 AZR 303/05, NZA 2006, 1273; BAG vom 14.12.2006 - 8 AZR 763/05, NZA 2007, 682; s. a. Kap. 2, II., 1., S. 33 ff.

ließe sich eine Einschränkung des Inhalts der Unterrichtung mit dem stark ausgeprägten Arbeitnehmerschutz des § 613a Abs. 5 BGB nicht verbinden. Auch die ebenfalls durch Gesetzesänderung angesprochene Einführung einer Musterunterrichtung ist nicht erfolgversprechend. Denn die auf Individualität bedachte Unterrichtung und das auf Vereinheitlichung beruhende Musterbeispiel sind nicht miteinander zu vereinbaren.

Eine nach geltendem Recht mögliche Verringerung der Rückgriffe auf die Verwirkung infolge Zeitablaufs konnte jedoch bereits im 2. Kapitel gefunden werden[790]. Es ist hier noch einmal ausdrücklich darauf hinzuweisen, dass bei einer Einführung eines Kausalitäts- und Relevanzerfordernisses zwischen Fehlern im Unterrichtungsschreiben und der Ausübung des Widerspruchsrechts eine Erhöhung der Anforderungen bei Unterrichtung und Widerspruch mit dem Arbeitnehmerschutzgedanken der Norm in Einklang gebracht werden kann. Der Wortlaut des § 613a Abs. 6 BGB steht dem nicht entgegen.

II. Erwägungen zur Auslegung des geltenden Rechts bei der Verwirkung infolge Zeitablaufs

Der Tatbestand der Verwirkung infolge Zeitablaufs besteht aus zwei Merkmalen: Das Zeit- und das Umstandsmoment. Beide stehen in konstanter Wechselwirkung zueinander und können nur schwer subsumiert werden[791]. Aus diesem Grund soll an diese beiden Merkmale angeknüpft werden, um, sofern sich ein Rückgriff auf die Verwirkung infolge Zeitablaufs bei § 613a BGB nicht vermeiden lässt, Erwägungen zur Auslegung nach geltendem Recht vorzunehmen.

1. Erwägungen zum Zeitmoment

Eine Voraussetzung der Verwirkung infolge Zeitablaufs ist, dass das fragliche Recht über eine längere Zeitspanne hinweg nicht verwirklicht wurde - sog. Zeitmoment[792]. Im Laufe der Untersuchungen wurde festgestellt, dass die exakte Länge dieses Moments aufgrund der Wechselwirkung zwischen diesem und dem Umstandsmoment nur schwer bestimmt werden kann[793]. In Anbetracht des-

[790] S. u. Kap. 2, II., 1., S. 48 ff.

[791] Siehe dazu Kap. 3, I., 1., S. 64 ff.

[792] MünchKommBGB/*Roth/Schubert*, § 242 BGB, Rn. 336; siehe vertiefend Kap. 3, I., 1., S. 64 ff.

[793] Siehe Kap. 3, I., S. 64 ff.

sen sollen verschiedene Ansätze zur besseren Bestimmbarkeit und zur Einschränkung des Zeitmoments de lege lata untersucht werden.

a) Festsetzung einer Höchstfrist

Vermehrt wurde in der Lit. die Einführung einer absoluten Höchstfrist zum einen für das Zeitmoment, zum anderen aber auch für die Ausübung des Widerspruchsrechts diskutiert.

Die Einführung einer Höchstfrist für das Zeitmoment würde dazu führen, dass nach Ablauf dieser Frist aufgrund der Wechselwirkung an das Umstandsmoment keine hohen Anforderungen mehr gestellt werden dürften. So würde wohl bereits das schlichte Unterlassen der Geltendmachung des Rechts ausreichen, um den Tatbestand der Verwirkung infolge Zeitablaufs zu erfüllen[794].

Die Festsetzung einer Höchstfrist für die Ausübung des Widerspruchsrechts hingegen würde das Gestaltungsrecht des Arbeitnehmers auf eine feste Zeitspanne begrenzen. Nach dieser könnte das Recht nicht mehr ausgeübt werden, sodass auch eine Verwirkung infolge Zeitablaufs dann nicht mehr in Frage kommt. Raum für einen Rückgriff auf dieses Institut des § 242 BGB bliebe dann nur während des Fristlaufs.

Aus diesem Grund muss bei den folgenden Meinungen bzgl. der Einführung einer Höchstfrist immer zwischen einer solcher bzgl. des Zeitmoments und einer bzgl. der Ausübung des Widerspruchsrechts unterschieden werden.

aa) Drei Monate

Eine außerordentlich kurze Frist von drei Monaten bzgl. des Zeitmoments wird von *Bauer/von Steinau-Steinrück*[795] sowie *Willemsen*[796] vertreten. *Bauer/von Steinau-Steinrück* gehen davon aus, dass das Widerspruchsrecht verwirkt, „wenn der Arbeitnehmer so lange beim Betriebserwerber tätig ist, dass er aus seiner täglichen Erfahrung die Inhalte kennt, über die er nach § 613a Abs. 5 BGB informiert hätte werden müssen; ebenso, wenn er die wesentlichen Umstände kennt, die für eine bewusste Arbeitsplatzwahl wichtig sind“[797]. Dies solle spätestens nach drei Monaten der Fall sein.

Willemsen schränkt diese Ansicht auf bestimmte Fälle ein. So meint er, dass, unter Berücksichtigung der strengen Rspr. des BAG in Bezug auf die Anforderungen an die Fehlerfreiheit der Unterrichtung nach Abs. 5, zumindest bei Feh-

---

794 Für nähere Betrachtungen s. Kap. 3, I., 1., S. 75 f.

795 *Bauer/von Steinau-Steinrück*, ZIP 2002, 457.

796 *Willemsen*, NJW 2007, 2065.

797 *Bauer/von Steinau-Steinrück*, ZIP 2002, 457, 464.

lern, „die sich nach Betriebsübergang im „gelebten" Arbeitsverhältnis offenbaren (Beispiele: Wegfall von Sozialleistungen, Änderungen der Arbeitszeit)" von einer Verwirkung nach drei Monaten auszugehen sei[798]. Hierbei könne eine Parallele zur Rspr. bezüglich der konkludenten Zustimmung des Arbeitnehmers zur einseitigen Vertragsänderung seitens des Arbeitgebers gezogen werden[799]. Denn „nach der Rechtsprechung des Bundesarbeitsgerichts kann die widerspruchslose Fortsetzung der Tätigkeit durch den Arbeitnehmer nach einem Änderungsangebot des Arbeitgebers gem. §§ 133, 157 BGB dann als Annahme der Vertragsänderung angesehen werden, wenn diese sich unmittelbar im Arbeitsverhältnis auswirkt.[800]"

Auch bzgl. einer Frist zur Ausübung des Widerspruchsrechts wurde dieselbe Zeitspanne vertreten. So hatte der Rechtsausschuss des Bundesrates eine Empfehlung zur Einführung einer Frist von drei Monaten geäußert[801].

bb) Mindestens sechs Monate

Für eine Höchstfrist zur Ausübung des Widerspruchsrechts von sechs Monaten spricht sich vor allem *Franzen*[802] aus. Orientiert wird sich hierbei an § 355 BGB, der ebenso wie § 613a BGB europarechtliche Hintergründe hat und eine Höchstfrist von sechs Monaten nach § 355 Abs. 4 Satz 1 BGB vorsieht. *Franzen* weist jedoch zu Recht darauf hin, dass eine Analogie dieser Vorschrift schon allein aufgrund der Tatsache nicht geeignet ist, dass eine derartige von den Fraktionen der CSU und FDP vorgeschlagene Höchstfrist[803] im zuständigen Bundesausschuss für Arbeit und Sozialordnung zwar diskutiert jedoch ausdrücklich verworfen wurde[804]. Ebenso hatte im Jahre 2003 ein Entwurf eines Gesetzes zur Änderung des § 613a BGB mit der Empfehlung des federführenden Rechtsausschusses im Bundesrat keinen Erfolg eine starre Sechsmonatsfrist einzuführen[805].

In Anbetracht des dadurch zum Ausdruck gekommenen Willens des Gesetzgebers keine Höchstfrist von sechs Monaten einzuführen, bildete sich in der Lit. eine Meinung heraus, dass auch die Erfüllung des Zeitmoments vor Ablauf von

---

798 *Willemsen*, NJW 2007, 2065, 2073.

799 Siehe erneut *Willemsen*, NJW 2007, 2065, 2073, m. w. N.

800 BAG vom 01.08.2001 – 4 AZR 129/00, NJW 2003, 924, m. w. N.

801 BR-Drucks. 831/1/01, S. 2.

802 *Franzen*, RdA 2002, 258, 266.

803 Vgl. BT-Drucks. 14/8128, S. 4 f.

804 Siehe erneut *Franzen*, RdA 2002, 258, 266, m. w. N.

805 BR-Drucks. 309/1/03, S. 8.

sechs Monaten generell zu verneinen ist[806]. Denn, nehme man eine Verwirkung infolge Zeitablaufs vor Ablauf der sechs Monaten an, könne dies als Umgehung des gesetzgeberischen Willens interpretiert werden[807].

cc) Zwölf Monate

Als längste in der Lit. geäußerte Frist bzgl. des Zeitmoments gehen *Löwisch/Göpfert/Siegrist*[808] von einer regelmäßigen Erfüllung des dessen nach Ablauf von einem Jahr aus. Begründet wird dies mit der Wechselwirkung von Zeit- und Umstandsmoment[809]. Denn *Löwisch/Göpfert/Siegrist* gehen davon aus, dass aller Wahrscheinlichkeit nach bei einem Zeitraum von vierundzwanzig Monaten der Arbeitnehmer beim Betriebserwerber ein wie auch immer geartetes vertrauensbildendes Verhalten (als Umstandsmoment) geäußert haben muss, sodass das Zeitmoment regelmäßig erfüllt ist.

dd) Zwölf bis siebzehn Monate

Orientiert man sich an den Urteilen des *Achten Senat* des BAG bzgl. der in Kapitel 5 dargestellten Verhaltensweisen des Arbeitnehmers[810], so muss man von einem Zeitraum von 12 bis 17 Monaten ausgehen, um eine Verwirkung infolge Zeitablaufs in diesen Fällen zu erfüllen. Denkbar wäre es diese Zeitspanne als Höchstfrist für das Zeitmoment abzuleiten. Hierbei handelt es sich jedoch lediglich um Fälle, bei denen der *Achte Senat* das Tatbestandsmerkmal des Zeitmoments bejaht hat. In all diesen Fällen stand dem Zeitmoment jedoch ein Umstandsmoment zur Seite, das über das bloße Unterlassen der Geltendmachung des Widerspruchsrechts hinausging. Eine Höchstfrist wurde vom BAG weder angesprochen noch lässt sich eine solche daraus ableiten.

ee) Vierundzwanzig Monate

Betrachtet man sich die zu Beginn des fünften Kapitels vertretene Ansicht, dass aufgrund der Wechselwirkung von Zeit- und Umstandsmoment eine vertrauensbildendes Verhalten des Arbeitnehmers, auch wenn dies keine qualifizierte Disposition[811] darstellt, den Tatbestand der Verwirkung infolge Zeitablaufs bei ei-

---

806 Siehe z. B. *Grimm/Bock*, EWiR § 613a BGB 2/06, 165. 166; *Schmalenberg*, AuR 2008, 165, 166; *Olbertz/Ungnad*, BB 2004, 213, 215.

807 Vgl. *Olbertz/Ungnad*, BB 2004, 213, 215.

808 Vgl. *Löwisch/Göpfert/Siegrist*, DB 2007, 2538, 2539.

809 Siehe dazu vertiefend Kap. 3, I., 1., S. 64 ff.

810 Dazu ausführlich Kap. 5, I., 2., S. 112 ff.

811 Siehe eingehend Kap. 5, I., 1., S. 109 ff.

ner Ausdehnung des Zeitmoments von vierundzwanzig Monaten regelmäßig erfüllen kann[812], so könnte man auch diese Zeitspanne als mögliche Höchstfrist bzgl. des Zeitmoments berücksichtigen.

Dies ist jedoch nicht der Fall. Die dort vertretene Ansicht setzt immer noch neben dem Unterlassen der Geltendmachung des Widerspruchsrechts ein Verhalten des Arbeitnehmers voraus, das einen Vertrauenstatbestand auf Arbeitgeberseite hervorruft. So stellt die Ansicht lediglich klar, dass es nach dieser Zeitspanne keiner *qualifizierten* Disposition mehr bedarf, sondern eine *schlichte* Disposition aufgrund der Wechselwirkung ausreicht, um eine Verwirkung infolge Zeitablaufs zu begründen[813]. Eine Höchstfrist des Zeitmoments würde hingegen bedeuten, dass es auf ein über das Unterlassen hinausgehendes Verhalten des Arbeitnehmers nicht mehr ankommt[814]. Dieses Verhalten wird jedoch auch nach vierundzwanzig Monaten noch gefordert werden müssen, um eine Verwirkung infolge Zeitablaufs anzunehmen.

ff) Zehn Jahre

Eine durchaus interessante Parallele zwischen Widerspruchsrecht und Anfechtung zieht *Schmalenberg*[815]. Er gibt zu bedenken, dass diejenigen Arbeitnehmer, die dem Betriebsübergang bereits widersprochen haben, diese Widerspruchserklärung durchaus noch anfechten können[816]. D. h., das Widerspruchsrecht müsse den nicht widersprechenden Arbeitnehmern ebenso lange erhalten bleiben wie den widersprechenden Arbeitnehmern, sofern diese vom Anfechtungsgrund keine Kenntnis erlangen[817]. Anfechtung des Widerspruchs und Ausübung des Widerspruchsrechts sein vor diesem Hintergrund „spiegelbildlich zueinander", was eine Orientierung an den §§ 121 Abs. 2, 124 Abs. 3 BGB denkbar erscheinen lässt[818]. Diese sehen eine Zeitspanne von zehn Jahren für die Anfechtung vor. Aufgrund der Gemeinsamkeiten beider Gestaltungsrechte käme also bei Widerspruch des Arbeitnehmers nach § 613a Abs. 6 BGB eine Höchstfrist für diesen von zehn Jahren in Betracht.

812 Für nähere Betrachtungen s. Kap. 5, I., 2., S. 115 f.

813 Siehe Kap. 5, I., 1., S. 111 f.

814 Siehe dazu auch Kap. 3, I., 1., S. 75 f.

815 *Schmalenberg*, AuR 2008, 165.

816 *Schmalenberg*, AuR 2008, 165, 166.

817 *Schmalenberg*, AuR 2008, 165, 166.

818 *Schmalenberg*, AuR 2008, 165, 166.

gg) Zusammenfassung und Kritik

Die Meinungen bzgl. einer Höchstfrist für die Ausübung des Widerspruchsrechts nach § 613a Abs. 6 BGB und einer solchen für das Zeitmoment gehen weit auseinander.

Wichtigster Einwand gegen eine Höchstfrist bzgl. der Ausübung des Widerspruchsrechts ist, dass sich sowohl im Bundestag als auch im Bundesrat bewusst gegen eine Festsetzung einer solchen entschieden wurde. Dies zeigt, dass der Gesetzgeber keine Notwendigkeit einer fixen Grenze für die Ausübung des Widerspruchsrechts des Arbeitnehmers sieht. So sagt *Grau*, dass das Fehlen einer absoluten Höchstfrist aus Perspektive der Betriebsübertragungsparteien zwar risikobehaftet und unter den Gesichtspunkten von Rechtssicherheit und Rechtsklarheit problematisch erscheine, jedoch angesichts der eindeutigen gesetzlichen Risikozuweisung bei Unterrichtungspflichtverstößen durch die Arbeitgeber jeglichen relativierenden Eingriff in § 613a Abs. 5 und 6 BGB verbiete[819]. Entgegen dieser Meinung ist jedoch die von *Schmalenberg*[820] vertretene Ansicht bzgl. einer maximalen Ausübungsmöglichkeit des Widerspruchsrechts von zehn Jahren vorzugswürdig. Denn diese zeitliche Ausprägung ist weit über der vom Gesetzgeber abgelehnten Sechs-Monats-Frist. Zudem wäre aufgrund der Gemeinsamkeiten der Gestaltungsrechte von Widerspruch und Anfechtung eine einheitliche Bewertung sachgerecht.

Hierbei schließt sich der Kreis zu einer Höchstfrist des Zeitmoments. Denn das Wechselspiel von Zeit- und Umstandsmoment ist immanentes Merkmal der Verwirkung infolge Zeitablaufs. Dies ermöglicht es ein Tatbestandsmerkmal zulasten des anderen zu verändern. Möchte man eine Verringerung des Umstandsmoments erreichen, bei der lediglich das Unterlassen der Geltendmachung des Rechts notwendig ist, um die Verwirkung infolge Zeitablaufs zu verwirklichen, muss das Tatbestandsmerkmal des Zeitmoments an seine Grenzen gebracht werden. Eine Maximalausprägung des Zeitmoments würde demnach das Umstandsmoment fast vollständig ersetzen. Wie bereits in Kap. 3 zur fehlenden Kenntnis des Verpflichteten untersucht, kann dies bei einer Maximaldauer des Zeitmoments von zehn Jahren der Fall sein[821].

So ist in der allgemeinen Situation des Zeitmoments bei § 242 BGB sowie im speziellen Falle des Widerspruchsrechts bei § 613a BGB jeweils eine absolute Höchstfrist von zehn Jahren denkbar. Ob Sachverhalte mit derart langer zeitlicher Ausdehnung jedoch für die Praxis noch relevant sein werden, ist fraglich.

---

819 *Grau*, Unterrichtung und Widerspruchsrecht der Arbeitnehmer bei Betriebsübergang, S. 294.

820 *Schmalenberg*, AuR 2008, 165, 166.

821 Für genauere Betrachtungen s. Kap. 3, I., 1., S. 75 f.

b) Analogie zu § 5 Abs. 3 Satz 2 KSchG

Ein weiterer Ansatz, um einen Rückgriff auf die Verwirkung infolge Zeitablaufs nach geltendem Recht zu verringern, ist die Anlehnung an die Klagezulassungsfrist des § 5 Abs. 3 Satz 2 KSchG bzgl. der Ausübung des Widerspruchsrechts. Dieser sagt, dass eine Zulassung verspäteter Klagen spätestens mit Ablauf von sechs Monaten nicht mehr möglich ist. Würde diese Frist bei § 613a Abs. 6 BGB Anwendung finden, so ergäbe sich für die Ausübung des Widerspruchsrechts erneut eine Höchstfrist, die eine Anwendung der Verwirkung infolge Zeitablaufs nur noch vor diesem Zeitpunkt an ermöglicht.

Dieser Rückgriff wird, teils i. R. e analogen Anwendung der Norm, in der Lit. [822] und auch mitunter in der Rspr.[823] vertreten. Argumentiert wird mit einem „Erst-Recht-Schluss". Dieser besagt, dass, wenn der Arbeitnehmer bereits im Kündigungsschutzverfahren, in dem es um den Erhalt seines Arbeitsplatzes geht, dieser absoluten Ausschlussfrist ausgesetzt wird, diese Frist erst recht für den Arbeitnehmer gelten muss, dessen Arbeitsverhältnis durch einen möglichen Widerspruch betroffen ist[824].

Diese Argumentation ist nicht haltbar[825]. Wie bereits zu Beginn gesagt, würde dies faktisch zu einer weiteren Höchstfrist von sechs Monaten für die Ausübung des Widerspruchsrechts führen. Diese ist aus oben bereits genannten Gründen[826] strikt abzulehnen. Aus diesen Gründen verbietet sich auch eine in Betracht gezogene Analogie zu § 5 Abs. 3 Satz 2 KSchG. Es fehlt bereits an der dafür notwendigen Regelungslücke[827]. Denn, wie bereits erörtert, hat sich der Gesetzgeber trotz befürwortendem Antrag bewusst und gewollt in Bundestag und Bundesrat gegen eine Einführung einer absoluten Höchstgrenze von sechs Monaten entschieden[828]. Daran ändert auch eine Herleitung über § 5 Abs. 3 Satz 2 KSchG nichts, die zum gleichen Ergebnis führt.

---

822 Siehe u. a. *Gaul/Otto*, DB 2002, 634, 637; *Schiefer/Worzalla*, NJW 2009, 558, 559; *Worzalla*, NZA 2002, 353, 357; *Wulff*, AiB 2002, 594, 596.

823 Siehe exemplarisch LAG München vom 12.10.2006 – 2 Sa 990/05, BB 2007, 502.

824 *Worzalla*, NZA 2002, 353, 357.

825 So auch *Goetzmann*, ArbRB 2009, 176; *Grau*, Unterrichtung und Widerspruchsrecht der Arbeitnehmer bei Betriebsübergang, S. 293 f.; *Olbertz/Ungnad*, BB 2004, 213, 214; *Schmalenberg*, AuR 2008, 165, 166.

826 S. o. Kap. 6, II., 1., S. 199 f.

827 So auch *Grau*, Unterrichtung und Widerspruchsrecht der Arbeitnehmer bei Betriebsübergang, S. 293, m. w. N; auch *Schmalenberg,* AuR 2008, 165.

828 BR-Drucks. 309/1/03, S. 8; BT-Drucks. 14/8128, S. 6.

Mithin ist der Rückgriff auf § 5 Abs. 3 Satz 2 KSchG nach geltendem Recht keine Lösung zur Verringerung der Rückgriffe auf die Verwirkung infolge Zeitablaufs dar.

c) Verjährung des Widerspruchsrechts

Beim Widerspruchsrecht gegen den Übergang des Arbeitsverhältnisses nach § 613a Abs. 6 BGB handelt sich um ein Rechtsfolgenverweigerungsrecht mit der Rechtsqualität eines Gestaltungsrechts[829]. Gestaltungsrechte unterliegen jedoch nicht der Verjährung des § 194 Abs. 1 BGB, für sie gelten u. U. Ausschlussfristen (vgl. z. B. § 124 Abs. 1 BGB)[830]. Demnach ist die Verjährung keine Lösungen zur Verringerung der Rückgriffe auf die Verwirkung infolge Zeitablaufs. Gegenteilige Stimmen in der Lit.[831] sind strikt abzulehnen.

d) Bemessung des Zeitmoments anhand der Schwere des Fehlers im Unterrichtungsschreiben

Ein weiterer Ansatz der Lit. bzgl. der Verringerung der Rückgriffe auf die Verwirkung infolge Zeitablaufs beschäftigt sich damit die Dauer des Zeitmoments abhängig von der Schwere des Fehlers im Unterrichtungsschreiben zu machen. Hierbei wird vertreten, dass je vollständiger das Unterrichtungsschreiben sei, umso schneller setzte die Verwirkung ein[832]. Darüber hinaus wird erwogen, zwischen Fällen fehlender bzw. offensichtlich unvollständiger Information und solchen zu unterscheiden, welche nach dem äußeren Eindruck vollständig und ordnungsgemäß erscheinen[833].

Beide Ansätze gehen m. E. fehl[834]. Versucht man das Zeitmoment anhand von Begriffen wie „Schwere" oder „offensichtlicher Vollständigkeit" zu bemessen, so gerät man in die Lage ein in vielerlei Hinsicht schwer zu bestimmendes Tatbestandsmerkmal mit ebenso schwer zu bestimmenden Maßstäben zu beur-

---

829 BAG vom 30.10.2003 – 8 AZR 491/02, NZA 2004, 481; BAG vom 13.07.2006 – 8 AZR 382/05, NZA 2006, 1406;BAG vom 15.02.2007 – 8 AZR 431/06, NZA 2007, 793; s. a. Kap. 2, II., 2., S. 51 ff.

830 *Brox/Walker*, Allgemeiner Teil des BGB, Rn. 667; *Medicus/Petersen*, Bürgerliches Recht, Rn. 307; Staudinger/*Peters/Jacoby*, § 194 BGB, Rn. 18; so auch *Schmalenberg*, AuR 2008, 165, m. w. N.

831 Vgl. *Goetzmann*, ArbRB 2009, 176, 177, der von der Vermutung ausgeht, dass grds. jedes Recht der Verjährung unterliegt und demnach eine Höchstfrist von drei Jahren nach §§ 194, 199 BGB für das Widerspruchsrecht erwägt.

832 *Müller-Bonanni/Grau*, ArbRB 2007, 146, 150.

833 Vgl. *Grosjean/Biester*, DB 2007, 1466, 1468.

834 So wohl auch *Schmalenberg*, AuR 165, 166.

teilen. Denn wie soll man bestimmen, wann ein Fehler „schwerwiegend" oder „offensichtlich" ist? Kann nicht auch ein kleiner, „schwer zu entdeckender" Fehler u. U. größere Probleme nach sich ziehen als ein „Offensichtlicher"? Damit also ein unoffensichtlicher Fehler auch schwerwiegend sein? All diese Fragen sind nicht leicht zu beantworten. Sie bedürfen, ebenso wie die Verwirkung infolge Zeitablaufs, eine Bewertung im konkreten Einzelfall.

Schmalenberg[835] erwägt diesbezüglich eine Unterscheidung zwischen formalen und inhaltlichen Fehlern. Jedoch verwirft er diese These zu Recht mit der Aussage, dass dies dazu führen kann, dass grobe Fehler zu einem kürzeren Zeitmoment führen würden als nicht sofort erkennbare, kleine Fehler[836]. Dem ist uneingeschränkt zuzustimmen.

Des Weiteren stellen *Müller-Bonanni/Grau* bei der Schwere des Fehlers auf das konkret vorliegende Informationsdefizit ab[837]. Hierbei setzen sie jedoch die Kenntnis des Arbeitnehmers vom Fehler im Unterrichtungsschreiben voraus. Dieser hat sich dann binnen einer angemessenen Frist mit dem Arbeitgeber in Verbindung zu setzen und sein Informationsdefizit geltend zu machen[838]. Tut er dies nicht, hat dies Einfluss auf die Länge des Zeitmoments.

I. E. ist ganz entschieden davon abzuraten das Zeitmoment von der Schwere des Fehlers im Unterrichtungsschreiben abhängig zu machen. Durch ein solches Vorgehen wird keinerlei Rechtssicherheit gewonnen. Vielmehr wird der ohnehin einzelfallbezogene Tatbestand der Verwirkung infolge Zeitablaufs um weitere im konkreten Fall zu bestimmende Merkmale ergänzt. Auch nach der von *Müller-Bonanni/Grau* vertretenen Ansicht bedürfte es einer solchen Abwägung bzgl. des Informationsdefizits des Arbeitnehmers im Einzelfall. Darüber hinaus ist die Kenntnis des Arbeitnehmers vom Fehler im Unterrichtungsschreiben bereits i. R. d. Umstandsmoment ein mögliches Abwägungskriterium[839]. D. h., aufgrund der Wechselwirkung von Zeit- und Umstandsmoment[840] bedingt die Kenntnis des Arbeitnehmers das Zeitmoment ohnehin durch die Verstärkung des Umstandsmoments. Eine darüber hinausgehende Anknüpfung an ein wie auch immer geartetes Informationsdefizit ist nicht notwendig.

---

835 *Schmalenberg*, AuR 165, 166.

836 Siehe erneut *Schmalenberg*, AuR 165, 166.

837 *Müller-Bonanni/Grau*, ArbRB 2007, 146, 150.

838 *Müller-Bonanni/Grau*, ArbRB 2007, 146, 150.

839 S. o. Kap. 4, I., 2., S. 99 ff.

840 Siehe Kap. 3, I., 1., S. 64 ff.

e) Zusammenfassung

Unter Berücksichtigung des geltenden Rechts kann es grds. keine Festsetzung einer Höchstfrist und auch keine Verjährung bzgl. der Ausübung des Widerspruchsrechts geben. Dem steht der Wille des Gesetzgebers ausdrücklich entgegen. Wie oben gezeigt, könnte von diesem Grundsatz jedoch eine Ausnahme bei einem arbeitnehmerseitigen Unterlassen der Ausübung des Widerspruchrechts von zehn Jahren gemacht werden.

Bzgl. des Zeitmoments der Verwirkung infolge Zeitablaufs ist ebenfalls eine Höchstfrist von beinahe zehn Jahren denkbar. Demgegenüber kommt eine Bemessung des Zeitmoments anhand der Schwere des Fehlers im Unterrichtungsschreiben nicht in Betracht.

2. Erwägungen zum Umstandsmoment

Als zweites Tatbestandsmerkmal der Verwirkung infolge Zeitablaufs bedarf es neben dem Zeitmoment auch der Erfüllung des Umstandsmoments. Dieses liegt neben dem Unterlassen der Geltendmachung des Widerspruchsrechts i. d. R. in einem Verhalten des Arbeitnehmers, das auf Arbeitgeberseite ein Vertrauen in die Nichtausübung des Gestaltungsrechts hervorruft[841]. Im Folgenden sollen im Unterschied dazu solche Verhaltensweisen des Arbeitnehmers untersucht werden, die zwar das Umstandsmoment mitunter erfüllen würden, jedoch darüber hinaus de lege lata bereits für sich genommen eine Verwirkung infolge Zeitablaufs ausschließen. Denn der Arbeitnehmer hat in diesen Fällen bereits abschließend über sein Arbeitsverhältnis oder Widerspruchsrecht disponiert. Maßgeblich sind hier die Ausführungen von *Rieble/Wiebauer*[842] und *Löwisch*[843].

a) Generelle Verwehrung des Widerspruchsrechts bei Aufhebungsvertrag, Kündigung durch den Erwerber und Eigenkündigung

Der Ausgangspunkt der Erwägungen zur Auslegung geltenden Rechts ist die These der generellen Verwehrung des Widerspruchsrechts bei Aufhebungsvertrag, Kündigung durch den Erwerber und Eigenkündigung. D. h., wird eine derartige Verfügung über das Arbeitsverhältnis getroffen, so führt dies automatisch zur Versagung des Gestaltungsrechts[844].

---

[841] Siehe dazu Kap. 3, I., 1., S. 67 ff.

[842] *Rieble/Wiebauer*, NZA 2009, 401.

[843] *Löwisch*, BB 2009, 326.

[844] Vgl. *Rieble/Wiebauer*, NZA 2009, 401, 403, m. w. N.

Grundlage dieser von *Rieble/Wiebauer*[845] geäußerten Annahme ist die von *Rieble*[846] vertretene Ansicht, dass es bei Ausübung des Widerspruchs nicht zu einer von der h. M. angenommenen Rückwirkung kommt. Neben den schon früher geäußerten Gründen gegen eine solche Rückwirkung[847] führen sie an, dass die Ausübung des Widerspruchsrechts eine Verfügung über das Arbeitsverhältnis darstelle, welche eine Verfügungsbefugnis zu diesem Zeitpunkt voraussetze[848]. „Ist das Arbeitsverhältnis bereits erloschen, fehlt diese“[849]. Dies lasse sich aus den Gedanken des allgemeinen Zivilrechts, exemplarisch des § 185 BGB herleiten, denn auch die rückwirkende Genehmigung setze Verfügungsbefugnis in der Sekunde einer Genehmigung voraus[850].

Gegen diese Annahme spricht jedoch die Rspr. des BAG und die wohl h. M. bzgl. der Rückwirkung des Widerspruchsrechts bei Betriebsübergang[851]. Hier wird nämlich nicht auf eine eventuelle Verfügungsbefugnis des Arbeitnehmers abgestellt, sondern unter Arbeitnehmerschutzgesichtspunkten argumentiert. So geht der *Achte Senat* des BAG davon aus, dass alle mit ihrem Arbeitsverhältnis vom Betriebsübergang betroffenen Arbeitnehmer das Recht haben, der Rechtsfolge des § 613a Abs. 1 Satz 1 BGB zu widersprechen[852]. D. h., bestand ein wirksames Arbeitsverhältnis zum Zeitpunkt des Betriebsübergangs, so ist es unerheblich, ob dieses im Folgezeitraum beendet wurde. Insoweit besteht die Gestaltungs- und Verfügungsbefugnis zur Ausübung des Widerspruchsrechts nachvertraglich fort[853].

I. E. ist der Ansatz von *Rieble/Wiebauer* nicht mit der Rspr. des BAG und dem vom Arbeitnehmerschutzgedanken geprägten § 613a BGB zu vereinbaren. Da dem Arbeitnehmer kein Arbeitgeber aufgezwungen werden darf, den er nicht selbst gewählt hat[854], muss er nach Widerspruch so gestellt werden, als hätte er die ganze Zeit beim Veräußerer gearbeitet. Mithin kann die h. M. eine Verwehrung des Widerspruchsrechts bei Aufhebungsvertrag, Kündigung durch den Er-

---

845 *Rieble/Wiebauer*, NZA 2009, 401, 403.

846 *Rieble*, NZA 2004, 1, 6

847 *Rieble*, NZA 2004, 1, 6; s. a. Kap. 4, I., 1., S. 90.

848 Vgl. *Rieble/Wiebauer*, NZA 2009, 401, 403.

849 *Rieble/Wiebauer*, NZA 2009, 401, 403.

850 Vgl. erneut *Rieble/Wiebauer*, NZA 2009, 401, 403.

851 Siehe exemplarisch BAG vom 13.07.2006 – 8 AZR 382/05, NZA 2006, 1406, 1410; BAG vom 14.12.2006 – 8 AZR 763/05, NZA 2007, 682, 686; *Worzalla*, NZA 2002, 353, 358.

852 BAG vom 20.03.2008 – 8 AZR 1016/06, NZA 2008, 1354; s. a. Kap. 5, I., 4., S. 153 ff.

853 BAG vom 20.03.2008 – 8 AZR 1016/06, NZA 2008, 1354.

854 BAG vom 13.07.2006 – 8 AZR 382/05, NZA 2006, 1406, 1410; BAG vom 14.12.2006 – 8 AZR 763/05, NZA 2007, 682, 686; *Worzalla*, NZA 2002, 353, 358.

werber und Eigenkündigung i. d. R. nur durch die Verwirkung infolge Zeitablaufs begründen.

Schaut man lediglich auf das Ergebnis, so ergeben sich i. d. R. jedoch keine Unterschiede zwischen der h. M. und der Ansicht von *Rieble/Wiebauer*. Denn die Eigenkündigung, die Kündigung des Erwerbers und der Aufhebungsvertrag stellen alle qualifizierte Dispositionen[855] über das Arbeitsverhältnis dar, bei welchen nach den bisher entschiedenen Fällen des BAG eine Einschlägigkeit (bei einem Zeitmoment von 13 ½ bis 16 Monaten[856]) bejaht wurde.

Darüber hinaus wird m. E. der *Achte Senat* auch in zeitlich kürzer ausfallenden Sachverhalten eine solche Verwirkung infolge Zeitablaufs bejahen. Denn es handelt sich bei diesen qualifizierten Dispositionen des Arbeitnehmers um derart stark ausgeprägte Umstandsmomente, welche die Wurzeln des Arbeitsverhältnisses nicht nur berühren, sondern dieses gänzlich beenden[857].

Einziger Vorteil der von *Rieble/Wiebauer* vertretenen Ansicht wäre es, dass die Versagung des Widerspruchsrechts praktisch „automatisch" eintreten würde, während die Verwirkung infolge Zeitablaufs immer noch eine Abwägung i. R. d. Zeit- und Umstandsmoments nach sich ziehen würde.

Vor allem aber wegen der Außerachtlassung des durch die Rückwirkung des Widerspruchsrechts geschaffenen und vom Sinn und Zweck des § 613a BGB geforderten Arbeitnehmerschutzes ist schlussendlich die Ansicht von *Rieble/Wiebauer* abzulehnen. Somit stellt diese keine Lösung zur Verringerung des Rückgriffs auf die Verwirkung infolge Zeitablaufs de lege lata dar.

b) Konkludente Bestätigung nach § 144 BGB analog bei Aufhebungsvertrag

Erneut von *Rieble/Wiebauer*[858] kommt die These einer Bestätigung des Übergangs des Arbeitsverhältnisses auf den Erwerber durch Abschluss eines Aufhebungsvertrages nach § 144 BGB analog. Diese Ansicht beruht z. T. auf den im Anschluss folgenden Untersuchungen zur ausdrücklichen Bestätigung nach

---

[855] Für nähere Betrachtungen s. Kap. 5, I., 1., S. 109 ff.

[856] Siehe beispielhaft BAG vom 12.11.2009 – 8 AZR 751/07, BB 2010, 789; BAG vom 12.11.2009 – 8 AZR 718/07, zit. nach juris; BAG vom 24.07.2008 – 8 AZR 175/07, AP Nr. 347 zu § 613a BGB

[857] Für die hier vertretene und der Ansicht des *Achten Senats* entgegenstehende Auffassung, die von einer grundsätzlichen Neutralität von Kündigungen durch den Betriebserwerber und anschließender Nichterhebung einer Kündigungsschutzklage durch den Arbeitnehmer in Bezug auf das Umstandsmoment ausgeht, s. Kap. 5, I., 4., S. 155 ff.

[858] Vgl. *Rieble/Wiebauer*, NZA 2009, 401, 406.

§ 144 BGB analog[859]. Hierbei besteht das Problem der schriftlichen Fixierung bei konkretem Betriebsübergang[860]. Fraglich ist nun, ob das Schriftformerfordernis durch Abschluss eines Aufhebungsvertrages dahingehend verwirklicht wird, dass dieser Vertrag seinerseits wegen § 623 BGB schriftlich geschlossen werden muss[861]. Das Schriftformerfordernis des Aushebungsvertrages demnach das Schriftformerfordernis der Bestätigung beinhaltet.

Hergeleitet wird diese Erwägung aus den Entscheidungen des LAG Düsseldorf[862] und des LAG München[863]. Denn beide Gerichte gehen davon aus, dass durch Abschluss eines Aufhebungsvertrages in Kenntnis des noch bestehenden Widerspruchsrechts der Arbeitnehmer den Betriebserwerber nach § 144 BGB analog als neuen Arbeitgeber bestätigt. Die Notwendigkeit einer solchen Analogie ergibt sich aus der Tatsache, dass es sich bei dem Übergang des Arbeitsverhältnisses nach § 613a BGB nicht um ein Rechtsgeschäft, sondern um einen gesetzlich angeordneten Vertragspartnerwechsel handelt[864]. Begründet wird diese Analogie dadurch, dass durch die Einführung des gesetzlich normierten Widerspruchsrechts eine Regelungslücke in der Art entstanden sei, dass das Gesetz keine Folgeregelungen treffe, sofern des Widerspruchsrecht aufgrund fehlerhafter Unterrichtung nicht zu laufen begonnen hätte[865]. Die Tatbestände der Ausübung des Widerspruchsrechts und der Ausübung des Anfechtungsrechts seien „rechtsähnlich", da in beiden Fällen eben diese Ausübung die rückwirkende Vernichtung eines bestehenden Vertragsverhältnisses zur Folge hat[866]. Das BAG lässt in der Revision diese Überlegung wohl gezielt unter Verweis auf eine sowieso einschlägige Verwirkung infolge Zeitablaufs offen[867]. Wobei es den Ansatz über § 144 BGB analog damit weder bejaht noch ablehnt.

---

859 S. o. Kap. 6, II., 2., S. 226 ff.

860 Für genauere Betrachtungen s. Kap. 6, IV., 2., S. 228 ff.

861 So auch *Rieble/Wiebauer*, NZA 2009, 401, 406.

862 LAG Düsseldorf vom 30.04.2008 – 7 Sa 1199/07, zit. nach juris.

863 LAG München vom 27.05.2008 – 6 Sa 934/07, zit. nach juris.

864 Siehe LAG Düsseldorf vom 30.05.2007 – 7 Sa 158/07, zit. nach juris; LAG Düsseldorf vom 30.04.2008 – 7 Sa 1199/07, zit. nach juris; LAG München vom 27.05.2008 – 6 Sa 934/07, zit. nach juris; *Rieble/Wiebauer* sehen keinerlei Notwendigkeit einer solchen Analogie, da § 144 BGB einen allgemeinen Rechtsgedanken für alle Gestaltungsrechte lediglich wiedergibt, *Rieble/Wiebauer*, NZA 2009, 401, 405.

865 LAG Düsseldorf vom 30.05.2007 – 7 Sa 158/07, zit. nach juris; LAG Düsseldorf vom 30.04.2008 – 7 Sa 1199/07, zit. nach juris; LAG München vom 27.05.2008 – 6 Sa 934/07, zit. nach juris.

866 Vgl. LAG Düsseldorf vom 30.05.2007 – 7 Sa 158/07, zit. nach juris; LAG Düsseldorf vom 30.04.2008 – 7 Sa 1199/07, zit. nach juris; LAG München vom 27.05.2008 – 6 Sa 934/07, zit. nach juris.

867 BAG vom 12.11.2009 – 8 AZR 530/07, NZA 2010, 761.

Unterschiede zu dieser Rspr. ergeben sich jedoch nun i. R. d Form einer solchen Erklärung. Während die Gerichte von einer nichtempfangsbedürftigen Willenserklärung, die gemäß § 144 Abs. 2 BGB formfrei ist, ausgehen[868], weist *Rieble/Wiebauer* m. E. zu Recht darauf hin, dass § 144 Abs. 2 BGB hier nicht einschlägig sei, da § 613a Abs. 4 Satz 1 BGB nur die Form der Gestaltungserklärung regele[869]. Darüber hinaus ist aufgrund der Nähe zum Verzicht und den dort angestellten Erwägungen i. R. d. Arbeitnehmerschutzes[870] nicht ersichtlich, warum bei der Bestätigung nach § 144 BGB analog etwas anderes gelten soll. Darüber hinaus ist, wie auch vom LAG Düsseldorf und LAG München verlangt[871], zu beachten, dass eine solche Bestätigung die konkrete Kenntnis des Arbeitnehmers vom Widerspruchsrecht voraussetzt[872].

Sind diese Voraussetzungen jedoch erfüllt, so bildet der schriftliche Aufhebungsvertrag eine fundierte Grundlage für die Annahme, dass der Arbeitnehmer das Widerspruchsrecht nicht mehr ausüben möchte. Denn durch eine solche Erklärung hat er den Betriebserwerber als Vertragspartner akzeptiert[873]. Würde man in der Unterschrift des Arbeitnehmers unter den Aufhebungsvertrag keine endgültige Entscheidung dieser Art sehen, so unterstelle man ihm widersprüchliche Absichten[874].

Geht man mit der Ansicht von *Rieble/Wiebauer*, so ist eine solche Erklärung sogar noch unproblematischer anzunehmen. Denn da es sich hierbei lediglich um eine Ausübung des negativen Wahlrechts handelt und gerade nicht um einen Verzicht, so bedarf es nicht der hohen Anforderungen eines eventuellen „Verzichtswillens"[875].

I. E. überzeugt der Ansatz der konkludenten Bestätigung nach § 144 BGB analog bei Abschluss eines Aufhebungsvertrages. Eine Analogie der Norm aufgrund der Vergleichbarkeit beider Rechtslagen erscheint durchaus geboten. Auch lässt sich eine solche Bestätigung leichter begründen. So bedarf es lediglich der Kenntnis des Arbeitnehmers von seinem Widerspruchsrecht, sowie des Abschlusses eines Aufhebungsvertrages. Während i. R. d. Verwirkung infolge

---

868 LAG Düsseldorf vom 30.04.2008 – 7 Sa 1199/07, zit. nach juris; LAG München vom 27.05.2008 – 6 Sa 934/07, zit. nach juris.

869 Vgl. *Rieble/Wiebauer*, NZA 2009, 401, 405.

870 Siehe Kap. 6, IV., 1., S. 219 ff.

871 Vgl. LAG Düsseldorf vom 30.04.2008 – 7 Sa 1199/07, LAGE Nr. 21 zu § 613a BGB; LAG München vom 27.05.2008 – 6 Sa 934/07, zit. nach juris.

872 So auch *Rieble/Wiebauer*, NZA 2009, 401, 406.

873 S. a. LAG Düsseldorf vom 30.04.2008 – 7 Sa 1199/07, LAGE Nr. 21 zu § 613a BGB.

874 Vgl. *Rieble/Wiebauer*, NZA 2009, 401, 406, m. w. N.

875 Vgl. erneut *Rieble/Wiebauer*, NZA 2009, 401, 406, m. w. N; s.a. Kap. 6, IV., 2., S. 228 ff.

Zeitablaufs eine detaillierte Abwägung des Zeitmoments in Wechselwirkung mit der das Umstandsmoment bildenden Tatsache des Aufhebungsvertrages stattfinden müsste.

Mithin stellt nach geltendem Recht die konkludente Bestätigung nach § 144 BGB analog, wenn auch nur bei Abschluss eines Aufhebungsvertrages, eine mögliche Lösung zum Rückgriff auf die Verwirkung infolge Zeitablaufs in diesen Fällen dar.

c) Nachträgliche Genehmigung nach § 185 Abs. 2 BGB bei Aufhebungsvertrag und Kündigung durch den Erwerber

Ähnlich wie zuvor *Rieble/Wiebauer*[876] versucht *Löwisch*[877] eine Lösung bzgl. des Rückgriffs auf die Verwirkung infolge Zeitablaufs über die allgemeinen Regeln des Zivilrechts herzuleiten. Während *Rieble/Wiebauer* dies über die Bestätigung nach § 144 BGB versuchen, greift *Löwisch* auf die nachträgliche Genehmigung nach § 185 Abs. 2 BGB zurück. Hierbei unterscheidet er zwischen Aufhebungsvertrag und Kündigung durch den Erwerber:

Bei einem Aufhebungsvertrag mit dem Erwerber behauptet *Löwisch*, dass aufgrund dieses Rechtsgeschäfts es der (wegen der Rückwirkung des Widerspruchs wieder als Vertragspartner geltende) Veräußerer in der Hand habe, die Beendigung des Arbeitsvertrages durch den abgeschlossenen Aufhebungsvertrag durch eine nachträgliche Genehmigung nach § 185 Abs. 2 BGB wirksam werden zu lassen[878]. Dies rühre daher, dass zwar der Erwerber durch die Ausübung des Gestaltungsrechts rückwirkend die Verfügungsbefugnis über das Arbeitsverhältnis verliere, der Veräußerer jedoch als neuer Verfügungsbefugter die im Aufhebungsvertrag liegende Verfügung nach § 185 Abs. 2 BGB genehmigen könne[879]. Diese Genehmigung könne sodann auch im schlüssigen Handeln des Veräußerers liegen, sodass bei bestätigenden Äußerungen bzgl. einer Beendigung des Arbeitsverhältnisses durch Abschluss des Aufhebungsvertrages mit dem Erwerber regelmäßig eine solche Genehmigung zu sehen sei[880].

Bzgl. einer Genehmigung nach § 185 Abs. 2 BGB bei Kündigung durch den Erwerber ist *Löwisch* jedoch skeptisch. Hier scheitere die Anwendung an der Einseitigkeit des Rechtsgeschäfts: „Dem Kündigungsempfänger ist der Schwe-

---

876 *Rieble/Wiebauer*, NZA 2009, 401; s. o. Kap. 6, II., 2., S. 203 ff. und S. 205 ff.

877 *Löwisch*, BB 2009, 326.

878 *Löwisch*, BB 2009, 326; a. A. *Rieble/Wiebauer*, NZA 2009, 401, 407 f.

879 *Löwisch*, BB 2009, 326; entscheidend ist hierbei darauf hinzuweisen, dass das Vertragsverhältnis seit einiger Zeit als „Gegenstand" einer Verfügung angesehen wird, *Rieble/Wiebauer*, NZA 2009, 401, 403, m. w. N.

880 *Löwisch*, BB 2009, 326.

bezustand, der eintritt, solange die Genehmigung nicht erfolgt oder endgültig versagt ist, nicht zuzumuten“[881]. Dem stimmt das LAG Köln nicht zu. So vertritt es die Ansicht, dass sofern der Betriebserwerber nach einem erfolgten Betriebsübergang und vor der Ausübung des Widerspruchsrechts kündigt, diese Kündigung unmittelbar für und gegen den Betriebsveräußerer wirke, sofern dieser die Kündigung zumindest konkludent genehmigt habe[882].

M. E. ist den Ausführungen des LAG Köln zuzustimmen. Zu Recht verweist zwar *Löwisch* auf die grds. Unzumutbarkeit einer solchen Situation für den Arbeitnehmer[883], jedoch kann dem entgegengehalten werden, dass dieser eine solche Rechtslage ja gerade durch eigenes Handeln herbeigeführt hat. Erhält der Arbeitnehmer beim Betriebserwerber eine wirksame Kündigung und widerspricht er daraufhin dem Übergang seines Arbeitsverhältnisses, so führt er selbst einen Schwebezustand seines Arbeitsverhältnisses herbei. Denn er handelt i. d. R. in dem Bewusstsein, dass er sein gekündigtes Arbeitsverhältnis durch einen Widerspruch zum Veräußerer „retten“ möchte. *Rieble/Wiebauer* bezeichnen diese Situation treffend als „Reuerecht des Arbeitnehmers“[884]. In einem solchen Fall besteht demnach keine Unzumutbarkeit aufgrund von schwebenden Vertragsverhältnissen, denn diese Verhältnisse wurden vom Arbeitnehmer selbst herbeigeführt.

Zutreffend weist *Löwisch* zuletzt noch darauf hin, dass in Fällen der nachträglichen Genehmigung eine Situation entstehen könne, in welcher der Betriebserwerber nicht in der Lage sei, die mit dem Arbeitnehmer u. U. vereinbarte Abfindung zu zahlen[885]. Wäre dies der Fall, so würde sich die Genehmigung als rechtsmissbräuchlich darstellen, da sie den Arbeitnehmer schutzlos stelle[886]. Dieser Einwand ist berechtigt. Denn kommt es zu einer Insolvenz des Erwerbers nach Vereinbarung von Abfindungs- oder Nachteilsausgleichszahlungen, so hat der Arbeitnehmer auch hier das Recht nachträglich zu widersprechen und zum

---

881 *Löwisch*, BB 2009, 326, 327.

882 LAG Köln vom 05.10.2007 – 11 Sa 257/07, NZA-RR 2008, 5; angelehnt wurde dieses Urteil an die Entscheidung des BAG, dass ein gerichtlicher Beendigungsvergleich, den ein Arbeitnehmer i. R. e. Kündigungsschutzklage geschlossen hatte, hinsichtlich der Beendigung zumindest dann für und gegen den Betriebserwerber wirkt, wenn dieser die Beendigungsvereinbarung ausdrücklich oder konkludent genehmigt, BAG vom 24.08.2006 – 8 AZR 574/05, NZA 2007, 328.

883 Siehe *Löwisch*, BB 2009, 326, 327.

884 *Rieble/Wiebauer*, NZA 2009, 401, 407; siehe dazu auch vertiefend *Rieble*, NZA 2004, 1, 7.

885 *Löwisch*, BB 2009, 326, 327.

886 *Löwisch*, BB 2009, 326, 327.

ggf. solventen Veräußerer zurückzukehren[887]. *Löwisch* schlägt für diesen Fall einen Beitritt des Veräußerers zur Verpflichtung des Erwerbers zur Zahlung im Wege des Vertrages zugunsten Dritter, hier des Arbeitnehmers, oder eine befreiende Schuldübernahme durch Vertrag mit dem Erwerber vor[888]. Dem ist zuzustimmen.

I. E. lässt sich beinahe das Gleiche bzgl. des Abschlusses eines Aufhebungsvertrages feststellen wie bei der konkludenten Bestätigung des Übergangs des Arbeitsverhältnisses nach § 144 BGB analog[889]. Schaut man auch hier lediglich auf das Ergebnis, so ergeben sich i. d. R. keine Unterschiede zwischen der Ansicht von *Löwisch* und der Lösung über die Verwirkung infolge Zeitablaufs. Denn die Eigenkündigung, die Kündigung des Erwerbers und der Aufhebungsvertrag stellen alle qualifizierten Dispositionen über das Arbeitsverhältnis dar, bei welchen das BAG i .d. R. eine Verwirkung infolge Zeitablaufs bejaht[890].

Nichtsdestotrotz und gerade eben aus diesem Grund bildet eine nachträgliche Genehmigung bei Aufhebungsverträgen nach § 185 Abs. 2 BGB eine wirkungsvolle Ergänzung zur vorherigen Bestätigung nach § 144 BGB analog. Probleme der Bestätigung, wie z. B. Schwierigkeiten bzgl. der Nachweisbarkeit von positiver Kenntnis des Widerspruchsrechts bei Abschluss des Aufhebungsvertrages nach längerer Zeit nach Betriebsübergang, können damit umgangen werden. Ist also die nach *Rieble/Wiebauer* „logisch vorrangige"[891] Bestätigung nicht durchsetzbar, so kann immer noch ein Rückgriff auf die von *Löwisch* erarbeitete Genehmigung greifen.

Auch die nachträgliche Genehmigung bei Kündigung des Erwerbs ist m. E. möglich. Es muss jedoch sichergestellt werden, dass der Arbeitnehmer bzgl. eventuell bestehender Abfindungs- oder Nachteilsausgleichszahlungen nicht schutzlos gestellt wird.

Somit stellt die nachträgliche Genehmigung nach § 185 Abs. 2 BGB bei Aufhebungsvertrag und bei Kündigung durch den Erwerber eine mögliche Lösung nach geltendem Recht zum Rückgriff auf die Verwirkung infolge Zeitablaufs in diesen Fällen dar.

---

[887] Siehe dazu auch den speziellen Fall der vor Betriebsübergang mit dem Veräußerer vereinbarten Ausgleichszahlungen, Kap. 5, I., 4., S. 155.

[888] *Löwisch*, BB 2009, 326, 327.

[889] S. o. Kap. 6, II., 2., S. 205 ff.

[890] Für nähere Betrachtungen s. Kap. 5, I., 1., S. 109 ff.

[891] *Rieble/Wiebauer*, NZA 2009, 401, 408.

d) Vorherige Zustimmung nach § 185 Abs. 1 BGB bei Aufhebungsvertrag und Kündigung durch den Erwerber

Neben der nachträglichen Genehmigung nach § 185 Abs. 2 BGB kommt auch eine vorherige Zustimmung nach § 185 Abs. 1 BGB bei Aufhebungsvertrag und erwerberseitige Kündigung als Lösung de lege lata bzgl. des Rückgriffs auf die Verwirkung infolge Zeitablaufs in Frage. *Löwisch* erwägt hierbei die Möglichkeit des Veräußerers den Erwerber im Veräußerungsvertrag zu ermächtigen, die Arbeitsverhältnisse der übergegangenen Arbeitnehmer für den Fall zu kündigen, dass infolge von Widersprüchen nicht der Betriebserwerber, sondern der Betriebsveräußerer deren Vertragspartner sei[892]. „Der Betriebserwerber kann dann vorsorglich sowohl für diesen Fall wie für den Fall kündigen, dass er selbst Partner des Arbeitsverhältnisses bleibt“[893].Gleiches soll bei Abschluss eines Aufhebungsvertrages gelten[894]. Wobei hierbei erneut auf die Problematik der Abfindungs- und Nachteilsausgleichzahlungen hinzuweisen sei[895].

Darüber hinaus ergänzt *Löwisch* zu Recht bzgl. einer vorsorglichen Kündigung durch den Betriebserwerber bei Unklarheit bzgl. der eventuellen Vertragspartnereigenschaft, dass die Bedingungsfeindlichkeit einseitiger Rechtsgeschäfte einer solchen Einwilligung nicht im Wege stehe, weil der Eintritt der Bedingung, nämlich der Widerspruch des Arbeitnehmers, allein von dessen Wille abhänge[896].

M. E. ergibt sich bei dieser Lösung nach Allgemeinem Zivilrecht im Vergleich zur nachträglichen Genehmigung nach § 185 Abs. 2 BGB jedoch folgendes Problem. Die Zustimmung muss sich auf ein bestimmtes Rechtsgeschäft beziehen[897]. Solange das Hauptgeschäft also noch nicht abgeschlossen ist, muss diese nach Inhalt und Vertragspartner so präzise eingegrenzt werden, das sich beim nachfolgenden Abschluss des potentiellen Hauptgeschäfts entscheiden lässt, ob diese der Einwilligung entspricht oder nicht[898]. Denn im Gegensatz zum Fall der Genehmigung, wo der Betriebsveräußerer in Kenntnis der Umstände nachträglich einwilligt, stimmt er im Falle der vorherigen Zustimmung einem Rechtsgeschäft bereits zum Zeitpunkt des Betriebsübergangs zu, in welchem er dessen konkrete Ausmaße nicht absehen kann.

---

892 Vgl. *Löwisch*, BB 2009, 326, 327.
893 *Löwisch*, BB 2009, 326, 327.
894 *Löwisch*, BB 2009, 326, 327.
895 S. o. Kap. 6, II., 2., S. 208 ff.
896 *Löwisch*, BB 2009, 326, 327, m. w. N.
897 Staudinger/*Gursky*, § 182 BGB, Rn. 2a.
898 Vgl. Staudinger/*Gursky*, § 182 BGB, Rn. 2a.

Es muss demnach bei der vorherigen Einwilligung bei Aufhebungsvertrag und Kündigung des Erwerbers besonderen Wert auf die Ausgestaltung einer solchen Zustimmung gelegt werden. Hieraus muss klar hervorgehen, welche Art von Kündigung und Aufhebungsvertrag, welcher Arbeitnehmerkreis, sowie welche Art von Abfindungs- und Nachteilsausgleichszahlungen vom Erwerber vorgenommen werden.

Sind diese Voraussetzungen gewahrt, stellt die vorherige Einwilligung des Veräußerers nach § 185 Abs. 1 BGB zu Aufhebungsvertrag und erwerberseitiger Kündigung eine weitere, wenn auch fehleranfällige Lösung zur Verringerung der Rückgriffe auf die Verwirkung infolge Zeitablaufs dar. allgemeinen Zivilrechts dar.

e) Stellvertretung nach §§ 164 ff. BGB bei Aufhebungsvertrag und Kündigung durch den Erwerber

Abschließend sei noch mit *Löwisch*[899] auf die Möglichkeit einer Bevollmächtigung des Betriebserwerbers nach den §§ 164 ff. BGB zum Abschluss von Aufhebungsverträgen und für die Kündigung von Arbeitsverhältnissen hinzuweisen.

Im Unterschied zur vorherigen Zustimmung nach § 185 Abs. 1 BGB bedarf es hier der Offenkundigkeit einer solchen Erklärung für den Arbeitnehmer. Der Arbeitnehmer muss erkennen können, dass er mit dem Erwerber und auch mit dem Veräußerer, vertreten durch diesen, einen Aufhebungsvertrag abschließt, respektive der Erwerber stellvertretend auch eine Kündigung im Namen des Veräußerers ausspricht[900].

Hiermit ließe sich dasselbe Ergebnis erreichen wie bei der vorherigen Zustimmung, wobei der Arbeitnehmer bzgl. eines Aufhebungsvertrages noch entscheiden müsse, ob er diesen auch mit dem Veräußerer, vertreten durch den Erwerber, schließen möchte. Dies sei nach *Löwisch* jedoch nicht allzu fernliegend, da der Arbeitnehmer mit seinem Abfindungsanspruch sich dann auch an den Veräußerer halten könne[901]. Ist dies nicht der Fall, so kann jedoch auf die Fälle der Zustimmung[902], der Bestätigung[903] und der Genehmigung[904] zurückgegriffen werden.

---

899 *Löwisch*, BB 2009, 326, 327.

900 *Löwisch*, BB 2009, 326, 327; ebenso könnte der Erwerber bzgl. eines Aufhebungsvertrages auch ohne Vollmacht im Namen des Veräußerers eine solche Willenserklärung vornehmen, da letztgenannter dann diesen Vertrag nach § 177 Abs. 1 BGB genehmigen kann, *Löwisch*, BB 2009, 326, 327.

901 *Löwisch*, BB 2009, 326, 327.

902 Kap. 6, II., 2., S. 211 ff.

903 Kap. 6, II., 2., S. 205 ff.

I. E. ist auch die Möglichkeit einer Bevollmächtigung des Betriebserwerbers nach den §§ 164 ff. BGB zum Abschluss von Aufhebungsverträgen und für die Kündigung von Arbeitsverhältnissen eine Lösung, die nach geltendem Recht zur Verringerung der Rückgriffe auf die Verwirkung infolge Zeitablaufs führt.

f) Zusammenfassung

Die konkludente Bestätigung nach § 144 BGB analog bei Aufhebungsvertrag, die nachträgliche Genehmigung nach § 185 Abs. 2 BGB, die vorherige Zustimmung nach § 185 Abs. 1 BGB bei Aufhebungsvertrag und Kündigung durch den Erwerber und die Stellvertretung des Veräußerers nach §§ 164 ff. BGB bei Aufhebungsvertrag und Kündigung durch den Erwerber sind adäquate Erwägungen, die de lege lata zu einer Verringerung der Rückgriffe auf die Verwirkung infolge Zeitablaufs führen. Einzig die generelle Verwehrung des Widerspruchsrechts bei Aufhebungsvertrag, Kündigung durch den Erwerber und Eigenkündigung ist mit der m. E. zu Recht h. M. der Rückwirkung des Widerspruchs nicht zu vereinbaren und damit nach geltendem Recht abzulehnen auch wenn i. E. grds. dasselbe Ergebnis über die Annahme einer qualifizierten Disposition erreicht werden kann.

III. Erwägungen zur Auslegung geltenden Rechts bei Rechtmissbrauch i. e. S.

Auch bezüglich des Rechtsmissbrauchs i. e. S. sollen Erwägungen zur Auslegung des geltenden Rechts angestellt werden. Jedoch ist, wie bereits i. R. d. Grundlagen und konkreten Fälle gezeigt wurde, die Einschlägigkeit dieses Instituts des § 242 BGB in der Praxis eher gering. Dies kommt daher, dass nach Ansicht des BAG der Tatbestand des Rechtmissbrauchs i. e. S. nur erfüllt ist, wenn die Rechtsausübung als Vorwand der Erreichung vertragsfremder oder unlauterer Zwecke dient[905]. Diese Zwecke müssen von der inneren Willensrichtung des Arbeitnehmers zum Zeitpunkt des Widerspruchs umfasst sein[906]. Dieser Wille ist jedoch nur schwer zu beweisen[907]. Da diese Voraussetzung unumgänglich ist, gibt es zum Rechtmissbrauch i. e. S. des einzelnen Arbeitnehmers keine Lösungsalternativen.

---

[904] Kap. 6, II., 2., S. 208 ff.

[905] Vgl. BGH vom 22.05.1989 – II ZR 206/88, BGHZ 107, 296, 310 f.; s. a. Kap. 3, II., 2., S. 83 ff.

[906] S. o. Kap. 3, II., 2., S. 83 ff. und Kap. 4, II., 2., S. 107.

[907] Für nähere Betrachtungen s. Kap. 3, II., 2., S. 83 ff.

Bzgl. eines kollektiven Widerspruchs mehrerer Arbeitnehmer werden jedoch vereinzelt Ansätze zur besseren Kontrolle solcher Arbeitnehmermaßnahmen vertreten. Denn auch hier fehlt es i. d. R. an einer Beweisbarkeit des Willens der Ausübung des Widerspruchsrechts zu vertragsfremden oder unlauteren Zwecken. Der Unterschied zum Rechtsmissbrauch i. e. S. eines einzelnen Arbeitnehmers besteht jedoch darin, dass bei einem sog. „Massenwiderspruch" die Gefahr einer massiven Arbeitgeberschädigung besteht[908].

1. Vorliegen eines sachlichen Grundes

Im älteren Schrifttum wurde noch vermehrt über die Koppelung eines kollektiven Widerspruchs an das Vorliegen eines sachlichen Grundes diskutiert[909].

Dies ist nach dem heutigen Stand der Rechtsordnung nicht mehr vertretbar. Zu Recht spricht sich der *Achte Senat* des BAG damals wie heute entschieden gegen ein solches Erfordernis aus[910]. Er begründet dies damit, dass das Vorliegen eines sachlichen Grundes keine Wirksamkeits- und Rechtmäßigkeitsvoraussetzung für die Ausübung des Widerspruchsrechts nach § 613a Abs. 6 BGB ist[911]. Bereits vor Kodifizierung dieser Norm war die Angabe eines Grundes ebenso wenig von Belang wie das zugrundeliegende Motiv des widersprechenden Arbeitnehmers[912]. Das BAG stellt in diesem Zusammenhang zutreffend fest: „[...] hieran vermag die kollektive Ausübung des Widerspruchsrechts durch eine Vielzahl von Arbeitnehmern nichts zu ändern. Denn letztlich macht jeder einzelne Arbeitnehmer von dem ihm individuell zustehenden Widerspruchsrecht Gebrauch; hierfür ist gerade kein sachlicher Grund notwendig."[913] Zutreffend wird argumentiert, dass dem Gesetzgeber diese Problematik bekannt gewesen

---

908 Für nähere Betrachtungen s. Kap. 4, II., 1., S. 105 ff.

909 Siehe beispielhaft *Eichler*, Das Widerspruchsrecht des Arbeitnehmers bei Betriebsübergang nach § 613a BGB, S. 162 ff.; *Pietzko*, Der Tatbestand des § 613a BGB, S. 316 ff., m. w. N.; hierbei erachtete wohl die überwiegende Ansicht im Schrifttum die kollektive Ausübung des Widerspruchsrechts grds. als zulässig, wobei es jedoch unterschiedlicher Einschränkungen bedarf, vgl. BAG vom 30.09.2004 – 8 AZR 462/03, AP Nr. 275 zu § 613a BGB, m. w. N; a. A. *Gaul*, Das Arbeitsrecht der Betriebs- und Unternehmensspaltung, S. 332.

910 Vgl. BAG vom 30.09.2004 – 8 AZR 462/03, AP Nr. 275 zu § 613a BGB; BAG vom 15.02.2007 – 8 AZR 310/06, DB 2007, 1759; BAG vom 19.02.2009 – 8 AZR 176/08, ZIP 2009, 1781.

911 BAG vom 30.09.2004 – 8 AZR 462/03, AP Nr. 275 zu § 613a BGB.

912 BAG vom 19.02.2009 – 8 AZR 176/08, ZIP 2009, 1781.

913 BAG vom 30.09.2004 – 8 AZR 462/03, AP Nr. 275 zu § 613a BGB.

sei und er nichtsdestotrotz außer dem Schriftformerfordernis und der Frist keine weitere Voraussetzung eingeführt hatte[914].

I. E. ist eine Kopplung des kollektiven Widerspruchs an das Vorliegen eines sachlichen Grundes de lege lata nicht möglich. Es gilt der Grundsatz, dass eine gemeinsame Ausübung des Gestaltungsrechts nicht dadurch rechtsmissbräuchlich wird, dass ein individuelles Arbeitnehmerrecht durch eine Mehrzahl ausgeübt wird[915]. So ist das Vorliegen eines sachlichen Grundes weder für die individuelle Ausübung des Gestaltungsrechts noch für die kollektive, ja sogar koordiniert kollektive Ausübung von Bedeutung. Mithin ist ein solches Erfordernis keine Lösung zur besseren Kontrolle von kollektiven Widersprüchen.

2. Kontrolle anhand der Rechtmäßigkeitsvoraussetzungen des Arbeitskampfes

Weiterhin wird erwogen den Rechtsmissbrauch i. e. S. i. R .d. kollektiven Widerspruchs an den Rechtmäßigkeitsvoraussetzungen eines Arbeitskampfes zu messen.

Diese in der Lit.[916] und vom BAG[917] erwogene Lösungsmöglichkeit von Fällen kollektiver Ausübung des Widerspruchsrechts beruht auf folgenden Überlegungen:

Als Ausgangspunkt steht die bereits festgestellte grds. Wertneutralität von Widersprüchen einer Vielzahl von Arbeitnehmern aufgrund von legitimer Individualrechtsausübung im Kollektiv[918]. Der Lösungsansatz von Lit. und BAG setzt i. R. d. Bewertung der Rechtmäßigkeit jedoch nicht an der Willensrichtung der Arbeitnehmer an. Vielmehr wird auf die kollektive Steuerung des Verhaltens abgestellt[919]. So sagt *Rieble*: „Sobald das individuelle Widerspruchsverhalten zentral gesteuert wird, mit dem erklärten oder erkennbaren Zweck, den Arbeitgeber (sei es der Erwerber, sei es der Veräußerer) zu einem bestimmten konkreten Verhalten zu bewegen, wird aus dem zulässigen abgestimmten Individualverhalten ein Arbeitskampf oder Boykott, für den strengere rechtliche Maßstäbe

---

914 BAG vom 19.02.2009 – 8 AZR 176/08, ZIP 2009, 1781.

915 BAG vom 23.07.2009 – 8 AZR 538/08, NZA 2010, 89; *Grau*, Unterrichtung und Widerspruchsrecht der Arbeitnehmer bei Betriebsübergang, S. 359, m. w. N; s. a. Kap. 5, II., 2., S. 183 f.

916 Siehe beispielhaft *Rieble*, NZA 2005, 1, 3 ff., m. w. N.

917 BAG vom 30.09.2004 – 8 AZR 462/03, AP Nr. 275 zu § 613a BGB.

918 S. o. Kap. 5, II., 2., S. 183 f.

919 Siehe *Rieble*, NZA 2005, 1, 3 f.

gelten."[920] Es kommt in diesen Fällen demnach nicht auf eine Prüfung des Rechtsmissbrauchs i. e. S. an. Vielmehr muss ein kollektivrechtlicher Kontrollansatz verwendet werden.

Der *Achte Senat* des BAG geht im spezifischen Fall nicht näher auf eine solche Argumentation ein, da es vom Vorliegen solcher Sachverhalte in der konkreten Entscheidung und auch darüber hinaus nicht überzeugt ist: „Der Widerspruch erhält trotz der ggf. entstehenden Drucksituation auf Seiten des Betriebsveräußerers noch keinen Arbeitskampfcharakter dadurch, dass mehrere oder alle Arbeitnehmer hiervon Gebrauch machen, denn er ist nicht auf die Veränderung von Arbeitsbedingungen oder die Abwehr einer arbeitgeberseitigen Maßnahme ausgerichtet, sondern bezweckt lediglich die Verhinderung der Auswechslung des Arbeitgebers und die Erhaltung des Status quo."[921]

M. E. unterschätzt das BAG die Möglichkeit arbeitskampfähnlichem Arbeitnehmerverhaltens bei Widerspruch nach § 613a Abs. 6 BGB. Es können hierbei durchaus Situationen entstehen, in denen die Belegschaftsmitglieder ihre individuellen Gestaltungsrechte als kollektive Druckinstrumente missbrauchen[922]. Hierbei ist zwischen zwei Motivationen der widersprechenden Arbeitnehmer zu unterscheiden. Zum einen die Verhinderung des Arbeitgeberwechsels als kollektives Druckmittel des gemeinsamen Widerspruchs. Zum anderen die dadurch entstehende Möglichkeit der bewussten und gewollten Einflussnahme auf die Ausgestaltung des Betriebsübergangs und der damit verbundenen Arbeitsbedingungen.

a) Verhinderung des Arbeitgeberwechsels

Stellt sich der kollektive Druck lediglich in einer Verhinderung des Arbeitgeberwechsels dar, so ist die Sachlage eindeutig. Da gerade der Sinn und Zweck des Widerspruchsrechts nach § 613a Abs. 6 BGB in der verfassungsrechtlich geschützten Arbeitgeberwahlfreiheit des Arbeitnehmers liegt[923], wäre selbst eine kollektiv organisierte Vorgehensweise mit dieser Zielrichtung nicht zu beanstanden. Denn hier wird lediglich koordiniert was Arbeitnehmern gesetzlich garantiert ist.

---

920 *Rieble*, NZA 2005, 1, 3 f., m. w. N.

921 BAG vom 30.09.2004 – 8 AZR 462/03, AP Nr. 275 zu § 613a BGB.

922 So auch *Rieble*, NZA 2005, 1, 3 ff.; a. A. *Moll/Henke*, Anm. zu BAG vom 30.09.2004 – 8 AZR 462/03, BAGE 112, 124, NZA 2005, 43, in AP Nr. 275 zu § 613a BGB.

923 Siehe dazu Kap. 2, I., 2., S. 38 ff. und S. 51 ff.

b) Einflussnahme auf die Umstände des Betriebsübergangs

Wird durch den Organisator[924] des kollektiven Widerspruchs bei dieser Maßnahme jedoch ein derartiger Druck erzeugt, der es den Widersprechenden erlaubt Forderungen zu stellen und solche auch gestellt werden, verändert sich die Sachlage erheblich. Denn beinhalten diese Forderungen dann Veränderungen der Arbeitsbedingungen, wie z. B. den Verzicht auf Umstrukturierungen, Kündigungsverzicht, Zusage künftiger Entgeltentwicklungen, Sicherung der Tarifgebundenheit u. ä.[925], so sollte auch das BAG eine kollektiv organisierte Druckausübung mit arbeitskampfähnlichen Zielen nicht von der Hand weisen können. Dies würde dazu führen, dass ein solcher kollektiver Widerspruch, ähnlich der damaligen Ansicht des BAG zu Massenänderungskündigungen[926], als Mittel des Arbeitskampfes zu sehen ist. Ist dies der Fall, so wird der hierbei ausgeübte Druck rechtswidrig, sodass zu diesem Zweck das Mittel des Widerspruchs unzulässig ist und nicht eingesetzt werden darf[927].

c) Zwischenergebnis und Problematik der Beweislast

Der Rechtsmissbrauch i. e. S. ist nicht das einzige Mittel einen kollektiven Widerspruch von Arbeitnehmern gegen den Übergang ihrer Arbeitsverhältnisse i. R. e. Betriebsübergangs zu reglementieren. Kommt es zu einer kollektiven Steuerung der Ausübung des Gestaltungsrechts und geht diese über die schlichte Verhinderung des Arbeitgeberwechsels in der Art und Weise hinaus, dass eine Drucksituation entsteht, die es ermöglicht Forderungen bzgl. Veränderungen von Arbeitsbedingungen zu stellen, so muss diese Maßnahme an den Maßstäben des Arbeitskampfes gemessen werden.

Nichtsdestotrotz ergibt sich bei dieser Lösung ein Problem. Ähnlich wie beim Rechtsmissbrauch i. e. S. gestaltet sich ein Nachweis einer solchen „überschießenden Druckausübung"[928] als extrem schwierig. War es schon beinahe unmöglich i. R. d. Rechtsmissbrauchs i. e. S. für die Arbeitgeberparteien den

---

924 Eine Wahrnehmung von Widerspruchsrechten durch den vom Arbeitnehmer ermächtigten Betriebsrat sowie eine eventuelle Formulierungshilfe der Widersprüche durch diesen wäre jedoch grds. unzulässig, siehe dazu vertiefend *Rieble*, NZA 2005, 1, 7 ff.

925 Siehe für eine weitläufigere Aufzählung *Rieble*, NZA 2005, 1, 7.

926 BAG vom 28.04.1966 – 2 AZR 176/65, AP Nr. 37 zu Art. 9 GG Arbeitskampf; wobei sich die Beurteilung dieses Ansicht zwischenzeitlich verändert haben sollte, vgl. *Moll/Henke*, Anm. zu BAG vom 30.09.2004 – 8 AZR 462/03, BAGE 112, 124, NZA 2005, 43, in AP Nr. 275 zu § 613a BGB.

927 So auch *Rieble*, NZA 2005, 1, 7. Zu den sich daraus ergebenden Rechtsfolgen eines unzulässigen Kollektivwiderspruchs, s. erneut *Rieble*, NZA 2005, 1, 7.

928 *Rieble*, NZA 2005, 1, 7.

Nachweis von Ziel und Zweck eines objektiven Arbeitnehmerverhaltens (sofern keiner der Beteiligten seine Motivation kundtut) nur aus objektiven Indiztatsachen zu erbringen[929], so stellt sich das Problem hier als ebenso groß dar. Denn auch i. R. d. Kontrolle anhand der Rechtmäßigkeitsvoraussetzungen des Arbeitskampfes muss ein Wille der Arbeitnehmer nachgewiesen werden. Dieser muss auf eine Einflussnahme auf die Umstände des Betriebsübergangs gerichtet sein. Zu Recht weist *Rieble*[930] diesbezüglich darauf hin, dass dieser Beweis erbracht werden könne, sofern die Arbeitnehmer die Bereitschaft zeigen würden bei „Folgsamkeit" des Arbeitgebers von ihrem Gestaltungsrecht Abstand zu nehmen. Stelle sich der Fall jedoch so dar, dass die Arbeitnehmer lediglich den Betriebsübergang an sich verhindert wollen, könne ein solcher Beweis nur im Zuge einer Preisgabe der Willensbeugungsabsicht durch die Organisatoren erfolgen[931].

3. Zusammenfassung

Nach allgemeiner Auffassung unterliegt das Widerspruchsrecht den allgemeinen Schranken der Rechtsordnung und damit der Kontrolle durch § 242 BGB[932]. Wie bereits im dritten Kapitel gezeigt ist der Tatbestand des Rechtsmissbrauchs i. e. S. dann erfüllt, wenn die Rechtsausübung als Vorwand für die Erreichung vertragsfremder oder unlauterer Zwecke herhält, z. B. wenn ein Gestaltungsrecht nur zu dem Zwecke ausgeübt wird, den Gegner in grob eigennütziger Weise zu einer Leistung zu veranlassen, auf die er keinen Anspruch hat und billigerweise auch nicht erheben kann[933]. Des Weiteren wurde festgestellt, dass es i. E. i. R. e. Kontrolle der Rechtsmissbräuchlichkeit i. e. S. lediglich auf die Ziel- und Zweckrichtung des arbeitnehmerseitigen Handelns ankommt[934].

Ansätze, die auf das Vorliegen eines sachlichen Grundes für den kollektiven Widerspruch abzielen, sind de lege lata nicht vertretbar. Sofern die widersprechenden Arbeitnehmer jedoch das Widerspruchsrecht als „kollektives Druckinstrument" nutzen, um koordinierte Forderungen bzgl. der zukünftigen Arbeits-

929 Vgl. *Moll/Henke*, Anm. zu BAG vom 30.09.2004 – 8 AZR 462/03, BAGE 112, 124, NZA 2005, 43, in AP Nr. 275 zu § 613a BGB; s. a. Kap. 5, II., 2., S. 183 f.

930 *Rieble*, NZA 2005, 1, 7.

931 *Rieble*, NZA 2005, 1, 7.

932 Siehe BAG vom 30.09.2004 – 8 AZR 462/03, AP Nr. 275 zu § 613a BGB, m. w. N.

933 BAG vom 22.05.1989 – II ZR 206/88, BGHZ 107, 296, 310 f.; s. o. Kap. 3, II., 2., S. 83 ff.

934 S. o. Kap. 5, II., 2., S. 183 ff.

bedingungen zu stellen, muss eine solche Handlung auch nach geltendem Recht an den Maßstäben Arbeitskampfes gemessen werden.

Schaut man sich jedoch die Probleme i. R. d. Beweisbarkeit einer solchen kollektiven Druckausübung an, wird sehr schnell klar, dass, ebenso wie bei dem Nachweis eines verwerflichen Ziels und Zwecks i. R. d. Rechtmissbrauchs i. e. S., beide Korrekturmaßstäbe in der Praxis schwer, wenn nicht sogar unmöglich stichhaltig nachzuweisen sind.

IV. Hilfestellungen zur praktischen Handhabung des Umstandsmoments nach geltendem Recht bei der Verwirkung infolge Zeitlablaufs

Im Rahmen der Hilfestellungen zur praktischen Handhabung des Umstandsmoments nach geltendem Recht sollen solche Verhaltensweisen des Arbeitnehmers untersucht werden, die zwar das Umstandsmoment mitunter erfüllen würden, jedoch darüber hinaus de lege lata bereits für sich genommen eine Verwirkung infolge Zeitablaufs ausschließen. Dadurch kann aktiv zur Verringerung des Rückgriffs auf die Verwirkung infolge Zeitablaufs beigetragen werden.

1. Verzicht auf das Widerspruchsrecht nach § 613a Abs. 6 BGB

I. R. d. Verzichts des Arbeitnehmers auf sein Widerspruchsrecht nach § 613a Abs. 6 BGB kann zwischen dem aktiven, durch den Arbeitnehmer geäußerten Verzicht und einem wie auch immer gearteten konkludenten Verzicht durch schlüssiges Handeln unterschieden werden.

a) Ausdrücklicher Verzicht des Arbeitnehmers

Der ausdrückliche Verzicht des Arbeitnehmers auf das Widerspruchsrecht stellt eine mögliche Lösung zum Rückgriff auf die Verwirkung infolge Zeitablaufs dar. Denn verzichtet der Arbeitnehmer auf sein Gestaltungsrecht, so gibt es kein Recht mehr, das verwirkt werden kann.

aa) Voraussetzungen

Der Verzicht ist eine rechtsgeschäftliche Handlung nach allgemeinen Auslegungsgrundsätzen (§§ 133, 157 BGB), die gegenüber den Grundsätzen der unzulässigen Rechtsausübung Vorrang hat[935]. D. h., sofern es zu einem Verzicht des Arbeitnehmers kommt, ist ein Rückgriff auf die Verwirkung infolge Zeitablaufs ausgeschlossen. Zu einem solchen Verzicht müsste der Arbeitnehmer eine einseitige Willenserklärung mit dem Inhalt abgeben, dass er dem Betriebsübergang nicht widerspricht[936] oder dies mit einem (oder beiden) Arbeitgebern vereinbaren[937]. Ein solcher Verzicht ist nach h. M. zulässig[938]. Er bedarf jedoch zweier Einschränkungen:

Zum einen muss der Arbeitnehmer die konkreten Umstände[939] des Betriebsübergangs kennen. D. h., er kann nicht für irgendeinen beliebigen Betriebsübergang in der Zukunft verzichten. Bei einer Abwägung in diesem Fall zwischen dem Sinn und Zweck der Norm des § 613a BGB und der Vertragsfreiheit des Arbeitnehmers wäre zugunsten Ersterem zu entscheiden. Denn der Arbeitnehmer hat keine Kenntnis darüber, unter welchen Umständen er im konkreten Fall die Verfügung trifft[940].

Zum anderen gibt es noch eine zweite Einschränkung für den Verzicht. Hierbei handelt es sich um die Frage, ob der Verzicht dem Schriftformerfordernis unterfällt. Dies ist zu bejahen und aus der entsprechenden Anwendung des § 613a Abs. 6 Satz 1 BGB herzuleiten[941]. Entscheidend muss letztlich sein, ob der Normzweck von § 613a Abs. 6 Satz 1 BGB eine Erstreckung des Schriftformerfordernisses auch auf Erklärungen des Arbeitnehmers gebietet, mit denen sich dieser verbindlich auf den Übergang seines Arbeitsverhältnisses festlegt[942]. Dies ist der Fall. Ist eine Erfüllung der Warnfunktion auch u. U. nicht vollstän-

---

935 MünchKommBGB/*Roth/Schubert*, § 242 BGB, Rn. 292.

936 BAG vom 15.02.1984 – 5 AZR 123/82, AP § 613a BGB, Nr. 37.

937 Vgl. BAG vom 19.03.1998 – 8 AZR 139/97, AP § 613a BGB, Nr. 177.

938 BAG vom 15.02.1984 – 5 AZR 123/82, AP § 613a BGB, Nr. 37; BAG vom 19.03.1998 – 8 AZR 139/97, AP § 613a BGB, Nr. 177; weiterhin *Bauer/von Steinau-Steinbrück*, ZIP 2002, 457, 462; *Gaul/Otto*, DB 2002, 634, 638; *Willemsen/Lembke*, NJW 2002, 1159, 1163; *Worzalla*, NZA 2002, 353, 358.

939 Siehe beispielhaft *Rieble*, NZA 2009, 401, 404, m. w. N.

940 Für genauere Betrachtungen s. *Menze*, Das Widerspruchsrecht der Arbeitnehmer beim Betriebsübergang, S. 77 ff.

941 So die h. M.: *Eckhardt*, Die Informationspflicht der Arbeitgeber bei Betriebsübergang, S. 46; *Franzen*, RdA 2002, 258, 268; *Gaul*, Das Arbeitsrecht der Betriebs- und Unternehmensspaltung, S. 328; *ders.*, FA 2002, 299, 301; *Gaul/Otto*, DB 2002, 634, 638; *Grau*, Unterrichtung und Widerspruchsrecht der Arbeitnehmer bei Betriebsübergang, S. 355; *Jaeger*, ZIP 2004, 433, 443; *Nehls*, NZA 2003, 822, 826; *Olbertz/Ungnad*, BB 2004, 213, 218; ErfK/*Preis*, § 613a BGB, Rn. 102.

942 *Grau*, Unterrichtung und Widerspruchsrecht der Arbeitnehmer bei Betriebsübergang, S. 355.

dig gegeben[943], so ist doch die Beweisfunktion hier von gehobener Bedeutung. Der Arbeitnehmer gibt durch den Verzicht auf sein Widerspruchsrecht eine rechtserhebliche und ihn im vollen Maße sozial betreffende Erklärung ab. Denn die Konsequenzen eines solchen Verzichts sind für sein zukünftiges Arbeitsleben von entscheidender Bedeutung. Somit muss eine derart folgenträchtige Erklärung zum Schutz des Arbeitnehmers für diesen beweisbar sein. Dies lässt sich durch schriftliche Fixierung der Willenserklärung am besten erreichen.

Im Anschluss an diese beiden Voraussetzungen eines Verzichts stellt sich dic in der Lit. rege diskutierte Frage, ob der Arbeitnehmer die Kenntnis vom konkreten Betriebsübergang nur dadurch erlangen kann, dass er bereits nach § 613a Abs. 5 BGB unterrichtet worden ist.

Auf der einen Seite wird für die Notwendigkeit eines vorherigen Unterrichtungsschreibens angeführt, dass der Arbeitnehmer ohne Unterrichtung zu wenige Informationen über den eigentlichen Betriebsübergang hat und ein somit vorliegender Verzicht „ins Blaue" einem Globalverzicht gleichkomme, der nach h. M. unzulässig ist[944]. Ihm würde bei Fehlen einer solchen Unterrichtung also die „Entscheidungsgrundlage" genommen[945]. Darüber hinaus ist es nach *Nehls*[946] Ausdruck des gesetzgeberischen Willens, dass dieser für den Fall des Betriebsübergangs gerade eine Unterrichtungspflicht verlangt und deren Erfüllung bewusst zur Voraussetzung für die Ausübung des Widerspruchsrechts gemacht hat.

Auf der anderen Seite wird diese Notwendigkeit mit dem Argument verneint, dass die Unterrichtung nicht Entstehungsvoraussetzung für das Widerspruchsrecht ist. Der Arbeitnehmer also bereits davor „auf eigenes Risiko" verzichten kann und ihm, sofern es anders wäre, die Entscheidungsgrundlage dadurch diktiert würde[947]. Zudem ergänzt *Preis*[948], es stehe dem Arbeitnehmer auch ohne vorherige Information zu, eine einvernehmliche Überleitungsvereinbarung abzuschließen[949]. Dies zeige, dass § 613a BGB diesen lediglich vor un-

---

943 Siehe erneut *Grau*, Unterrichtung und Widerspruchsrecht der Arbeitnehmer bei Betriebsübergang, S. 355.

944 Vgl. *Eckhardt*, Die Informationspflicht der Arbeitgeber bei Betriebsübergang, S. 46, m. w. N.

945 *Grobys*, BB 2002, 726, 730.

946 *Nehls*, NZA 2003, 822, 826.

947 *Grau*, Unterrichtung und Widerspruchsrecht der Arbeitnehmer bei Betriebsübergang, S. 356 f., m. w. N; so wohl auch *Bauer/von Steinau-Steinrück*, ZIP 2002, 457, 464; *Gaul/Otto*, DB 2002, 634, 638; *Worzalla*, NZA 2002, 353, 357.

948 ErfK/*Preis*, § 613a BGB, Rn. 102.

949 Für genauere Betrachtungen zur Anwendung von Überleitungsvereinbarungen bei § 613a BGB s. Kap. 6, IV., 5., S. 233 ff.

gerechtfertigten Nachteilen bewahren, nicht aber seine Vertragsfreiheit einschränken solle[950].

Beide Ansichten können jedoch noch weiter präzisiert werden. I. R. d. ersten, sich für die Notwendigkeit einer vorherigen Unterrichtung aussprechenden Meinung, gehen die Auffassungen bzgl. der Anforderungen an ein solches Schreiben auseinander. Während der eine Teil lediglich eine nicht näher definierte „ausreichende" Unterrichtung verlangt[951], setzt der andere Teil eine den Voraussetzungen des § 613a Abs. 5 BGB entsprechende „ordnungsgemäße" Unterrichtung voraus[952].

Die Vertreter der zweiten, sich gegen eine Notwendigkeit der Unterrichtung aussprechenden Ansicht verlangen, dass der Arbeitnehmer zumindest die Person des Betriebserwerbers kennen muss, um auf das Widerspruchsrecht zu verzichten[953].

Zusammenfassend ist ein Verzicht nur in Bezug auf den konkreten Betriebsübergang möglich. Eine solche „Konkretisierung" der Übertragung lässt sich nur herstellen, wenn der Arbeitnehmer bzgl. des bevorstehenden Betriebsübergangs unterrichtet worden ist. Fraglich ist, wie weitreichend eine solche Unterrichtung zu sein hat.

Eine an den Maßstäben einer ordnungsgemäßen Unterrichtung gem. § 613a Abs. 5 BGB zu orientierende Unterrichtung ist m. E. nicht notwendig. Es stellt eine überzogene Anforderung an ein Rechtsgeschäft, das grds. der Vertragsfreiheit unterliegt, dar. Hier reicht es aus, dass dem vom Betriebsübergang betroffenen Arbeitnehmer der geplante Übergang an sich und die Person des Betriebserwerbers bekannt sind. Denn viel mehr Informationen benötigt der Arbeitnehmer auch nicht, um sein Arbeitsverhältnis beim Veräußerer zu kündigen und einen neuen Arbeitsvertrag mit dem Erwerber abzuschließen. Demnach würde ein unter den Gesichtspunkten des § 613a Abs. 5 BGB zwar fehlerhaftes Unterrichtungsschreiben für einen wirksamen Verzicht auf das Widerspruchsrecht ausreichen. Dies jedoch nur, sofern korrekt über die Person des Erwerbers und die Betroffenheit des Arbeitnehmers von der Maßnahme informiert wurde. Weitere Informationen muss der Arbeitnehmer selbst einholen, sofern er eine weitergehende Grundlage für seine Entscheidung schaffen möchte. Es besteht beim Verzicht kein Grund den Arbeitnehmer vor sich selbst zu schützen. Er ist

---

950 Siehe erneut ErfK/*Preis*, § 613a BGB, Rn. 102.

951 Vgl. *Franzen*, RdA 2002, 258, 268; *Grobys*, BB 2002, 726, 730.

952 *Eckhardt*, Die Informationspflicht der Arbeitgeber bei Betriebsübergang, S. 46; *Hauck*, Beil. zu NZA 1/2009, 18, 22; *Nehls*, NZA 2003, 822, 826.

953 *Grau*, Unterrichtung und Widerspruchsrecht der Arbeitnehmer bei Betriebsübergang, S. 357, m. w. N.

hinreichend durch das Schrifterfordernis davor gewarnt über seine Rechte zu disponieren.

Darüber hinaus ist ein Verzicht des Arbeitnehmers auf das Widerspruchsrecht v. a. für die Arbeitgeber von Bedeutung. Hierdurch können sie frühzeitig bestimmen, welches Arbeitsverhältnis übergeht und welches nicht. Dies schafft einen hohen Grad an Rechtssicherheit. Zudem erscheint ein Verzicht für die Arbeitgeber aufgrund der Tatsache interessant, dass eine einseitige, von Arbeitgeberseite kommende, Abbedingung des Widerspruchsrechts weder durch Tarifvertrag oder Betriebsvereinbarung[954] noch individualarbeitsrechtlich möglich ist[955]. Nicht zu unterschätzen ist weiterhin, dass bei einem Verzicht und einem fehlerhaften Unterrichtungsschreiben der Arbeitnehmer vorerst die Verzichtserklärung wegen arglistiger Täuschung nach § 123 BGB anfechten müsste, um noch widersprechen zu können[956]. Dazu müsste er aber beweisen, dass die falsche Unterrichtung kausal dafür war, dass er auf sein Widerspruchrecht verzichtet hat, welches für die Arbeitgeber erheblich günstiger ist, als sich auf die Richtigkeit des Unterrichtungsschreibens zu verlassen[957].

bb) Verzicht auf die Unterrichtung nach § 613a Abs. 5 BGB

Weiterhin wird diskutiert, ob der Arbeitnehmer neben dem Verzicht auf das Widerspruchsrecht zudem auch noch einen solchen bzgl. der Unterrichtung nach § 613a Abs. 5 BGB erklären könnte[958]. Dieser Ansatz ist m. E. jedoch abzu-

---

954 BAG vom 02.10.1973 – 5 AZR 504/73, AP § 613a BGB, Nr. 1; *Falkenberg*, DB 1980, 783, 786, *Gaul*, Das Arbeitsrecht der Betriebs- und Unternehmensspaltung, S. 328; *Gaul*, ZfA 1990, 87, 92; *Henssler*, NZA 1994, 913, 923; *Menze*, Das Widerspruchsrecht der Arbeitnehmer beim Betriebsübergang, S. 86 f.

955 Auch liegt ein Klauselverstoß gegen § 309 Satz 1 Nr. 10 BGB vor, wenn die Arbeitgeber im Zusammenhang mit dem Informationsschreiben den Arbeitnehmer um einen formularvertraglichen Verzicht ersuchen, vgl. *Grau*, Unterrichtung und Widerspruchsrecht der Arbeitnehmer bei Betriebsübergang, S. 353.

956 *Hauck*, Beil. zu NZA 1/2009, 18, 21; *Rolf*, BB 2009, 1423, 1424.

957 *Rolf*, BB 2009, 1423, 1424.

958 So auch *Bauer/von Steinau-Steinrück*, ZIP 2002, 457, 464; Erfk/*Preis*, § 613a BGB, Rn. 102; m. E. ist diesbezüglich darauf hinzuweisen, dass der „Verzicht" des Arbeitnehmers auf die Unterrichtung nicht als Verzicht im juristischen Sinne verstanden werden sollte. Denn grds. kennt das BGB lediglich den Verzicht auf Gestaltungsrechte, vgl. Palandt/*Grüneberg*, § 397 BGB, Rn. 4. Die Unterrichtungspflicht des Arbeitgebers nach § 613a Abs. 5 BGB ist jedoch eine echte Rechtspflicht. Da es sich somit unzweifelhaft um einen Anspruch des Arbeitnehmers handelt, vgl. auch MünchArbR/*Wank*, § 102, Rn. 90, wäre es wohl angebracht bei einer solchen Entsagung nicht von einem Verzicht, sondern von einem notwendigen Erlass nach § 397 BGB zu sprechen, so auch *Diehn*, Rückkehrzusagen beim Betriebsübergang, S. 250. Zwar ist in der Rechtsgeschäftslehre

lehnen, da er mit dem Sinn und Zweck des § 613a Abs. 5 BGB nicht zu vereinbaren ist. Die Unterrichtung stellt einen der entscheidenden Schritte i. R. e. Betriebsübergangs dar. Dies wird nicht zuletzt dadurch deutlich, dass es sich nach neuerer Rspr. bei der Unterrichtung nicht mehr um eine bloße Obliegenheit der Arbeitgeberparteien, sondern um eine echte Rechtspflicht handelt[959]. Diese kann der Arbeitnehmer sogar im Zuge einer Leistungsklage einfordern[960].

Der Gesetzgeber wollte dem Arbeitnehmer eine Entscheidungsgrundlage ermöglichen über die er nicht in dieser Form verfügen darf. Ein Verzicht auf die Unterrichtung würde somit den gesetzgeberischen Willen umgehen. So ist es im Gegensatz zum Verzicht auf das Widerspruchsrecht angebracht, den Arbeitnehmer bei einem noch weiter reichenden Verzicht auf die Informationspflicht vor sich selbst schützen.

cc) Zusammenfassung und Kritik

I. E. ist der nach h. M. zulässige[961] ausdrückliche Verzicht des Arbeitnehmers auf das Widerspruchsrecht eine naheliegende Lösungsvariante. Nichtsdestotrotz unterliegt eine solche rechtsgeschäftliche Handlung des Arbeitnehmers zwei Be-

---

der Erlass eine Form des Verzichts, nämlich der Verzicht auf Forderungen, vgl. Palandt/*Grüneberg*, § 397 BGB, Rn. 3, tatsächlich unterscheidet sich jedoch der einseitige Verzicht vom zweiseitigen Erlassvertrag. I. E. ist also darauf zu achten, dass, sollte tatsächlich von einer Entsagung der Unterrichtungspflicht Gebrauch gemacht werden, dies durch zweiseitigen Vertrag erfolgen müsste und nicht durch einseitige Erklärung des Arbeitnehmers. Geht der Erlass von Arbeitnehmerseite aus, so wird der Arbeitgeber diesen wohl i. d. R. annehmen, da er somit die Notwendigkeit einer fehlerfreien Erstellung des Unterrichtungsschreibens umgehen kann. Nichtsdestotrotz darf in diesem Fall m. E. nicht von einer Annahme des Arbeitgebers nach § 151 S. 1 BGB ausgegangen werden. Denn der Arbeitgeber kann aus unterschiedlichsten Gründen eine Unterrichtung für sinnvoll erachten. Vor allem ist hierbei der Fall zu beachten, indem mit dem Verzicht auf das Unterrichtungsschreiben auch derjenige auf das Widerspruchsrecht einhergehen soll. Denn Letztgenannter setzt nämlich eine solche Unterrichtung des Arbeitnehmer voraus, die damit abgegolten seien könnte, für genauere Betrachtungen zur Unterrichtung beim Verzicht auf das Widerspruchsrecht s. voranstehend Kap. 6., IV., 1., S. 220 ff.

959 BAG vom 31.01.2008 – 8 AZR 1116/06, NZA 2008, 642; siehe auch *Eckhardt*, Die Informationspflichten der Arbeitgeber beim Betriebsübergang, S. 59 ff.; BeckOK RGKU/*Gussen*, § 613a BGB, Rn. 142; *Hauck*, Beil. zu NZA 1/2009, 19.

960 *Giesen*, Jahrbuch des Arbeitsrechts, Bd. 46, 41, 57.

961 Siehe BAG vom 15.02.1984 – 5 AZR 123/82, AP § 613a BGB, Nr. 37; BAG vom 19.03.1998 – 8 AZR 139/97, AP § 613a BGB, Nr. 177; weiterhin *Bauer/von Steinau-Steinbrück*, ZIP 2002, 457, 462; *Gaul/Otto*, DB 2002, 634, 638; *Willemsen/Lembke*, NJW 2002, 1159, 1163; *Worzalla*, NZA 2002, 353, 358.

schränkungen. Zum einen muss der Arbeitnehmer die Umstände des konkreten Betriebsübergangs kennen und zum anderen die aus der entsprechenden Anwendung des § 613a Abs. 6 Satz 1 BGB herzuleitende Schriftform einer solchen Willenserklärung eingehalten sein.

Sind diese beiden Voraussetzungen jedoch eingehalten, stellt ein Verzicht des Arbeitnehmers auf das Widerspruchsrecht mit eine der wohl besten Möglichkeiten nach geltendem Recht dar die in der Praxis problematischen Fälle der Verwirkung infolge Zeitablaufs vollends auszuschließen. In diesem Sinne schlägt *Gaul*[962] vor, dass der Betriebserwerber die Übernahme des Betriebs oder Betriebsteils unter die aufschiebende Bedingung stellen solle, dass namentlich genannte Arbeitnehmer ihm entsprechende Erklärungen über den Verzicht auf das Widerspruchsrecht vorlegen. Hierdurch werden gleich zwei Ziele erreicht: Die Arbeitgeberparteien können frühzeitig klären, welche Arbeitsverhältnisse definitiv auf den Erwerber übergehen, sowie jegliche Planungsunsicherheit in Bezug auf Widersprüche nach zu langer Zeit ausschließen.

Widerspricht der Arbeitnehmer nämlich trotz wirksamen Verzichts dem Übergang seines Arbeitsverhältnisses, so ist ein solcher Widerspruch als unwirksam anzusehen[963]. Wie bereits oben beschrieben, könnte der Arbeitnehmer in einer solchen Situation lediglich eine solche Verzichtserklärung nach § 123 BGB anfechten, wobei er jedoch Beweis dafür zu erbringen hätte, dass die falsche Unterrichtung kausal dafür war, dass er auf sein Widerspruchrecht verzichtet hat, welches für die Arbeitgeber erheblich günstiger ist, als sich auf die Richtigkeit des Unterrichtungsschreibens zu verlassen.

Eins steht dieser Lösung jedoch entgegen. Geht man von der hier nicht vertretenen Ansicht aus, dass es zu einem wirksamen Verzicht auf das Widerspruchsrecht einer vollständigen und fehlerfreien Unterrichtung bedarf, so schränkt dies dessen Nützlichkeit bzgl. der Verringerung von Rückgriffen auf die Verwirkung infolge Zeitablaufs erheblich ein.

Denn bei einer korrekten Unterrichtung des Arbeitnehmers beginnt die Widerspruchfrist des § 613a Abs. 6 BGB zu laufen. D. h., dass aufgrund der geringen Wahrscheinlichkeit eines Vorliegens der Verwirkung infolge Zeitablaufs binnen eines Monats nach Unterrichtung, diese zwar in den Fällen fehlerfreier Unterrichtung keine Anwendung mehr findet (Wo sie auch sonst i. d. R. keine Anwendung gefunden hätte). Jedoch bleibt es bei einem Rückgriff auf diese bei den gerade problematischen Sachverhalten, in welchen die Frist des § 613a Abs. 6 BGB nicht zu laufen beginnt. Denn es entsteht die Situation, dass immer dann, wenn ein Verzicht die Problemsachverhalte der Verwirkung infol-

---

962 *Gaul*, Das Arbeitsrecht der Betriebs- und Unternehmensspaltung, S. 329 f.; m. w. N.

963 BAG vom 19.03.1998 – 8 AZR 139/97, BAGE 88, 196, NZA 1998, 750.

ge Zeitablaufs lösen würde (nämlich bei fehlerhafter Unterrichtung), der Verzicht unwirksam und immer bei Nichteintreten dieser Sachverhalte (nämlich bei fehlerfreier Unterrichtung) der Verzicht Anwendung finden würde. Die Lösung der problematischen Sachverhalte entzöge sich mithin der Reichweite dieser.

b) Konkludenter Verzicht des Arbeitnehmers

Nachdem die Möglichkeit eines Verzichts des Arbeitnehmers auf sein Widerspruchsrecht grds. bejaht wurde, stellt sich die Frage, ob der Arbeitnehmer auch konkludent auf sein Gestaltungsrecht verzichten kann.

Dies ist jedoch de lege lata nicht möglich. Der Verzicht des Arbeitnehmers auf das Widerspruchsrecht setzt die Schriftform voraus[964]. Ging das BAG früher noch von der Möglichkeit eines solchen konkludenten Verzichts, z. B. bei Fortsetzung der Tätigkeit beim Betriebserwerber, aus[965], so ist diese Rspr. nach Änderung der Rechtslage im Jahre 2002 nicht mehr haltbar[966]. Das Schriftformerfordernis stellt sich als zwingender Faktor heraus, der wiederum jegliche Lösungsansätze bzgl. einer konkludenten Ausübung verwehrt[967].

2. Bestätigung des Übergangs des Arbeitsverhältnisses

Ebenso wie der Verzicht auf das Widerspruchsrecht kann auch die Bestätigung des Übergangs des Arbeitsverhältnisses in zwei Konstellationen auftreten. Zum einen die ausdrückliche Bestätigung durch den Arbeitnehmer und zum anderen die einer konkludenten Bestätigung nahe liegenden Bestätigung durch Ausübung des negativen Wahlrechts[968].

a) Ausdrückliche Bestätigung durch den Arbeitnehmer

Da bereits der arbeitnehmerseitigen Verzicht auf das Widerspruchsrecht im Vorfeld des Betriebsübergangs einen Rückgriff auf die Verwirkung infolge Zeitab-

---

964 S. o. Kap. 6, IV., 1., S. 220 ff.

965 Vgl. BAG vom 27.04.1995 – 8 AZR 197/94, AP Nr. 128 zu § 613a BGB, wobei das Gericht zu diesem Zeitpunkt noch von einer Gleichbehandlung von Ausübung und Verzicht bei Widerspruch ausgegangen ist, sodass wenn der Widerspruch konkludent erklärt werden könne auch der Verzicht in dieser Form möglich sei, vgl. auch *Eckhardt*, Die Informationspflicht der Arbeitgeber beim Betriebsübergang, S. 46.

966 *Gaul*, Das Arbeitsrecht der Betriebs- und Unternehmensspaltung, S. 329, m. w. N.

967 So auch *Gaul*, Das Arbeitsrecht der Betriebs- und Unternehmensspaltung, S. 329; *Gaul/Otto*, DB 2002, 634, 638; *Hauck*, Beil. zu NZA 1/2009, 18, 22; *Rieble/Wiebauer*, NZA 2009, 401, 404.

968 Für nähere Betrachtungen s. Kap. 6, IV., 1., S. 228.

laufs beinahe vollends verdrängt[969], ist fraglich, ob auch eine ausdrückliche Bestätigung des Arbeitnehmers bzgl. des Übergangs des Arbeitsverhältnisses auf den Betriebserwerber zu gleichwertigen Ergebnissen kommt.

Göpfert/Siegrist[970] lehnen eine solche Bestätigung jedoch mit Verweis auf *Hauck*[971] ab. Sie vertreten die Ansicht, dass die Verbindlichkeit einer solchen Bestätigung durch den Arbeitnehmer eine ordnungsgemäße Unterrichtung nach § 613a Abs. 5 BGB voraussetze. Damit schließen sie sich der bereits zum Verzicht des Arbeitnehmers auf das Widerspruchsrecht geäußerten Ansicht an[972]. Denn auch der Verzicht soll nach der hier nicht vertretenen Auffassung nur bei fehlerfreier Unterrichtung nach den Maßstäben des § 613a Abs. 5 BGB möglich sein[973].

Rieble/Wiebauer hingegen lassen eine solche ausdrückliche Bestätigung unter kritischer Verweisung auf gängige Kautelarpraxis sowie auf das Maßregelungsverbot des § 612a BGB bewusst offen[974]. So sei die Kautelarpraxis noch nicht so weit, da die Bestätigung des Arbeitgeberwechsels bislang nur eine Ausnahme darstelle[975]. In Bezug auf § 612a BGB sagen sie: „Solange dem Arbeitnehmer das Widerspruchsrecht als Wahlrecht zusteht, darf er keine Nachteile aus seiner Entscheidung erfahren – soweit diese nicht unmittelbar mit der Entscheidung verbunden sind. Freilich darf der Erwerber neue Arbeitsverträge, insbesondere Beförderungen, durchaus davon abhängig machen, dass der Arbeitnehmer sich „für ihn entscheidet““[976].

M. E. kann nach der hier vertretenen Ansicht bzgl. der Anforderungen an einen Verzicht des Arbeitnehmers auf das Widerspruchsrecht nichts anderes für die Bestätigung des Arbeitgeberwechsels gelten. Sofern sich die Bestätigungshandlung bzgl. eines konkreten Betriebsübergangs mit Information des Arbeitnehmers mindestens in Bezug auf die Person des Betriebserwerbers bezieht, sowie das Schriftformerfordernis eingehalten worden ist, steht m. E. einer solchen Praxis nichts im Wege. Dem Arbeitnehmer steht es frei sich einer solchen Abmachung zu unterwerfen; dies ist Teil seiner Vertragsfreiheit i. R. d. Betriebsübergangs gestaltend mitzuwirken. Einen hinreichenden Schutz erlangt er durch

---

969 S. o. Kap. 6, IV., 1., S. 219 ff.

970 *Göpfert/Siegrist*, ArbR 2010, 60, 62.

971 *Hauck*, Beil. zu NZA 1/2009, 18, 22; wobei dieser diese These lediglich zum konkludenten Verzicht auf das Widerspruchsrecht äußert.

972 S. o. Kap. 6, IV., 1., S. 223.

973 *Eckhardt*, Die Informationspflicht der Arbeitgeber bei Betriebsübergang, S. 46; *Hauck*, Beil. zu NZA 1/2009, 18, 22; *Nehls*, NZA 2003, 822, 826; s. a. Kap. 6, IV., 1., S. 223.

974 Vgl. *Rieble/Wiebauer*, NZA 2009, 401, 406.

975 *Rieble/Wiebauer*, NZA 2009, 401, 406.

976 *Rieble/Wiebauer*, NZA 2009, 401, 406.

die notwendige Schriftform einer solchen Erklärung, die er selbstverständlich darüber hinaus bei Vorliegen eines entsprechenden Grundes noch anfechten kann.

Darüber hinaus weist *Dzida*[977] zu Recht darauf hin, dass eine solche fehlerfrei zustande gekommene, ausdrückliche Bestätigung im Falle eines nachträglichen Widerspruchs zudem schwerwiegend i. R. d. Umstandsmoments ins Gewicht fallen dürfte, da daraus zu entnehmen sei, dass der Arbeitnehmer davon ausgehe, dass sein Arbeitsverhältnis auf den Erwerber übergegangen sei; er ihn also als neuen Arbeitgeber akzeptiert habe.

b) Negatives Wahlrecht als Bestätigung

Neben der ausdrücklichen Bestätigung des Übergangs des Arbeitsverhältnisses durch den Arbeitnehmer wird von *Rieble/Wiebauer*[978] als weitere Möglichkeit einer Bestätigung eine Ansicht vertreten, die von Gestaltungsrechten als Wahlrechten ausgeht. Diese besagt, dass im Unterschied zum Verzicht des Arbeitnehmers auf das Widerspruchsrecht, der die Aufgabe dessen und des darin enthaltenen Wahlrechts zwischen Ausübung und Nichtausübung bedeute, die Entscheidung der Nichtausübung durch den Arbeitnehmer lediglich eine Wahrnehmung dieses Wahlrechts darstelle[979]. Diese Nichtausübung beinhalte somit die nach § 144 BGB analoge Bestätigung des Arbeitsverhältnisübergangs[980]. Wobei § 144 BGB wiederum den Rechtsgedanken in sich trage, dass Gestaltungsrechte sowohl positiv als auch negativ ausgeübt werden könnten[981]: „Das anfechtbare Rechtsgeschäft wird durch Bestätigung endgültig wirksam“[982]. Mit Verweis auf *Flume*[983] werde in diesem Sinne der Schluss deutlich, „dass die Bestätigung die positive Entscheidung des Anfechtungsberechtigten ist, dass das anfechtbare Geschäft gelten soll“[984]. Übertragen auf die Situation des Betriebsübergangs würde dies bedeuten, dass der Arbeitnehmer durch Nichtausübung des Widerspruchsrechts seine in Art. 12 I GG verankerte Vertragspartnerwahlfreiheit in der Form wahrnehme, dass er durch Bestätigung des Arbeitgeberwechsels (und

---

977 *Dzida*, NZA 2009, 641, 646.
978 *Rieble/Wiebauer*, NZA 2009, 401, 404.
979 Vgl. *Rieble/Wiebauer*, NZA 2009, 401, 404 f., m. w. N.
980 *Rieble/Wiebauer*, NZA 2009, 401, 404 f., m. w. N.
981 Vgl. *Rieble/Wiebauer*, NZA 2009, 401, 404 f., m. w. N.
982 *Rieble/Wiebauer*, NZA 2009, 401, 404 f., m. w. N.
983 *Flume*, S. 568 f.
984 *Rieble/Wiebauer*, NZA 2009, 401, 404.

gerade nicht durch einen darin zu sehenden Verzicht) sein ihm zustehendes Wahlrecht ausübe[985].

Neben weiterer angeführter und m. E. korrekter Argumente[986] zur Festigung dieses Standpunkts stoßen doch auch *Rieble/Wiebauer* i. E. an die hier aufgezeigten Grenzen einer solchen Bestätigung. Zu Recht wird festgestellt, dass es ebenso wie bei einem Verzicht auch bei der Bestätigung eines Formerfordernisses bedarf[987]. Die daraufhin angestellten Überlegungen einer eventuellen Formfreiheit aufgrund eines Vergleichs zum fehlenden Formerfordernis bei Arbeitsverträgen, dem Hinweis auf die nicht vorhandene Schutzrichtung des § 613a Abs. 6 Satz 1 BGB bzgl. ausufernder konkludenter Bestätigungen, sowie der Ansicht, dass die Beweisfunktion nicht für die Formbedürftigkeit spreche[988], sind m. E. jedoch abzulehnen. Hier haben arbeitnehmerschutzrechtliche Erwägungen klaren Vorrang. Ist es noch hinzunehmen, dass der Arbeitnehmer durch explizite Äußerungen und schriftliche Fixierung den Arbeitgeberwechsel bestätigen kann, so würde, ginge dies auch durch konkludente Bestätigung bei Ausübung des negativen Wahlrechts, dies zu einer unüberschaubaren Menge an vermeintlichen Bestätigungen führen. Auch ein Vergleich mit dem grds. formfreien Abschluss eines Arbeitsvertrages ist m. E. nicht haltbar. Es mag zwar stimmen, dass die Bestätigung und der daraufhin eintretende Arbeitgeberwechsel einem solchen Abschluss gleich kommt, jedoch äußert der Arbeitnehmer mit einer solchen Äußerung zugleich den Willen, dass er nicht mehr für den Betriebsveräußerer arbeiten möchte. Dort also sein Arbeitsverhältnis aufgibt. Dies weist nun erhebliche Nähe zur Kündigung auf, welche wiederum nach § 623 BGB der Schriftform bedarf. Zudem spricht sich der Normzweck von § 613a Abs. 6 Satz 1 BGB ganz klar für einen Arbeitnehmerschutz durch Formbedürftigkeit aus. Denn hierbei handelt es sich um eine Rechtshandlung des Arbeitnehmers durch die er sich endgültig für eine Arbeitgeberpartei entscheidet. Dies muss ihm zum Zeitpunkt der Abgabe einer solchen Erklärung bewusst sein und dieses Bewusstsein lässt sich mit einer formbedürftigen Erklärung am besten erreichen.

Somit ist i. E. die von *Rieble/Wiebauer* vertretene Ansicht abzulehnen. Nichtsdestotrotz ist die ebenfalls von *Rieble/Wiebauer* erwogene und bereits diskutierte Bestätigung nach § 144 BGB analog beim Aufhebungsvertrag eine vielversprechende Alternative zur Vermeidung der Verwirkung infolge Zeitab-

---

985 *Rieble/Wiebauer*, NZA 2009, 401, 405; m. w. N.

986 Vgl. *Rieble/Wiebauer*, NZA 2009, 401, 404 f.

987 *Rieble/Wiebauer*, NZA 2009, 401, 405; s. a. Kap. 6, IV., 1., S. 220 f. und IV., 2., S. 227 f.

988 *Rieble/Wiebauer*, NZA 2009, 401, 405.

laufs[989]. Denn hier kommt es gerade zu einer formgebundenen Fixierung des Arbeitnehmerwillens.

3. Prophylaktische Kündigung durch den Veräußerer

Einen weiteren Ansatz zur Verringerung der Rückgriffe auf die Verwirkung infolge Zeitablaufs bei Widerspruch gegen den Übergang des Arbeitsverhältnisses bei Betriebsübergang vertritt *Dzida*[990]. Hierbei knüpft er an die Lösung der nach hier vertretener Ansicht möglichen ausdrücklichen Bestätigung durch den Arbeitnehmer[991] an. *Dzida* erwägt, dass, sollte eine solche ausdrückliche Bestätigung nicht erzielt werden können, der Veräußerer Kündigungen der betreffenden Angestellten erwägen solle[992].

Selbstredend sind alle in dieser Art und Weise vorgenommenen Kündigungen mangels einschlägigen Kündigungsgrundes unwirksam. *Dzida* jedoch spekuliert auf die Präklusion nach § 4 Satz 1 KSchG, die eintritt, sofern sich die Betroffenen nicht innerhalb von drei Wochen zur Wehr setzen[993]. Somit würde also selbst eine Kündigung mit einer Auslauffrist, die über den Betriebsübergang hinausgeht, in der Situation des nachträglichen Widerspruchs für den Veräußerer keinerlei Probleme darstellen[994]. Denn dem Widerspruch kommt grds. keinerlei Bedeutung zu, da sich der Veräußerer ja auf die Präklusion berufen kann und die Kündigung auch bei Rückwirkung beim Veräußerer somit wirksam bleibt[995]. Der Arbeitnehmer hat lediglich einen anderen Vertragspartner bei eventuellen Ausgleichzahlungen[996].

I. E. ist m. E. eine solche Vorgehensweise abzulehnen. Möchte der Arbeitnehmer eine Bestätigung des Arbeitgeberwechsels nicht unterzeichnen, so ist dies sein gutes Recht. Eine Erzwingung dieses Tatbestandes durch hilfsweise ausgesprochene unwirksame Kündigungen ist nicht zu tolerieren, da sie gegen den Schutzzweck des § 613a BGB verstößt. Darüber hinaus stellt sie m. E. zudem eine unzulässige Umgehung des § 613a BGB dar. Es mag zwar in der Pra-

---

989 S. u. Kap. 6, II., 2., S. 205 ff.

990 *Dzida*, NZA 2009, 641.

991 Siehe vorangehend Kap. 6, IV., 2., S. 226 f.

992 *Dzida*, NZA 2009, 641, 646.

993 *Dzida*, NZA 2009, 641, 646.

994 Unter Anlehnung an den Wortlaut des § 613a BGB umfasst dieser alle zum Zeitpunkt des geplanten Betriebsübergangs noch in einem Arbeitsverhältnis mit dem bisherigen Betriebsinhaber stehenden Arbeitnehmer, die dem übergehenden Betrieb oder Betriebsteil zuzuordnen sind, vgl. BAG vom 20.03.2008 – 8 AZR 1016/06, NZA 2008, 1354.

995 Siehe *Dzida*, NZA 2009, 641, 646.

996 Siehe dazu auch Kap. 5, I., 4., S. 153 ff.

xis nicht unüblich sein auf eine Präklusion nach § 4 Satz 1 KSchG bei unkundigen Arbeitnehmern zu spekulieren, sowie mag es auch sein, dass der Arbeitgeber die u. U. gar nicht so hoch ausfallenden Kosten einer Gerichtsverhandlung, die auf eine schnelle Bejahung der Unwirksamkeit der Kündigung hinausläuft, nicht scheut, jedoch kann dies zum einen keine zuverlässige Lösung zur Verringerung des Rückgriffs auf die Verwirkung infolge Zeitablaufs sein. Zum anderen muss darüber hinaus (zumindest bis zum Ablauf von sechs Monaten nach Ende der versäumten Frist, s. § 5 Abs. 3 KSchG) dem Arbeitnehmer in einem solchen Fall die Möglichkeit des § 5 Abs. 1 KSchG offen stehen.

4. Vertragliche Änderungen

Ebenfalls von *Dzida*[997] wird neben einer vorsorglichen (unwirksamen) Kündigung durch den Betriebsveräußerer eine u. U. durch Vereinbarung im Unternehmenskaufvertrag anzuordnende schriftliche Änderung oder Neuabschließung von Arbeitsverträgen mit dem Erwerber nach Betriebsübergang vorgeschlagen. Dies erleichtere im Falle des Widerspruchs nach langer Zeit den Nachweis, „dass der Arbeitnehmer über sein Arbeitsverhältnis disponiert und den Betriebserwerber als neuen Arbeitgeber anerkannt hat“[998]. Dieser Disposition kommt dann i. R. d. Bewertung des Umstandsmoments erhebliche Bedeutung zu. Da diese u. U. die Wurzeln des Arbeitsverhältnisses betreffen und somit i. d. R. zur Einschlägigkeit des Umstandsmoments führen[999]. Dementsprechend bedürfe es lediglich eines geringen Zeitmoments, um die Verwirkung infolge Zeitablaufs zu erfüllen. *Dzida* begründet solche Vertragsänderungen mit dem eventuell beim Erwerber bestehenden Harmonisierungsbedürfnis der Arbeitsverhältnisse und -bedingungen[1000]. Denn diese bedürfen ohnehin einer solchen Änderung, die nach der Rspr. des *Fünften Senats* des BAG mittlerweile grds. auch ohne sachlichen Grund möglich ist[1001].

Gegen ein solches Vorgehen sprechen sich *Göpfert/Siegrist* aus. Argumentiert wird mit der Abhängigkeit des Umstandsmoments von der Schutzbedürftigkeit des Vertrauens des Arbeitgebers[1002]: „Bei einer vom Betriebsveräußerer

---

997 *Dzida*, NZA 2009, 641, 646.

998 *Dzida*, NZA 2009, 641, 646.

999 Für nähere Betrachtungen bzgl. der Dispositionen des Arbeitnehmers über sein Arbeitsverhältnis und deren Auswirkungen auf die Verwirkung infolge Zeitablaufs s. Kap. 5, I., 1., S. 109 ff. und S. 116 ff.

1000 *Dzida*, NZA 2009, 641, 646.

1001 BAG vom 07.11.2007 – 5 AZR 1007/06, BAGE 124, 345, ZIP 2008, 286.

1002 *Göpfert/Siegrist*, ArbR 2009, 60, 62.

forcierten Vertragsänderung im Anschluss an den Betriebsübergang kann dieser gerade nicht darauf vertrauen, die Arbeitnehmer hätten sich entschieden, von dem Widerspruchsrecht keinen Gebrauch zu machen“[1003]. Zudem sei hier i. R. d. Konflikts mit der Veränderungssperre des § 613a Abs. 1 Satz 2 BGB durchaus fragwürdig, ob eine Änderung zu Lasten der Arbeitnehmer möglich, bzw. eine solche zu Gunsten dieser vom Betriebserwerber überhaupt gewollt ist[1004]. Es sei lediglich eine Änderung der Vertragsparteien vorstellbar, die in Bezug auf die restriktive Rspr. des BAG das Umstandsmoment nicht auslösen würde[1005].

Dem von *Dzida* vertretenen Ansatz ist grds. zuzustimmen. Er bedarf jedoch einiger, auch bereits von *Göpfert/Siegrist* angedeuteter Einschränkungen. Es ist korrekt, dass die Arbeitgeberparteien mit dem Arbeitnehmer Dispositionen über das Arbeitsverhältnis i. R. d. in § 613a BGB erlaubten Möglichkeiten (man beachte z. B. § 613a Abs. 1 Satz 2 BGB bzgl. Rechtsnormen eines Tarifvertrages) treffen dürfen. Der *Fünfte Senat* sagt hierzu eindeutig: „Soweit eine nach § 613a Abs. 1 Satz 1 BGB an sich unverändert übergeleitete Regelung der Disposition der Arbeitsvertragsparteien unterliegt, kann sie durch Vereinbarung mit dem alten oder neuen Inhaber geändert werden. Es herrscht grundsätzlich die gleiche Vertragsfreiheit, wie sie im Veräußererbetrieb bestanden hat. Aus § 613a BGB lassen sich keine weitergehenden Einschränkungen der Privatautonomie ableiten. Diese nationale Regelung stimmt mit der Rechtsprechung des EuGH (10. Februar 1988 – Rs. C-324/86 - EAS Nr. 4 zu Art. 1 der RL 77/187 EWG) zur Betriebsübergangsrichtlinie 77/187 EWG überein“[1006]. Demnach ist es durchaus legitim nach Vorschlag von *Dzida*[1007] eine Harmonisierung der neuen und alten Belegschaft durch schriftliche Vertragsänderungen vorzunehmen.

Eine Einschränkung muss jedoch tatsächlich i. R. d. Bedeutung einer solchen Vertragsänderung in Bezug auf das Umstandsmoment gemacht werden[1008]. Nach der hier vertretenen Ansicht zur qualifizierten Disposition[1009] ist es zwar möglich aufgrund der Wechselwirkung von Zeit- und Umstandsmoment auch nicht unter die Aufzählung des BAG fallende Verhaltensweisen nach einem Ablauf von mehr als 15 Monaten als einschlägig anzusehen, jedoch muss bzgl. dieser Vertragsänderung, im Unterschied etwa zur unregelmäßig beantragten Gehaltserhöhung[1010] oder dem Wechsel von Vollzeit auf Teilzeit[1011], genauer un-

---

1003 *Göpfert/Siegrist*, ArbR 2009, 60, 62.
1004 Vgl. *Göpfert/Siegrist*, ArbR 2009, 60, 62.
1005 Vgl. erneut *Göpfert/Siegrist*, ArbR 2009, 60, 62.
1006 BAG vom 07.11.2007 – 5 AZR 1007/06, BAGE 124, 345, ZIP 2008, 286.
1007 Vgl. *Dzida*, NZA 2009, 641, 646.
1008 So auch *Göpfert/Siegrist*, ArbR 2009, 60, 62.
1009 S. o. Kap. 5, I., 1., S. 111 f.
1010 Für nähere Betrachtungen s. Kap. 5, I., 3., S. 135 ff.

terschieden werden. *Göpfert/Siegrist*[1012] gehen mit ihren Erwägungen zum lediglich vorliegenden Vertragspartnerwechsel nicht weit genug. Denn kommt es tatsächlich zu einer Harmonisierung, die u. U. mit Gehalts- und Arbeitszeitdispositionen einhergeht, werden durchaus die Wurzeln des Arbeitsverhältnisses berührt. Nichtsdestotrotz liegt bei einer solchen Vertragsänderung die Dispositionsinitiative beim Arbeitgeber. Der Arbeitnehmer reagiert lediglich auf die ihm angetragenen Änderungen. Vielfach wird ihm auch nichts anderes übrig bleiben als ein solches Angebot anzunehmen. Somit ist eine im Zuge der Harmonisierung der Arbeitsbedingungen vorgenommene Arbeitsvertragsänderung von der soeben beispielhaft angesprochenen unregelmäßigen Beantragung einer Gehaltserhöhung durch den Arbeitnehmer[1013] strikt zu unterscheiden. Denn der Arbeitnehmer wirkt gerade nicht aktiv und initiativ an der Veränderung seiner Vertragsbedingungen mit. Entscheidend i. R. d. Verwirkung infolge Zeitablaufs für das Vorliegen des Umstandsmoments ist nämlich einzig und allein der Aspekt des schutzwürdigen Vertrauens auf Arbeitgeberseite in die Nichtausübung des Widerspruchsrechts[1014]. Dieser kann hier jedoch nicht zu Lasten des Arbeitnehmers ausfallen.

I. E. bleibt also festzuhalten, dass der von *Dzida* vertretene Ansatz im konkreten Fall nicht ausreichend ist, um eine Verwirkung infolge Zeitablaufs nachzuweisen, oder gar bewusst „herbeizuführen". Hier überwiegt eindeutig die Schutzwürdigkeit des Arbeitnehmers vor der Schutzbedürftigkeit des Vertrauens des Arbeitgebers[1015]. Mithin sind vom Arbeitgeber ausgehende vertragliche Änderungen nach Betriebsübergang keine Lösung nach geltendem Recht zur Verringerung des Rückgriffs auf die Verwirkung infolge Zeitablaufs.

5. Überleitungs- /Nichtüberleitungsvereinbarungen

Im engen thematischen Zusammenhang mit dem bereits eingangs dieses Kapitels besprochenen Verzicht des Arbeitnehmers auf das Widerspruchsrecht steht die Vereinbarung von Überleitungs- bzw. Nichtüberleitungsvereinbarungen. Eine solche grds. zulässige[1016] Form der Abrede kann zwischen dem Arbeitnehmer und den Arbeitgeberparteien mit dem Inhalt zustande kommen, dass ein Vertrag über den Übergang bzw. den Nichtübergang des Arbeitsverhältnisses geschlos-

---

[1011] Für nähere Betrachtungen s. Kap. 5, I., 3., S. 137 ff.
[1012] *Göpfert/Siegrist*, ArbR 2009, 60, 62.
[1013] S. o. Kap. 5, I., 3., S. 135 ff.
[1014] Für genauere Betrachtungen s. Kap. 3, I., 1., S. 70 f.
[1015] So wohl auch *Göpfert/Siegrist*, ArbR 2009, 60, 62.
[1016] Vgl. BAG vom 15.02.1984 – 5 AZR 123/82, BAGE 45/140, BB 1984, 2266.

sen wird. Die sachliche Nähe zum Verzicht ergibt sich daraus, dass, da hier lediglich die normale Rechtsfolge des § 613a BGB vertraglich fixiert wird, eine solche Vereinbarung gleichzeitig einen Verzicht auf das Widerspruchsrecht darstellt[1017].

Gerade aufgrund dieser Nähe ergeben sich jedoch i. R. d. Überleitungs- bzw. Nichtüberleitungsvereinbarungen dieselben Einschränkungen, die auch für den Verzicht auf das Widerspruchsrecht gelten[1018]. Mithin kann eine solche Vereinbarung nur in Bezug auf einen konkret bevorstehenden Betriebsübergang vorgenommen werden. Wäre dies nicht der Fall, so würde dies eine abstrakte Abbedingung der Rechtsfolgen des § 613a BGB bedeuten, sowie durch formularmäßige Klauseln in Arbeitsverträgen diese Rechtsfolgen aushebeln[1019]. Des Weiteren bedarf eine solche Regelung erneut der aus der entsprechenden Anwendung des § 613a Abs. 6 Satz 1 BGB herzuleitenden[1020] Schriftform.

Unter Verweis auf die bereits zum Verzicht des Arbeitnehmers auf das Widerspruchsrecht vorgenommenen Untersuchungen[1021], stellen die diesen beinhaltenden Überleitungs- bzw. Nichtüberleitungsvereinbarungen de lege lata eine durchaus praktikable und i. E. rechtssichere Lösung zur Verringerung des Rückgriffs auf die Verwirkung infolge Zeitablaufs dar.

Erneut ist jedoch darauf hinzuweisen, dass, schließt man sich der hier nicht vertretenen Auffassung an, dass ein Verzicht zu seiner Wirksamkeit eine vollständige und fehlerfreie Unterrichtung nach § 613a Abs. 5 BGB voraussetzt[1022], diese Möglichkeit der Lösungsfindung ihre Praxistauglichkeit einbüßt. Denn es entsteht wiederum die Situation, dass immer dann, wenn eine Überleitungsvereinbarung die Fälle der Verwirkung infolge Zeitablaufs beschneiden würde (nämlich bei fehlerhafter Unterrichtung), gerade diese Vereinbarung unwirksam und immer bei Nichteintreten der Fälle der Verwirkung infolge Zeitablaufs aufgrund des Beginns der einmonatigen Widerspruchsfrist (nämlich bei fehlerfreier

---

1017 So auch *Eckhardt*, Die Informationspflicht der Arbeitgeber beim Betriebsübergang, S. 207.

1018 Siehe dazu auch Kap. 6, IV., 1., S. 219 ff.

1019 Vgl. *Eckhardt*, Die Informationspflicht der Arbeitgeber beim Betriebsübergang, S. 206, m. w. N.

1020 So die h. M.: *Eckhardt*, Die Informationspflicht der Arbeitgeber bei Betriebsübergang, S. 46; *Franzen*, RdA 2002, 258, 268; *Gaul*, Das Arbeitsrecht der Betriebs- und Unternehmensspaltung, S. 328; *ders.*, FA 2002, 299, 301; *Gaul/Otto*, DB 2002, 634, 638; *Grau*, Unterrichtung und Widerspruchsrecht der Arbeitnehmer bei Betriebsübergang, S. 355; *Jaeger*, ZIP 2004, 433, 443; *Nehls*, NZA 2003, 822, 826; *Olbertz/Ungnad*, BB 2004, 213, 218; ErfK/*Preis*, § 613a BGB, Rn. 102; s. a. Kap. 6, IV., 1., S. 219 ff.

1021 S. o. Kap. 6, IV., 1., S. 219 ff.

1022 Siehe beispielhaft *Hauck*, Beil. zu NZA 1/2009, 18, 22; siehe auch Kap. 6, IV., 1., S. 219 ff., m. w. N.

Unterrichtung) die Vereinbarung wirksam wäre. Folgt man dieser Ansicht, kann keine Verringerung des Rückgriffs auf die Verwirkung infolge Zeitablaufs stattfinden.

6. Aufhebungsvertrag und Neuabschluss eines Arbeitsvertrages mit dem Erwerber

Einen weiteren zu diskutierenden Ansatz stellt die mitunter praktizierte Fallgestaltung dar, in welche der Arbeitnehmer mit dem Veräußere des Betriebs oder Betriebsteils einen Aufhebungsvertrag schließt und daraufhin mit dem Erwerber ein neues Arbeitsverhältnis begründet. Denkbar ist dies auch durch Eigenkündigung des Arbeitnehmers anstelle des Aufhebungsvertrages oder in einem dreiseitigen Vertrag mit allen Beteiligten.

Das BAG differenziert hierbei nach zwei Kriterien, die ein solches Vorgehen nach § 134 BGB nichtig werden lassen. Zum einen die objektive Umgehung der zwingenden Rechtsfolgen des § 613 Abs. 1 BGB[1023], zum anderen die Umgehung des Kündigungsverbotes des § 613a Abs. 4 BGB[1024].

Unschädlich sind hingegen Vereinbarungen, „die zwischen dem Arbeitnehmer und dem alten oder neuen Betriebsinhaber geschlossen werden und auf ein endgültiges Ausscheiden des Arbeitnehmers aus dem Betrieb gerichtet sind“[1025]. Denn hier kommt ein Betriebsübergang für diesen Arbeitnehmer nicht in Betracht. Der Arbeitnehmer möchte sich endgültig vom Veräußerer lösen und nicht zu einem eventuellen Erwerber wechseln.

Eine Umgehung des § 613a Abs. 1 BGB liegt grds. immer dann vor, wenn es im Rahmen des Neuabschlusses des Arbeitsvertrages mit dem Betriebserwerber zu einer Verschlechterung der Arbeitsbedingungen des Arbeitnehmers[1026] oder zu einer „Aufhebung der Kontinuität des Arbeitsverhältnisses bei gleichzeitigem Erhalt des Arbeitsplatzes“[1027] kommt. Letzteres ist i. d. R. dadurch gekennzeichnet, dass der Arbeitnehmer die bisher verdienten Besitzstände verliert[1028]. Hingegen ist eine Umgehung des Kündigungsverbotes des § 613a Abs. 4 BGB gegeben, wenn z. B. „Aufhebungsverträge aus Anlass des Betriebsüber-

---

1023 BAG vom 11.12.1997 – 8 AZR 654/95, NZA 1999, 262.

1024 BAG vom 28.04.1987 – 3 AZR 75/86, NZA 1988, 198.

1025 BAG vom 25.10.2007 – 8 AZR 917/06, NZA-RR 2008, 367; so auch WHSS/*Willemsen*, G, Rn. 192.

1026 BAG vom 11.12.1997 – 8 AZR 654/95, NZA 1999, 262

1027 BAG vom 10.12.1998 – 8 AZR 324/97, NZA 1999, 422; BAG vom 23.11.2006 – 8 AZR 349/06, NZA 2007, 866.

1028 BAG vom 11.07.1995 – 3 AZR 154/95, NZA 1996, 207.

gangs allein vom Betriebserwerber oder –veräußerer veranlasst werden, um dem bestehenden Kündigungsverbot auszuweichen“[1029].

Anhand dieser Unterscheidung der Nichtigkeitsgründe durch das BAG kristallisieren sich in der Praxis drei Vorgehensweisen heraus:

a) „Lemgoer Modell“

Das „Lemgoer Modell“ stellt ein bei der Unternehmenssanierung früher häufig ins Gespräch gebrachtes Konzept dar. Hierunter versteht man ein Vorgehen des Betriebsveräußerers oder des Insolvenzverwalters, wonach die Arbeitnehmer unter Verweis auf eine Einstellungsgarantie beim potentiellen Betriebserwerber zur Eigenkündigung oder zu Aufhebungsverträgen veranlasst werden[1030]. Hierbei kommt es regelmäßig zu einer Verschlechterung der Arbeitsbedingungen bei dem darauf folgenden Neuabschluss des Arbeitsvertrages mit dem Erwerber[1031].

Die Intention hinter einem solchem Vorgehen liegt für alle Beteiligten auf der Hand: Der Arbeitgeber erspart sich durch die einvernehmliche Beendigung der Arbeitsverhältnisse das mit eventuellen Kündigungsschutzverfahren einhergehende Prozessrisiko bzw. eine dadurch entstehende Belastung der Insolvenzmasse[1032]. Der Arbeitnehmer bekommt zumindest eine Chance der drohenden Arbeitslosigkeit zu entgehen und der Betriebserwerber kann sich seine „Wunschmannschaft“[1033] zusammenstellen und Arbeitsverträge i. d. R. zu neuen Konditionen abschließen[1034].

Gerade in diesen neuen Konditionen des Erwerbers ist jedoch der Knackpunkt des „Lemgoer Modells“ zu sehen. Denn hier werden gezielt die Arbeitsbedingungen des Arbeitnehmers verändern; z. B. die Bedingungen verschlechtert oder soziale Besitzstände insgesamt gelöscht[1035]. Hierin ist eindeutig eine Aufhebung der Kontinuität des Arbeitsverhältnisses bei gleichzeitigem Erhalt des Arbeitsplatzes zusehen. Womit ein solches Vorgehen insgesamt nach gefestigter Rspr. des BAG wegen Umgehung der zwingenden Rechtsfolgen des § 613a Abs. 1 BGB nach § 134 BGB nichtig ist[1036].

1029 BAG vom 28.04.1987 – 3 AZR 75/86, NZA 1988, 198.

1030 BAG vom 28.04.1987 – 3 AZR 75/86, NZA 1988, 198; BAG vom 25.10.2007 – 8 AZR 917/06, NZA-RR 2008, 367; ErfK/*Preis*, § 613a BGB, Rn. 158.

1031 S. a. ErfK/Preis, § 613a BGB, Rn. 158.

1032 *Krieger/Fischinger*, NJW 2007, 2289, 2290.

1033 *Lembke*, BB 2004, 773.

1034 Vgl. *Krieger/Fischinger*, NJW 2007, 2289, 2290.

1035 BAG vom 28.04.1987 – 3 AZR 75/86, NZA 1988, 198.

1036 Vgl. u. a. BAG vom 20.07.1982 – 3 AZR 261/80, DB 1983, 50; BAG vom 28.04.1987 – 3 AZR 75/86, NZA 1988, 198; BAG vom 21.01.1999 – 8 AZR 218/98,

b) Beschäftigungs- und Qualifizierungsgesellschaft

Eine Fortführung des „Lemgoer Modells" stellt die in der Praxis häufig verwendete Alternative der Beschäftigungs- und Qualifizierungsgesellschaft dar. Die Beschäftigungs- und Qualifizierungsgesellschaft ist ein sich vom Betriebsveräußerer unterscheidender selbstständiger Rechtsträger, der entweder speziell für diesen Fall gegründet wird oder generell als solche fungiert[1037]. Stark vereinfacht funktioniert das Modell der Beschäftigungs- und Qualifizierungsgesellschaft so, dass vor dem Verkauf des Betriebs oder Betriebsteils an den Erwerber die Arbeitnehmer zunächst in die Gesellschaft überführt und dort „geparkt" werden und anschließend der Betrieb „arbeitnehmerfrei" übertragen wird[1038]. Will der Erwerber dann einige oder alle dieser „geparkten" Arbeitnehmer übernehmen, so kann er sich diese aus der Gesellschaft herausholen und unter neuen Bedingungen Arbeitsverträge abschließen.

Die Überführung in die Beschäftigungs- und Qualifizierungsgesellschaft erfolgt dabei ähnlich dem „Lemgoer Modell". Die teilnehmenden Arbeitnehmer schließen zu diesem Zweck mit dem Betriebsveräußerer einen Aufhebungsvertrag und im Anschluss mit der Gesellschaft einen neuen „Arbeitsvertrag"[1039]. Beides erfolgt zumeist in einem dreiseitigen Vertrag zwischen Veräußerer, Erwerber und Arbeitnehmer, der unter der Bedingung steht, dass der Arbeitnehmer Transferkurzarbeitergeld nach § 111 SGB III gewährt bekommt[1040]. Während die Arbeitnehmer der Gesellschaft angehören, organisiert diese Qualifizierungs-, Weiterbildungs- und Fortbildungsmaßnahmen, an denen die Arbeitnehmer teilzunehmen haben[1041].

ZIP 1999, 1572; BAG vom 18.08.2005 – 8 AZR 523/04, NZA 2006, 145; BAG vom 25.10.2007 – 8 AZR 917/06, NZA-RR 2008, 367.

1037 *Krieger/Fischinger*, NJW 2007, 2289.

1038 *Krieger/Fischinger*, NJW 2007, 2289.

1039 *Krieger/Fischinger*, NJW 2007, 2289, m. w. N.; diese gehen davon aus, dass es sich bei dem mit der Beschäftigungs- und Qualifizierungsgesellschaft abgeschlossenen Rechtsverhältnis nicht um ein Arbeitsverhältnis handelt, da die prägende Hauptleistungspflicht - der Erbringung der Arbeitsleistung - fehlt, a. A. *Lembke*, BB 2004, 773, 774, m. w. N. Zudem handelt es sich bei dem Wechsel des Arbeitnehmers in die Beschäftigungs- und Qualifizierungsgesellschaft nach h. M. nicht um einen Betriebsübergang nach § 613a BGB, *Krieger/Fischinger*, NJW 2007, 2289, m. w. N. Denn die Gesellschaft übernimmt weder die materiellen noch die immateriellen Betriebsmittel beim Veräußerer und es wird „Kurzarbeit-Null" vereinbart, sodass es zudem an der Fortführung des bisherigen Betriebszwecks fehlt.

1040 Siehe beispielhaft BAG vom 18.08.2005 – 8 AZR 523/04, NZA 2006, 145.

1041 *Lembke*, BB 2004, 773, 775.

Zu dieser Zeit geht der „arbeitnehmerfreie" Betrieb oder Betriebsteil auf den Erwerber über, welches zwar i. d. R. einen Betriebsübergang nach § 613a BGB darstellt, dieser aber in Bezug auf die Arbeitnehmer unschädlich ist, da die Arbeitsverhältnisse zum Betriebsveräußerer zuvor wirksam beendet wurden[1042].

Ebenso wie im Rahmen des „Lemgoer Modells" ist zu fragen, ob die im Zuge dieser Überführung abgeschlossenen Aufhebungs- und Arbeitsverträge wirksam oder ebenfalls nach § 134 BGB wegen Umgehung des § 613a BGB nichtig sind. Es gelten die gleichen Grundsätze. Der *Achte Senat* unterscheidet in ständiger Rspr. zwei Konstellationen:

Zum einen den Fall, dass dem Arbeitnehmer nur die rechtlich unverbindliche Chance eingeräumt wird, vom Erwerber übernommen zu werden. Er kann sich also nicht auf eine Übernahme verlassen und schließt nichtsdestotrotz im Rahmen eines für ihn bestehenden Risikogeschäfts freiwillig einen Aufhebungsvertrag. Hier liegt keine Umgehung des § 613a Abs. 1 BGB vor[1043]. Der Vertrag eröffnet den Arbeitnehmern neben der sozialrechtlichen Positionsverbesserung lediglich die Möglichkeit ein neues Arbeitsverhältnis zu finden[1044]. Damit dient der dreiseitige Vertrag nicht der Durchbrechung der Kontinuität des Arbeitsverhältnisses, denn eine Fortsetzung durch den Erwerber ist in keinster Weise vorherzusehen[1045].

Zum anderen den Fall, dass bei Abschluss des Aufhebungsvertrages es dem Arbeitnehmer eindeutig erscheint, dass der Erwerber mit ihm ein neues Arbeitsverhältnis eingehen möchte oder ihm dieses verbindlich in Aussicht stellt, bzw. dieses direkt i. R. e. dreiseitigen Vertrages begründet. In solchen Fällen ist der Aufhebungsvertrag wegen Umgehung der zwingenden Vorschriften des § 613a Abs. 1 BGB nach § 134 BGB nichtig[1046].

Nicht zu erwähnen, dass Gleiches gilt, wenn die Überleitung der Arbeitnehmer in die Beschäftigungs- und Qualifizierungsgesellschaft nur zum Schein geschieht. Also weniger als ein paar Minuten[1047] oder einen Tag dauert[1048].

1042 *Krieger/Fischinger*, NJW 2007, 2289, 2290, m. w. N.

1043 BAG vom 10.12.1998 – 8 AZR 324/97, NJW 1999, 3577; BAG vom 18.08.2005 – 8 AZR 523/04, NZA 2006, 145.

1044 BAG vom 10.12.1998 – 8 AZR 324/97, NJW 1999, 3577.

1045 Siehe erneut BAG vom 10.12.1998 – 8 AZR 324/97, NJW 1999, 3577.

1046 BAG vom 25.10.2007 – 8 AZR 917/06, NZA-RR 2008, 367; BAG vom 25.10.2012 – 8 AZR 572/11, n.V.; durchaus interessant ist, dass das BAG auch bei einer Entscheidung der Übernahme von Arbeitnehmern durch Los bei einer Chance von 352 zu 452 nicht von einer eventuellen Möglichkeit der Übernahme, sondern von einem verbindlichen Inaussichtstellen des Arbeitsverhältnisses mit dem Betriebserwerber ausgeht, BAG vom 18.08.2011 – 8 AZR 313/10, ZInsO 2012, 291.

1047 BAG vom 25.10.2012 – 8 AZR 572/11, n.V.

c) Aufhebungsvertrag und Neuabschluss bei unveränderten Bedingungen

Nach den beiden gerade vorgestellten Vorgehensweisen stellt sich die Frage, wie der Fall zu beurteilen wäre, wenn es zu einem freiwilligen Aufhebungsvertrag mit dem Betriebs(teil)veräußerer (oder einer Eigenkündigung des Arbeitnehmers) käme und in der Folge zeitgleich oder bereits vor diesem Zeitpunkt ein neuer Arbeitsvertrag mit dem Erwerber begründet würde. Dieser jedoch unter unveränderten Bedingungen sowie bei voller Anrechnung der Beschäftigungszeit und Einhaltung der gesetzlichen Bestimmungen geschlossen wird. Das neue Arbeitsverhältnis also eine „Kopie" des Alten jedoch nun beim Erwerber ist.

Das BAG hat in diesem Zusammenhang vielfach betont, dass § 613a BGB keinen Schutz vor einvernehmlicher Beendigung des Arbeitsverhältnisses ohne sachlichen Grund gewährt, sondern nur einen Schutz vor einer Veränderung des Vertragsinhalts ohne sachlichen Grund[1049]. Das angesprochene Vorgehen muss zudem auch aufgrund der gesetzlich gewährleisteten Vertragsfreiheit möglich sein.

Darüber hinaus tritt eine Verschlechterung der Arbeitsbedingungen, wie beim „Lemgoer Modell" die zur Nichtigkeit nach § 134 BGB wegen Umgehung des § 613a Abs. 1 BGB führen könnte, nicht ein. Auch wird der Arbeitnehmer nicht zwischenzeitlich in einer Beschäftigungs- und Qualifizierungsgesellschaft „geparkt", um später u. U. vom Betriebserwerber übernommen zu werden. Zuletzt wird auch das Kündigungsverbot des § 613a Abs. 4 BGB nicht umgangen. Der Arbeitnehmer schließt aus freien Stücken einen Aufhebungsvertrag mit dem Veräußerer und erfreut sich eines neuen Vertragsangebotes des Erwerbers.

Einziges Hindernis ist eine mögliche Umgehung des § 613a Abs. 6 BGB. Denn durch das gerade beschriebene Vorgehen kommt es zwar zu einer exakten „Kopie" des Arbeitsverhältnisses, es darf jedoch nicht vergessen werden, dass dieses i. d. R. sowieso als „Original" im Rahmen des Betriebsübergangs auf den Erwerberübergegangen wäre. Dieses jedoch erweitert durch das Widerspruchsrecht des § 613a Abs. 6 BGB.

Ein solches Argument wiegt durchaus schwer. Denn das in § 613a Abs. 6 BGB enthaltene Widerspruchsrecht dient dem Schutz des Arbeitnehmers und seiner freien Disposition über sein Arbeitsverhältnis aus Art. 12 GG[1050]. Die ra-

---

1048 BAG vom 18.08.2011 – 8 AZR 313/10, ZInsO 2012, 291.

1049 BAG vom 23.11.2006 – 8 AZR 349/06, NZA 2007, 866, m. w. N.

1050 BAG vom 02.03.2006 – 8 AZR 147/05, AP Nr. 302 zu § 613a BGB; s. a. Kap. 2, I., 2, S. 38.

tio legis ist hierbei den Arbeitnehmer davor zu schützen einen Arbeitgeber aufgezwungen zu bekommen, den er nicht selbst gewählt hat[1051].

I. E. lässt sich dieses Argument jedoch entkräften. Denn der Arbeitnehmer hat sich in dem gebildeten Fall ja gerade den Erwerber als neuen Arbeitgeber ausgesucht. Er hat ihn also selbst gewählt und schließt freiwillig mit diesem einen neuen Arbeitsvertrag. D. h., die ratio legis des § 613a BGB und der Schutzzweck des Art. 12 GG werden nicht umgangen. Demnach ist die bezeichnete Vorgehensweise eine gangbare Alternative zur Minimierung der Risiken beim Betriebsübergang.

d) Zusammenfassung

Zusammenfassend stellt das „Lemgoer Modell“ keine gangbare Alternative zur praktischen Handhabung des Umstandsmoments nach geltendem Recht dar. Die daran anknüpfende Errichtung oder Einschaltung einer Beschäftigungs- und Qualifizierungsgesellschaft ist zwar praxistauglich, jedoch mit erheblichen Risiken behaftet[1052]. Wird dem Arbeitnehmer im Rahmen beider Modelle ein Arbeitsverhältnis beim Betriebs(teil)erwerber in Aussicht gestellt oder ein solches sogar uno acto begründet, so ist das Rechtsgeschäft nach § 134 BGB nichtig. Die Folge daraus ist, dass der Arbeitnehmer weiterhin beim Betriebsveräußerer beschäftigt ist und somit im Zuge der Übertragung des Betriebs nach § 613a BGB auf den Erwerber übergeht. Das gleiche Schicksal erleiden die Parteien, wenn der Arbeitnehmer den Aufhebungsvertrag z. B. wegen arglistiger Täuschung oder Drohung nach § 123 Abs. 1 BGB anficht[1053].

Praxistauglich ist jedoch die Möglichkeit einer Aufhebung mit dem Betriebs(teil)veräußerer und einem zu unveränderten Bedingungen unter voller Anrechnung der Beschäftigungszeiten und Einhaltung der gesetzlichen Bestimmungen geschlossener, neuer Arbeitsvertrag mit dem Erwerber.

7. Rückkehrzusagen

I. R. d. Hilfestellungen zur Verringerung des Rückgriffs auf die Verwirkung infolge Zeitablaufs ist auch ein Blick auf die von Arbeitnehmer und Arbeitgeber zu vereinbarenden Rückkehrzusagen bei Betriebsübergang von Interesse. Hierbei handelt es sich um Wiedereinstellungsansprüche des Arbeitnehmers beim Betriebsveräußerer, sofern bei diesem freie und adäquate Arbeitsplätze vorhan-

---

[1051] Vgl. BT-Drucks. 14/7760, S. 20.

[1052] S. a. *Krieger/Fischinger*, NJW 2007, 2289, 2293.

[1053] *Krieger/Fischinger*, NJW 2007, 2289, 2292.

den sind[1054]. I. d. R. sind Betriebsvereinbarungen und Tarifnormen ungeeignet, um solche Zusagen zu begründen, wodurch sie einer nicht formgebundenen individualarbeitsrechtlichen Vereinbarung zwischen Arbeitgeber und Arbeitnehmer in Gestalt einer Gewährung eines Anspruchs auf Abschluss eines Arbeitsvertrages bedürfen[1055]. In diesem Sinne ist bei jeder Ausübung des zumeist zeitlich befristeten[1056] Rückkehrrechts einer Annahme durch den Betriebsveräußerer von Nöten[1057].

Es ist zwischen einer Rückkehrzusage und einer solchen mit Verzichtserklärung des Arbeitnehmers auf das Widerspruchsrecht zu unterscheiden.

Bei der Rückkehrzusage verbunden mit einer Verzichtserklärung auf das Widerspruchsrecht ergeben sich i. d. R. dieselben Ergebnisse wie bei Überleitungs- bzw. Nichtüberleitungsvereinbarungen[1058]. Nach der hier vertretenen Ansicht wäre demnach auch eine Rückkehrzusage mit Verzicht eine praktikable Lösung zur Verringerung des Rückgriffs auf die Verwirkung infolge Zeitablaufs.

Der Fall der Rückkehrzusage ohne einen solchen Verzicht liegt hingegen anders. Hier vertrauen Veräußerer und Erwerber vielmehr auf die Beruhigungswirkung einer solchen Erklärung und erhoffen sich die damit verbundene tatsächliche Nichtausübung des Gestaltungsrechts ohne rechtlichen Zwang[1059]. Eine Rückkehrzusage in dieser Form ist demnach zur Verringerung des Rückgriffs auf die Verwirkung infolge Zeitablaufs nur bedingt von Nutzen. Zwar wird der Arbeitnehmer für die Dauer der Befristung eines solchen Rechts wohl i. d. R. eher von diesem Gebrauch machen, da er u. U. bessere Konditionen mit dem Veräußerer verhandelt hat als er es über einen schlichten Widerspruch erhalten würde. Nichtsdestotrotz läuft die Widerspruchsfrist bei fehlerhafter Unterrichtung nicht und der Arbeitnehmer hat neben der Zusage immer noch die Option einer Ausübung des Gestaltungsrechts. Besonders nach Ablauf der Befristung verändert sich die Sachlage nicht. Hier muss weiterhin bei Widerspruch gegen den Übergang des Arbeitsverhältnisses u. U. auf die Verwirkung infolge Zeitablaufs zurückgegriffen werden.

I. E. kommt es bei einer Rückkehrzusage mit Verzicht des Arbeitnehmers auf das Widerspruchsrecht zum gleichen Ergebnisse wie bei einer Überleitungs-

---

1054 Vgl. *Diehn*, Rückkehrzusagen beim Betriebsübergang, S. 175 ff.

1055 Für nähere Betrachtungen siehe *Diehn*, Rückkehrzusagen beim Betriebsübergang, S. 42 ff., S. 84 ff., S. 113 ff., m. w. N.

1056 Siehe *Diehn*, Rückkehrzusagen beim Betriebsübergang, S. 162 ff.

1057 Siehe erneut *Diehn*, Rückkehrzusagen beim Betriebsübergang, S. 189 f.

1058 Siehe Kap. 6, IV., 5., S. 233 f.

1059 *Diehn*, Rückkehrzusagen beim Betriebsübergang, S. 137.

bzw. Nichtüberleitungsvereinbarung: Eine nach geltendem Recht praktikable Verringerung des Rückgriffs auf die Verwirkung infolge Zeitablaufs.

Die schlichte Rückkehrzusage hingegen kann jedoch weder personalpolitisch[1060] noch in Bezug auf die Verringerung des Rückgriffs auf die Verwirkung infolge Zeitablaufs überzeugen.

8. Widerspruchsvorbehalt

Als letzter der i. R. d. Hilfestellungen zur Verringerung des Rückgriffs auf die Verwirkung infolge Zeitablaufs zu besprechender Ansatz soll auf den Widerspruchsvorbehalt[1061] des Arbeitnehmers eingegangen werden. Hierbei behält sich dieser das Recht, dem Übergang seines Arbeitsverhältnisses bei Betriebsübergang zu widersprechen, einseitig vor.

Dies ist jedoch aufgrund der Bedingungsfeindlichkeit von Gestaltungsrechten[1062] abzulehnen. Auch beim Widerspruch gegen den Übergang des Arbeitsverhältnisses kann von diesem Grundsatz nicht abgewichen werden. Dafür spricht zum einen, dass der Arbeitnehmer die Monatsfrist des § 613a Abs. 6 BGB sonst aushebeln könnte, indem er sich das Widerspruchsrecht über die Frist hinaus vorbehält. Zum anderen widerstrebt es dem Sinn und Zweck der Norm, der u. a. darin liegt, eine für beide Parteien abschließende Regelung zu treffen, die es ermöglicht eine größtmögliche Planungssicherheit zu schaffen[1063]. Dies wäre auf Seiten des Arbeitgebers nicht mehr gewährleistet, da er bei einer Vielzahl von Widerspruchsvorbehalten keinerlei Anhaltspunkte mehr hätte, wie viele Arbeitnehmer nun dauerhaft den Betrieb wechseln[1064].

[1060] *Diehn*, Rückkehrzusagen beim Betriebsübergang, S. 261.

[1061] Nicht zu verwechseln ist der Widerspruchsvorbehalt mit einem Widerrufsvorbehalt bzgl. des Widerspruchsrechts. Bei Letzterem handelt es sich um eine Situation, in welcher der Arbeitnehmer dem Übergang seines Arbeitsverhältnisses durch den Betriebsübergang widerspricht, sich dann aber einen Widerruf dieses Widerspruchs vorbehalten möchte, vgl. *Eckhardt*, Die Informationspflicht der Arbeitgeber beim Betriebsübergang, S. 44.

[1062] BAG vom 30.10.2003 – 8 AZR 491/02, AP Nr. 262 zu § 613a BGB, NZA 2004, 481; BAG vom 25.05.2005 – 8 AZR 398/04, BAGE 114, 374, NZA 2005, 1302; *Gaul*, Das Arbeitsrecht der Betriebs- und Unternehmensspaltung, S. 324; siehe auch Kap. 2, II., 2., S. 51 ff.

[1063] In diese Richtung auch *Eckhardt* jedoch in Bezug auf den Widerrufsvorbehalt, *Eckhardt*, Die Informationspflicht der Arbeitgeber beim Betriebsübergang, S. 44.

[1064] *Eckhardt*, Die Informationspflicht der Arbeitgeber beim Betriebsübergang, S. 44.

9. Zusammenfassung

Bzgl. der Hilfestellung zur praktischen Handhabung des Umstandsmoments nach geltendem Recht konnten einige Lösungen gefunden werden. Zu nennen ist hierbei der ausdrückliche und formgebundene Verzicht (auch in Form einer Überleitungs- bzw. Nichtüberleitungsvereinbarung und einer Rückkehrzusage), sowie die ebenfalls ausdrücklich zu erklärende und formgebundene Bestätigung des Arbeitnehmers. Die Gemeinsamkeit dieser Lösungen ergibt sich aus der Mitwirkungsnotwendigkeit des Arbeitnehmers. Ist dies jedoch der Fall, so ist der Sachverhalt bzgl. eines möglichen Widerspruchsrechts des Arbeitnehmers abschließend geklärt. Ebenso auf einen solchen Verzicht basierend greift die Möglichkeit einer Aufhebung mit dem Betriebs(teil)veräußerer und einem zu unveränderten Bedingungen unter voller Anrechnung der Beschäftigungszeiten und Einhaltung der gesetzlichen Bestimmungen geschlossener, neuer Arbeitsvertrag mit dem Erwerber. Zudem bleibt das Einschalten oder die Errichtung einer Beschäftigungs- und Qualifizierungsgesellschaft weiterhin ein taugliches Mittel § 613a BGB auszuschließen, was jedoch mit erheblichen Risiken behaftet ist. Praxistauglich und beinahe risikofrei ist zudem die Möglichkeit eines Aufhebungsvertrages mit dem Betriebs(teil)veräußerer und eines Neuabschlusses des Arbeitsvertrages zu unveränderten Bedingungen unter voller Anrechnung der Beschäftigungszeiten unter Einhaltung der gesetzlichen Bestimmungen mit dem Erwerber. Alle anderen dargestellten Erwägungen sind aus bereits oben genannten Gründen abzulehnen[1065].

[1065] Siehe Kap. 6, IV., 1., S. 226 f.; IV, 2., S. 228 f.; IV, 3., S. 230 f.; IV, 4., S. 231 f.

7. KAPITEL: Zusammenfassung der Ergebnisse

I. Zu den Grundlagen zu § 613a BGB

1. Mit dem „Gesetz zur Änderung des Seemannsgesetz und anderer Gesetze" mit Wirkung zum 01.04.2002 wurde § 613a BGB um eine Unterrichtungspflicht der Arbeitgeber (Abs. 5) und ein Widerspruchsrecht der Arbeitnehmer (Abs. 6) ergänzt.

2. Die Unterrichtung nach Abs. 5 ermöglicht es dem Arbeitnehmer eine fundierte Wissensgrundlage für seine Entscheidung zu erhalten, ob er dem Übergang seines Arbeitsverhältnisses aufgrund des Betriebsübergangs widerspricht. Der Arbeitgeber setzt durch Zugang der Unterrichtung die einmonatige Widerspruchsfrist in Gang und weiß somit bei deren Ablauf, mit welchem Arbeitnehmer er zu rechnen hat und wo u. U. Maßnahmen z. B. in Form von Neueinstellungen oder betriebsbedingten Kündigungen getroffen werden müssen.

3. Beim Widerspruch nach Abs. 6 handelt es sich um ein Rechtsfolgenverweigerungsrecht mit der Rechtsqualität eines Gestaltungsrechts. Er muss schriftlich erfolgen. Eine Begründung ist nicht notwendig. Das Widerspruchsrecht muss innerhalb eines Monats nach Zugang der Unterrichtung nach Abs. 5 ausgeübt werden. Nach Ablauf dieser Frist ist die Ausübung unbeachtlich. Rechtsfolge eines form- und fristgerechten Widerspruchs des Arbeitnehmers ist der Fortbestand des Arbeitsverhältnisses zum bisherigen Arbeitgeber.

4. Unterrichtung und Widerspruch sind eng miteinander verknüpft. Die Widerspruchsfrist beginnt so lange nicht zu laufen, bis der Veräußerer oder der Erwerber des Betriebs oder Betriebsteils diese fehlerfrei vorgenommen hat. Dies gilt nicht nur dann, wenn die Arbeitnehmer überhaupt nicht informiert wurden, sondern auch dann, wenn die Unterrichtung falsch und/oder nicht vollständig ist.

5. Aufgrund hoher Anforderungen an den Inhalt des Unterrichtungsschreibens und der daraus resultierenden hohen Fehleranfälligkeit steigt die Wahrscheinlichkeit, dass die Unterrichtung einer gerichtlichen Kontrolle nicht standhält. Ist dies der Fall, kann der Arbeitnehmer das Gestaltungsrecht vorerst ohne zeitliche Begrenzung ausüben. Eine Einschränkung kommt grds. nur durch eine Nachholung der Unterrichtung nach Abs. 5 oder eine Verwirkung infolge Zeitablaufs zustande.

6. Eine Ausnahme würde die Einführung eines Kausalitäts- und Relevanzerfordernisses zwischen Fehlern im Unterrichtungsschreiben und der Ausübung des Widerspruchsrechts bilden. Diese bringt eine Erhöhung der Anforderungen bei Unterrichtung und Widerspruch mit dem Arbeitnehmerschutzgedanken des § 613a BGB in Einklang. Hierbei kommt es zu einer Verringerung der Rückgriffe auf die Verwirkung infolge Zeitablaufs. Der Wortlaut des § 613a Abs. 6 BGB steht dem nicht entgegen.

II. Zu der Verwirkung infolge Zeitablaufs und dem Rechtsmissbrauch i. e. S.

1. Der Tatbestand der Verwirkung infolge Zeitablaufs teilt sich in zwei Tatbestandsmerkmale. Ein sog. Zeit- und ein Umstandsmoment.

2. Beide Tatbestandsmerkmale befinden sich in konstanter Wechselwirkung zueinander. Es besteht eine solche Wechselwirkung insofern, als der Zeitablauf umso kürzer sein kann, je gravierender die sonstigen Umstände sind, und dass umgekehrt an diese Umstände desto geringere Anforderungen gestellt werden, je länger der abgelaufene Zeitraum ist.

3. Das Zeitmoment beschreibt die Zeitspanne, in welcher der Berechtigte durch Unterlassen sein Recht nicht geltend gemacht hat. Es beginnt bei Forderungen mit dem Zeitpunkt der Fälligkeit. Bei sonstigen subjektiven Rechten in dem Zeitpunkt, in welchem der Berechtigte das Recht zum ersten Mal geltend machen bzw. ausüben kann. Anders als bei den gesetzlich festgesetzten Verjährungs- und Ausschlussfristen ist die Bestimmung einer absoluten Dauer nicht möglich. Das Zeitmoment ist, auch wegen der Wechselwirkung mit dem Umstandsmoment, im jeweiligen Einzelfall zu bestimmen.

4. Das Umstandsmoments verlangt vom Berechtigten ein Verhalten, das zum einen in einer Untätigkeit bzgl. der Durchsetzung seines Rechts, also einem Unterlassen, besteht, zum anderen den Verpflichteten zu dem Schluss kommen lässt, der Berechtigte wolle sein Recht nicht mehr ausüben. Zur Untätigkeit des Berechtigten müssen also weitere Umstände hinzutreten, die einen schutzwürdigen Vertrauenstatbestand auf Verpflichtetenseite entstehen lassen. Aufgrund dieses geschaffenen Vertrauenstatbestandes muss die verspätete Geltendmachung des Rechts als eine mit Treu und Glauben unvereinbare Härte für den Verpflichteten erscheinen.

5. Die Verwirkung infolge Zeitablaufs tritt unabhängig von der Kenntnis des Berechtigten ein. Einzige Ausnahme bildet der Fall der nicht zu vertretenden

Unkenntnis. Hier müssen die Umstände jedoch sehr nachdrücklich für eine vorrangige Schutzwürdigkeit des Verpflichteten sprechen.

6. Die Verwirkung infolge Zeitablaufs ist grds. bei fehlender Kenntnis des Verpflichteten ausgeschlossen. Ausnahmen von diesem Grundsatz sind lediglich bei nachträglicher Kenntniserlangung des Verpflichteten, bei Untätigkeit des Berechtigten bzgl. der Ausübung seines Rechts von beinahe zehn Jahren und bei bestimmten von der Rspr. entwickelten Einzelfällen möglich.

7. Alle subjektiven, relativen Rechte können Gegenstand der Verwirkung infolge Zeitablaufs sein und zwar selbst dann, wenn sie rechtshängig geworden sind. Die Erfüllung des Verwirkungstatbestands hat zur Folge, dass dem Rechtsinhaber die Ausübung seines Rechts versagt wird.

8. Die Verwirkung infolge Zeitablaufs ist von der Verwirkung von Rechten und vom Generalfall des venire contra factum proprium abzugrenzen. Die Verwirkung von Rechten beschreibt den Rechtsverlust infolge eines zu missbilligenden Verhaltens (z. B. einer unerlaubten Handlung). Der Fall des venire contra factum proprium umfasst in etwa die gleichen Voraussetzungen und die gleiche Schutzrichtung wie das Umstandsmoment der Verwirkung infolge Zeitablaufs, wobei es keines Zeitmoments bedarf. So ist es auf Tatbestandsseite für den Fall des venire contra factum proprium ausreichend, dass ein schutzwürdigen Vertrauen auf eine bestimmte Sach- oder Rechtslage bei der Gegenpartei hervorgerufen und in der Folge sich entgegen dieses Vertrauens verhalten wird.

9. Der Tatbestand des Rechtsmissbrauchs i. e. S. ist erfüllt, wenn die Rechtsausübung als Vorwand der Erreichung vertragsfremder oder unlauterer Zwecke dient, z. B. wenn ein Recht zu dem Zwecke ausgeübt wird, den Gegner in grob eigennütziger Weise zu einer Leistung zu veranlassen, auf die er keinen Anspruch hat und billigerweise auch nicht erheben kann.

10. Die innere Zweckrichtung ist das entscheidende Merkmal des Rechtsmissbrauchs i. e. S. Es muss also nicht nur objektiv wie eine mutwillige Erschwernis für die Gegenpartei erscheinen, sondern auch subjektiv vom Rechtsinhaber so gewollt sein. Handelt der Rechtsinhaber grundlos, so scheidet ein Rechtmissbrauch i. e. S. aus.

III. Zu den Grundlagen der Verwirkung infolge Zeitablaufs und des Rechtsmissbrauchs i. e. S. bei § 613a BGB

1. Das Zeitmoment beginnt bei fehlerhafter Unterrichtung nach § 613a Abs. 5 BGB im Zeitpunkt des Ablaufs der (hypothetischen) Widerspruchsfrist gem. § 613a Abs. 6 BGB; also einen Monat nach Unterrichtung.

2. In Bezug auf die Kenntnis der Arbeitgeber von den verwirkungsbegründenden Tatsachen können beide als Einheit behandelt und somit die für das Umstandsmoment notwendige Kenntnis des vertrauensbildenden Verhaltens des Arbeitnehmers wechselseitig zugerechnet werden.

3. Der Fall Rechtsmissbrauchs i. e. S. des Arbeitnehmers bei Widerspruch gegen den Übergang des Arbeitsverhältnisses kann grds. nur in zwei Konstellationen auftreten. Zum einen bei zu missbilligendem Verhalten des Arbeitnehmers als Individuum und zum anderen als zu missbilligendes Verhalten von einer Vielzahl von Arbeitnehmern im Kollektiv (sog. Kollektivwiderspruch).

IV. Zu den Fällen von Verwirkung infolge Zeitablaufs und Rechtsmissbrauch i. e. S.

1. Mit Urteil vom 23.07.2009 erklärte der *Achte Senat* des BAG, dass das für eine Verwirkung infolge Zeitablaufs notwendige Umstandsmoment bei aktivem Tun des Arbeitnehmers grds. erst dann erfüllt sei, wenn dieser eine erhebliche oder qualifizierte Disposition über den Bestand seines Arbeitsverhältnisses trifft. Hierbei handelt es sich bei einem Zeitmoment von 12 bis 15 Monaten um „Vereinbarungen oder Verhaltensweisen des Arbeitnehmers, durch welche es zu einer Beendigung des Arbeitsverhältnisses kommt, z. B. Abschluss eines Aufhebungsvertrages bzw. die Hinnahme einer vom Betriebserwerber ausgesprochenen Kündigung, oder durch welche das Arbeitsverhältnis auf eine völlig neue rechtliche Grundlage gestellt wird (z. B. die Begründung eines Altersteilzeitarbeitsverhältnisses)“.

2. Das Urteil des BAG vom 23.07.2009 schafft es den Tatbestand der Verwirkung infolge Zeitablaufs bei Widerspruch des Arbeitnehmers näher zu konkretisieren. Nichtsdestotrotz bleibt es bei einer notwendigen Abwägung im Einzelfall: Aufgrund der Wechselwirkung von Zeit- und Umstandsmoment kann bei Verlängerung der Zeitspanne nach Betriebsübergang ein Verhalten des Arbeitnehmers die Rechtsfolgen der Verwirkung infolge Zeitablaufs auslösen, was im Zeitraum davor noch unzureichend gewesen wäre.

3. Es ist unmöglich einen konstanten zeitlichen Wert (Zeitmoment) einem bestimmten Verhalten des Arbeitnehmers (Umstandsmoment) zuzuordnen, der über jeden Zweifel erhaben zur Einschlägigkeit der Verwirkung infolge Zeitablaufs führt. Auch hier bleibt es bei der Abwägung der Schutzwürdigkeit beider Parteien im konkreten Einzelfall.

4. Die Einschlägigkeit des Umstandsmoments und damit auch der Verwirkung infolge Zeitablaufs ist grds. zu verneinen bei schlichtem Weiterarbeiten des Arbeitnehmers, Abwarten einer sachverhaltsdienlichen Parallelentscheidung, beim Erhalt von Entgeltfortzahlung im Krankheitsfall, bei unterlassener Rückfrage, Nachfrage und Aufklärung bzgl. des Widerspruchsrechts, bei turnusmäßiger und vom Arbeitgeber ausgehender Gehaltserhöhung, beim Beantragen einer Nebentätigkeitserlaubnis bei einem Dritten, bei Äußerungen bzgl. der Nichtausübung des Widerspruchsrechts gegenüber dem Arbeitgeber oder im Gütetermin, bei Elternzeit, Kündigung durch den Veräußerer oder Erwerber (auch bei Nichterhebung einer Kündigungsschutzklage), sowie bei Versetzung i. R. d. Direktionsrechts, Erhalt einer Treueprämie und Vollzug eines weiteren Betriebsübergangs.

5. Die Einschlägigkeit des Umstandsmoments und damit auch der Verwirkung infolge Zeitablauf ist i. d. R. nach einer Zeitspanne von 15 Monaten anzunehmen bei Geltendmachung von Entgeltfortzahlung im Krankheitsfall, unregelmäßigem aktiven Beantragen einer Gehaltserhöhung, Wechsel auf Altersteilzeit, sowie von Vollzeit auf Teilzeit und umgekehrt, Bewerbung auf eine andere Stelle, respektive auf eine interne Stellenausschreibung, Beantragen einer Nebentätigkeitserlaubnis beim Betriebserwerber selbst, sowie daraus resultierende Vertragsänderungen, selbstständiger Fristsetzung zum Widerspruch durch den Arbeitnehmer, bei Bildungsurlaub mit Bezug zur Einarbeitung auf den neuen Arbeitsplatz, bei Eigenkündigung, Aufhebungs- und Abwicklungsverträgen, faktischer Beendigung des Arbeitsverhältnisses, sowie Versetzungen mit signifikanten vertraglichen Änderungen.

6. Die Einschlägigkeit des Umstandsmoments und damit auch der Verwirkung infolge Zeitablauf ist i. d. R. nach einer Zeitspanne von 24 Monaten anzunehmen bei Kenntnis von widerspruchsbegründenden Tatsachen und diesbezüglichem schlichten Weiterarbeiten, vertrauenbegründenden Aussagen und langem Zögern nach Inbetrachtziehen eines Widerspruchs, bei Inanspruchnahme nach § 613a Abs. 2 BGB, bei Verlangen von End- und Zwischenzeugnissen i. R. d. Betriebsübergangs, bei Entgegennahme einer Treueprämie mitunter für die

Nichtausübung des Widerspruchsrechts, sowie bei Äußerungen des Arbeitnehmers bzgl. der Nichtausübung des Widerspruchsrechts.

7. Kein Rechtsmissbrauch i. e. S. des einzelnen Arbeitnehmers liegt vor, wenn dieser, sei es auch durch „aggressives Vorgehen", mit den Arbeitgeberparteien über sein Arbeitsverhältnis nach erklärtem Widerspruch verhandelt. Auch wenn hierbei Aufhebungsvertrag, Primärleistungsdisposition und Neueinstellung den Inhalt dieser Verhandlungen bilden.

8. Ein kollektiver Widerspruch großer Teile der Belegschaft ist an sich nicht verwerflich, auch wenn er den geplanten Betriebsübergang wirtschaftlich erheblich in Frage stellt.

9. Ein Rechtsmissbrauch i. e. S. kann sich i. R. e. Kollektivwiderspruchs nur aus der Zweckrichtung der Widerspruchsausübung ergeben. Dies ist der Fall soweit die Arbeitnehmer nicht im Schwerpunkt auf die Verhinderung des Arbeitgeberwechsels, sondern von der Motivation getragen sind, den Betriebsübergang als solchen zu verhindern oder aber Vergünstigungen zu erzielen, auf die sie keinen Rechtsanspruch haben. Eine solche Zweckrichtung ist durch die Arbeitgeber jedoch i. d. R. nur schwer nachzuweisen.

V. Zu den Lösungsansätzen, Erwägungen und Hilfestellungen zur praktischen Handhabe bezüglich Unterrichtungspflicht, Verwirkung infolge Zeitablaufs und Rechtsmissbrauch i. e. S.

1. Eine Gesetzesänderung in Form der Einschränkung des Adressatenkreises und der inhaltlichen Anforderungen der Unterrichtung nach § 613a Abs. 5 BGB, sowie die Einführung eines gesetzlichen Musters für die Unterrichtung (vergleichbar mit dem Verbraucherschutzrecht nach § 355 BGB) stellen keine Lösungen zur Verringerung der Rückgriffe auf die Verwirkung infolge Zeitablaufs dar.

2. Die Einführung einer Höchstfrist für die Ausübung des Widerspruchsrechts nach fehlerhafter Unterrichtung ist vom Gesetzgeber nicht gewollt und somit de lege lata nicht möglich. Bundestag und Bundesrat haben sich bewusst gegen die Festsetzung einer Höchstfrist entschieden. Aus diesem Grund ist auch eine Analogie zu § 5 Abs. 3 Satz 2 KSchG mangels Regelungslücke nicht vertretbar. Zudem scheidet eine Verjährung bei Gestaltungsrechten wie dem Widerspruchsrecht nach § 613a Abs. 6 BGB aus. Weiterhin führt eine Bemessung des Zeitmoments anhand der Schwere des Fehlers im Unterrichtungsschreiben nicht zu einer Verringerung der Rückgriffe auf die Verwirkung infolge Zeitablaufs.

3. Eine Befristung der Ausübung des Widerspruchsrechts mit einer maximalen Dauer von zehn Jahren ist jedoch auch entgegen dem gesetzgeberischen Willen angemessen. Sie stellt eine Parallele zur hier vertretenen Ansicht bzgl. der Maximaldauer des Zeitmoments bei § 242 BGB dar. Nichtsdestotrotz kann eine solche Höchstfrist aufgrund ihrer extremen zeitlichen Ausprägung i. d. R. keine Praxisrelevanz entfalten.

4. Der ausdrückliche und schriftformgebundene Verzicht des Arbeitnehmers auf sein Widerspruchsrecht, der ebenso in Überleitungs- bzw. Nichtüberleitungsvereinbarungen und Rückkehrzusagen eingebettet werden kann, sowie die ausdrückliche und schriftformgebundene Bestätigung des Betriebserwerbers als Arbeitgeber bilden zwei taugliche und gesetzeskonforme Lösungen, sodass ein Rückgriff auf die Verwirkung infolge Zeitablauf nicht mehr notwendig ist. Beide bedürfen jedoch der Mitwirkung des Arbeitnehmers.

5. Die konkludente Bestätigung nach § 144 BGB analog bzgl. des Übergangs des Arbeitsverhältnisses, die nachträgliche Genehmigung nach § 185 Abs. 2 BGB, die vorherige Zustimmung nach § 185 Abs. 1 BGB sowie eine Stellvertretung des Veräußerers nach §§ 164 ff. BGB bei Aufhebungsvertrag und Kündigung durch den Erwerber sind gesetzeskonforme Lösungen, sodass ein Rückgriff auf die Verwirkung infolge Zeitablaufs nicht mehr notwendig ist. Hierbei ist keine Mitwirkung des Arbeitnehmers erforderlich. Lediglich bei der Stellvertretung bedarf es der Offenkundigkeit einer solchen Erklärung für den Arbeitnehmer und dessen Zustimmung.

6. Das Einschalten oder die Errichtung einer Beschäftigungs- und Qualifizierungsgesellschaft ist ein in der Praxis taugliches und viel verwendetes Mittel, um einem Rückgriff auf § 613a BGB und damit auch der Verwirkung infolge Zeitablaufs zu entgehen. Es bleibt aber mit einem erheblichen Risiko behaftet, da das BAG nur in bestimmten Fällen darin keine Umgehung nach § 134 BGB sieht.

7. Die Möglichkeit eines Aufhebungsvertrages mit dem Betriebs(teil)veräußerer und einem zu unveränderten Bedingungen unter voller Anrechnung der Beschäftigungszeiten und Einhaltung der gesetzlichen Bestimmungen geschlossener, neuer Arbeitsvertrag mit dem Erwerber ist eine kreative und rechtskonforme Gestaltungsmöglichkeit, um die Verwirkung infolge Zeitablaufs auszuschließen.

8. Eine Kopplung des kollektiven Widerspruchs an das Vorliegen eines sachlichen Grundes ist nach geltendem Recht nicht möglich. Der Gesetzgeber hat bei der Bestimmung des § 613a Abs. 6 BGB bewusst davon abgesehen, die Ausübung des Widerspruchsrechts von bestimmten Motiven oder Sachgründen des Arbeitnehmers abhängig zu machen. Hieran ändert auch die kollektive Ausübung des Widerspruchsrechts durch eine Vielzahl von Arbeitnehmern nichts. I. E. macht jeder einzelne Arbeitnehmer von dem ihm individuell zustehenden Widerspruchsrecht Gebrauch. Daran ändert auch eine koordiniert kollektive Ausübung des Gestaltungsrechts (z. B. durch eine Gewerkschaft) nichts.

8. Sofern das individuelle Widerspruchsverhalten mit dem erklärten oder erkennbaren Zweck, den Arbeitgeber zu einem bestimmten Verhalten zu bewegen, von einem Organisator gebündelt gefördert wird, entsteht aus dem zulässigen abgestimmten Individualgebrauch des Widerspruchsrechts ein Arbeitskampf. Liegt dieser Zweck lediglich in der Verhinderung des Arbeitgeberwechsels, ist er nicht zu beanstanden. Kommt es den Widersprechenden jedoch auf die Gestaltung von Arbeitsbedingungen i. R. d. Betriebsübergangs an, so ist dies als unzulässig zu bewerten. Ein solcher Zweck ist für den Arbeitgeber jedoch nur schwer nachzuweisen.

Literaturverzeichnis

von Alvensleben, Constantin: Die Recht der Arbeitnehmer bei Betriebsübergang im europäischen Gemeinschaftsrecht: eine Studie zu den gemeinschaftlichen Grundlagen des § 613a BGB, Baden-Baden 1992.

Bachner, Michael; Gerhardt, Peter: Betriebsübergang, Basiskommentar zu § 613a BGB mit den Folgen für die Mitbestimmung, 2. Aufl., Frankfurt a. M. 2012.

Bamberger, Heinz Georg; Roth, Herbert: Kommentar zum Bürgerlichen Gesetzbuch, 1. Bd., 3. Aufl., München 2012.

Bamberger, Heinz Georg; Roth, Herbert: Kommentar zum Bürgerlichen Gesetzbuch, 2. Bd., 3. Aufl., München 2012.

Bauer, Jobst-Hubertus: EU - Richtlinienvorschlag zum Betriebsübergang, DB 1994, S. 1979 bis 1982.

Bauer, Jobst-Hubertus; von Steinau-Steinrück, Robert: Neuregelung des Betriebsübergangs: Erhebliche Risiken und viel mehr Bürokratie!, ZIP 2002, S. 457 bis 466.

Baur, Jürgen; Stürner, Rolf: Sachenrecht, 18. Aufl., München 2009.

Beier, Friedrich-Karl; Wieczorek, Reinhard: Zur Verwirkung im Patentrecht, GRUG 1976, S. 566 bis 573.

Bernsau, Georg; Dreher, Daniel; Hauck, Friedrich: Betriebsübergang, Kommentar zu § 613a BGB unter Einschluss von betriebsverfassungsrechtlichen und insolvenzrechtlichen Vorschriften, 3. Aufl., Köln 2010.

Birr, Christiane: Verjährung und Verwirkung, 2. Aufl., Berlin 2006.

Borngräber, Helmut: Arbeitsverhältnis bei Betriebsübergang: Der Eintritt des neuen Betriebsinhabers in die Rechte und Pflichten aus den Arbeitsverhältnissen bei Betriebsübergang durch Rechtsgeschäft (§ 613a Abs. 1 BGB), Düsseldorf, Frankfurt a. M. 1977.

Bötticher, Eduard: Zum Übergang der Arbeitsverhältnisse auf den Betriebsnachfolger, Festschrift für Arthur Nikisch, Tübingen 1958.

Braun, Stefan: Arbeitsrechtliche Rahmenbedingungen der Nebenbeschäftigung, AuR 2004, S. 47 bis 50.

Brox, Hans; Rüthers, Bernd; Henssler, Martin: Arbeitsrecht, 18. Aufl., Stuttgart 2011.

Brox, Hans; Walker, Wolf-Dietrich: Allgemeines Schuldrecht, 36. Aufl., München 2012.

Brox, Hans; Walker, Wolf-Dietrich: Allgemeiner Teil des BGB, 36. Aufl., München 2012.

Diehn, Thomas: Rückkehrzusagen beim Betriebsübergang, Berlin 2009.

Dörner, Klemens; Luczak, Stefan; Wildschütz, Martin; Baeck, Ulrich; Hoß, Axel: Handbuch des Fachanwalts Arbeitsrecht, 9. Aufl., Köln 2011.

Düwell, Franz Josef: Unterrichtungspflicht und Widerspruchsrecht bei Betriebsübergängen, FA 2002, S. 107 bis 110.

Dzida, Boris: Die Verwirkung des Widerspruchsrechts als Korrektiv zur uferlosen Unterrichtungspflicht beim Betriebsübergang?, NZA 2009, S. 641 bis 696.

Dzida, Boris: Verwirkung des Widerspruchsrechts beim Betriebsübergang, DB 2010, S. 167 bis 170.

Eckhardt, Andreas: Die Informationspflichten der Arbeitgeber beim Betriebsübergang, Berlin 2005.

Eichler, Manuel: Das Widerspruchsrecht des Arbeitnehmers beim Betriebsübergang nach § 613a BGB, Berlin 2002.

Engesser Means, Nicole/ Klebeck, Ulf: Sperrzeit durch Widerspruch bei Betriebsübergang, NZA 2008, S. 143 bis 147.

Entscheidungen zum Wirtschaftsrecht: Entscheidungen zum Wirtschaftsrecht (EWiR) Kurzkommentare, Bruno Kübler (Hrsg.), Köln, Dresden, München 2006.

Erfurter Kommentar: Erfurter Kommentar zum Arbeitsrecht, Dieterich, Thomas; Hanau, Peter; Schaub, Günter; Müller-Glöge, Rudi; Preis, Ulrich; Schmidt, Ingrid (Hrsg.), 12. Aufl., München 2012.

Ermann, Walter: Kommentar zum Bürgerlichen Gesetzbuch, Grunewald, Barbara; Westermann, Harm Peter (Hrsg.), 13. Aufl., Köln 2011.

Eylert, Mario; Spinner, Günter: Sozialauswahl nach Widerspruch des Arbeitnehmers gegen einen (Teil-)Betriebsübergang, BB 2008, S. 50 bis 53.

Falkenberg, Rolf-Dieter: Auswirkungen des § 613a BGB in der betrieblichen Praxis, DB 1980, S. 783 bis 787.

Fikentscher,Wolfgang; Heinemann, Andreas: Schuldrecht, 10. Aufl., Berlin 2006.

Flume, Werner: Allgemeiner Teil des Bürgerlichen Rechts, 2. Bd., Das Rechtsgeschäft, 4. Aufl., Berlin, Heidelberg, New York 1992.

Franzen, Martin: Die Richtlinie 98/50/EG zur Änderung der Betriebsübergangsrichtlinie 77/187/EWG und ihre Auswirkung auf das Deutsche Arbeitsrecht, RdA 1999, S. 361 bis 374.

Franzen, Martin: Informationspflichten und Widerspruchsrecht beim Betriebsübergang nach § 613a Abs. 5 und 6 BGB, RdA 2002, S. 258 bis 272.

Galperin, Hans: Betriebsnachfolge und Betriebsinhaberwechsel – Eine Begriffsbestimmung (Teil 1), DB 1962, S. 1078 bis 1081.

Gaul, Björn: Das Arbeitsrecht der Betriebs- und Unternehmensspaltung, Köln 2002.

Gaul, Björn; Otto, Björn: Rechtsfolgen einer fehlenden oder fehlerhaften Unterrichtung bei Betriebsübergang und Umwandlung, DB 2005, S. 2465 bis 2471.

Gaul, Björn; Otto, Björn: Unterrichtungsanspruch und Widerspruchsrecht bei Betriebsübergang und Umwandlung, DB 2002, S. 634 bis 640.

Gaul, Björn: Unterrichtungspflicht und Widerspruchsrecht, FA 2002, S. 299 bis 302.

Gaul, Björn; Niklas, Thomas: Wie gewonnen, so zerronnen: Unterrichtung, Widerspruch und Verwirkung bei § 613a BGB, DB 2009, S. 452 bis 458.

Gaul, Dieter: Betriebsinhaberwechsel und Arbeitsverhältnis, München 1966.

Gaul, Dieter: Das Widerspruchsrecht des Arbeitnehmers beim Betriebsübergang und seine Rechtswirkung, ZfA 1990, S. 87 bis 110.

Giesen, Richard: Die Unterrichtung über den Betriebsübergang nach § 613a Abs. 5 BGB, in: Jahrbuch des Arbeitsrechts, 46. Bd., S. 41 bis 68, Berlin 2009.

Goetzmann, Markus: Betriebsübergang: Die Verwirkung des entfristeten Widerspruchs, ArbRB 2009, S. 176 bis 178.

Göpfert, Burkard; Siegrist, Carolin: Betriebsübergänge – ein unkalkulierbares Risiko? – „Vier Jahre nach Agfa und BenQ“, ArbR 2010, S. 60 bis 63.

Göpfert, Burkhard; Winzer, Thomas: Nach-Unterrichtungspflicht beim Betriebsübergang?, ZIP 2008, S. 761 bis 766.

Grau, Timon: Unterrichtung und Widerspruchsrecht der Arbeitnehmer beim Betriebsübergang gem. § 613a Abs. 5 und 6 BGB, Köln 2005.

Grau, Timon: Rechtsfolgen von Verstößen gegen die Unterrichtungspflicht bei Betriebsübergang gemäß § 613a Abs. 5 BGB, RdA 2005, S. 367 bis 376.

Grobys, Marcel: Die Neuregelung des Betriebsübergangs in § 613a BGB, BB 2002, S. 726 bis 731.

Grobys, Marcel: Unterrichtung und Widerspruch bei Betriebsübergang, NJW-Spezial 2007, S. 321 bis 322.

Grosjean, Sascha; Biester, Frauke: Offene Fragen zur Informationspflicht nach § 613a Abs. 5 BGB, DB 2007, S. 1466 bis 1468.

Hanau, Peter: EU-Richtlinienentwurf zum Betriebsübergang, ZIP 1994, S. 1568.

Hauck, Friedrich: Information über einen Betriebsübergang nach § 613a V BGB und Widerspruch nach § 613a VI BGB, Beil. zu NZA 1/2009, S. 18 bis 23.

Heinze, Meinhard: Die Arbeitgeber-Nachfolge bei Betriebsübergang - die Regelungsstruktur des § 613a BGB und rechtliche Konsequenzen, insbesondere im Konkurs -, DB 1980, S. 205 bis 213.

Henssler, Martin: Aktuelle Rechtsprobleme des Betriebsübergangs, NZA 1994, S. 913 bis 924.

Henssler, Martin; Willemsen, Heinz Josef; Kalb, Heinz-Jürgen: Arbeitsrecht Kommentar, 5. Aufl., Köln 2012.

Herschel, Wilhelm: Die arbeitnehmerähnliche Person, DB 1977, S. 1185 bis 1189.

Hohenstatt, Klaus-Stefan; Grau, Timon: Arbeitnehmerunterrichtung beim Betriebsübergang, NZA 2007, S. 13 bis 19.

Hohmann, Harald: § 242 BGB und unzulässige Rechtsausübung in der Rechtsprechung des BGH, JA 1982, S. 112 bis 117.

Huke, Rainer: Die Unterrichtung der von einem Betriebsübergang betroffenen Arbeitnehmer gem. § 613a Abs. 5 BGB, FA 2002, S. 263 bis 268.

Jaeger, Georg: Die Unterrichtungspflicht nach § 613a Abs. 5 BGB in der Praxis der Betriebsübernahme, ZIP 2004, S. 433 bis 445.

Jauernig, Othmar : Kommentar zum Bürgerlichen Gesetzbuch, 14. Aufl., München 2011.

Junker, Abbo: Betriebsübergang in Europa, Frankfurt am Main 2009.

Karlsfeld, Stephan: Das Widerspruchsrecht der Arbeitnehmer beim Betriebsübergang nach dem Umwandlungsgesetz, Hamburg 2001.

Kittner, Michael; Däubler, Wolfgang; Zwanziger, Bertram (Hrsg.): Kündigungsschutzrecht: Kommentar für die Praxis zu Kündigungen und anderen Formen der Beendigung des Arbeitsverhältnisses, 8. Aufl., Frankfurt a. M. 2011.

Krieger, Steffen; Fischinger, Philipp: Umstrukturierung mit Hilfe von Beschäftigungs- und Qualifizierungsgesellschaften, NJW 2007, S. 2289 bis 2293.

Lembke, Mark: Umstrukturierung in der Insolvenz unter Einschaltung einer Beschäftigungs- und Qualifizierungsgesellschaft, BB 2004, S. 773 bis 782.

Lembke, Mark: Zum Umfang der Unterrichtungspflicht und das Widerspruchsrecht nach § 613a Abs. 5 und 6 BGB, NJW 2007, S. 2138 bis 2139.

Lepke, Achim: Begünstigter Personenkreis bei Betriebsübergang, BB 1979, S. 526 bis 531.

Lindemann, Achim; Wolter-Roßteutscher, Nargisa: Die Informationsverpflichtung nach § 613a Abs. 5 BGB - Rechtsgutachten oder plausible Entscheidungshilfe für den Arbeitnehmer?, BB 2007, S. 938 bis 943.

Löwisch, Manfred: Bewältigung eines nach Beendigung des Arbeitsverhältnisses beim Betriebserwerber erhobenen Widerspruchs mit allgemeinen zivilrechtlichen Gestaltungsmitteln, BB 2009, S. 326 bis 328.

Löwisch, Manfred; Göpfert, Burkard; Siegrist, Carolin: Verwirkung des Widerspruchsrechts beim Betriebsübergang, DB 2007, S. 2538 bis 2541.

Maier, Olaf: Informationspflichten des Arbeitgebers gegenüber den einzelnen Arbeitnehmern bei einem Betriebsübergang unter europäischen Gesichtspunkten, Frankfurt a. M. 2003.

Medicus, Dieter; Petersen, Jens: Bürgerliches Recht, 22. Aufl., Köln 2009.

Menze, Sandra: Das Widerspruchsrecht der Arbeitnehmer beim Betriebsübergang – Bestehen, Voraussetzungen und individualrechtliche Folgen, Frankfurt a. M. 2000.

Meyer, Cord: Inhalt einer Unterrichtung bei Betriebsübergang, DB 2007, S. 858 bis 860.

Mohnke, Lars; Betz, Christoph: Unterrichtung der Mitarbeiter über die Fortgeltung von Betriebsvereinbarungen bei einem Betriebs(teil)übergang, BB 2008, S. 498 bis 504.

Müller-Glöge, Rudi: Bestandsschutz beim Betriebsübergang nach § 613a BGB, NZA 1999, S. 449 bis 457.

Münchener Kommentar: Münchener Kommentar zum Bürgerlichen Gesetzbuch, Beck `scher Online Kommentar, Rixecker, Roland; Säcker, Franz Jürgen (Hrsg.), 6. Aufl., München 2012.

Münchener Kommentar: Münchener Kommentar zum Bürgerlichen Gesetzbuch, Rixecker, Roland; Säcker, Franz Jürgen (Hrsg.), 2. Bd., 5. Aufl., München 2007.

Münchener Handbuch zum Arbeitsrecht: Richardi, Reinhard; Wlotzke, Otfried; Wissmann, Hellmut; Oetker, Hartmut (Hrsg.), 1. Bd., Individualarbeitsrecht, 3. Aufl., München 2009.

Nehls, Albrecht: Die Neufassung des § 613a BGB – Bewertung und Gestaltungsmöglichkeiten, NZA 2003, S. 822 bis 827.

Niesel, Klaus: Kommentar zum SGB III – Arbeitsförderung -, 5. Aufl., München 2010.

Nikisch, Arthur: Lehrbuch des Arbeitsrechts, 1. Bd., 3. Aufl., Tübingen 1961.

Oetker, Hartmut: Die Vorgaben der Betriebsübergangsrichtlinie für die Beteiligungsrechte des Betriebsrats, NZA 1998, S. 1193 bis 1201.

Olbertz, Klaus; Ungnad, Simone: Zeitliche Grenze des Widerspruchsrechts nach § 613a Abs. 6 BGB im Falle fehlerhafter Unterrichtung der Arbeitnehmer, BB 2004, S. 213 bis 218.

Palandt, Otto: BGB – Kommentar zum Bürgerlichen Gesetzbuch, 71. Aufl., München 2012.

Pawlowski, Hans-Martin: Allgemeiner Teil des BGB, 7. Aufl., Heidelberg 2003.

Piekenbrock, Andreas: Befristung, Verjährung, Verschweigung und Verwirkung, Tübingen 2006.

Pietzko, Joachim: Der Tatbestand des § 613a BGB, Berlin 1988.

Pünnel, Leo Gustav: Rechtsnachfolge und Betriebsnachfolge im Arbeitsrecht, Köln 1985.

Reinhard, Barbara: Die Pflicht zur Unterrichtung über wirtschaftliche Folgen eines Betriebsübergangs – ein weites Feld, NZA 2009, S. 63 bis 69.

Rieble, Volker: § 613a abs. 5 BGB: Informationspflicht und Verstoß, Festschrift 25 Jahre Arge Arbeitsrecht im Deutschen Anwaltsverein 2006, S. 687 bis 719.

Rieble, Volker: Kollektivwiderspruch nach § 613a VI BGB, NZA 2005, S. 1 bis 8.

Rieble, Volker: Widerspruch nach § 613a VI BGB – die (ungeregelte) Rechtsfolge, NZA 2004, S. 1 bis 9.

Rieble, Volker; Wiebauer, Bernd: Widerspruch (§613a VI BGB) nach Aufhebungsvertrag, NZA 2009, S. 401 bis 408.

Rolf, Christian: Verwirkung ist kein Allheilmittel gegen die Risiken der Unterrichtung, BB 2009, S. 1423 bis 1424.

Rolfs, Christian; Giesen, Richard; Kreikebohm, Ralf; Udsching, Peter (Hrsg.): Beck`scher Onlinekommentar Arbeitsrecht, 25. Edition, Stand: 01.09.2012.

Rupp, Hans-Jürgen: Das Problem widersprüchlicher Unterrichtungen bei § 613a V BGB, NZA 2007, S. 301 bis 305.

Sayatz, Andre; Wolff, Alexander: Neuregelung beim Betriebsübergang nach § 613a BGB – Unterrichtungspflicht und Widerspruchsrecht, DStR 2002, S. 2039 bis 2046.

Schalle, Heidrun: Der Bestandsschutz der Arbeitsverhältnisse bei Unternehmensumwandlung, Berlin 1999.

Schiefer, Bernd; Worzalla, Michael: Unterrichtungspflicht bei Betriebsübergang nach § 613a V BGB, NZA 2009, S. 558 bis 563.

Schmalenberg, Florian: Kollektiver Widerspruch und Verwirkung – der Einfluss von Treu und Glauben auf § 613a Abs. 6 BGB, AuR 2008, S. 165 bis 169.

Schnitker, Elmar; Grau, Timon: Unterrichtung der Arbeitnehmer gemäß § 613a Abs. 5 BGB im Spiegel der Betriebsübernahmepraxis, BB 2005, S. 2238 bis 2243.

Schramm, Dieter-Ludwig: Die Willensbeteiligung der Arbeitnehmer beim Betriebsinhaberwechsel, Frankfurt a. M. 1978.

Schwarz, Walter: Das Arbeitsverhältnis bei Übergang des Unternehmens, Wien 1967.

Semler, Johannes; Stengel, Arndt: Umwandlungsgesetz, München 2003.

Siebert, Wolfgang: Verwirkung und Unzulässigkeit der Rechtsausübung, Marburg 1934.

Soergel, Hans Theodor: Bürgerliches Gesetzbuch, 2. Bd., Schuldrecht I (§§ 241 – 432), 12.Aufl., Stuttgart, Berlin, Köln, Mainz 1990.

Soergel, Hans Theodor: Bürgerliches Gesetzbuch, 4/1. Bd., Schuldrecht III/1 (§§ 516 – 651), Gesetz zur Regelung der Miethöhe, Verbraucherkreditgesetz, 12. Aufl., Stuttgart, Berlin, Köln, Mainz 1997.

von Staudinger, Julius: Kommentar zum Bürgerlichen Gesetzbuch, 1. Buch, Allgemeiner Teil, §§ 164 – 240 BGB, 12. Aufl., Neubearbeitung 2009, Berlin 1979.

von Staudinger, Julius: Kommentar zum Bürgerlichen Gesetzbuch, 2. Buch, Recht der Schuldverhältnisse, §§ 241 – 243 BGB, 12. Aufl., Neubearbeitung 2009, Berlin 1980/1981.

von Staudinger, Julius: Kommentar zum Bürgerlichen Gesetzbuch, 2. Buch, Recht der Schuldverhältnisse, §§ 241 – 243 BGB, 12. Aufl., dreizehnte Bearbeitung 1995, Berlin 1980/1981.

von Staudinger, Julius: Kommentar zum Bürgerlichen Gesetzbuch, 2. Buch, Recht der Schuldverhältnisse, §§ 613a – 619a BGB, 12. Aufl., Neubearbeitung 2011, Berlin 1993.

von Tuhr, Andreas: Der Allgemeine Teil des Deutschen Bürgerlichen Rechts, 2. Bd., zweite Hälfte, München, Leipzig 1918.

Weimar, Wilhelm: Verjährung und Verwirkung im Mietrecht, WuM 1974, S. 249 bis 252.

Wiedemann, Herbert; Willemsen, Heinz-Josef: Die Anwendung des § 613a BGB im Konkurs unter besonderer Berücksichtigung der betrieblichen Altersversorgung, RdA 1979, S. 418 bis 431.

Widlak, Harald: Neues beim Betriebsübergang: Informationspflichten von Veräußerer und Erwerber / Widerspruchsrecht des Arbeitnehmers, FA 2001, S. 363 bis 364.

Willemsen, Heinz-Josef: Aktuelles zum Betriebsübergang - § 613a BGB im Spannungsfeld von deutschem und europäischem Recht, NJW 2007, S. 2065 bis 2075.

Willemsen, Heinz Josef; Annuß, Georg: Neue Betriebsübergangsrichtlinie – Anpassungsbedarf in deutschem Recht?, NJW 1999, S. 2073 bis 2080.

Willemsen, Heinz Josef; Hohenstatt, Klaus-Stefan; Schweibert, Ulrike; Seibt, Christoph: Umstrukturierung und Übertragung von Unternehmen, 4. Aufl., München 2011.

Willemsen, Heinz Josef; Lembke, Mark: Die Neuregelung von Unterrichtung und Widerspruchsrecht der Arbeitnehmer beim Betriebsübergang, NJW 2002, S. 1159 bis 1165.

Worzalla, Michael: Neue Spielregeln beim Betriebsübergang – Die Änderung des § 613a BGB, NZA 2002, S. 353 bis 358.

Worzalla, Michael: Unterrichtungspflicht bei Betriebsübergang nach § 613a V BGB, NJW 2009, S. 558 bis 563.

Wulff, Manfred: Betriebsübergang nach § 613a BGB, AiB 2002, S. 594 bis 596.

Schriften zum Arbeitsrecht und Wirtschaftsrecht

Herausgegeben von Abbo Junker

Band 1 Christoph-N. Lerche: Der Europäische Betriebsrat und der deutsche Wirtschaftsausschuß. Eine vergleichende Analyse der betrieblichen Mitwirkung der Arbeitnehmer vor dem Hintergrund der Globalisierung der Märkte. 1997.

Band 2 Christian Walter Mecke: Zur rechtlichen Verbindlichkeit kollektiver Vereinbarungen in England. 1997.

Band 3 Katja Francke: Die betriebliche Mitwirkung der Arbeitnehmer in Belgien. Unter Berücksichtigung vergleichender Aspekte zum deutschen Betriebsverfassungsrecht. 1997.

Band 4 Christian Schulze: Die Zulässigkeit einstweiliger Verfügungen gegen Betriebsänderungen. 1998.

Band 5 Stefan Miersch: Die Rechtsfolgen mitbestimmungswidriger Maßnahmen für das Arbeitsverhältnis. Eine zivilrechtsdogmatische Untersuchung. 1998.

Band 6 Heike Wegner: Internationaler Verbraucherschutz beim Abschluß von Timesharingverträgen: § 8 Teilzeitwohnrechtegesetz. 1998.

Band 7 Julia Wichmann: Dienstleistungsfreiheit und grenzüberschreitende Entsendung von Arbeitnehmern. 1998.

Band 8 Johann-Volker Peter: Société par actions simplifiée (S.A.S.). Die Vereinfachte Aktiengesellschaft in Frankreich, eine Rechtsform für die Kooperation von Unternehmen. 1999.

Band 9 Sylvia Schnelle: Der Europäische Betriebsrat in Spanien. Zugleich eine Einführung in das spanische Recht der Arbeitnehmervertretung. 1999.

Band 10 Viktoria Bornhagen: Die Zumutbarkeit als Rechtsgedanke im Arbeitsrecht. 1999.

Band 11 Thorsten Schacht: Der Übereilungsschutz beim arbeitsrechtlichen Aufhebungsvertrag. Arbeitnehmerschutz bereits de lege lata? 2000.

Band 12 Marcus Hellmann: Immobilienkauf nach spanischem Recht. 1999.

Band 13 Nicolaus Johannes Ehinger: Die juristischen Personen des öffentlichen Rechts als herrschende Unternehmen. 2000.

Band 14 Alexander Lentz: Das kollektive Arbeitsrecht der Republik Südafrika. Eine Untersuchung mit Bezügen zum deutschen Recht. 2000.

Band 15 Michaela Brunssen: Der Arbeitgeberverbandswechsel. Tarifrechtliche und arbeitskampfrechtliche Konsequenzen. 2000.

Band 16 Morten Petersenn: Das Recht des Grundstückskaufs in Südafrika. 2000.

Band 17 Stefan Krüger: Die umwandlungsrechtliche Haftungsregelung bei der Betriebsaufspaltung und ihre Analogiefähigkeit. 2001.

Band 18 Jürgen Kitzinger: Der GmbH-Geschäftsführer zwischen Arbeits- und Gesellschaftsrecht. Im Blickpunkt: Zuständigkeit der Arbeitsgerichte. 2001.

Band 19 Anja Ruge: Die Lohnersatzansprüche ehemaliger Zwangsarbeiter gegen deutsche Industrieunternehmen. 2001.

Band 20 Michael Knoll: Die Sozialauswahl im Arbeitsrecht. 2001.

Band 21 Britta Albrecht: Mediation im Arbeitsrecht. Individualarbeitsrecht und Betriebsverfassungsrecht. 2001.

Band 22 Annusch Barten: Das System der Arbeitnehmervertretung in Frankreich. 2001.

Band 23 Diane Westera: Der Wiedereinstellungsanspruch nach wirksamer Kündigung. 2001.

Band 24 Kristin Doerlich: Die Tariffähigkeit der Gewerkschaft. Eine Analyse der Mächtigkeitsrechtsprechung des Bundesarbeitsgerichts im Lichte neuerer Erfahrungen. 2002.

Band 25 Tina Witten: Vertragsgestaltung und Gesetzesbindung im Recht der Zeitarbeit. 2002.

Band 26 Martin Hellfeier: Die Leistungszeit im Arbeitsverhältnis. Eine Untersuchung zum Fixschuldcharakter der Arbeitspflicht und zu den Folgen ihrer Nichterfüllung. 2003.

Band 27 Almut Maulshagen: Betriebliche Arbeitskampfregelungen. 2003.

Band 28 Maren Band: Tarifkonkurrenz, Tarifpluralität und der Grundsatz der Tarifeinheit. 2003.

Band 29 Manuela Schulz: Der Bereitschaftsdienst in öffentlich-rechtlich organisierten Krankenhäusern. Eine rechtliche Bewertung. 2003.

Band 30 Felix Benedikt: Die Kürzung von Tariflöhnen zur Sanierung. Eine verfassungskonforme Auslegung des § 3 III TVG entsprechend § 626 BGB. 2003.

Band 31 Tim Kaden: Individuelle Bündnisse für Arbeit und Günstigkeitsprinzip. 2003.

Band 32 Simone Kreiling: Die Erstreckung betrieblicher und betriebsverfassungsrechtlicher Tarifnormen auf Außenseiter. 2004.

Band 33 Carsten Beck: Betriebliche Mitbestimmung und Kündigungsschutz. Die Funktionen betrieblicher Mitbestimmung im und deren Einfluß auf den Kündigungsschutz nach dem KSchG. 2004.

Band 34 Jost Eder: Die Regelungsabrede als Alternative zur Betriebsvereinbarung bei der Gestaltung materieller Arbeitsbedingungen. 2004.

Band 35 Christian Pfab: Wirkungsweise und Reichweite tarifvertraglicher Öffnungsklauseln. 2004.

Band 36 Julia Amlang: Die unternehmerische Entscheidungsfreiheit bei „betriebsbedingten Kündigungen" im europäischen Rechtsvergleich. Kündigung aus wirtschaftlichen Gründen in Deutschland, Frankreich, Spanien, Großbritannien und Schweden. 2005.

Band 37 Alida Milthaler: Das Fragerecht des Arbeitgebers nach den Vorstrafen des Bewerbers. 2006.

Band 38 Doreen Peter: Nebentätigkeiten von Arbeitnehmern. Interessenkollisionen von Arbeitgebern und Arbeitnehmern. 2006.

Band 39 Julia V. C. Bartlog: Das Verhältnis von Gesetz und Tarifvertrag. 2006.

Band 40 Michael Fuhlrott: Der geschädigte Arbeitnehmer. Zur Verfassungsmäßigkeit des Ausschlusses von Schmerzensgeld in der Unfallversicherung sowie zur Herleitung der Haftung bei Eigenschäden im Hinblick auf das Verschuldensprinzip. 2006.

Band 41 Femke Reinecke: Leistungsbestimmung des Arbeitnehmers. 2006.

Band 42 Maria M. Bausback: Der Bestandsschutz des Arbeitsverhältnisses auf europäischer und internationaler Ebene. Entwicklungen vom Mittelalter bis zur Gegenwart. Teil 1 / Teil 2. 2007.

Band 43 Jens Günther: AGB-Kontrolle von Arbeitsverträgen. Analyse der deutschen Rechtslage nach der Schuldrechtsreform und vergleichende Betrachtung des österreichischen Kontrollsystems. 2007.

Band 44 Claudiana Triskatis: Ethikrichtlinien im Arbeitsrecht. 2008.

Band 45 Annette Bruder: Die Weitergabe von Insiderinformationen durch Arbeitnehmervertreter. 2008.

Band 46 Ute Dietrich: Nichtraucherschutz am Arbeitsplatz. 2008.

Band 47 Markus Ebert: Übertragung und Zuordnung von Versorgungsverpflichtungen gegenüber Arbeitnehmern im Rahmen einer umwandlungsrechtlichen Spaltung. 2008.

Band 48 Susanne Schneider: Broad-based Black Economic Empowerment in der Republik Südafrika. 2008.

Band 49 Mandy Reichel: Die Einbeziehung des Außenseiter-Arbeitgebers in den Verbandsarbeitskampf. 2008.

Band 50 Abbo Junker (Hrsg.): Betriebsübergang in Europa. Symposion aus Anlass des 10-jährigen Bestehens der Schriften zum Arbeitsrecht und Wirtschaftsrecht am 10.10.2008 in München. 2009.

Band 51 Till Bender: Vorschläge zur Neuordnung des Sonderkündigungsschutzes nach MuSchG und SGB IX. 2009.

Band 52 Manuela Rauch: Die geschlechtsbezogene Diskriminierung am Arbeitsplatz nach kalifornischem Recht. 2009.

Band 53 Tina Luise Allenberg: Das französische règlement intérieur d'entreprise. Die Arbeitsordnung im französischen Arbeitsrecht. 2009.

Band 54 Bernd Haas: Anwaltliches Mandatsverhältnis zum Betriebsrat. 2009.

Band 55 Martin Fröhlich: Die erweiterte Weisungsbefugnis des Arbeitgebers im spanischen Recht. 2009.

Band 56 Stefanie Lorenzen: Inhaltskontrolle beim Betriebsübergang. Die Anpassung tariflicher Arbeitnehmerpflichten nach Privatisierungen. 2009.

Band 57 Oliver E. Aldea: Das französische Kündigungsrecht im Spannungsfeld von Abfindungen und Bestandsschutz. 2010.

Band 58 Wolfgang Stock: Die Einsetzung einer Transfergesellschaft. Unter besonderer Berücksichtigung betriebsverfassungs- und arbeitsförderungsrechtlicher Vorgaben. 2010.

Band 59 Claudia Hagedorn: Zulässigkeit und Grenzen von Tarifsozialplänen. 2010.

Band 60 Daniela Quink: Inhaltskontrolle von Freiwilligkeitsvorbehalten in Arbeitsverträgen. 2010.

Band 61 Kathrin Kentner: Arbeitskampfmittel der Arbeitgeber. 2010.

Band 62 Angela Nunes Fernandes Gil Wolf: Arbeitnehmereinsatz im Ausland. Das auf doppelte Arbeitsverhältnisse anwendbare Recht am Beispiel der Vertragsgestaltung eines internationalen Konzerns. 2010.

Band 63 Annemarie Berthold: Whistleblowing in der Rechtsprechung des Bundesarbeitsgerichts. 2010.

Band 64 Malte Koch: Die Beteiligung von Arbeitnehmervertretern an Aufsichtsrats- und Verwaltungsratsausschüssen einer Europäischen Aktiengesellschaft. 2011.

Band 65 Agnes Maria Kollerbaur: Die französische Arbeitsinspektion. Eine Untersuchung unter besonderer Berücksichtigung ihrer Rolle bei Kündigungen. 2011.

Band 66 Marcus Christian Leinenweber: Landesschlichtungsgesetze? 2011.

Band 67 Frederike Cathérine Gärtner: Die gesetzliche Regulierung von Bahnstreiks in Frankreich. Arbeitskampf vs. Kontinuität öffentlicher Dienstleistungen. 2011.

Band 68 Carolin van Straelen: Der Rollenkonflikt des Arbeitnehmervertreters zwischen Betriebsratsmitglied und Gewerkschaftsfunktionär. 2012.

Band 69 Anna Maria Jordan: Entgeltdiskriminierung in Frauenberufen? 2012.

Band 70 Dominic Köstner: Compliance-Richtlinien im Unternehmen. Arbeits- und datenschutzrechtliche Implementierungsaspekte. 2012.

Band 71 Michael Kobler: Fremdeinflüsse auf die tarifliche Willensbildung. 2012.

Band 72 Anne Kraas: Zulässigkeit und Grenzen der arbeitsvertraglichen Entgeltflexibilisierung. 2012.

Band 73 Melanie Amann: Die Belegschaftsabstimmung. 2012.

Band 74 Christina Mennemeyer: „Dritter Weg" und rechtliche Grenzen der Flexibilisierung des Arbeitsrechts der katholischen Kirche. 2012.

Band 75 Joël Philipp Hofmann: Rechtsmissbrauch und Verwirkung bei Widerspruch gegen den Übergang des Arbeitsverhältnisses nach § 613a BGB. 2013.

www.peterlang.de